CW00520360

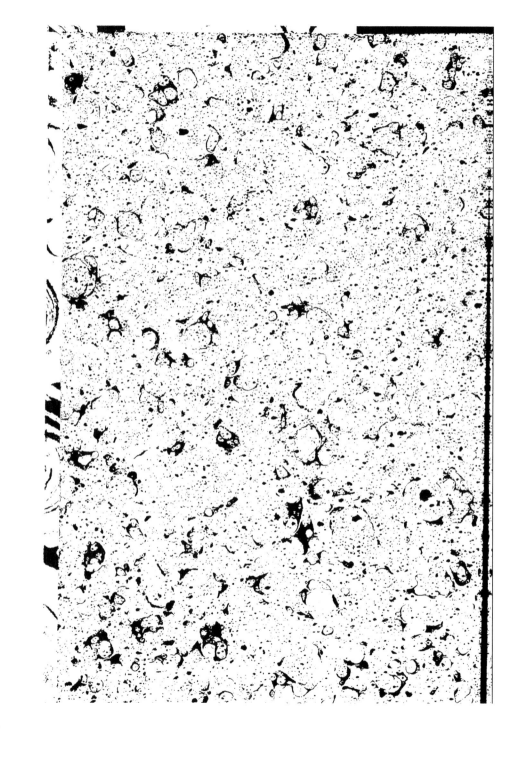

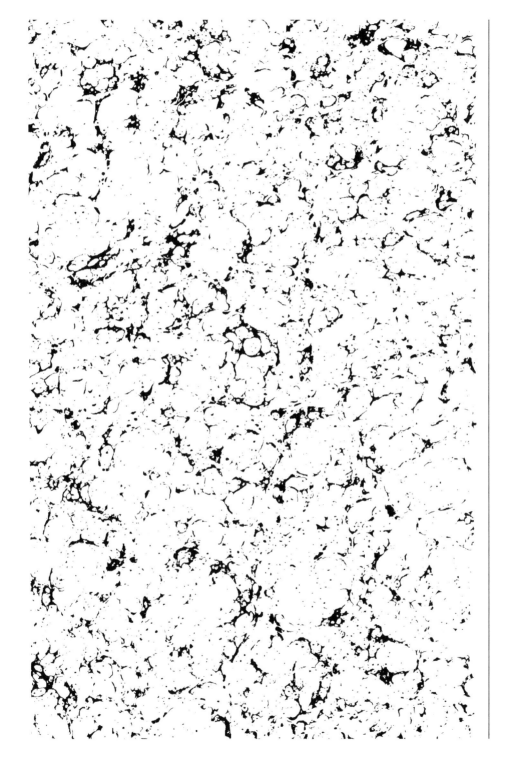

Z. 1007.
D. 28 fb. 4.

A conserva.

14808

LETTRES

DE

MADAME DE SÉVIGNÉ.

TOME QUATRIÈME.

998

DE L'IMPRIMERIE DE P. DIDOT L'AINÉ,

CHEVALIER DE L'ORDRE ROYAL DE SAINT-MICHEL,

IMPRIMEUR DU ROI.

FRANÇOISE MARGUERITE
DE SEVIGNÉ,
COMTESSE DE GRIGNAN.

Peint par Mignard.   Gravé par I. Macquelier

J. J. Blaise Libraire, Quai des Augustins.

LETTRES

DE

MADAME DE SÉVIGNÉ,

DE SA FAMILLE ET DE SES AMIS.

AVEC PORTRAITS, VUES ET FAC-SIMILE.

~~~~~~

TOME QUATRIÈME.

A PARIS,

J. J. BLAISE, LIBRAIRE DE S. A. S. MADAME
LA DUCHESSE D'ORLÉANS DOUAIRIÈRE,
QUAI DES AUGUSTINS, N° 61, A LA BIBLE D'OR.

M D CCC XX.

qui
repr
onne
par le
quel
et m

a guynem le 18
juillet

qu'il est en Cé Monsieur de ce
represantes la sensible roye que vous
donne la gloire que vient dacquer,
mr lechevalier de pompone quelbonheur
quel sort eschapé cue prix quil a coin
et quay lieu de vous enuter deslarmes
vous youtes le solide plaisir delestimer
autant que vous luymes et de le voir
distingué et loué des vos et de toute
la france, lest me agreable lecture
pouvront monsieur que celle des relation
et des galettes dans lesquelles vous
vrez quil neles iamais parlé de
la bataille de flens sans que mr vothe
fils soit nomé auec le loge que merite
celuy qui en a comancé lebonheur
et donné lexemple de la plus

brillante valeur, ce puis vous assure
monsieur que ie nay point encore
leu cette action et tout ce qu'il a
fait dans la suitte de la bataille
fut avoir les larmes aux yeux
enfonçant aux ennemys et me
depuspume sentires en la prenant
ie nay point songé a luy car il
a la mine de ne pas coûter pour
beaucoup de nestre point mort
et d'avoir fait tout ce qu'on peut
faire de beau, mais pour vous monsieur
qui en connoistes mieux le prix
trouves bon que ie voulusse que
ie entre dans vos sentimens avec
une tendresse qui vous paroist playre
et qui vous dont persuades a quel
point ie mintbelle a ce qui vous
touche et embien parfaitement
ie veux estre

La Contesse de Signan

LE Cte DE GUITAUD.

J.J. Blaise Libraire, Quai des Augustins.

J.J. Blaise Libraire, Quai des Augustins.

CHATEAU DE GRIGNAN.

LETTRES

DE

MADAME DE SÉVIGNÉ.

413.

De madame DE SÉVIGNÉ *à madame* DE GRIGNAN.

A la Silleraye, mardi 24 septembre 1675.

Me voici, ma fille, dans ce lieu où vous avez été un jour avec moi; mais il n'est pas reconnoissable; il n'y a pas pierre sur pierre de ce qui étoit en ce temps-là. M. d'Harouïs manda de Paris, il y a quatre ans, à un architecte de Nantes, qu'il le prioit de lui bâtir une maison, dont il lui envoya le dessin, qui est très beau et très grand; c'est un grand corps de logis de trente toises de face, deux ailes, deux pavillons; mais comme il n'y a pas été trois fois pendant tout cet ouvrage, tout cela est mal exécuté: notre abbé est au désespoir; M. d'Harouïs ne fait qu'en rire; il nous y amena hier au soir. M. de Lavardin est venu dîner avec nous, et m'arrête jusqu'à demain matin. Il est impossible de rien ajouter aux honnêtetés, aux confiances et aux extrêmes consi-

dérations de M. de Lavardin pour moi ; je vous assure
que M. de Grignan ne pourroit pas m'en témoigner davantage, ni même plus d'amitié : je n'ose plus vous dire
du bien de lui ; mais il a des qualités bien solides, et
un désintéressement qui lui donne des tons bien propres au commandement. Je vous endormirai quelque
jour des affaires de cette province ; elles sont dignes
d'attention, et présentement il faut que vous souffriez
qu'elles fassent mes nouvelles. Quand mes lettres arriveront au milieu de celles de Paris, elles auront assez
de l'air d'une dame de province qui vous parle et vous
confie les intrigues d'Avignon ou de quelque autre ville.
Enfin, ma chère enfant, la seule amitié que vous avez
pour moi fera valoir mes lettres. Nous avons appris des
nouvelles de la cour, qui ne sont pas en grand nombre :
on mande que M. Félix n'est point évêque de Gap,
c'est de Digne. Mais que je vous trouve heureuse d'a-
voir M. de Saint-Paul ª, et lui ! Plût à Dieu que nous en
eussions autant dans cette province ! vous en auriez
bien moins d'inquiétude. Je vous souhaite encore un
petit M. Laurens, qu'on dit qui sera placé à la première
voiture. J'avois dessein de faire un compliment à Moli-
nier, mais c'est à M. l'archevêque et à M. le coadjuteur
que je dois adresser la parole ; ils sont camarades et
confrères, j'en suis ravie.

Nos pauvres Bas-Bretons, à ce qu'on nous vient d'apprendre, s'attroupent quarante, cinquante par les

---

ª Lucas d'Aquin avoit été nommé en 1674 évêque de Saint-Paul-
trois-châteaux, dont le siége est très proche du château de Grignan.

champs; et dès qu'ils voient les soldats, ils se jettent à genoux, et disent *meá culpá:* c'est le seul mot de *françois*
qu'ils sachent; comme nos François qui disoient qu'en Allemagne, le seul mot de *latin* qu'on disoit à la messe,
c'étoit *Kyrie eleïson.* On ne laisse pas de pendre ces
pauvres Bas-Bretons; ils demandent à boire et du tabac,
et qu'on les dépêche; *et de Caron pas un mot* [a]. De sept
jours que j'ai été à Nantes, j'ai passé trois après-dînées
chez nos sœurs de Sainte-Marie: elles ont de l'esprit,
elles vous adorent et sont charmées du *petit ami* [1] que
je porte toujours avec moi; car s'il alloit tonner, comme
disoit Langlade à M. d'Andilly, voyez un peu, sans cela,
ce que je deviendrois. M. de Lavardin vous fait mille
compliments, et M. d'Harouïs veut, je crois, vous écrire,
tant je le trouve enthousiasmé de vous: je l'aime, comme
vous savez, et je me divertis à l'observer. Je voudrois
que vous vissiez cet esprit supérieur à toutes les choses
qui font l'occupation des autres; cette humeur douce et
bienfaisante, cette ame aussi grande que celle de M. de
Turenne, elle me paroît un vrai modèle pour faire celle
des rois, et j'admire combien nous estimons les vertus
morales; je suis assurée que si M. d'Harouïs mouroit, on
ne seroit non plus en peine de son salut, qu'on l'a été
de celui de M. de Turenne. Nous partons demain pour
les Rochers, où je recevrai et trouverai de vos nouvel-

---

[a] C'est la troisième fois que madame de Sévigné fait allusion au
dialogue de Lucien qui a été indiqué sous la lettre 177, tome II,
page 181, elle veut dire par-là qu'ils ne s'occupent pas du tout de
ce qui doit suivre le moment de la mort.

[1] C'est-à-dire du portrait de madame de Grignan en miniature.

les, ma très aimable et très chère; j'ai été deux jours en
ce pays plus que je ne voulois; c'est ce qui fait que je
n'y ai reçu que deux de vos lettres. Je me porte très
bien; et vous, mon enfant, dormez-vous? Votre bise
est-elle traitable? Il fait présentement ici un temps admirable. Je vous embrasse avec une tendresse extrême,
je crois que vous n'en doutez pas.

414. *

A la même.

Aux Rochers, dimanche 29 septembre 1675.

Je vous ai écrit, ma fille, de tous les lieux où je l'ai
pu; et comme je n'ai pas eu un soin si exact pour notre
cher d'Hacqueville, ni pour mes autres amis, il ont été
dans des peines de moi, dont je leur suis trop obligée:
ils ont fait l'honneur à la Loire de croire qu'elle m'avoit
abymée: hélas, la pauvre créature! je serois la première à qui elle eût fait ce mauvais tour; je n'ai eu
d'incommodité que parcequ'il n'y avoit pas assez d'eau
dans cette rivière. D'Hacqueville me mande qu'il ne sait
que vous dire de moi, et qu'il craint que son silence sur
mon sujet ne vous inquiète. N'êtes-vous pas trop aimable, ma chère enfant, d'avoir bien voulu paroître
assez tendre à mon égard pour qu'on vous épargne sur
les moindres choses? Vous m'avez si bien persuadée la

première, que je n'ai eu d'attention qu'à vous écrire
très exactement. Je partis donc de la Silleraye le lendemain du jour que je vous écrivis, qui fut le mercredi;
M. de Lavardin me mit en carrosse, et M. d'Harouïs
m'accabla de provisions. Nous arrivâmes ici jeudi; je
trouvai d'abord mademoiselle du Plessis plus affreuse,
plus folle et plus impertinente que jamais : son goût
pour moi me déshonore; *je jure sur ce fer* de n'y contribuer d'aucune douceur, d'aucune amitié, d'aucune
approbation; je lui dis des rudesses abominables; mais
j'ai le malheur qu'elle tourne tout en raillerie : vous devez
en être persuadée après le soufflet dont l'histoire a pensé
faire mourir Pomenars de rire [a]. Elle est donc toujours
autour de moi; mais elle fait la grosse besogne; je ne
m'en incommode point; la voilà qui me coupe des serviettes. J'ai trouvé ces bois d'une beauté et d'une tristesse extraordinaires; tous les arbres que vous avez vus
petits sont devenus grands et droits, et beaux en perfection; ils sont élagués, et font une ombre agréable;
ils ont quarante ou cinquante pieds de hauteur : il y a
un petit air d'amour maternel dans ce détail; songez
que je les ai tous plantés, et que je les ai vus, comme
disoit M. de Montbazon de ses enfants, *pas plus grands
que cela.* C'est ici une solitude faite exprès pour y bien
rêver; vous en feriez bien votre profit, et je n'en use
pas mal : si les pensées n'y sont pas tout-à-fait noires,
elles y sont tout au moins gris-brun; j'y pense à vous
à tout moment : je vous regrette, je vous souhaite :

---

[a] *Voyez* la lettre 165, tome II, page 131.

votre santé, vos affaires, votre éloignement, que pensez-vous que tout cela fasse entre chien et loup? J'ai ces
vers dans la tête :

> Sous quel astre cruel avez-vous mis au jour
> L'objet infortuné d'une si tendre amour?

Il faut regarder la volonté de Dieu bien fixement, pour
envisager sans désespoir tout ce que je vois, dont assurément je ne vous entretiendrai pas.

Ne soyez point en peine de l'absence d'*Hélène; Marie*
me fait fort bien; je ne m'impatiente point; ma santé
est comme il y a six ans : je ne sais d'où me revient cette
fontaine de Jouvence : mon tempérament fait précisément ce qui m'est nécessaire : je lis et je m'amuse; j'ai
des affaires que je fais devant l'abbé, comme s'il étoit
derrière la tapisserie; tout cela, avec cette jolie espérance, empêche, comme vous dites, qu'on ne fasse la
dépense d'une corde pour se pendre. Je trouvai l'autre
jour une lettre de vous, où vous m'appelez *ma bonne*
maman; vous aviez dix ans, vous étiez à Sainte-Marie,
et vous me contiez la culbute de madame Amelot, qui
de la salle se trouva dans une cave; il y a déjà du bon
style à cette lettre. J'en ai trouvé mille autres qu'on écrivoit autrefois à mademoiselle de Sévigné : toutes ces
circonstances sont bien heureuses pour me faire souvenir de vous; car sans cela, où pourrois-je prendre cette
idée? Je n'ai point reçu de vos lettres le dernier ordinaire, j'en suis toute triste. Je ne sais non plus des nouvelles du coadjuteur, de La Garde, du Mirepoix, du

Bellièvre, que si tout étoit fondu; je m'en vais un peu les réveiller.

N'admirez-vous point le bonheur du roi? On me mande la mort de *Son Altesse, mon père* ¹, qui étoit un bon ennemi, et que les Impériaux ont repassé le Rhin, pour aller défendre l'empereur du Turc, qui le presse en Hongrie : voilà ce qui s'appelle des étoiles heureuses;

¹ Charles IV, duc de Lorraine, mort le 17 septembre. Madame de Lillebonne sa fille, en parlant de lui, disoit : *Son Altesse, mon père.* ˙ Pavillon fit alors la petite pièce intitulée *Testament de Charles IV,* dans laquelle il peint très spirituellement le caractère et la destinée de ce prince : elle se termine par cette épitaphe :

> Ci gît un pauvre duc sans terres,
> Qui fut, jusqu'à ses derniers jours,
> Peu fidèle dans ses amours
> Et moins fidèle dans ses guerres.

> Il donna librement sa foi
> Tour-à-tour à chaque couronne;
> Il se fit une étrange loi
> De ne la garder à personne.

> Trompeur, même en son testament,
> De sa femme il fit une nonne,
> Et ne donna rien que du vent
> A madame de Lillebonne.

> Il entreprit tout au hasard,
> Se fit tout blanc de son épée;
> Il fut brave comme César,
> Et malheureux comme Pompée.

> Il se vit toujours maltraité
> Par sa faute et par son caprice;
> On le *déterra* par justice,
> On l'enterra par charité.

cela nous fait craindre en Bretagne de rudes punitions.
Je m'en vais voir la bonne Tarente*; elle m'a déjà envoyé deux compliments, et me demande toujours de
vos nouvelles; si elle le prend par-là, elle me fera fort
bien sa cour. Vous dites des merveilles sur Saint-Thou,
*au moins on ne l'accusera pas de n'avoir conté son
songe qu'après son malheur;* cela est plaisant. Je vous
plains de ne pas lire toutes vos lettres : mais quoiqu'elles
fassent toutes ma chère et unique consolation, et que
j'en connoisse tout le prix, je suis bien fâchée d'en tant
recevoir. Le bon abbé est fort en colère contre M. de
Grignan; il espéroit qu'il lui manderoit si le voyage de
Jacob[b] a été heureux, s'il est arrivé à bon port dans la
terre promise; s'il y est bien placé, bien établi, lui et
ses femmes, ses enfants, ses moutons, ses chameaux;
cela méritoit bien un petit mot. Il a dessein de le reprendre quand il ira à Grignan. Comment se portent vos
enfants? Adieu, ma très aimable et très chère : je reçois
fort souvent des lettres de mon fils; il est bien affligé de
ne pouvoir sortir de ce malheureux guidonnage; mais
il doit comprendre qu'il y a des gens présents et pres-
sants qu'on a sur les bras, à qui on doit des récom-

---

a La princesse de Tarente habitoit *Château-Madame*, dans le faubourg de Vitré.

b C'étoit de petites figures que l'abbé de Coulanges avoit envoyées
à M. de Grignan, pour orner un des cabinets de son château. On
trouve ce fragment dans l'édition de 1734; il a depuis été retranché
de celle de 1754, ce qui, dans cette édition, rend presque inintelli-
gible un passage de la lettre du 20 octobre 1675, dans lequel il est
question de ces figures.

penses, qu'on préférera toujours à un absent qu'on croit
placé, et qui ne fait simplement que s'ennuyer dans
une longue subalternité dont on ne se soucie guère.
Ha, que c'est bien précisément ce que nous disions,
après une longue navigation, se trouver à neuf cents
lieues d'un cap, et le reste!

415. *

A la même.

Aux Rochers, mercredi 2 octobre 1675.

Il y a deux jours que j'ai reçu votre lettre, c'est le
dixième jour; je pouvois la recevoir plus tôt : si la poste
fût arrivée le mardi à Paris, je l'aurois reçue dès le vendredi, au lieu du lundi : voilà des attestations et des
calculs qui me font souvenir du bon Chésières [a]; mais
je crois que vous les souffrez, et que vous voyez où ils
vont et d'où ils viennent. Votre lettre m'a touchée sensiblement, il me paroît que vous avez senti ce second
éloignement, vous m'en parlez avec tendresse; pour
moi, j'en ai senti les douleurs, et je les sens encore tous
les jours. Il me sembloit que nous étions déja assez loin;
encore cent lieues d'augmentation m'ont blessé le cœur,

[a] Il étoit mort au mois d'avril précédent. (*Voyez* les lettres 358
et 359.)

et je ne puis m'arrêter sur cette pensée sans avoir grand
besoin de vos sermons : ce que vous me dites en deux
mots sur le peu de profit que vous en tirez quelquefois
vous-même est d'une tendresse qui me touche fort. Vous
voulez donc aussi que je vous parle de mes bois ; la sté-
rilité de mes lettres ne vous en dégoûte point : hé bien,
ma fille ! je vous dirai que j'y fais honneur à la lune que
j'aime, comme vous savez : la Plessis s'en va : le bon
abbé craint le serein ; moi, je ne l'ai jamais senti ; je demeure avec *Beaulieu* et mes laquais jusqu'à huit heures :
vraiment, ces allées sont d'une beauté, d'une tranquillité, d'une paix, d'un silence à quoi je ne puis m'accoutumer. Si je pense à vous, si c'est avec tendresse, si j'y
suis sensible, c'est à vous à l'imaginer ; car il ne m'est
pas possible de vous le bien représenter. Je me trouve
fort à mon aise toute seule ; je crains qu'il ne me vienne
des *madames*, c'est-à-dire, de la contrainte. J'ai été voir
la bonne princesse [1] ; elle me reçut avec transport : le
goût qu'elle a pour vous n'est point d'une Allemande ;
elle est touchée de votre personne, et de ce qu'elle croit
de votre esprit ; elle n'en manque pas à sa manière ; elle
aime sa fille [2], et en est occupée : elle me conta ce qu'elle
souffre de son absence, et m'en parla comme à la seule
personne qui puisse comprendre sa peine.

Voici donc, ma chère enfant, des nouvelles de la
cour de Danemarck ; je n'en sais plus de la cour de

[1] De Tarente.

[2] Charlotte-Émilie-Henriette de La Trémouille, mariée, le 29 mai
1680, à Antoine d'Altenbourg, comte d'Oldenbourg.

France, mais pour celles de Copenhague, elles ne vous manqueront pas. Vous saurez donc que cette princesse de La Trémouille est favorite du roi et de la reine, qui est sa cousine-germaine : il y a un prince, frère du roi, fort joli, fort galant, que nous avons vu en France, qui est passionné de la princesse, et la princesse pourroit peut-être sentir quelque disposition à ne le haïr pas ; mais il se trouve un favori qui est tout puissant, qui s'appelle M. le comte de *Kinghstoghmkllfel*[a], vous en-

---

[a] Il s'appeloit Pierre comte de Girffenfeld ; son nom de famille étoit Schuhmaker (en françois *cordonnier*); fils d'un marchand de vin de Copenhague, de bonnes études de jurisprudence en firent un homme distingué. Il fut chargé par le roi Frédéric III de rédiger la *loi royale*, base du droit public danois. (*Voyez* l'art. Frédéric III, dans la Biographie.) Avant de mourir, le roi le chargea de remettre, après lui, son testament à Christian V, son successeur. Ce nouveau roi lui conféra le titre de comte, l'appela dans son conseil privé, le décora de l'ordre de l'éléphant, et le revêtit de la dignité de grand chancelier. De ce moment, tout fléchit devant lui, la reine se disoit *sa servante* dans les lettres qu'elle lui écrivoit ; l'empereur Léopold le créa comte du saint empire ; on assure que Louis XIV demanda pour lui au pape le chapeau de cardinal ; l'électeur de Brandebourg lui offrit l'île de Rugen en principauté. Il étoit devenu très amoureux de mademoiselle de La Trémouille, qui s'étoit retirée en Danemarck, à cause de son attachement à la religion réformée, et il avoit refusé à cause d'elle la princesse Louise-Charlotte, fille du duc de Holstein-Augustembourg. Mais la scène changea en 1676 ; Griffenfeld arrêté chez le roi, fut mis à la citadelle. On trouva chez lui la preuve du crime de haute trahison ; il fut jugé et condamné à avoir la tête tranchée. Cette peine fut commuée en une prison perpétuelle, au moment où la sentence alloit s'exécuter ; il resta prisonnier pendant 23 ans, et n'obtint sa liberté qu'en 1698, peu de mois avant sa mort.

tendez bien : ce comte est amoureux de la princesse,
mais la princesse le hait; ce n'est pas qu'il ne soit brave,
bien fait, et qu'il n'ait de l'esprit, de la politesse, mais
il n'est pas gentilhomme, et cette seule pensée fait évanouir. Le roi est son confident, et voudroit bien faire
ce mariage; la reine soutient sa cousine, et voudroit
bien le prince; mais le roi s'y oppose, et le favori fait
sentir à son rival tout le poids de sa jalousie et de sa faveur : la princesse pleure, et écrit à sa mère des lettres
de quarante pages; elle a demandé son congé; le roi ni
la reine n'y veulent point consentir, chacun par différents intérêts. On éloigne le prince sous divers pré-
textes, mais il revient toujours : présentement, ils sont
tous à la guerre contre les Suédois, se piquant de faire
des actions romanesques pour plaire à la princesse : le
favori lui dit en partant : « Madame, je vois de quelle
« manière vous me traitez, mais je suis assuré que vous
« ne me sauriez refuser votre estime. » Voilà le premier
tome; je vous en manderai la suite, et je ne veux pas
qu'il y ait dorénavant en France une personne mieux
instruite que vous des intrigues de Danemarck. Quand
je ne vous parlerai point de cette cour, je vous parlerai
de *Pilois*[1], car il n'y a rien entre deux. Ce sont des secrets pourtant que tout ceci; sur-tout ne dites pas le
nom du comte...

Je suis fort aise que vous dormiez à Grignan, et que
vous n'y soyez pas si dévorée. Pensez-vous être seule
en peine d'une santé? Je songe fort à la vôtre. Vos fleurs

---

[1] Jardinier des Rochers

et vos promenades me font plaisir. J'espère que j'aurai des bouquets de ce grand jardin *a* que je connois; j'avois dessein de vous demander un peu de vos bons muscats; quelle honte de ne m'en pas offrir ! mais c'est qu'ils ne sont pas encore mûrs.

Ma fille, au nom de Dieu, dites-moi de quel ton vous me parlez du refus de votre portrait que j'ai fait à la sœur de *Quanto* [1]; je crois que vous trouvez que j'ai été trop rude : répondez-moi là-dessus : je suivis mon premier mouvement, et je crois que j'en suis brouillée avec le coadjuteur. On me mande que vous l'aurez bientôt : quand je songe quelle compagnie de campagne il va trouver, j'admire qu'il puisse tant regretter les dames qu'il voit tous les jours. La Trousse est à Paris, comme vous savez; on parle de lui donner la charge de Froulai; ce seroit un pas pour ce pauvre guidon. Il est vrai que cette année est terrible pour le maréchal de Créqui : je trouve, comme vous, qu'il n'est en sûreté ni en repos qu'avec les ennemis : il a un peu dissipé les légions qu'on lui avoit confiées; mais je trouve qu'elles ne lui ont que trop obéi le jour de la bataille. On me mande que M. de Mirepoix *b* est fort désabusé de la contrainte de tenir sa parole, et que nous n'aurons la ratification qu'à la pointe de l'épée.

J'ai oublié de vous dire que cette bonne Tarente me

---

a C'étoit le jardin potager du château de Grignan. C'est maintenant un terrain ensemencé.

[1] Madame de Fontevrault. (*Voyez* la lettre du 9 septembre précédent, tome III, page 460.)

b *Voyez* la note de la lettre 397, tome III, page 418.

4.   2

revint voir deux jours après que j'eus été chez elle; ce
fut une grande nouvelle dans le pays; elle fut transportée de votre petit portrait: nos filles qui sont en *Da-*
nemarck nous font une grande causerie; écrivez-moi
une douceur pour la princesse, à qui je serai ravie de
pouvoir la montrer; c'est elle qui seroit mon médecin,
si j'étois malade; elle est habile, et m'a promis d'une essence entièrement miraculeuse, qui l'a guérie de ses
horribles vapeurs; on en met trois gouttes dans tout ce
que l'on veut, et l'on est guéri comme par miracle : ce
n'est pas que je ne sois présentement dans une parfaite
santé, mais on est aise d'avoir ce remède dans sa cassette.
Je trouve que vous oubliez fort la manière de me remercier, qui étoit si bonne; c'étoit de vous réjouir avec
moi des occasions que j'avois de vous servir : cela étoit
admirable. Je vous prie de faire mes compliments à
M. l'archevêque, et d'embrasser M. de Grignan pour moi.
Je suis tout à vous, ma très chère : voilà, comme vous
dites, une belle nouvelle.

416. *

A la même.

Aux Rochers, dimanche 6 octobre 1675.

Vraiment, ma fille, vous me contez une histoire bien
lamentable de vos pauvres lettres perdues; est-ce *Baro*

qui a fait cette sottise ? On est gaie, gaillarde, on croit
avoir entretenu tous ses bons amis; pour M. l'archevêque, je le plains encore davantage, car il n'écrit que
pour des choses importantes; et il se trouve que toute
la peine qu'on a prise, c'est pour être dans un bourbier,
dans un précipice. Voilà M. de Grignan rebuté d'écrire
pour le reste de sa vie : quelle aventure pour un paresseux! vous verrez que désormais il n'écrira plus, et ne
voudra point hasarder de perdre sa peine. Si vous mandez ce malheur au coadjuteur, il en fera bien son profit.
Je comprends ce chagrin le plus aisément du monde;
mais j'entre bien aussi dans celui que vous allez avoir
de quitter Grignan pour aller dans la contrainte des
villes : la liberté est un bien inestimable; vous le sentez
mieux que personne, et je vous plains, ma très chère,
plus que je ne vous le puis dire. Vous n'aurez ni Vardes, ni Corbinelli; c'eût été pourtant une bonne compagnie. Vous deviez bien me nommer les quatre dames
qui vous venoient assassiner : pour moi, j'ai le temps
de me fortifier contre ma méchante compagnie; je les
sens venir par un côté; et je m'égare par l'autre; c'est
un tour que je fis hier à une sénéchale de Vitré; et puis
je gronde qu'on ne m'ait pas avertie : demandez-moi
ce que je veux dire; ce sont des friponneries qu'on
est tentée de faire dans ce parc. Vous souvient-il d'un
jour que nous évitâmes les Fouesnels? Je me promène
fort; ces allées sont admirables : je travaille comme
vous; mais, Dieu merci, je n'ai point une friponne de
Montgobert qui me réduise aux traînées; c'est une humiliation que je ne comprends pas que vous puissiez

2.

souffrir : je ne noircis point ma soie avec ma laine, je me trouve fort bien d'aller mon grand chemin ; il me semble que je n'ai que dix ans ; et qu'on me donne un petit bout de canevas pour me jouer, il faudroit que vos chaises fussent bien laides pour n'être pas aussi belles que votre lit. J'aime fort tout ce que me mande Montgobert ; elle me plaît toujours, je la trouve *salée*, et tous ses tons me font plaisir ; c'est un bonheur d'avoir dans sa maison une compagnie comme celle-là ; j'en avois une autrefois dont je faisois bien mon profit : M. d'Angers (*Henri Arnauld*) me mandoit l'autre jour que c'étoit une sainte.

J'ai trouvé la réponse du maréchal d'Albret très plaisante ; il y a plus d'esprit que dans son style ordinaire ; elle m'a paru d'une grande hauteur ; *l'affectionné serviteur* est d'une dure digestion : voilà le *Monseigneur* bien établi [a]. Vous avez donc ri, ma fille, de tout ce que je vous mandois d'Orléans, je le trouvai plaisant aussi ; c'est le reste de mon sac, qui me paroissoit assez bon. N'êtes-vous point trop aimable d'aimer les nouvelles de mes bois et de ma santé ? C'est bien précisément pour l'amour de moi : je me relève un peu par les affaires de Danemarck. On menace Rennes de transférer le parlement à Dinan ; ce seroit la ruine entière de cette province : la punition qu'on veut faire à cette ville ne se passera pas sans beaucoup de bruit.

J'ai toujours oublié de vous remercier, ma très chère,

---

[a] Elle parle sans doute de la lettre écrite par le maréchal d'Albret à M. d'Ambres. (*Voyez* la lettre à Bussy, sous le n° 401, t. III, p. 434.)

de tous les souhaits et de toutes les prières que vous
avez fait faire pour mon voyage; c'est vous qui l'avez
rendu heureux. Mon fils me mande que le sien finira
bientôt selon toutes les apparences, et qu'il me viendra
reprendre ici. N'avez-vous point encore M. de La Garde?
Et notre coadjuteur, où est-il? Vous avez trouvé sa harangue comme je vous avois dit; cet endroit *des armes
journalières* étoit la plus heureuse et la plus agréable
chose du monde; jamais rien aussi n'a été tant approuvé. On me mande que M. de Villars s'en va ambassadeur en Savoie; il me semble qu'il y auroit à cela de
l'évêque meunier[1], sans que d'Hacqueville me parle de
douze mille écus de pension; cette augmentation est
considérable. Mais que deviendra la Saint-Géran? N'est-
elle pas assez sage pour vivre sur sa réputation? Que
deviendroient ses épargnes, si elle ne les dépensoit?

J'ai reçu des lettres de Nantes : si le marquis de Lavardin et d'Harouïs faisoient l'article de cette ville dans
la gazette, vous y auriez vu assurément mon arrivée et
mon départ. Je vous rends bien, ma très chère, l'attention que vous avez à la Bretagne; tout ce qui vous entoure à vingt lieues à la ronde m'est considérable. Il
vint ici l'autre jour un Augustin; c'est une manière de
Fraté; il a été par toute la province; il me nomma cinq
ou six fois M. de Grignan et M. d'Arles; je le trouvois
fort habile homme; je suis assurée qu'à Aix je ne l'aurois pas regardé.

A propos, vous ai-je parlé d'une lunette admirable,

_____

[1] Il avoit été ambassadeur extraordinaire en Espagne en 1672.

qui faisoit notre amusement dans le bateau? C'est un
chef-d'œuvre ; elle est encore plus parfaite que celle
que l'abbé vous a laissée à Grignan ; cette lunette rapproche fort bien les objets de trois lieues ; que ne les
rapproche-t-elle de deux cents! Vous pouvez penser
l'usage que nous en faisions sur ces bords de Loire ;
mais voici celui que j'en fais ici : vous savez que par
l'autre bout elle éloigne, et je la tourne sur mademoiselle du Plessis, et je la trouve tout d'un coup à deux
lieues de moi : je fis l'autre jour cette sottise sur elle et
sur mes voisins ; cela fut plaisant, mais personne ne
m'entendit : s'il y avoit eu quelqu'un que j'eusse pu regarder seulement, cette folie m'auroit bien réjouie.
Quand on se trouve bien oppressé de méchante compagnie, il n'y a qu'à faire venir sa lunette et la tourner du
côté qui éloigne : demandez à Montgobert si elle n'auroit pas ri, voilà un beau sujet pour dire des sottises.
Si vous avez Corbinelli, je vous recommande la lunette.
Adieu, ma chère enfant; Dieu merci, comme vous dites,
nous ne sommes pas des montagnes, et j'espère vous
embrasser autrement que de deux cents lieues : vous
allez vous éloigner encore, j'ai envie d'aller à Brest. Je
trouve bien rude que madame la grande-duchesse ait
une dame d'honneur, et que ce ne soit pas la bonne
Rarai : les *Guisardes* lui ont donné la Sainte-Mesme. On
me mande que la bonne mine de La Trousse est aug-
mentée de la moitié, et qu'il aura la charge de Froulai [1].

---

[1] Ce fut M. de Cavoie qui obtint la charge de grand maréchal-des-
logis, vacante par la mort de M. de Froulai, tué à Consarbruck. ' Le
marquis de La Trousse étoit laid, mais il étoit d'une très belle taille.

417. ***

Du comte DE BUSSY *à madame* DE SÉVIGNÉ.

A Chaseu, ce 1er octobre 1675.

Enfin, Madame, voilà le mariage de mademoiselle
de Bussy arrêté, et le jour pris au 4 novembre prochain; je vous envoie la copie d'une procuration, je
vous supplie de m'en envoyer une pareille. De tous les
gentilshommes qui n'ont point été à la guerre ni à la
cour, il n'y en a pas un que j'aimasse mieux que celui-ci,
et vous en demeurerez d'accord avec moi quand vous
le connoîtrez. Ce que j'en estime le plus, c'est un grand
desir qu'il a de suivre mes conseils, qui peut-être seront plus heureux pour lui qu'ils n'ont été pour moi. Il
veut prendre de l'emploi à la guerre, il a du bien pour
y subsister; il a de l'esprit, il est sage, et il me paroît
vigoureux. Avec de l'application, il peut obtenir quelque
chose, et du moins se mettre en passe d'avoir l'agrément d'une lieutenance de roi en Auvergne, ou dans *la*
comté de Bourgogne, si elle nous demeure.

Depuis que vous êtes partie de Paris, il s'est passé
un événement bien plus extraordinaire en la prise de
Trèves, que celui du combat de Consarbruck : il y a
long-temps qu'on perd des batailles dans le royaume;
mais on n'a jamais vu un maréchal de France, défen-
dant une place, être forcé l'épée à la gorge par les offi-

ciers de la garnison, de signer une capitulation qu'ils
avoient faite sans lui[a]. Dans la première affaire le maréchal de Créqui avoit perdu l'honneur; dans la seconde
il l'alloit recouvrer s'il avoit été secondé, mais il a été
malheureux, et c'est un grand défaut à la guerre. Ne
croyez-vous pas, Madame, qu'il voudroit n'être encore
que le chevalier de Créqui; pour moi je le souhaiterois,
si j'étois à sa place, car on pourroit croire qu'il mériteroit un jour d'être maréchal de France, et l'on voit aujourd'hui qu'il en est indigne.

Dans le temps que nous craignions que les confédérés ne vinssent prendre M. le prince par derrière, ils
se retirent chacun chez eux, et Montécuculli de même;
ne diriez-vous pas que la fortune veut faire réparation
au roi de la mort de M. de Turenne, et des malheurs
de M. de Créqui?

418. *

De madame DE SÉVIGNÉ *à madame* DE GRIGNAN.

Aux Rochers, mercredi 9 octobre 1675.

Je reçus, lundi matin, votre lettre du dimanche; cela
est d'une justesse admirable : mais, hélas! ma chère
fille, voilà qui est fait, vous vous éloignez, et ce ne

---

[a] *Voyez* la lettre 412, tome III, page 476.

sera plus la même chose. J'entre fort dans le regret que
vous avez de quitter Grignan; cette vie vous convient
bien mieux que cette représentation que vous êtes
obligée de faire dans les villes, avec ce cérémonial perpétuel qu'il faut observer. J'ai écrit à d'Hacqueville; au
reste, qu'il ne me vienne plus parler de ses accable
ments, c'est lui qui les aime; il vous écrit trois fois la
semaine; vous vous contenteriez d'une, et le gros abbé
(*de Pontcarré*) le soulageroit d'une autre : voilà comme
il s'accommoderoit. Je lui ai proposé la même chose, et
je ne lui écris qu'une fois en huit jours pour lui donner
l'exemple : il n'entend point cette sorte de tendresse, et
veut écrire comme le juge vouloit juger [a] : j'en suis dans
une véritable peine; car je suis persuadée que cet accablement nous le fera mourir : si vous aviez vu sa
table les mercredis, les vendredis, les samedis, vous
croiriez être au bureau de la grand'poste. Pour moi, je
ne me tue point à écrire; je lis, je travaille, je me proméne, je ne fais rien : *bella cosa far niente,* dit un de
mes arbres; l'autre lui répond, *amor odit inertes;* on
ne sait auquel entendre : mais ce que je sens de vrai,
c'est que je n'aime point à m'enivrer d'écriture. J'aime
à vous écrire, je parle à vous, je cause avec vous : il
me seroit impossible de m'en passer; mais je ne mul-
tiplie point ce goût; le reste va, parcequ'il le faut.

    Je reçus hier une lettre de Coligny [b], qui me demande

---

  [a] Allusion aux *Plaideurs* de Racine.

  [b] Gilbert-Allyre de Langheac, septième du nom, comte de Dalet,
marquis de Coligny, par Barbe de Coligny de Cressia sa mère.

mon consentement pour épouser ma niéce de Bussy *.
ah! je le lui donne; il s'appelle Langheac, et sa mère
étoit Coligny; notre cardinal élevoit jusqu'aux nues
cette maison de Langheac *. A propos il fait des remédes;
il faut qu'il se trouve incommodé, puisqu'il s'y résout:
ne négligez point de lui écrire; vous lui devez tout au
moins ce soin, et cette marque de respect et de reconnoissance; ne craignez point de le distraire; il n'est pas
encore au troisième ciel. On m'a dit, en secret, une
chose qui me fait une peine extrême; c'est que le cardinal d'Estrées fait tout ce qu'il peut au monde, par
ses amis et par ses intrigues, pour faire changer le pape
sur le sujet du chapeau du cardinal de Retz, et le faire
donner à M. de Marseille : je vous avoue qu'un coup
de poignard ne me seroit pas plus sensible que cette
aventure : il est vrai aussi que notre cardinal ne fait
que tracasser le pape pour l'obliger à considérer les
raisons de sa lettre : si l'on se sert de ce contre-temps
pour le faire changer d'avis, n'en serions-nous pas au
désespoir? A vous parler confidemment, c'est de d'Hacqueville que je tiens ce que je vous écris; il me prie que
cela ne passe point; peut-être qu'il vous en a dit autant :
vous en userez selon votre discrétion; en attendant, je
hais le cardinal d'Estrées de sa bonne volonté.

M. de Chaulnes amène quatre mille hommes à Ren-

---

a Louise-Françoise de Bussy. Elle étoit née du mariage du comte
de Bussy avec Gabrielle de Toulongeon, sa première femme. (*Voyez*
la note, tome Ier, page 7.)

b C'est en effet une maison d'une grande ancienneté; le diction-
naire héraldique la fait remonter jusqu'à l'an 1000.

nes pour en punir les habitants, l'émotion est grande
dans la ville, et la haine incroyable dans toute la province contre le gouverneur. Nous ne savons plus quand
on tiendra nos états. J'ai prié M. de Luxembourg et
M. de La Trousse de me renvoyer mon fils, s'ils ont
dessein de ne plus rien faire cette année; je serai bien
aise qu'il vienne ici pour voir un peu par lui-même, ce
que c'est que l'illusion de croire avoir du bien, quand on
n'a que des terres. Les pauvres exilés[1] de la rivière de
Loire ne savent point encore leurs crimes, ils s'ennuient
fort. Vassé étoit à six lieues de Veret, je ne pus le voir.

Je suis en peine du rhume de la petite; je sens de la
tendresse particulière pour elle, et mettrai sur mon
compte toutes les petites bontés que vous aurez pour
elle; je lui rends l'amitié qu'elle a eue pour moi, dès
qu'elle a commencé de connoître : elle a une place dans
mon cœur. Je suis toujours à mes croisades : vous devez
être fort touchée de Judas Machabée : c'étoit un grand
héros : quelle honte si vous n'achevez pas ce livre! que
vous faut-il donc? et l'histoire, et le style, tout est divin.
Adieu, la plus aimable du monde et la plus aimée :
comptez, comptez un peu les cœurs où vous régnez,
et n'oubliez pas le mien. Vous allez voir M. le coadjuteur; vous serez bien heureux tous deux.

On joue des sommes immenses à Versailles : le hoca

[1] Messieurs d'Olonne, de Vassé et de Vineuil étoient exilés. Ce
fut au retour de cet exil que le roi demandant à M. de Vineuil ce
qu'il faisoit à Saumur, lieu de son exil, M. de Vineuil dit au roi
qu'il alloit tous les matins à la halle, où se débitoient les nouvelles,
et qu'un jour on y disputoit pour savoir qui étoit l'aîné du roi ou de
MONSIEUR.

est défendu à Paris, sur peine de la vie, et on le joue
chez le roi; cinq mille pistoles en un matin, ce n'est
rien : c'est un coupe-gorge ; chassez bien ce jeu de chez
vous. Je m'ennuie d'entendre toujours dire, les Impériaux ont repassé le Rhin : non, ils ne l'ont pas repassé ;
je voudrois bien qu'ils prissent leur parti. Je prends celui d'embrasser M. de Grignan, je le remercie de me
souhaiter dans son château ; je suis bien fâchée que vous
n'y ayez point vu Vardes ni Corbinelli ; le rendez-vous
est pour l'année prochaine. J'ai mandé à M. de Lavardin
l'affaire de M. d'Ambres ; il y songeoit souvent : vous
voilà un peu mortifiés MM. les grands seigneurs [1]; vous
jugez bien que ceux qui décident ont intérêt à soutenir les dignités : il faut suivre les siècles, celui-ci n'est
pas pour vous.

419. **

De madame DE SÉVIGNÉ *au comte* DE BUSSY.

Aux Rochers, ce 9 octobre 1675.

Voilà donc le mariage de mademoiselle de Bussy tout
assuré. Savez-vous bien que j'en suis fort aise, et qu'après
avoir tant traîné, il nous falloit une conclusion? J'ai reçu
un compliment très honnête de M. de Coligny. Je vois

---

[1] A cause du *Monseigneur* qu'ils disputoient en écrivant à messieurs les maréchaux de France ; ce qui fut décidé en faveur de ces
derniers. (*Voyez* la lettre 395, tome III, page 406, et la note.)

bien que vous n'avez pas manqué de lui dire que je suis votre aînée ᵃ, et que mon approbation est une chose qui tout au moins ne lui sauroit faire de mal.

A propos de cela, je vous veux faire un petit conte qui me fit rire l'autre jour. Un garçon étant accusé en justice d'avoir fait un enfant à une fille, il s'en défendoit à ses juges, et leur disoit : Messieurs, je pense bien que je n'y ai pas nui, mais ce n'est pas à moi l'enfant. Mon cousin, je vous demande pardon, je trouve cela naïf et plaisant. S'il vous vient un petit conte à la traverse, ne vous en contraignez pas.

Mais pour revenir à M. de Coligny, il est certain que mon approbation ne lui peut pas nuire. Sa lettre me paroît de très bon sens, et tout homme qui sait faire un compliment comme celui-là, aussi simple et aussi juste, doit avoir de la raison et de l'esprit. Je le souhaite pour l'amour de ma nièce que j'aime fort. A tout hasard, les leçons que vous lui donnez pour savoir s'ennuyer et se divertir sont très bonnes en ménage. Je suis les règles que vous me donnez pour vivre long-temps : je ne suis pas au lit plus de sept heures ; je mange peu, j'ajoute à vos préceptes de marcher beaucoup ; mais ce que je fais de mal, c'est que je ne puis m'empêcher de rêver tristement dans de grandes allées sombres que j'ai. C'est un poison pour nous que la tristesse, et c'est la source des vapeurs. Vous avez raison de trouver que ce mal est dans l'imagination : vous l'avez parfaitement défini, c'est

---

ᵃ C'est-à-dire, de la branche aînée des Rabutin. (*Voyez* la lettre 4, et la *Notice historique.*)

le chagrin qui le fait naître, et la crainte qui l'entretient. Un admirable remède pour moi seroit d'être avec vous : le chagrin me seroit inconnu, et vous m'apprendriez à ne pas craindre la mort. Il y a douze jours que je suis ici ; j'y suis venue par la rivière de Loire : cette route est délicieuse. J'y ai vu en passant l'abbé d'Effiat à Veret ; cette maison est admirable. Je vis aussi Vineuil à Saumur ; il est dévot ; c'est un sentiment qui est bien naturel dans le malheur et dans la vieillesse. Je les trouve moins patients que vous : c'est qu'ils ont moins de santé, de force d'esprit et de philosophie.

J'ai été quelques jours à Nantes, où M. de Lavardin et M. d'Harouïs m'ont régalée en reine. Enfin je suis arrivée dans ce désert, où je trouve des promenades que j'ai faites, et dont le plan me donne un ombrage qui me fait souvenir que je ne suis pas jeune. Le bon abbé ne m'a point quittée. Nous pensons fort à régler nos affaires, et je profite de ses bontés. Il n'y a rien de si juste et de si bien réglé que nos comptes : il ne manque qu'une petite circonstance à notre satisfaction ; c'est de recevoir de l'argent. C'est ce qu'on ne voit point ici ; l'espèce manque, c'est la vérité. Êtes-vous aussi mal en Bourgogne ?

Je ne crois pas passer ici l'hiver : mais si je retourne à Paris, ce sera pour les affaires de la belle *Madelonne ;* car, il faut l'avouer, j'ai une belle passion pour elle. Je ne dis rien de mon fils ; cependant je l'aime extrêmement, et ses intérêts me font bien autant courir que ceux de ma fille. Il s'ennuie fort dans la charge de guidon ; cette place est jolie à dix-neuf et vingt ans ; mais

quand on y a demeuré sept ans, c'est pour en mourir
de chagrin; si vous connoissiez quelque Bourguignon
qui nous voulût faire le plaisir de nous l'acheter, je vous
paierois votre courtage. Cette charge nous a coûté vingt-
cinq mille écus, elle vaut près de quatre mille livres de
rente, à cause d'une pension de mille écus que nous y
avons attachée. Adieu, Comte; j'embrasse ma nièce;
mandez-moi un peu des nouvelles de votre noce. Langheac est un terrible nom pour la grandeur et pour
l'ancienneté. Je l'ai entendu louer jusqu'aux nues par
le cardinal de Retz; il est dans la solitude. Que dites-
vous de la beauté de cette retraite? Le monde, par
rage de ne pouvoir mordre sur un si beau dessein, dit
qu'il en sortira. Hé bien, envieux, attendez donc qu'il
en sorte, et en attendant taisez-vous; car, de quelque
côté qu'on puisse regarder cette action, elle est belle; et
si on savoit comme moi qu'elle vient purement du desir
de faire son salut, et de l'horreur de sa vie passée, on
ne cesseroit point de l'admirer.

420. **

Du comte DE BUSSY *à madame* DE SÉVIGNÉ.

A Chaseu, ce 19 octobre 1675.

Je reçus hier votre lettre, Madame, qui me donna la
joie que vos lettres ont accoutumé de me donner. Enfin
voilà votre nièce sur le point de passer le pas; elle va

trouver ce qu'elle cherchoit. A propos de chercher, ceci
me fait souvenir du pauvre chevalier de Rohan[a], qui
ayant rencontré un soir bien tard, à Fontainebleau, madame d'Heudicourt seule qui passoit dans une galerie,
lui demanda ce qu'elle cherchoit : rien, dit-elle. Ma foi,
Madame, lui répondit-il, je ne voudrois pas avoir perdu
ce que vous cherchez. Voilà mon petit conte, madame.
Vous m'avez permis d'en faire un aussi, je me sers de la
liberté que vous m'avez donnée. J'ai trouvé le vôtre plaisant au dernier point, et je m'en sais bon gré, car il faut
avoir de l'esprit pour trouver cela aussi plaisant qu'il
l'est. Je n'ai eu garde de dire au marquis de Coligny que
vous fussiez mon aînée ; j'avois trop peur qu'il ne voulût
pas épouser la fille d'un cadet ; mais il a ouï parler de
vous à la comtesse de Dalet sa belle-mère, et je lui ai
paru entêté de votre mérite.

Cela est étrange que vous connoissiez si bien la source
de votre mal, et que vous ne vous en soulagiez pas. Songez souvent à la nécessité de mourir, Madame, et vous
ne craindrez pas tant la mort que vous faites. Ce n'a été
qu'en me familiarisant avec cette pensée que j'en ai diminué l'appréhension. Elle rend tristes les gens qui la
rejettent et qui ne la prennent pas souvent. En moi elle
fait tout autre chose : elle me fait suivre le précepte de
Salomon : *bien vivre et se réjouir*; et d'autant plus que
cela fait vivre plus long-temps. Ainsi c'est à force d'aimer la vie que je ne crains pas la mort. Il est certain

---

[a] Celui qui fut décapité le 27 novembre 1674 pour crime de haute
trahison. (*Voyez* la note de la lettre 352, tome III, page 248.)

que si je vous voyois souvent, Madame, je vous ferois
entendre raison là-dessus. Mais, en attendant que cela
se puisse, je veux souvent traiter par lettre cette matière
avec vous. Ne vous allez pas mettre dans la tête que
c'est votre seul intérêt qui m'oblige à entreprendre votre
cure, c'est le mien aussi ; et je crois, moi qui aime la
joie, que je mourrois si vous étiez morte, ne sachant
avec qui rire finement.

Je comprends bien que votre voyage ait été agréable ;
vous avez presque marqué chaque gîte par la vue d'un
honnête exilé. Il falloit encore que vous trouvassiez
d'Olonne à Orléans, l'abbé de Bellebat ᵃ à Blois, et moi
à Amboise. Vous avez trouvé la véritable raison pourquoi j'ai plus de patience que l'abbé d'Effiat ᵇ et Vineuil.
Le chagrin qu'ils ont de passer leur vie hors du monde
les fait malades, et moi, qui ai passé par la prison, je
suis trop heureux de n'être plus qu'exilé. Je me porte
si bien que j'espère de vivre plus long-temps que mes
plus jeunes ennemis, et, en attendant leur mort, je jouis
d'une santé qui n'a pas la moindre altération. J'ai bonne
opinion des gens qui vous régalent en reine, et sur ce
pied-là j'estimerois la fortune plus que je ne fais, si elle
vous en avoit donné le rang plutôt qu'à mademoiselle

ᵃ L'abbé de Bellebat fut, à ce qu'on croit, compromis dans l'affaire du surintendant. On lui attribua l'un des billets qui furent trouvés sur celui-ci.

ᵇ Jean Coiffier, dit Ruzé, d'Effiat, abbé de Saint-Sernin de Toulouse et de Trois-Fontaies ; il étoit frère de l'infortuné marquis de
Cinq-Mars, grand écuyer de France sous Louis XIII.

4.   3

d'Arquien *. Je suis bien fâché que vos promenoirs vous
fassent souvenir que vous n'êtes plus jeune, mais je ne
veux pas que vous en ayez du chagrin. Vous êtes trop
heureuse d'avoir le bon abbé, il fait tout ce qu'il peut
pour votre service, qui est de régler vos comptes, car je
ne pense pas que vous lui demandiez qu'il fasse de la
fausse monnoie pour vous. L'argent est aussi rare en
Bourgogne qu'en Bretagne; je cherche par-tout à tro-
quer du blé et du vin contre du brocart et du velours
pour les habits de noces de ma fille.

Vous aimez la belle *Madelonne*, Madame, et vous
avez raison, c'est le goût le plus généralement approuvé
qu'on puisse avoir. L'inquiétude de M. de Sévigné n'est
pas mal fondée de s'ennuyer dans sa charge; on ne sert
que pour s'avancer, et un guidon ne s'avance pas, tant
que ses officiers supérieurs ne meurent ou ne quittent
point. Je m'informerai, s'il y a quelque jouvenceau dans
le pays pour votre charge, et je vous quitterai à bon
marché pour la peine de ma négociation.

Je vous manderai des nouvelles de la noce. Le cardinal de Retz a raison d'estimer le nom de Langheac; cela
est bon, je le sais bien, et je ne serai pas surpris, comme
le fut M. de Sévigné à Bourbilly, quand M. de Coligny
me fera voir la grandeur de sa maison. Mais, à propos
du cardinal de Retz, j'ai trouvé le dessein de sa retraite
fort beau. J'ai cru qu'il ne se repentiroit jamais de l'a-
voir pris; et que s'il en avoit quelque tentation, il étoit

.* Marie-Casimire de La Grange-d'Arquien, femme de Jean Sobiesky,
roi de Pologne, cousine-germaine de la première femme du comte
de Guitaud.

trop honnête homme pour y succomber. J'ai trouvé plaisant ce que vous dites au monde là-dessus, *qu'il attende que le cardinal de Retz sorte de sa retraite pour parler, et qu'en attendant il se taise.* Mais, vous avez beau dire, le monde ne se taira pas, il n'aime point à louer, et sur-tout les choses admirables. Quand il ne peut, comme vous voyez, mordre sur le présent, il se retranche sur l'avenir. Faisons bien, et laissons-le dire. Mais je vous fais une leçon, Madame, dont je ne profite pas moi-même ; car le *misanthrope* n'est pas plus déchaîné contre ce qui le choque, que je le suis contre les gens qui veulent à tort et à travers gâter les belles actions.

Adieu, ma chère cousine ; au reste ne m'appelez plus Comte, j'ai passé le temps de l'être. Je suis pour le moins aussi las de ce titre que M. de Turenne l'étoit de celui de Maréchal. Je le céde volontiers aux gens qu'il honore.

~~~~~~

421. *

De madame DE SÉVIGNÉ *à madame* DE GRIGNAN.

Aux Rochers, dimanche 13 octobre 1675.

Vous avez raison de dire que les dates ne font rien pour rendre agréables les lettres de ceux que nous aimons. Eh, mon Dieu ! les affaires publiques nous doivent-elles être si chères ? Votre santé, votre famille, vos

3.

moindres actions, vos sentiments, vos *pétoffes* de Lambesc, c'est là ce qui me touche ; et je crois si bien que
vous êtes de même, que je ne fais aucune difficulté de
vous parler des Rochers, de mademoiselle du Plessis,
de mes allées, de mes bois, de nos affaires, du *bien*
bon et de Copenhague, quand l'occasion s'en présente.
Croyez donc que tout ce qui vient de vous m'est très
considérable, et que, jusqu'à vos traînées de tapisseries,
je suis aise de tout savoir. Si vous voulez encore des
aiguilles pour en faire, j'en ai d'admirables : pour moi,
j'en fis hier d'infinies ; elles étoient aussi ennuyeuses que
ma compagnie : je ne travaille que quand elle entre ; et,
dès que je suis seule, je me promène, je lis, ou j'écris.
La Plessis ne m'incommode pas plus que *Marie.* Dieu
me fait la grace de ne point écouter ce qu'elle dit ; je
suis, à son égard, comme vous êtes pour beaucoup
d'autres : elle a vraiment les meilleurs sentiments du
monde ; j'admire que cela puisse être gâté par l'imper-
tinence de son esprit et la *ridiculité* de ses manières ; il
faudroit voir l'usage qu'elle fait de ma tolérance, et
comme elle l'explique, et les chaînes qu'elle en fait
pour s'attacher à moi, et comme je lui sers d'excuse
pour ne plus voir ses amies de Vitré, et les adresses
qu'elle a pour satisfaire sa sotte gloire, car la sotte gloire
est de tout pays, et la crainte qu'elle a que je ne sois jalouse d'une religieuse de Vitré : cela feroit une assez méchante farce de campagne.

Je dois vous dire des nouvelles de cette province.
M. de Chaulnes est à Rennes avec beaucoup de troupes ;
il a mandé que si on en sortoit, ou si l'on faisoit le moin-

dre bruit, il ôteroit, pour dix ans, le parlement de cette
ville; cette crainte fait tout souffrir : je ne sais point
encore comme ces gens de guerre en usent à l'égard
des pauvres bourgeois. Nous attendons madame de
Chaulnes à Vitré, qui vient voir la princesse (*de Tarente*); nous sommes en sûreté sous ses auspices; mais
je puis vous assurer que, quand il n'y auroit que moi,
M. de Chaulnes prendroit plaisir à me marquer des
égards; c'est la seule occasion où je pourrois répondre
de lui : n'ayez donc aucune inquiétude; je suis ici,
comme dans cette Provence que vous dites qui est à
moi.

Je ne remercierai point d'Hacqueville de vous écrire
trois fois la semaine, c'est se moquer de lui; les louanges qu'il mérite là-dessus sont trop loin de ma pensée :
il m'écrit deux fois; j'en veux retrancher une par mon
exemple, et c'est par pure amitié pour lui, ne voulant
avoir qu'une médiocre part à l'assassinat que nous lui
faisons tous : il succombera, et puis nous serons au désespoir : c'est une perte irréparable, et tous les *autres
d'Hacqueville* ne nous consoleront point de celui-là. Il
m'a fait grand plaisir, cette dernière fois, de m'ôter la
colère que j'avois contre le cardinal d'Estrées; il m'apprend que le nôtre a été refusé en plein consistoire, sur
sa propre lettre, et qu'après cette dernière cérémonie
il n'y a plus rien à craindre; de sorte que le voilà trois
fois cardinal malgré lui, du moins les deux dernières;
car pour la première, s'il m'en souvient, il ne fut pas
trop fâché. Écrivez-lui pour vous moquer de son chagrin; d'Hacqueville est ravi, je l'en aime. Je reçois sou-

vent de petits billets de ce cher cardinal; je lui en écris
aussi; je tiens ce léger commerce très mystérieux et très
secret: il m'en est plus cher. Vous ne devez pas manquer de lui écrire aussi; vous seriez ingrate si vous ne
conserviez pour lui bien de l'attachement; il a été un
peu malade, il se porte bien : il me mande que nous
serions contents de la sagesse qu'il a eue à faire des remèdes.

Vous n'avez pas peur de Ruyter [1]. *Ruyter pourtant
est le dieu des combats; Guitaud ne lui résiste pas :* mais,
en vérité, l'étoile du roi lui résiste : jamais il n'en fut
une si fixe. Elle dissipa, l'année passée, cette grande
flotte; elle fait mourir le prince de Lorraine; elle ren-
voie Montécuculli chez ses parents, et fera la paix par
le mariage du prince Charles. Je disois l'autre jour cette
dernière chose à madame de Tarente; elle me dit qu'il
étoit marié à l'impératrice douairière : quoique cette
noce n'ait pas éclaté, elle ne laisseroit pas d'empêcher
l'autre, vous verrez que cette impératrice mourra, si sa
vie fait un inconvénient. Votre raisonnement est d'une
telle justesse sur les affaires d'état, qu'on voit bien que
vous êtes devenue politique dans la place où vous êtes.
J'ai écrit à la belle princesse de Vaudemont; elle est in-
fortunée, et j'en suis triste, car elle est très aimable. Je
n'osois écrire à madame de Lillebonne; mais vous m'a-
vez donné courage. Je crains que vous n'ayez pas le petit Coulanges; sa femme m'écrit tristement de Lyon, et

---

[1] Amiral de la flotte hollandoise. * Il étoit parti des ports de Hollande le 18 août, et il venoit de se réunir aux Espagnols pour empêcher Duquesne de secourir Messine.

croit y passer l'hiver : c'est une vraie trahison pour elle,
que de n'être pas à Paris : elle me mande que vous avez
eu un assez grand commerce. La Trousse est à Paris et
à la cour, accablé d'agréments et de louanges; il les reçoit d'une manière à les augmenter : on dit qu'il aura la
charge de Froulai; si cela étoit, il y auroit un mouvement dans la compagnie, et je prie notre d'Hacqueville
d'y avoir quelque attention pour notre pauvre guidon,
qui se meurt d'ennui dans le guidonnage; je lui mande
de venir ici, je voudrois le marier à une petite fille qui
est un peu juive de son *estoc*, mais les millions nous paroissent de bonne maison; cela est fort en l'air; je ne
crois plus rien après avoir manqué la petite d'Eaubonne [a].
Madame de Villars me mande encore des merveilles du
chevalier (*de Grignan*); je crois que ce sont les premières qu'on a renouvelées; mais enfin c'est un petit
garçon qui a bien le meilleur bruit qu'on puisse jamais
souhaiter. Je prie Dieu que les lueurs d'espérance pour
une de vos filles [b] puissent réussir; ce seroit une grande
affaire. La paresse du coadjuteur devroit bien cesser
dans de pareilles occasions.

---

[a] On voit dans ce passage, conservé par l'éditeur de 1726, que le
marquis de Sévigné avoit recherché Antoinette Lefèvre-d'Eaubonne,
cousine de M. d'Ormesson. Elle fut mariée en 1676 avec Urbain Le
Goux de La Berchère, marquis de Dinteville et de Santenai, comte
de La Rochepot, maître des requêtes.

[b] Il étoit question d'un établissement pour Françoise-Julie de
Grignan, fille du premier lit de M. de Grignan, connue depuis sous
le nom de mademoiselle d'Alerac, et qui épousa M. de Vibraye
en 1689.

Écoutez une belle action du procureur général [1]. Il avoit une terre, de la maison de Belliévre, qu'on lui avoit fort bien donnée; il l'a remise dans la masse des biens des créanciers, disant qu'il ne sauroit aimer ce présent, quand il songe qu'il fait tort à des créanciers qui ont donné leur argent de bonne foi : cela est héroïque. Jugez s'il est pour nous contre M. de Mirepoix [a]; je ne connois point une plus belle ni une plus vilaine ame que celle de ces deux hommes. Le *bien bon* est toujours le *bien bon*; ce sont des armes parlantes : les obligations que je lui ai sont innombrables; ce qui me les rend sensibles, c'est l'amitié qu'il a pour vous, et le zèle pour vos affaires, et comme il se prépare à confondre le Mirepoix.

Je n'ose penser à vous voir; quand cette espérance entre trop avant dans mon cœur, et qu'elle est encore éloignée, elle me fait trop de mal : je me souviens de ce que je souffris à la maladie de ma pauvre tante; et comme vous me fîtes expédier cette douleur; je ne suis pas encore à portée de recevoir cette joie. Vous m'assurez que vous vous portez bien; Dieu le veuille, ma bonne; cet article me tient extrémement au cœur : pour moi, je suis dans la parfaite santé. Vous aimeriez bien ma sobriété et l'exercice que je fais, et sept heures au

---

[1] Achille de Harlai, depuis premier président. *M. de Harlai avoit recueilli cette terre dans la succession de sa mère, Jeanne-Marie de Belliévre, morte en 1657.

[a] Dans le procès relatif à la ratification de la transaction faite par M. de Grignan avec les héritiers de mademoiselle du Puy-du-Fou, sa seconde femme. (*Voyez* la note de la lettre 397, t. III, p. 418.)

lit, comme une carmélite : cette vie dure me plaît ; elle
ressemble au pays ; je n'engraisse point, et l'air est si
épais et si humain, que ce teint, qu'il y a si long-temps
que l'on loue, n'en est point changé : je vous souhaite
quelquefois une de nos soirées, en qualité de pommade
de pieds de mouton. J'ai dix ouvriers qui me divertissent fort. *Rahuel* et *Pilois*, tout est à sa place. Vous devez être persuadée de ma confiance par les pauvretés
dont je remplis ma lettre. Depuis que je me suis plainte,
en vers, de la pluie, il fait un temps charmant ; de sorte
que je m'en loue en prose. Toute notre province est si
occupée de ces punitions, que l'on ne fait point de visites ; et, sans vouloir contrefaire la dédaigneuse, j'en suis
extrêmement aise. Vous souvient-il quand nous trou-
vions qu'il n'y avoit rien de si bon, en province, qu'une
méchante compagnie, par la joie du départ ? c'est un
plaisir que je n'aurai point cette année.

Ma bonne, quand je vous écrirois encore quatre heures, je ne pourrois pas vous dire à quel point je vous
aime, et de quelle manière vous m'êtes chère. Je suis
persuadée du soin de la Providence sur vous, puisque
vous payez tous vos arrérages, et que vous voyez une
année de subsistance ; Dieu prendra soin des autres ;
continuez votre attention sur votre dépense ; cela ne
remplit point les grandes brèches, mais cela aide à la
douceur présente, et c'est beaucoup. M. de Grignan
est-il sage ? je l'embrasse dans cette espérance, ma très
bonne, et je suis entièrement à vous.

~~~~~~

422.

A la même.

Aux Rochers , mercredi 16 octobre 1675.

Je ne suis point entêtée , ma fille , de M. de Lavardin; je le vois tel qu'il est : ses plaisanteries et ses manières ne me charment point du tout; je les vois, comme
j'ai toujours fait : mais je suis assez juste pour rendre
au vrai mérite ce qui lui appartient, quoique je le trouve pêle-mêle avec quelques désagréments; c'est à ses
bonnes qualités que je me suis solidement attachée , et,
par bonheur, je vous en avois parlé à Paris , car, sans
cela , vous croiriez que l'enthousiasme d'une bonne ré-
ception m'auroit enivrée; enfin je souhaiterai toujours
à ceux que j'aimerai plus de charmes; mais je me con-
tenterai qu'ils aient autant de vertus. C'est le moins lâche
et le moins bas courtisan que j'aie jamais vu; vous aimeriez bien son style dans de certains endroits, vous qui
parlez : tant y a, ma fille, voilà ma justification, dont
vous ferez part au gros abbé, si jamais, par hasard , *il a
mal au gras des jambes*[1] sur ce sujet.

Je suis fort aise que vous ayez remarqué, comme

---

[1] Expression familière de l'abbé de Pontcarré, lorsqu'il étoit importuné de quelque discours.

moi, la diligence admirable de nos lettres; et le beau procédé de *Riaux*[a], et de ces autres messieurs si obligeants, qui viennent prendre nos lettres, et les portent nuit et jour, en courant de toutes leurs forces, pour les faire aller plus promptement: je vous dis que nous sommes ingrats envers les postillons, et même envers M. de Louvois[1], qui les établit par-tout avec tant de soin. Mais quoi! ma très chère, nous nous éloignons encore; et toutes nos admirations vont cesser: quand je songe que, dans votre dernière lettre, vous répondez encore à celle que je vous écrivis de la Silleraye, et qu'il y aura demain trois semaines que je suis aux Rochers, je comprends que nous étions déja assez loin, sans cette augmentation.

D'Hacqueville me dit qu'une fois la semaine, c'est assez écrire pour des affaires; mais que ce n'est pas assez pour son amitié, et qu'il augmenteroit plutôt d'une lettre que d'en retrancher une. Vous jugez bien que, puisque le régime que je lui avois ordonné ne lui plaît pas, je lâche la bride à toutes ses bontés, et lui laisse la liberté de son écritoire: songez qu'il écrit de cette furie à tout ce qui est hors de Paris, et voit tous les jours tout ce qui y reste; ce sont *les d'Hacqueville*; adressez-vous à eux, ma fille, en toute confiance: leurs bons cœurs suffisent à tout. Je me veux donc ôter de l'esprit de les ménager; j'en veux abuser; aussi bien, si ce n'est moi qui le tue, ce sera un autre: il n'aime que ceux dont

---

[a] Ce ne peut être qu'un courrier de la malle.

[1] Surintendant général des postes.

il est accablé : accablons-le donc sans ménagement.

Je voudrois que vous vissiez de quelle beauté ces bois sont présentement. Madame de Tarente y fut hier tout le jour; il faisoit un temps admirable : elle me parla fort de vous : elle vous trouve bien plus jolie que *le petit ami*[1] ; sa fille est malade : elle en étoit triste; je la mis en carrosse au bout de la grande allée, et, comme elle me prioit fort de me retirer, elle me dit : *Madame, vous me prenez pour une Allemande.* Je lui dis : « Oui, « Madame, assurément, je vous prends pour une Alle- « mande[2] : j'aurois plus tôt obéi à Madame votre belle- « fille[3]. » Elle entendit cela comme une Françoise. Il est vrai que sa naissance doit, ce me semble, donner une dose de respect à ceux qui savent vivre. Elle a un style romanesque dans ce qu'elle conte, et je suis étonnée que cela déplaise à ceux même qui aiment les romans : elle attend madame de Chaulnes. M. de Chaulnes est à Rennes avec les Forbin et les Vins, et quatre mille hommes : on croit qu'il y aura bien de la *penderie.* M. de Chaulnes y a été reçu comme le roi; mais comme c'est la crainte qui a fait changer leur langage, M. de Chaul- nes n'oublie pas toutes les injures qu'on lui a dites, dont la plus douce et la plus familière étoit *gros cochon ,* sans compter les pierres dans sa maison et dans son jar- din, et des menaces dont il paroissoit que Dieu seul em-

[1] Le portrait en miniature de madame de Grignan.

[2] Madame de Tarente étoit fille de Guillaume V, landgrave de Hesse-Cassel.

[3] Madeleine de Créqui, duchesse de La Trémouille.

péchoit l'exécution; c'est cela qu'on va punir. D'Hacqueville, *de sa propre main ,* car ce n'est point dans son
billet de nouvelles qu'on pourroit avoir copié, me mande
que M. de Chaulnes, suivi de ses troupes, est arrivé à
Rennes le samedi 12 octobre : je l'ai remercié de ce soin,
et je lui apprends que M. de Pomponne se fait peindre
par Mignard; mais tout ceci entre nous; car savez-vous
bien qu'il est délicat et blond? Je reçois des lettres de
votre frère toutes pleines de lamentations de Jérémie sur
son guidonnage; il dit justement tout ce que nous disions quand il l'acheta; c'est ce cap, dont il est encore
à neuf cents lieues : mais il y avoit des gens qui lui
mettoient dans la tête que, puisque je venois de vous
marier, il falloit aussi l'établir; et par cette raison, qui
devoit produire, au moins pour quelque temps, un effet
contraire, il fallut céder à son empressement, et il s'en
désespère : il y a des cœurs plaisamment bâtis en ce
monde. Enfin, ma fille, soyons bien persuadées que c'est
une vilaine chose que les charges subalternes.

Vous savez bien que notre cardinal l'est à fer et à
clou. Nous devons tous en être ravis à telle fin que de
raison : c'est toujours une chose triste qu'une dégra-
dation. Au nom de Dieu, ne négligez point de lui écrire :
il aime mes billets, jugez des vôtres. Vous ne m'aviez
point dit que votre premier président (*M. Marin*) a
battu sa femme; j'aime les coups de plat d'épée, cela est
brave et nouveau. On sait bien qu'il faut les battre, disoit l'autre jour un paysan; mais le plat d'épée me réjouit. Je m'en vais parier que la petite d'Oppède n'est
point morte : je connois ceux qui doivent mourir. Il est

vrai que le bonheur des François surpasse toute croyance
en tout pays : j'ai ajouté ce remerciement à ma prière
du soir; ce sont les ennemis qui font toutes nos affaires :
ils se reculent quand ils voient qu'ils nous pourroient
embarrasser. Vous verrez ce que deviendra Ruyter sur
votre Méditerranée : le prince d'Orange songe à s'aller
coucher, et j'espère votre frère. Je vous réponds de
cette province, et même de la paix : il me semble qu'elle
est si nécessaire que, malgré la conduite de ceux qui
ne la veulent pas, elle se fera toute seule. Je suivrai
votre avis, ma chère enfant, je vais m'entretenir de l'espérance de vous revoir : je ne puis commencer trop tôt
pour me récompenser des larmes que notre séparation
et même la crainte m'ont fait répandre si souvent.

J'embrasse M. de Grignan, car je crois qu'il est revenu de la chasse : mandez-moi bien de vos nouvelles,
vous voyez que je vous accable des miennes. La Saint-
Géran s'est mêlée de m'écrire sérieusement sur l'ambassade de madame de Villars, qui, à ce qu'elle dit, ira à
Turin; je le crois, puisqu'il n'y a qu'une régente : je lui
ai fait réponse dans son même style; mais ce n'a pas été
sans peine. Ne vous ont-elles pas remerciée de votre
eau de la reine de Hongrie? Elle est divine : pour moi,
je vous en remercie encore; je m'en enivre tous les
jours : j'en ai dans ma poche; c'est une folie comme du
tabac : quand on y est accoutumé, on ne peut plus s'en
passer : je la trouve excellente contre la tristesse; j'en
mets le soir, plus pour me réjouir que pour le screin,
dont mes bois me garantissent : vous êtes trop bonne
de craindre que les loups, les cochons et les châtaignes

ne m'y fassent une insulte. Adieu, mon enfant, je vous aime de tout mon cœur ; mais c'est au pied de la lettre, et sans en rien rabattre.

423.

A la même.

Aux Rochers, dimanche 20 octobre 1675.

Nous ne pouvons nous lasser d'admirer la diligence et la fidélité de la poste : enfin je reçois le 18 la lettre du 9 ; c'est le neuvième jour, c'est tout ce qui se peut souhaiter. Mais, ma fille, il faut finir nos admirations ; et, comme vous dites, vous vous éloignez encore, afin que nous soyons précisément aux lieux que la Providence nous a marqués. Pour moi, je m'acquitte mal de ma résidence : mais pour vous, bon Dieu ! M. d'Angers (*H. Arnauld*) n'en fait pas davantage ; et quand je pense à notre éloignement, et combien je serois digne de jouir du plaisir d'être avec vous, et comme vous êtes pour moi, précisément dans le temps que nous sommes aux deux bouts de la terre, ne me demandez point de rêver gaiement à cet endroit-là de notre destinée ; le bon sens s'y oppose, et ma tendresse encore plus : il faut se jeter promptement dans la soumission que nous devons à la Providence. Je suis fort aise que vous ayez vu M. de La Garde : mon ame est fort honorée d'être à son gré :

il est bon juge : je vous plains de le quitter sitôt. Je pense
que vos conversations ont été bien infinies : il mène donc
M. l'archevêque (d'*Arles*) à La Garde *; c'est fort bien
dit, c'est un fleuve qui rend fertiles et heureux tous les
pays par où il passe : je trouve qu'il a fait des merveilles
à Grignan.

M. de Chaulnes est à Rennes avec quatre mille hommes : il a transféré le parlement à Vannes ; c'est une désolation terrible. La ruine de Rennes emporte celle de
la province. Madame de Marbeuf est à Vitré : elle m'a
fait mille amitiés de madame de Chaulnes, et des compliments de M. de Vins, qui veut me venir voir. Il s'en
faut beaucoup que je n'aie peur de ces troupes ; mais je
prends part à la tristesse et à la désolation de toute la
province. On ne croit pas que nous ayons d'états ; et si
on les tient, ce sera encore pour racheter les édits que
nous achetâmes deux millions cinq cent mille livres, il
y a deux ans, et qu'on nous a tous redonnés, et on y
ajoutera peut-être encore de mettre à prix le retour du
parlement à Rennes. M. de Montmoron [1] s'est sauvé ici,
et chez un de ses amis, à trois lieues d'ici, pour ne point
entendre les pleurs et les cris de Rennes, en voyant sortir son cher parlement. Me voilà bien Bretonne, comme
vous voyez : mais vous comprenez bien que cela tient à
l'air que l'on respire, et aussi à quelque chose de plus ;

---

* Le château de La Garde étoit situé sur une montagne à une
heure de chemin de Pierrelate, et à trois lieues de Grignan. Il a
été détruit pendant la révolution.

[1] Il étoit Sévigné , et doyen du parlement de Bretagne.

car, de l'un à l'autre, toute la province est affligée. Ne soyez nullement en peine de ma santé, ma chère belle, je me porte très bien. Madame de Tarente m'a donné d'une essence qui l'a guérie de vapeurs bien pires que les miennes : on en met, quinze jours durant, deux gouttes dans le premier breuvage que l'on boit à table, et cela guérit entièrement; elle en conte des expériences qui ont assez l'air de celles de la comédie du *Médecin forcé* : mais je les crois toutes, et j'en prendrois présentement, sans que je ferois scrupule de me servir d'un remède si admirable, quand je n'en ai nul besoin. Cette princesse ne songe qu'à sa santé : n'est-ce pas assez ? Vous croyez bien que je ne manquerai pas de prendre toutes ces médecines : mais, en vérité, ce ne sera pas quand je me porte bien. Je vous manderai, dans quelque temps, la suite des prospérités du bateau ª. Vous ferez la Plessis trop glorieuse, car je lui dirai comme vous l'aimez; à la réserve de ce que je vous disois l'autre jour, je ne pense pas qu'il y ait une meilleure créature; elle est tous les jours ici. J'ai dans ma poche de votre admirable eau de la reine de Hongrie; j'en suis folle, c'est le soulagement de tous les chagrins : je voudrois en envoyer à Rennes. Ces bois sont toujours beaux : le vert en est cent fois plus beau que celui de Livry; je ne sais si c'est la qualité des arbres ou la fraîcheur des pluies; mais il n'y a pas de comparaison; tout est encore aujourd'hui du même vert du mois de mai : les feuilles qui tom-

---

ª C'est peut être une allusion à la manière dont la princesse de La Trémouille conduisoit sa *barque* à la cour de Copenhague.

4.   4

bent sont feuilles-mortes ; mais celles qui tiennent sont
encore vertes : vous n'avez jamais observé cette beauté.
Pour l'arbre bienheureux qui vous sauva la vie, je serois
tentée d'y faire bâtir une chapelle ; il me paroît plus
grand, plus fier et plus élevé que les autres ; il a raison,
puisqu'il vous a sauvée : du moins je lui dirai la stance de
Médor dans l'Arioste, quand il souhaite tant de bonheur et tant de paix à cet autre qui lui avoit fait tant de
plaisir *. Pour nos sentences, elles ne sont point défigu-
rées ; je les visite souvent ; elles sont même augmentées,
et deux arbres voisins disent quelquefois les deux con-
traires : *la lontananza ogni gran piaga salda*, et *piaga
d'amor non si sana mai*. Il y en a cinq ou six dans cette
contrariété. La bonne princesse étoit ravie : je le suis
de la lettre que vous avez écrite au bon abbé, sur le
voyage de *Jacob* dans la terre promise de votre cabinet *b*.

  Madame de Lavardin me mande, comme une manière de secret encore pour quelques jours, que d'O-
lonne marie son frère à mademoiselle de Noirmoutier *c*.

---

a On voudroit pouvoir citer toute la stance, voici au moins les
vers que madame de Sévigné adresse à *l'arbre bienheureux :*

> ..... *Benigno abbiate e sole e luna,*
> *E delle ninfe il coro, che proveggia*
> *Che non conduca a voi pastor mai greggia.*
>   ORLANDO FURIOSO, c. XXIII, st. 109.

b *Voyez* plus haut la lettre 414, page 12 de ce volume.

c François de La Trémouille, marquis de Royan, comte d'Olonne
après le décès de son frère aîné, mort sans postérité en 1686,
épousa, le 31 décembre 1675, Yolande Julie de La Trémouille, fille
du duc de Noirmoutiers.

Il lui donne toutes les terres du Poitou, une infinité de meubles et de pierreries ; il en fait ses enfants : ils sont tous à la Ferté-Milon, où cette jolie affaire se doit terminer. Je n'eusse jamais cru que d'Olonne eût été propre à se soucier de son nom et de sa famille. Adieu, ma très belle et très aimable enfant, je vous aime assurément de tout mon cœur.

424.

Au comte DE BUSSY.

Aux Rochers, ce 20 octobre 1675 [a].

Voilà, mon cher cousin, la procuration que vous me faites l'honneur de me demander pour le mariage de ma nièce. On ne peut pas l'approuver plus que je fais ; je vous le mandai il y a huit ou dix jours. J'ai reçu même une lettre de notre amant, qui, par un excès de politesse, me demande mon approbation. Sa lettre est droite, simple, disant ce qu'il veut dire d'un tour noble,

[a] Cette lettre est datée du 30 octobre dans les lettres imprimées, mais, dans le manuscrit de Bussy, elle porte la date du 20 octobre, qui est la véritable, car madame de Sévigné savoit, par la lettre de Bussy imprimée plus haut sous le n° 417, que le mariage de mademoiselle de Bussy avec le marquis de Coligny devoit se faire le 4 novembre ; elle n'auroit pas différé aussi long-temps d'envoyer sa procuration.

4.

et qui n'est point abymé de la convulsion des compliments, comme dit la comédie. Enfin, sur l'étiquette du
sac, on peut fort bien juger que c'est un homme de bon
sens et de bon esprit. Je joins à cela le goût qu'il a pour
vous, qu'on ne peut avoir qu'à proportion qu'on a du
mérite; et cette grande naissance dont le cardinal de
Retz m'a entretenue : je conclus que ma nièce est fort
heureuse d'avoir si bien rencontré. M'entendez-vous
bien, ma chère nièce, je m'en vais commencer à vous
mettre l'un auprès de l'autre; car je lui veux faire plaisir. Je ne prétends pas aussi vous désobliger, vous ai-
mant comme je vous aime. Mandez-moi, mon cousin,
des nouvelles de cette belle fête. Cette province est dans
une grande désolation. M. de Chaulnes a ôté le parlement de Rennes pour punir la ville; ces messieurs sont
allés à Vannes, qui est une petite ville où ils seront
fort pressés.

Les mutins de Rennes se sont sauvés, il y a long-
temps; ainsi les bons pâtiront pour les méchants : mais
je trouve tout fort bon, pourvu que les quatre mille
hommes de guerre qui sont à Rennes, sous messieurs de
Forbin et de Vins, ne m'empêchent point de me promener dans mes bois, qui sont d'une hauteur et d'une
beauté merveilleuse. Adieu, Comte, puisque nous
nous aimons encore, nous nous aimerons toute notre
vie.

425.

A madame DE GRIGNAN.

Aux Rochers, mercredi 23 octobre 1675.

J'ai reçu votre lettre justement comme j'allois à Vitré.
Ce que vous me mandiez de la princesse étoit si naturel,
si à propos, si précisément ce que je souhaitois, que je
vous en remerciai mille fois intérieurement. Je lus à
madame de Tarente tout ce qui la regardoit; elle en fut
ravie : sa fille est malade; elle en reçoit pourtant des
lettres, mais d'un style qui n'est point fait; ce sont des
chères mamans et des tendresses d'enfant, quoiqu'elle ait
vingt ans. Tous ses amants sont à la guerre. MADAME écrit
en allemand de grandes lettres à madame de Tarente :
je me les fais expliquer : elle lui parle avec beaucoup de
familiarité et de tendresse, et la souhaite fort. Il me paroît
que madame de Monaco auroit sujet de craindre la
princesse, si celle-ci étoit catholique; car sa place seroit
bien son fait. MADAME lui dit qu'elle ne peut être contente qu'en la voyant établie auprès d'elle. Madame de
Monaco voulut un jour donner sur la bonne Tarente;
MADAME, malgré cette belle passion, la fit taire brus-
quement.

Madame de Chaulnes vient à Vitré voir la princesse,
et c'est là que j'irai rendre mes devoirs à la gouvernante

et à la petite personne[a]; ce me sera une grande commodité. J'ai eu ici madame de Marbeuf pendant vingt-
quatre heures; c'est une femme qui m'aime, et qui, en
vérité, a de bonnes qualités, et un cœur noble et sincère. Elle a vu tous les désordres de cette province de
fort près; elle me les joua au naturel: ce sont des choses
à pâmer de rire, et que vous ne croiriez pas si je vous
les écrivois ; mais pour vous endormir quelque jour,
cela sera merveilleux. Cette marquise de Marbeuf[b] s'en
va à Digne pour un rhumatisme; elle ira vous voir; je
vous prierai en ce temps-là de la recevoir comme une de
mes amies. D'Hacqueville me mande que, pendant votre
assemblée, il ne vous laissera point manquer de nouvelles; je le remercie fort de ses soins. Il m'apprend que
notre parlement est transféré, et qu'il y a des troupes
à Rennes [1], mais *de sa propre main*.

Notre cardinal non seulement est *récardinalisé,* mais
vous savez bien qu'en même temps il a eu ordre du pape
de sortir de Saint-Mihel ; de sorte qu'il est à Commerci[c]:

---

[a] Mademoiselle de Murinais, mariée, en août 1674, à Henri de
Maillé, marquis de Kerman. (*Voyez* la lettre 163, tome II, p. 124.)

[b] Louise-Gabrielle de Louet, femme de Claude de Marbeuf, président à mortier au parlement de Rennes.

[1] Il mandoit de Paris à madame de Sévigné ce qui se passoit en
Bretagne, où elle étoit.

[c] Commerci est une principauté du Barrois, dans les états de Lorraine. Le cardinal de Retz avoit une jolie maison de campagne à Ville-
Issey, tout auprès de Commerci. Son abbaye de Saint-Mihel en étoit
aussi à une très petite distance. Cette principauté, acquise par madame de Lillebonne après la mort du cardinal, est restée long-temps
dans la maison de Lorraine.

je crois qu'il y sera fort en retraite, et qu'il n'aura plus
de ménagerie : le voilà revenu à ce que nous souhaitions
tous. Sa Sainteté a parfaitement bien fait, ce me semble :
la lettre du Consistoire est un panégyrique : je serois
fâchée de mourir sans avoir encore une fois embrassé
cette chère Éminence. Vous devez lui écrire, et ne le
point abandonner, sous prétexte qu'il est dans la troisième région : on n'y est jamais assez pour aimer les apparences d'oubli de ceux qui nous doivent aimer. Vous
avez donc été bien étonnée de cette pièce d'argent[1];
elle est comme je vous l'ai dépeinte : je la place dessus
ou dessous la table de votre beau cabinet.

Vous avez peur, ma fille, que les loups ne me mangent; c'est depuis que nous savons qu'ils n'aiment pas
les cotrets. Il est vrai qu'ils feroient un assez bon repas
de ma personne; mais j'ai tellement mon infanterie autour de moi, que je ne les crains point. *Beaulieu*[2] vous
prie de croire que dans ses assiduités auprès de moi,
entouré des petits laquais de *ma mère*, il a dessein de
vous faire sa cour. Sa femme n'est point encore accouchée; ces créatures-là ne comptent point juste. Vous me
priez, ma très chère, de vous laisser dans la *capucine*[a],
pendant que je me promènerai; je ne le veux point; je
ferois ma promenade trop courte; vous viendrez tou-

[1] C'étoit cette cassolette dont M. le cardinal de Retz faisoit présent
à madame de Grignan.

[2] Un valet-de-chambre de madame de Sévigné.

[a] On a déja vu que c'étoit une cabane du parc des Rochers. (*Voyez*
la lettre 162, tome II, page 122.) Madame de Grignan craignoit le
serein, et se promenoit rarement le soir.

jours avec moi, malgré vous, quand vous devriez sentir
un peu de serein; il n'est point dangereux ici, c'est de la
pommade. Je ne saurois m'appliquer à démêler les
droits de l'*autre*[1]; je suis persuadée qu'ils sont grands;
mais quand on aime d'une certaine façon, et que tout le
cœur est rempli, je pense qu'il est difficile de séparer si
juste : enfin sur cela chacun fait à sa mode et comme il
peut. Je ne trouve pas qu'on soit si fort maîtresse de
régler les sentiments de ce pays-là; on est bien heureux
quand ils ont l'apparence raisonnable. Je crois que, de
toute façon, vous m'empêchez d'être ridicule; je tâche
aussi de me gouverner assez sagement pour n'incommo-
der personne : voilà tout ce que je sais.

Madame de Tarente a une étoile merveilleuse pour
les entêtements : c'est un grand mal quand, à son âge,
cela sort de la famille. Je vous conterai mille plaisantes
choses, qui vous feront voir l'extravagance et la grande
puissance de l'*orviétan*; cela vous divertira et vous fera
pitié. C'est un mal terrible que cette disposition à se
prendre par les yeux. La princesse m'a donné le plus
beau petit chien du monde; c'est un épagneul; c'est
toute la beauté, tout l'agrément, toutes les petites façons,
hormis qu'il ne m'aime point; il n'importe, je me mo-
querai de ceux qui se sont moqués de la pauvre *Mar-*
phise; cela est joli à voir briller et chasser devant soi
dans une allée. M. l'archevêque (*d'Arles*) nous mande
le grand ordre qu'il a mis dans vos affaires : Dieu en

---

[1] Il est question des droits de l'amour et de l'amitié, et par *l'autre,*
c'est l'amour qui est désigné.

soit béni, et prenne soin de l'avenir : il nous parle du
mariage de mademoiselle de Grignan, je le trouve admirable : il faudroit tâcher de suivre fidèlement cette
affaire, et ne se point détourner de ce dessein : mettez-
y d'Hacqueville en l'absence du coadjuteur, c'est un
homme admirable pour surmonter les lenteurs et les
difficultés, par son application et sa patience. Vous
avez besoin d'une tête comme la sienne pour conduire
cette barque chez M. de Montausier *; c'est un coup de
partie, et voilà les occasions où d'Hacqueville n'a point
son pareil.

Je croyois avoir été trop rude de refuser ce portrait
à madame de Fontevrauld [1]; il me sembloit que, puisque tout le monde s'offriroit en corps et en ame, j'avois
été peu du monde et de la cour, de ne pas faire comme
les autres; mais vous ne me blâmez point, et je suis
pleinement contente. Ne vous ai-je point parlé d'une
rudesse qu'avoit faite l'*ami de Quanto* (*le roi*) au fils de
M. de La Rochefoucauld (*Marsillac*)? La voici d'un bon
auteur. On parloit de vapeurs; le fils dit qu'elles venoient d'un certain charbon, que l'on sent en voyant
accommoder les fontaines. L'ami dit tout haut à *Quanto:*
« Mon Dieu! que les gens qui se veulent mêler de rai-
« sonner sont haïssables! pour moi, je ne trouve rien de
« si sot. » Comme ce style n'est point naturel, tout le
monde en fut surpris, et l'on ne savoit où se mettre :

---

a Françoise-Julie de Grignan, depuis madame de Vibraye, étoit
nièce du duc de Montausier.

[1] Sœur de madame de Montespan.

mais cela fut réparé par mille bontés, et il n'en fut plus
question. Voyez combien les vapeurs sont bizarres.
Adieu, ma très chère, je ne veux plus vous parler de
mon amitié; mais parlez-moi de la vôtre et de tout ce
qui vous regarde. Madame d'Escars est en Poitou avec
sa fille : qu'elle est heureuse !

Il y a un homme en ce pays* qui écrit beaucoup de
lettres, et qui, de peur de prendre l'une pour l'autre, a
soin de mettre le dessus avant que d'écrire le dedans :
cela m'a fait rire.

~~~~~~

426.

A la même.

Aux Rochers, dimanche 27 octobre 1675.

Je n'ai point reçu de vos lettres, ma très chère et très
belle, c'est une grande tristesse pour moi. Il ne me
tombe jamais dans l'esprit que ce soit votre faute : je
connois votre soin : mais je comprends que votre dé-
barquement de Grignan a causé ce désordre. Madame
de Chaulnes et la petite personne* sont venues voir la
princesse de Tarente à Vitré. Cette duchesse m'envoya
d'abord un compliment fort honnête, disant qu'elle me

---

a L'abbé de Coulanges.
b Madame de Kerman.

viendroit voir; j'y fus dîner le lendemain; elle me reçut
avec joie, et m'entretint deux heures avec affectation et
empressement, pour me conter toute leur conduite depuis six mois, et tout ce qu'elle a souffert, et les horribles périls où elle s'est trouvée : elle sait que je trafique
en plusieurs endroits, et que je pouvois avoir été instruite par des gens qui m'auroient dit le contraire : je
la remerciai fort de sa confiance, et de l'honneur qu'elle
me faisoit de vouloir m'instruire. En un mot, cette province a grand tort : mais elle est rudement punie, et au
point de ne s'en remettre jamais. Il y a cinq mille hommes à Rennes, dont plus de la moitié y passeront l'hiver : ce sera assez pour y faire *des petits ,* comme dit le
maréchal de Gramont[a]. MM. de Forbin et de Vins s'ennuient fort de leur emploi; ce dernier m'a accablée de
compliments; je crois qu'il viendra ici. Ils s'en retour-
neront dans quinze jours; mais toute l'infanterie demeurera. On a pris à l'aventure vingt-cinq ou trente
hommes que l'on va pendre. On a transféré le parlement; c'est le dernier coup; car Rennes sans cela ne vaut
pas Vitré. Madame de Tarente nous a sauvés des con-
tributions; je ne veux point dire ce que M. de Chaulnes
m'a mandé; mais quand je serois seule dans le pays, je
ne serois pas moins sûre des ménagements qu'il a pour
Sévigné , qui est aux portes de Rennes. Les malheurs de
cette province retardent toutes les affaires , et achèvent
de tout ruiner. Je fus coucher à *ma tour*[1]; dès huit

---

[a] *Voyez* la lettre 401 , tome III, page 432.

[1] La Tour de Sévigné.

heures du matin, ces deux bonnes princesse et duchesse
étoient à mon lever : la pauvre petite personne est toute
consternée; elle a toujours l'idée de la mort et des périls, elle regrette bien la tranquillité et la paresse de
Sully. M. de Saint-Malo étoit à Vitré; c'est l'aumônier
de madame de Chaulnes. Je fus ravie de revenir ici : je
fais une allée nouvelle qui m'occupe; je paye mes ouvriers en blé, et ne trouve rien de solide que de s'amuser, et de se détourner de la triste méditation de nos
misères. Ces soirées dont vous êtes en peine, ma fille,
je les passe sans ennui; j'ai quasi toujours à écrire, ou
bien je lis, et insensiblement je trouve minuit : l'abbé
me quitte à dix, et les deux heures que je suis seule ne
me font point mourir, non plus que les autres. Pour le
jour, je suis en affaires avec l'abbé, ou je suis avec mes
chers ouvriers, ou je travaille à mon très commode ouvrage. Enfin, mon enfant, la vie passe si vite, et par
conséquent nous approchons sitôt de notre fin, que je
ne sais comme on peut si profondément se désespérer
des affaires de ce monde. On a le temps ici de faire des
réflexions; c'est ma faute si mes bois ne m'en inspirent
l'envie. Je me porte toujours très bien; tous mes gens
vous obéissent admirablement; ils ont des soins ridicules de moi; ils viennent me trouver le soir, armés de
toutes pièces, et c'est contre un écureuil qu'ils veulent
tirer l'épée.

J'ai reçu une très aimable lettre du coadjuteur; il se
plaint extrêmement de vos railleries, et me prie de le
venger, m'assurant que, si je l'abandonne, Dieu ne l'a-
bandonnera pas : il m'envoya sa harangue, qui ne perd

rien pour être imprimée, elle est belle en perfection : il m'envoie aussi la lettre que vous lui écrivez sur ce sujet, elle est admirable; elle est piquante et salée; par-tout vous lui donnez des traits dont il est fort digne, car vous savez que personne n'entend si bien raillerie que lui; il est tombé en bonne main : je l'aime trop de m'avoir envoyé cette lettre; elle m'est encore meilleure aujourd'hui, parceque je n'en ai point d'autre : j'avois bien envie de vous mander ce que vous lui dites sur vos évêques; vous avez bien vu que je le pensois. J'attends de vos nouvelles avec impatience; je sens le chagrin que vous avez eu de quitter votre château, et votre liberté, et votre tranquillité; le cérémonial est un étrange livre pour vous. Adieu, ma très chère et trop aimable; je suis entièrement à vous, et vous embrasse de tout mon cœur avec une tendresse infinie. Si M. de Grignan a le loisir de s'approcher, je l'embrasserai aussi, et lui demanderai des nouvelles de sa santé. Je suis au désespoir de n'être point en lieu de vous pouvoir rendre service à tous deux : c'est là ma véritable tristesse. Votre Provence est d'une sagesse et d'une tranquillité qui font voir que toutes les règles de la physionomie sont fausses.

On me mande qu'on parle fort de la paix; je la souhaite; il me semble qu'elle sera bonne à tout le monde : on souhaitoit ainsi la guerre; c'est que nous avons des inquiétudes; nous cherchons une bonne place, nous nous tournons d'un côté sur l'autre.

~~~~~~

427.

A la même.

Aux Rochers, mercredi 30 octobre 1675.

Mon Dieu, ma fille, que votre lettre d'Aix est plaisante! Au moins relisez vos lettres avant que de les
envoyer; laissez-vous surprendre à leur agrément, con-
solez-vous par ce plaisir de la peine que vous avez d'en
tant écrire. Vous avez donc baisé toute la Provence : il
n'y auroit pas de satisfaction à baiser toute la Bretagne,
à moins que l'on n'aimât à sentir le vin. Vous avez bien
caressé, ménagé, distingué la bonne baronne; et vous
savez comme elle m'a toujours paru, et combien je vous
conseille de vous servir, en sa faveur, de votre bonne
lunette. Vous ne me dites rien de Roquesante, ni du bon
cardinal[1]; j'aime tant celui de Commerci[2], que j'en aime
toutes les calottes rouges dignement portées; car je me
tiens et tiendrai offensée des autres : vous dites sur cela
tout ce qu'il faut. Je comprends vos *pétoffes*[a] admirablement, il me semble que j'y suis encore.

---

[1] Le cardinal Grimaldi, archevéque d'Aix.

[2] Le cardinal de Retz, qui s'étoit retiré à Commerci.

[a] Mot gascon qui signifie *balivernes*, *fadaises*, et dans le langage
de madame de Sévigné, *lanterneries*.

On nous dépeint ici M. de Marseille ¹ l'épée à la main,
à côté du roi de Pologne, ayant eu deux chevaux tués
sous lui, et donnant la chasse aux Tartares, comme
l'archevêque Turpin la donnoit aux Sarrasins : dans cet
état, je pense qu'il méprise bien la petite assemblée de
Lambesc ᵇ. Je comprends le chagrin que vous avez eu
de quitter Grignan et la bonne compagnie que vous y
aviez; la résolution de vous y retrouver tous après l'assemblée est bien naturelle. Voulez-vous savoir des nouvelles de Rennes? Il y a présentement cinq mille hommes, car il en est venu encore de Nantes. On a fait une
taxe de cent mille écus sur le bourgeois; et si on ne
trouve point cette somme dans vingt-quatre heures, elle
sera doublée, et exigible par des soldats. On a chassé et
banni toute une grande rue, et défendu de les recueillir sur peine de la vie; de sorte qu'on voyoit tous ces
misérables, femmes accouchées, vieillards, enfants,
errer en pleurs au sortir de cette ville, sans savoir où
aller, sans avoir de nourriture, ni de quoi se coucher.
Avant-hier on roua un violon qui avoit commencé la
danse et la pillerie du papier timbré : il a été écartelé
après sa mort, et ses quatre quartiers exposés aux quatre
coins de la ville, comme ceux de *Josseran* ² à Aix. Il dit,
en mourant, que c'étoient les fermiers du papier timbré
qui lui avoient donné vingt-cinq écus pour commencer

---

¹ Il étoit alors ambassadeur en Pologne.

ᵇ L'évêque de Marseille la présidoit.

² Ce misérable avoit assassiné son maître, qui étoit un gentilhomme de Provence, de la maison de Pontevez.

la sédition; et jamais on n'a pu en tirer autre chose. On
a pris soixante bourgeois : on commence demain à pendre. Cette province est un bel exemple pour les autres,
et sur-tout de respecter les gouverneurs et les gouver-
nantes, de ne leur point dire d'injures, et de ne point
jeter de pierres dans leur jardin.

Je vous ai mandé comme madame de Tarente nous
a tous sauvés; elle étoit hier dans ces bois par un temps
enchanté; il n'est question ni de chambre, ni de colla-
tion; elle entre par la barrière*, et s'en retourne de
même : elle me montra des lettres de Danemarck. Ce
favori*b* se fait porter les paquets de la princesse jusqu'à
l'armée, comme par méprise, et pour avoir un prétexte,
en les lui renvoyant, de l'assurer de sa passion. Je reviens à notre Bretagne : tous les villages contribuent
pour nourrir les troupes, et l'on sauve son pain en sau-
vant ses denrées; autrefois on les vendoit, et l'on avoit
de l'argent; mais ce n'est plus la mode, tout cela est
changé. M. de Molac est retourné à Nantes; M. de
Lavardin vient à Rennes. Tout le monde plaint bien
M. d'Harouïs*1*; on ne comprend pas comme il pourra
faire, ni ce qu'on demandera aux états, s'il y en a : enfin
vous pouvez compter qu'il n'y a plus de Bretagne; et
c'est dommage. Mon fils est fort alarmé de ce que le
chevalier de Lauzun a permission de se défaire : nous

---

a Au bout du parc, sur le chemin de Vitré.

b Le comte de Griffenfeld. (*Voyez* la note de le lettre 415, p. 15
de ce volume.)

1 Trésorier général des états de Bretagne.

avons écrit à M. de La Trousse, qui parlera à M. de Louvois, pour que le guidon puisse monter sans qu'il lui en coûte rien ; nous verrons comme cela se tournera. D'Hacqueville vous en pourra instruire plutôt que moi ; ce qui me console un peu, c'est qu'il y a bien loin depuis avoir permission de vendre sa charge, jusqu'à avoir trouvé un marchand ; le temps n'est plus, comme il y a six ans, que je donnai vingt-cinq mille écus à M. de Louvois un mois plus tôt que je ne lui avois promis ; on ne pourroit pas présentement trouver dix mille francs dans cette province. On fait l'honneur à MM. de Forbin et de Vins de dire qu'ils s'y ennuient beaucoup, et qu'ils ont une grande impatience de s'en aller. Ne vous ai-je pas mandé le joli mariage de mademoiselle de Noirmoutier avec le frère de d'Olonne ? Je trouve très beau ce qu'a fait Monceaux pour M. de Turenne ; je n'aime guère le mot de *parmi* dans un si petit ouvrage". Je vous embrasse, ma très chère et très aimable, et suis tout entière à vous.

" On voit par cette lettre que M. de Monceaux étoit l'auteur de cette épitaphe de Turenne :

Turenne a son tombeau *parmi* ceux de nos rois .
Il obtint cét honneur par ses fameux exploits.
Louis voulut ainsi couronner sa vaillance ,
  Afin d'apprendre aux siècles à venir
  Qu'il ne met point de différence
Entre porter le sceptre et le bien soutenir.

4.   5

428.

A la même.

Aux Rochers, dimanche 3 novembre 1675.

Je suis fort occupée de toutes vos affaires de Pro·
vence; et si vous prenez intérêt à celles de Danemarck,
j'en prends bien davantage à celles de Lambesc. J'attends l'effet de cette défense qu'on devoit faire au parlement d'envoyer à la maison-de-ville: j'attends la nomination du procureur du pays, et le succès du voyage
du consul, qui veut être noble par ordre du roi. J'ai fort
ri de ce premier président, et des effets de sa jalousie:
on lui faisoit une grande injustice de croire qu'un homme
élevé à Paris ne sût pas vivre, et ne donnât pas plutôt
une bonne couple de soufflets que des coups de plat
d'épée: je suis bien étonnée qu'il soit jaloux de ce petit
garçon qui sentoit le tabac; il n'y a personne qui ne soit
dangereux pour quelqu'un: il me semble que le vin des
Bretons figure avec le tabac des Provençaux.

J'admire toujours qu'on puisse prononcer une harangue sans manquer et sans se troubler, quand tout le
monde a les yeux sur vous, et qu'il se fait un grand silence. Ceci est pour vous, M. le Comte; je me réjouis
que vous possédiez cette hardiesse, qui est si fort au-
dessus de mes forces: mais, ma fille, c'est du bien perdu
que de parler si agréablement, puisqu'il n'y a personne.

Je suis piquée, comme vous, que l'intendant et les évêques ne soient point à l'ouverture de cette assemblée :
je ne trouve rien de plus indigne, ni de moins respec-
tueux pour le roi, et pour celui qui a l'honneur de le
représenter[a]. Si l'on attend que M. de Marseille soit revenu de ses ambassades, on attendra long-temps ; car
apparemment il n'en fera pas pour une. Je me suis
plainte à d'Hacqueville ; c'est tout ce que je puis faire
d'ici, et puis voilà qui est fait pour cette année : n'en di-
rez-vous rien à madame de Vins ? elle m'a écrit une lettre fort vive et fort jolie ; elle se plaint de mon silence,
elle est jalouse de ce que j'écris à d'autres, elle veut
désabuser M. de Pomponne de ma tendresse ; il n'y a
plus que pour elle : je n'ai jamais vu un fagot d'épines
si révolté. Je lui fais réponse, et me réjouis qu'elle se
soit mise à être tendre, et à parler de la jalousie, autrement qu'en interligne : je ne croyois pas qu'elle écrivît
si bien ; elle me parle de vous, et m'attaque fort joliment. J'eus ici, le jour de la Toussaint, M. Boucherat et
M. de Harlay, son gendre, à dîner ; ils s'en vont à nos
états, que l'on ouvre quand tout le monde y est : ils me
dirent leur harangue, elle est fort belle ; la présence de
M. Boucherat sera salutaire à la province et à M. d'Harouïs. M. et madame de Chaulnes ne sont plus à Rennes :
les rigueurs s'adoucissent ; à force d'avoir pendu, on ne
pendra plus : il ne reste que deux mille hommes à Ren-

---

[a] Il avoit été décidé que le lieutenant-général qui représentoit le
roi auroit le pas sur les évêques dans les états des provinces (*voyez*
la lettre 340, tome III, page 221) ; et depuis cette décision, les évêques s'abstenoient souvent d'y assister.

5.

nes; je crois que Forbin et Vins s'en vont par Nantes;
Molac y est retourné. C'est M. de Pomponne qui a protégé le malheureux dont je vous ai parlé : si vous m'en
voyez le roman de votre premier président, je vous en-
verrai, en récompense, l'histoire lamentable, avec la
chanson du violon qui fut roué à Rennes. M. Boucherat
but à votre santé; c'est un homme aimable et d'un très
bon sens : il a passé par Veret; il a vu à Blois madame
de Maintenon *a*, et M. du Maine qui marche : cette joie
est grande. Madame de Montespan fut au-devant de ce
joli prince, avec la bonne abbesse de Fontevrauld et
madame de Thianges : je crois qu'un si heureux voyage
réchauffera les cœurs des deux amies.

Vous me faites un grand plaisir, ma très chère, de
prendre soin de ma petite : je suis persuadée du bon air
que vous avez à faire toutes les choses qui sont pour
l'amour de moi. Je ne sais pourquoi vous dites que l'absence dérange toutes les amitiés : je trouve qu'elle ne
fait point d'autre mal que de faire souffrir : j'ignore entièrement les délices de l'inconstance *b*, et je crois pou-

---

a Elle ramenoit le duc du Maine des eaux de Barèges.

b Allusion à l'éloge de l'*inconstance* de Pavillon. Ce poëte, lié avec
Bussy-Rabutin, étoit connu de madame de Sévigné. On trouve dans
cette pièce plusieurs jolies stances, entre autres celle-ci :

> Ulysse qui, pour sa sagesse
> Fut si célèbre dans la Grèce,
> Quoiqu'amoureux et bien traité,
> Refusa, malgré sa tendresse,
> D'accepter l'immortalité,
> A la charge d'aimer toujours une déesse.

voir vous répondre, et porter la parole pour tous les
cœurs où vous régnez uniquement, qu'il n'y en a pas un
qui ne soit comme vous l'avez laissé. N'est-ce pas être
bien généreuse de me mêler de répondre pour d'autres
cœurs que le mien ? celui-là, du moins, vous est-il bien
assuré. Je ne vous trouve plus si entêtée de votre fils ; je
crois que c'est votre faute ; car il avoit trop d'esprit pour
n'être pas toujours fort joli : vous ne comprenez point
encore trop bien l'amour maternel ; tant mieux, ma fille,
il est violent : mais, à moins que d'avoir des raisons
comme moi, ce qui ne se rencontre pas souvent, on peut
à merveille se dispenser de cet excès. Quand je serai à
Paris nous parlerons de nous revoir : c'est un desir et
une espérance qui me soutiennent la vie.

Adieu, ma très chère ; je serois ravie, aussi bien que
vous, que nous puissions nous allier peut-être aux Ma-
chabées : mais cela ne va pas bien ; je souhaite que votre
lecture aille mieux : ce seroit une honte dont vous
ne pourriez pas vous laver, de ne pas finir Josephe[1] :
hélas ! si vous saviez ce que j'achève, et ce que je souffre du style du Jésuite (*Maimbourg*), vous vous trouveriez bien heureuse d'avoir à finir un si beau livre.

---

[1] Auteur de l'*Histoire des Juifs* et de l'*Histoire de la Guerre des
Juifs contre les Romains*, dont M. Arnauld-d'Andilly a donné une
traduction fort estimée.

~~~~~~

429. *

A la même.

Aux Rochers, mercredi 6 novembre 1675.

Quelle lettre, ma très chère! quels remerciements ne
vous dois-je point d'avoir employé vos yeux, votre tête,
votre main, votre temps à me composer un si agréable
livre! je l'ai lu et relu, et le relirai encore avec bien du
plaisir et bien de l'attention : il n'y a nulle lecture où je
puisse prendre plus d'intérêt : vous contentez ma curiosité sur tout ce que je souhaitois, et j'admire votre soin
à me faire des réponses si ponctuelles : cela fait une
conversation toute réglée et très délicieuse; mais en
vérité, ma fille, ne vous tuez pas : cette crainte me fait
renoncer au plaisir d'avoir souvent de pareils divertis-
sements. Vous ne sauriez douter qu'il n'y ait bien de la
générosité dans le soin que je prends de vous ménager
sur l'écriture.

Je comprends avec plaisir la considération de M. de
Grignan dans la Provence après ce que j'ai vu. C'est un
agrément que vous ne sentez plus; vous êtes trop accoutumés d'être honorés et aimés dans une province où
l'on commande.

Si vous voyiez l'horreur, la détestation, la haine
qu'on a ici pour le gouverneur, vous sentiriez bien

plus que vous ne faites la douceur d'être aimés et honorés par-tout. Quels affronts ! quelles injures ! quelles
menaces ! quels reproches, avec de bonnes pierres qui
voloient autour d'eux ! Je ne crois pas que M. de Grignan voulût de cette place à de telles conditions : son
étoile est bien contraire à celle-là. Vous me parlez de
cette héroïque signature que vous avez faite pour M. de
Grignan : vous ne doutez pas des beaux sentiments de
notre cardinal [1] ; je ne parle pas des miens ; vous voyez
cependant ce qu'il vous conseilloit : il y a de certaines
choses, ma fille, que l'on ne conseille point : on expose
le fait ; les amis font leur devoir de ne point commettre
les intérêts de ceux qu'ils aiment : mais, quand on a
l'ame aussi parfaitement belle et bonne que vous l'avez,
on ne consulte que soi, et l'on fait précisément comme
vous avez fait. N'avez-vous pas vu combien vous avez
été admirée? N'êtes-vous pas plus aise de ne devoir qu'à
vous une si belle résolution? Vous ne pouviez mal faire :
si vous n'eussiez point signé, vous faisiez comme tout
le monde auroit fait ; et en signant, vous faisiez au-delà
de tout le monde [2]. Enfin, mon enfant, jouissez de la
beauté de votre action, et ne nous méprisez pas, car
nous avons fait notre devoir ; et dans une pareille occasion, nous ferions peut-être comme vous, et vous
comme nous : tout cela s'est fort bien passé. Je suis ravie que M. de Grignan récompense cette marque de

---

[1] Le cardinal de Retz conseilloit de ne pas signer.

[2] Madame de Grignan s'étoit engagée pour son mari. M. de Grignan n'avoit pas une fortune assez considérable pour soutenir l'état
de maison que sa charge demandoit.

votre amitié par une plus grande attention à ses affaires : la sagesse dont vous le louez, et dont il profite, est
la seule marque de reconnoissance que vous souhaitiez
de lui.

A M. DE GRIGNAN.

Monsieur le Comte, je suis ravie qu'elle soit contente
de vous : trouvez bon que je vous en remercie par l'extrême intérêt que j'y prends, et que je vous conjure
de continuer : vous ne sauriez y manquer sans ingratitude, et sans faire tort au sang des Adhémars. J'en vois
un dans les croisades, qui étoit un grandissime seigneur
il y a six cents ans : il étoit aimé comme vous : il n'auroit
jamais voulu donner un moment de chagrin à une femme
comme la vôtre. Sa mort mit en deuil une armée de trois
cent mille hommes, et fit pleurer tous les princes chré-
tiens. Je vois aussi un Castellane; mais celui-ci n'est pas
si ancien, il est moderne; il n'y a que cinq cent vingt
ans qu'il faisoit aussi une très grande figure. Je vous
conjure donc, par ces deux grands-pères qui sont mes
amis particuliers, de vous abandonner à la conduite de
votre femme; et en le faisant, voyez ce que vous faites
pour vous.

A madame DE GRIGNAN.

Enfin, ma fille, sans le vouloir et sans y penser, j'écris
une grande lettre à M. de Grignan. Votre confidence
avec l'intendant sur ces deux maisons qui font tant de
bruit chez M. L..... est une très plaisante chose. J'aime à

attaquer de certains chapitres comme ceux-là, avec de
certaines gens dont il semble qu'on n'ose approcher; il
n'y a qu'à prendre courage, ce sont les feux du Tasse[a];
mais au moins M. de P...... saura quelque jour ce que
c'est que cette grande maison de V.... Il me paroît que
de mentir sur une chose de fait comme celle-là, c'est
donner hardiment de la fausse monnoie comme Pomenars. D'ici à demain je ne pourrois pas vous dire à quel
point votre épisode de Messine m'a divertie; c'est un
original que cette pièce, le prince, le ministre : mais
qu'est donc devenue cette valeur dont on se vantoit
dans la jeunesse autrefois? Le prince me paroît présentement comme le comte *di Culagna* dans la *Secchia*[b];
et pour la figure, n'est-il point justement comme on dépeint le Sommeil dans l'Arioste, ou comme Despréaux
représente la Mollesse dans son *Lutrin*. Mais, ma fille,
on ne peut point vivre long-temps en cet état; j'en gar-
derai plus soigneusement le portrait que vous m'en
faites; il est de Mignard[c].

---

[a] *Voyez* le XIII[e] chant de la *Jérusalem délivrée*.

[b] *La Secchia rapita*, poëme italien du Tassoni. Le sujet en est em-
prunté de la guerre qui eut lieu, dit-on, entre les habitants de Mo-
dène et ceux de Bologne, à l'occasion d'un seau de bois de sapin,
que quelques Modénois avoient enlevé auprès d'un puits public de
Bologne.

[c] Messine avoit secoué le joug de l'Espagne; elle avoit été plusieurs fois secourue par la France. Le Maréchal de Vivonne venoit
d'y conduire une escadre chargée de vivres et de troupes. Les Messinois, dans la première ivresse de leur reconnoissance, crurent ne la
pouvoir mieux témoigner qu'en choisissant Louis XIV pour leur roi;
et ils lui prêtèrent serment de fidélité entre les mains de M. de Vi-

Je suis votre exemple pour madame du Janet; je veux
bien ne me souvenir que de sa bonté, de l'attachement
qu'elle a pour vous, et des bonnes larmes que nous
avons répandues ensemble; je vous prie donc de l'embrasser pour moi, et de me mander si mon souvenir
lui fait quelque léger plaisir. J'en aurois beaucoup que
le mariage de notre fille réussît : si vous n'avez plus personne auprès de M. de Montausier, il me semble que
vous pourriez y faire entrer notre d'Hacqueville; il vaut
autant bien tué que mal tué : tout d'un coup, après avoir
voulu le ménager, je retombe sur lui, et lui fais plus de
mal que tous les autres : faites comme moi; c'est un ami
inépuisable. Puisque vous ne me plaignez pas quand je
suis tout entourée de troupes, et que vous croyez que
ma confiance n'est point fondée sur ma sûreté, vous aurez pitié de moi, en apprenant que nous avons à Rennes
deux mille cinq cents hommes de moins; cela est bien
cruel, après en avoir eu cinq mille; vraiment, il y
a des endroits dans vos lettres qui ressemblent à des
éclairs.

Le bon cardinal, comme vous savez, est à Commerci

vonne, leur vice-roi. Il paroîtroit que le maréchal, plus livré aux
plaisirs qui sont l'apanage de la principauté, qu'aux soins de son
gouvernement, se seroit fort peu occupé de repousser les Espagnols
et de protéger les nouveaux sujets du roi. Il eut le tort grave de ne
pas réprimer les excès de tout genre auxquels les François se li-
vroient, et qui rendoient leur protection plus redoutable encore que
l'esclavage auquel Messine venoit de se soustraire. On pense que
c'est à cette conduite de M. de Vivonne que madame de Sévigné fait
ici allusion. (*Voyez* l'Histoire de Louis XIV de Reboulet, édition
in-4°, tome II, pages 169 et 185.)

depuis son bref; je crois qu'il y sera dans la même retraite; mais il me semble que *vépres* sont bien loin de
son château. Je croirois assez qu'il aimoit autant prendre médecine à Saint-Mihel que de ne la pas prendre. Il
n'étoit pas si docile à Paris. Pour vous, ma petite, vous
n'êtes point changée à l'égard de *vépres;* vous les trouvez plus noires que jamais : vous souvient-il des folies
de mon fils?

Vous êtes toujours bien méchante quand vous parlez
de madame de La Fayette; je lui ferai quelques légères
amitiés de votre part; elle m'écrit souvent de sa propre
main; mais à la vérité ce sont des billets; car elle a un
mal de côté que vous lui avez vu autrefois, et qui est
très dangereux; elle ne sort point du tout de sa chambre, et n'a point été un seul jour à Saint-Maur : voyez
s'il faut être languissante. M. de La Rochefoucauld a la
goutte; si, malgré le lait, la goutte prend cette liberté
tous les ans, ce sera une grande misère. Madame de
Coulanges vient à Paris; elle a gardé assez long-temps
sa très extravagante mère. M. de Coulanges vous est
trop obligé de vos reproches; s'il avoit pu vous aller
voir, il y auroit été. Il a vu la pauvre Rochebonne dans
le plus triste château de France[a]; elle me fait pitié :
n'ira-t-elle point à Lyon? Madame de Verneuil y étoit

---

[a] Le château de Thézé, à quatre lieues de Lyon. Coulanges a
peint dans ce couplet la vie triste et monotone qu'y menoit madame
de Rochebonne. (*Thérèse Adhemar*) :

> Je songe à tous moments à l'aimable Thérèse;
> Elle est sur son rocher, plus haut qu'une falaise,
> Dans la belle saison comme dans la mauvaise.

à la Toussaint; il y avoit chez elle madame de Coulanges, le cardinal de Bonzi et Briole : n'étoit-ce pas Paris? Ce Briole doit à sa bonne mine le plus grand parti du pays : voilà comme on est heureux; et nous autres, tout nous échappe.

Je suis ravie que vous aimiez *Josephe* [1]; et Hérode, et Aristobule; continuez, je vous en prie; voyez les sièges de Jérusalem et de Jotapat; prenez courage, tout est beau, tout est grand : cette lecture est magnifique et digne de vous; ne la quittez pas sans rime ni raison. Pour moi, je suis dans l'histoire de France; les croisades m'y ont jetée; elles ne sont pas comparables à la dernière des feuilles de *Josephe*. Ah! que l'on pleure bien Aristobule et Mariamne! Pourquoi me dites-vous qu'en achevant la lecture de votre lettre je dirai que *les grands parleurs sont par moi détestés?* Il y a des histoires, des épisodes, et mille agréments dans ce que vous appelez *votre livre;* et moi, j'écris depuis plus de deux heures sans avoir rien dit; enfin c'est une rage de vouloir vous parler à toute force, comme *le docteur.* Je finis pourtant, et je vous embrasse avec une extrême tendresse. Je me porte parfaitement bien; les soirées sont un peu longues, et il pleut; voilà tout ce que je sais.

M. de Tulle (*Mascaron*) a surpassé tout ce qu'on espéroit de lui dans l'Oraison funèbre de M. de Turenne; c'est une action pour l'immortalité.

---

[1] L'*Histoire des Juifs*, par Josephe, traduite par Arnauld-d'Andilly.

430. *

A la même.

Aux rochers, dimanche 10 novembre 1675.

Je suis fâchée, ma très chère, je n'ai point reçu de vos lettres cet ordinaire; et je sens, par ce petit chagrin, quelle consolation c'est d'avoir des nouvelles d'une personne que l'on aime beaucoup : cela rapproche; on est occupée des pensées que cela jette dans l'esprit; et quoiqu'elles soient quelquefois mêlées de tristesse, on les aime bien mieux que l'ignorance. Nous avons un petit été de Saint-Martin, froid et gaillard, que j'aime mieux que la pluie; je suis toujours dehors faite comme un loup-garou : le dessus de mon humeur dépend fort du temps; de sorte que, pour savoir comme je suis, vous n'avez qu'à consulter les astres : mais votre Provence vous dira toujours des merveilles; le beau temps ne vous est de rien; vous y êtes trop accoutumée; pour nous, nous voyons si peu le soleil, qu'il nous fait une joie particulière. Il y a de belles moralités à dire là-dessus; mais c'est assez parler de la pluie et du beau temps.

M. de Vins a été un mois à Rennes, disant tous les jours qu'il venoit ici, qu'il étoit de mes amis, et proche

parent des Grignan. M. et madame de Chaulnes, madame
de Marbeuf, Tonquedec, Coëtlogon, lui parloient de
moi, de mes belles allées ; il prenoit leur ton ; mais c'est
ce qui s'appelle brave jusqu'au dégaîné ; car il est passé
à la Guerche, qui n'est qu'à trois lieues d'ici, sans oser
approcher de moi ; j'eusse parié d'avance qu'il n'y fût pas
venu : ma fille, il y a des gens qui vont et d'autres qui ne
vont pas. Forbin et lui ont touché le cœur de deux dames de Rennes, elles sont sœurs ; ce sont les marquises
de G.... et de C....; ce sont de constantes amours ; nos
champs n'ont point de fleurs plus passagères ; mais on
ne veut pas perdre la saison d'aimer.

Madame de Lavardin m'envoie ses relations de Paris ;
c'est une plaisante chose ; ces commerces sont agréables : c'est la marquise d'Uxelles, l'abbé de La Victoire[a],
Longueil et quelques autres. Rien ne fut plus agréable
que la surprise qu'on fit au roi : il n'attendoit M. du
Maine que le lendemain ; il le vit entrer dans sa chambre, marchant et mené seulement par la main de madame de Maintenon ; ce fut un transport de joie. M. de
Louvois alla voir en arrivant cette gouvernante, elle
soupa chez madame de Richelieu, les uns lui baisant
la main, les autres la robe ; et elle se moquant d'eux
tous, si elle n'est bien changée ; mais on dit qu'elle l'est.
Madame de Coulanges revient, je n'en ai jamais douté.
On ne parle que de cette admirable Oraison funèbre de
M. de Tulle ; il n'y a qu'un cri d'admiration sur cette
action ; son texte étoit : *Domine , probasti me et cogno-*

----

a L'abbé Lenet.

visti me, et cela fut traité divinement : j'ai bien envie de la voir imprimée[a].

Voilà, ma chère enfant, ce qui s'appelle causer ; car vous comprendrez toujours que je ne prétends pas vous apprendre des nouvelles de mille lieues loin. Il y a des commerces qui sont assurément fort agréables ; je vous conseille de prier M. de Coulanges qu'il vous mande, en mon absence, de certaines bagatelles qu'on aime quelquefois bien autant que les gazettes. On dit qu'il n'est pas vrai que M. de Bailleul[b] vende sa charge ; je pense que sur cela vous diriez comme de la bouche de M. de Champlâtreux[c], qui étoit auprès de son œil : n'est-elle pas aussi bien là qu'ailleurs ? Est-il vrai que l'armée de

[a] L'oraison funèbre de Turenne, prononcée aux Carmélites de la rue Saint-Jacques, par Mascaron, évêque de Tulle, porte un texte différent. *Proba me, Deus, et scito cor meum.* (*Psalm.* 138.) On avoit retenu un texte analogue, et on l'avoit écrit à madame de Sévigné.

[b] Louis de Bailleul, président au parlement de Paris, frère de la marquise d'Uxelles.

[c] Jean-Édouard Molé de Champlâtreux, président à mortier au parlement de Paris. Il mourut subitement le 6 août 1682. Coulanges, qui faisoit des couplets sur tout, en a fait un sur M. de Champlâtreux, qui a de l'originalité :

> Sur votre bouche de travers
> Tout le monde raisonne,
> Tous les sentiments sont divers,
> Cette aventure étonne :
> Pour moi, je ne m'étonne pas
> D'aventure pareille ;
> Votre bouche a voulu tout bas
> Vous parler à l'oreille.

Catalogne s'en va punir Bordeaux comme on a puni
Rennes? Je ne crois pas à Ruyter : vous avez beau me
dire qu'il est sur votre Méditerranée, c'est une vision :
ne disoit-on pas la même chose l'année passée sur notre
mer? Vous savez bien que cela étoit faux. Mon fils croit
que M. de Louvois lui continuera ses aimables distinc-
tions, en lui faisant donner de l'argent pour monter à
l'enseigne; c'est bien pis que *les neuf cents lieues :* mais
que faire? Cette jolie circonstance rend son voyage incertain. Adieu, ma très aimable, je vous embrasse avec
une tendresse, qui est, ce me semble, au point de la per
fection; plût à Dieu vous le pouvoir témoigner comme
je le sens.

431. *

A la même.

Aux Rochers, mercredi 13 novembre 1675.

Les voilà toutes deux, ma très chère; il me paroît
que je les aurois reçues réglément comme à l'ordinaire,
sans que Ripert m'a retardé d'un jour par son voyage de
Versailles. Quelque goût que vous ayez pour mes lettres, elles ne peuvent jamais vous être ce que les vôtres
me sont; et puisque Dieu veut qu'elles soient présentement ma seule consolation, je suis heureuse d'y être très
sensible : mais en vérité, ma fille, il est douloureux d'en

recevoir si long-temps, et cependant la vie se passe sans
jouir d'une présence si chère : je ne puis m'accoutumer
à cette dureté; toutes mes pensées et toutes mes rêveries en sont noircies; il me faudroit un courage que je
n'ai pas pour m'accommoder d'une si extraordinaire
destinée : j'ai regret à tous mes jours qui s'en vont, et
qui m'entraînent sans que j'aie le temps d'être avec vous ;
je regrette ma vie, et je sens pourtant que je la quitte-
rois avec moins de peine, puisque tout est si mal rangé
pour me la rendre agréable : dans ces pensées, ma très
chère, on pleure quelquefois sans vous le dire, et je
mériterai vos sermons malgré moi, et plus souvent que je
ne voudrai; car ce n'est jamais volontairement que je me
jette dans ces tristes méditations : elles se trouvent tout
naturellement dans mon cœur, et je n'ai pas l'esprit de
m'en tirer. Je suis au désespoir, ma fille, de n'avoir pas
été maîtresse aujourd'hui d'un sentiment si vif; je n'ai
pas accoutumé de m'y abandonner. Parlons d'autre
chose : c'est un de mes tristes amusements que de penser à la différence des jours de l'année passée et de celle-
ci : quelle compagnie les soirs ! quelle joie de vous voir,
et de vous rencontrer, et de vous parler à toute heure !
que de retours agréables pour moi ! Rien ne m'échappe
de tous ces heureux jours, que les jours mêmes qui sont
échappés. Je n'ai pas au moins le déplaisir de n'avoir
pas senti mon bonheur; c'est un reproche que je ne me
ferai point; mais, par cette raison, je sens bien vivement
le contraire d'un état si heureux.

Vous ne me dites point si vous avez été assez bien
traités dans votre assemblée, pour ne donner au roi que

4.   6

le don ordinaire; on augmente le nôtre; je pensai battre le bonhomme Boucherat[a], quand je vis cette augmentation; je ne crois pas qu'on en puisse payer la moitié. Les états s'ouvriront demain, c'est à Dinan; tout ce pauvre parlement est malade à Vannes. Rennes est une ville comme déserte; les punitions et les taxes ont été cruelles; il y auroit des histoires tragiques à vous conter d'ici à demain. La Marbeuf ne reviendra plus ici; elle démêle ses affaires pour s'aller établir à Paris. J'avois pensé que mademoiselle de Méri[b] feroit très bien de louer une maison avec elle; c'est une femme très raisonnable, qui veut mettre sept ou huit cents francs à une maison; elles pourront ensemble en avoir une de onze à douze cents livres; elle a un bon carrosse, elle ne seroit nullement incommode, et on n'auroit de société avec elle qu'autant que l'on voudroit; elle seroit ravie de me plaire et d'être dans un lieu où elle me pourroit voir, car c'est une passion qui pourtant ne la rend point incommode. Il faudroit que, d'ici à Pâques, mademoiselle de Méri demandât une chambre à l'abbé d'Effiat[c]: j'ai jeté tout cela dans la tête de La Troche.

Je trouve, ma très chère, que je vous réponds assez souvent par avance, comme *Trivelin*, et sur ma santé,

[a] Louis Boucherat, chancelier de France en 1685, alors commissaire du roi aux états de Bretagne.

[b] Sœur du marquis de La Trousse, cousine-germaine de madame de Sévigné.

[c] Jean Coiffier de Ruzé, abbé de Saint-Servin de Toulouse, mort en 1698; il étoit oncle du marquis d'Effiat (Antoine Coiffier de Ruzé) mort en 1719.

et sur M. de Vins : vous n'attendez point trois semaines.
La réflexion est admirable, qu'avec tous nos étonne-
ments de nos lettres que nous recevons du trois au onze,
c'est neuf jours; il nous faut pourtant trois semaines
avant que de dire, *je me porte bien, à votre service.*

Vous êtes étonnée que j'aie un petit chien; voici l'a-
venture. J'appelois, par contenance, une chienne cou-
rante d'une madame qui demeure au bout de ce parc.
Madame de Tarente me dit : Quoi! vous savez appeler
un chien? je veux vous en envoyer un le plus joli du
monde. Je la remerciai, et lui dis la résolution que j'a-
vois prise de ne me plus engager dans cette sottise :
cela se passe, on n'y pense plus; deux jours après je vois
entrer un valet-de-chambre avec une petite maison de
chien, toute pleine de rubans, et sortir de cette jolie
maison un petit chien tout parfumé, d'une beauté extraordinaire, des oreilles, des soies, une haleine douce,
petit comme *Sylphide,* blondin comme un blondin; j'a-
mais je ne fus plus étonnée, ni plus embarrassée : je voulus le renvoyer, on ne voulut jamais le reporter : la femme-de-chambre qui l'avoit élevé en a pensé mourir de
douleur. C'est *Marie*[1] qu'aime le petit chien; il couche
dans sa maison et dans la chambre de *Beaulieu;* il ne
mange que du pain; je ne m'y attache point, mais il
commence à m'aimer; je crains de succomber. Voilà
l'histoire que je vous prie de ne point mander à *Marphise*[2], car je crains ses reproches : au reste, une pro-

---

[1] Une des femmes de madame de Sévigné.
[2] Petite chienne que madame de Sévigné avoit laissée à Paris.

6.

preté extraordinaire; il s'appelle *Fidèle*; c'est un nom que les amants de la princesse n'ont jamais mérité de porter; ils ont été pourtant d'un assez bel air ; je vous conterai quelque jour ses aventures. Il est vrai que son style est tout plein d'évanouissements, et je ne crois pas qu'elle ait eu assez de loisir pour aimer sa fille, au point d'oser se comparer à moi. Il faudroit plus d'un cœur pour aimer tant de choses à-la-fois; pour moi, je m'aperçois tous les jours que les gros poissons mangent les petits : si vous êtes mon préservatif, comme vous le dites, je vous suis trop obligée, et je ne puis trop aimer l'amitié que j'ai pour vous : je ne sais de quoi elle m'a gardée; mais quand ce seroit de feu et d'eau, elle ne me seroit pas plus chère. Il y a des temps où j'admire qu'on veuille seulement laisser entrevoir qu'on ait été capable d'approcher à neuf cents lieues d'un cap. La bonne princesse en fait toute sa gloire au grand mépris de son miroir, qui lui dit tous les jours qu'avec un tel visage il faut perdre même le souvenir. Elle m'aime beaucoup : on en médiroit à Paris; mais ici c'est une faveur qui me fait honorer de mes paysans. Ses chevaux sont malades; elle ne peut venir aux Rochers, et je ne l'accoutume point à recevoir de mes visites plus souvent que tous les huit ou dix jours : je lui dis en moi-même, comme M. de Bouillon à sa femme : Si je voulois aller en carrosse rendre des devoirs, et n'être pas aux Rochers, je serois à Paris.

L'été de Saint-Martin continue, et mes promenades sont fort longues : comme je ne sais point l'usage d'un grand fauteuil, je repose *mia corporea salma* tout du

long de ces allées; j'y passe des jours toute seule avec
un laquais, et je n'en reviens point que la nuit ne soit
bien déclarée, et que le feu et les flambeaux ne rendent ma chambre d'un bon air : je crains l'entre-chien
et loup quand on ne cause point, et je me trouve mieux
dans ces bois que toute seule dans une chambre; c'est
ce qui s'appelle *se mettre dans l'eau de peur de la pluie ;*
mais je m'accommode mieux de cette grande tristesse
que de l'ennui d'un fauteuil. Ne craignez point le serein, ma fille, il n'y en a point dans les vieilles allées,
ce sont des galeries; ne craignez que la pluie extrême,
car, en ce cas, il faut revenir, et je ne puis rien faire qui
ne me fasse mal aux yeux : c'est pour conserver ma vue
que je vais à ce que vous appelez le serein; ne soyez en
aucune peine de ma santé, je suis dans la très parfaite.

Je vous remercie du goût que vous avez pour *Josephe ;*
n'est-il pas vrai que c'est la plus belle histoire du monde?
Je vous envoie par Ripert une troisième partie des *Es-*
sais de morale , que je trouve admirable : vous direz que
c'est la seconde , mais ils font la seconde *de l'éducation*
d'un prince , et voici la troisième. Il y a un traité *de la*
Connoissance de soi-même , dont vous serez fort contente; il y en a un *de l'Usage qu'on peut faire des mau-*
vais sermons , qui vous eût été bon le jour de la Toussaint. Vous faites bien , ma fille , de ne vouloir point
oublier l'italien; je fais comme vous, j'en lis toujours
un peu.

Ce que vous dites de M. de Chaulnes est admirable. Il fut hier roué vif un homme à Rennes (c'est le
dixième), qui confessa d'avoir eu dessein de tuer ce gou-

verneur : pour celui-là, il méritoit bien la mort. Les
médecins de ce pays ne seront pas si complaisants que
ceux de Provence, qui accordent par respect à M. de
Grignan qu'il a la fièvre ; ceux-ci compteroient pour rien
la fièvre pourprée à M. de Chaulnes, et nulle considération ne pourroit leur faire avouer que son mal fût dangereux. On vouloit, en exilant le parlement, le faire
consentir, pour se racheter, qu'on bâtit une citadelle à
Rennes ; mais cette noble compagnie voulut obéir fière-
ment, et partit plus vite qu'on ne vouloit : car tout se
tourneroit en négociation ; mais on aime mieux les
maux que les remèdes.

Notre cardinal est à Commerci comme à l'ordinaire,
le pape ne lui laisse pas la liberté de suivre son goût.
L'intendante est-elle avec vous ? Vous me direz oui ou
non dans trois semaines. Ah ! ma fille, vous avez eu trop
bonne opinion de moi à la Toussaint, ce fut le jour que
M. Boucherat et son gendre vinrent dîner ici, de sorte
que je ne fis point mes dévotions. La princesse étoit à
l'oraison funèbre de Scaramouche, faisant honte aux catholiques : cette vision est fort plaisante. Je souhaite fort
que M. l'archevêque fasse le mariage qui vous est si
bon. Je crois que mon fils s'en va dans les quartiers de
fourrages, qui signifient bientôt après ceux d'hiver.

Je veux qu'en mon absence M. de Coulanges vous
mande de certaines choses qu'on aime à savoir. Vous
me proposez pour régime une nourriture bien précieuse ; je ne vous réponds pas tout-à-fait de vous obéir ;
mais, en vérité, je ne mange pas beaucoup, je ne regarde pas les châtaignes, je ne suis point du tout en-

graissée ; mes promenades de toutes façons m'empêchent de profiter de mon oisiveté. Mademoiselle de
Noirmoutier s'appellera madame de Royan *; vous dites
vrai ; le nom d'Olonne est trop difficile à purifier.
Adieu, ma chère enfant; vous êtes donc persuadée que
j'aime ma fille plus que les autres mères : vous avez raison, vous êtes la chère occupation de mon cœur, et je
vous promets de n'en avoir jamais d'autre ; quand même
je trouverois en mon chemin une fontaine de Jouvence.
Pour vous, ma fille, quand je songe comme vous avez
aimé le chocolat, je ne sais si je ne dois point trembler ;
puis-je espérer d'être plus aimable, et plus parfaite, et
plus toutes sortes de choses? Il vous faisoit battre le
cœur; peut-on se vanter de quelque fortune pareille?
vous devriez me cacher ces sortes d'inconstances. Adieu,
ma très chère comtesse ; mandez-moi si vous dormez, si
vous n'êtes point brésillée, si vous mangez, si vous avez
le teint beau, si vous n'avez point mal à vos belles dents :
mon Dieu, que je voudrois bien vous voir et vous embrasser !

a C'étoit le nom de son mari, qui étoit marquis de Royan ; le titre
de comte d'Olonne appartenoit à son frère aîné. La comtesse d'O-
lonne, tant *célébrée* dans les *Amours des Gaules*, ne mourut que le
13 juin 1714. (*Voyez* au surplus la note de la lettre 423, ci-dessus,
page 50 de ce volume.)

432.

A la même.

Aux Rochers, dimanche 17 novembre 1675.

Je mets sur votre conscience, ma chère fille, tout le
bien que vous dites sur mon sujet : vous avez fait à l'intendant un portrait de moi qui me flatte beaucoup ; mais
je vous avoue que j'aimerois mieux avoir votre estime
et votre approbation sincère que celle de tout le reste
du monde, dont on m'a tant voulu flatter autrefois. Je
trouve qu'on ne souhaite l'estime que de ceux qu'on aime
et qu'on estime ; c'est une grande peine que de croire
n'être pas dans ce degré ; et, par la même raison, jugez
de mes sentiments sur ce que vous me dites.

Je vous ai mandé comme madame de Vins m'a écrit
joliment sur la jalousie qu'elle a de madame de Villars ;
jamais vous n'avez vu un si joli fagot d'épines : je lui ai
fait réponse, et je lui écrirai dans quelque temps ; car
elle est si tendre que je craindrois qu'elle ne prît trop à
cœur une seconde apparence d'oubli. Pour son mari,
vous lui faites grace de croire que ce soient les ordres
de Pologne qui l'aient empêché de venir ici ; ce sont des
ordres qu'il reçoit toujours de sa timidité, quand il est
question de chercher une bonne compagnie. Il a été un
jour entier à Laval, et a passé à trois lieues d'ici ; il y a

bien de la vanité à ce discours, mais je dis vrai. Voyez
par combien de raisons il devoit me venir voir : *Pro-*
vence , Pomponne , Grignan ¹.

Je fus hier chez la princesse, j'y trouvai un gentilhomme de ce pays, très bien fait, qui perdit un bras le
jour que M. de Lorges repassa le Rhin ²; je l'interrogeai
extrêmement sur tout ce qui se passa à cette armée, et
sur la douleur et le désordre qu'y apporta la mort de
M. de Turenne : ce détail d'un homme qui y étoit est
toujours fort curieux ; il vint à parler, sans me connoître, du régiment de Grignan et de son colonel : vraiment
je ne crois pas que rien fût plus charmant que les sincères et naturelles louanges qu'il donna au chevalier ; les
larmes m'en vinrent aux yeux. Pendant tout le combat,
le chevalier fit des actions et de valeur et de jugement
qui sont dignes de toute sorte d'admiration : cet officier
ne pouvoit s'en taire, ni moi me lasser de l'écouter. C'est
quelque chose d'extraordinaire que le mérite de ce beau-
frère ; il est aimé de tout le monde ; voilà de quoi son
humeur négative et sa qualité de *petit glorieux* m'eussent fait douter : mais point, c'est un autre homme ; c'est
le cœur de l'armée, dit ce pauvre estropié, qui a des
douleurs incroyables ; devinez où : c'est au bout des
doigts de la main dont il a perdu le bras : je voulus dire
d'où cela venoit, mais je ne pus jamais le faire comprendre ; ma fille, je vous prie de me l'expliquer, vous me
ferez un extrême plaisir.

---

¹ Le marquis de Vins étoit *Provençal*; il étoit *beau-frère de M. de*
Pomponne, et proche parent de *messieurs de Grignan*.

² A l'affaire d'Altenheim.

Un président [a] m'est venu voir, avec qui j'ai une affaire que je vais essayer de finir pour avancer mon retour autant que je le puis. Ce président avoit avec lui un
fils de sa femme, qui a vingt ans, et que je trouvai, sans
exception, la plus agréable et la plus jolie figure que
j'aie jamais vue; j'allai dire que je l'avois vu à cinq ou
six ans, et que j'admirois, comme M. de Montbazon,
qu'on pût croître en si peu de temps : sur cela, il sort
une voix terrible de ce joli visage, qui nous plante au
nez d'un air ridicule, que *mauvaise herbe croît toujours.*
Voilà qui fut fait, je lui trouvai des cornes; s'il m'eût
donné un coup de massue sur la tête, il ne m'auroit pas
plus affligée : je jurai de ne plus me fier aux physiono-
mies :

> Non, non, je le promets,
> Non, je ne m'y fierai jamais.

Voici des nouvelles de notre province; j'en ai reçu un
fagot de lettres : les Lavardin, les Boucherat et les d'Harouïs me rendent compte de tout. M. de Harlay demanda trois millions; chose qui ne s'est jamais donnée
que quand le roi vint à Nantes : pour moi, j'aurois cru
que c'eût été pour rire. Ils promirent d'abord, comme
des insensés, de les donner, et en même temps M. de
Chaulnes proposa de faire une députation au roi, pour
l'assurer de la fidélité de la province, et de l'obligation
qu'elle lui a d'avoir bien voulu envoyer des troupes pour
la remettre en paix, et que sa noblesse n'a eu aucune

---

[a] M. de Meneuf. (*Voyez* la lettre du 15 décembre suivant.)

part aux désordres qui sont arrivés. M. de Saint-Malo se botte aussitôt pour le clergé ; Tonquedec vouloit aller pour la noblesse ; mais M. de Rohan, président (*des états*), a voulu aller, et un autre pour le tiers. Ils passèrent tous trois avant-hier à Vitré ; il est inouï qu'un président de la noblesse ait jamais fait une pareille course. Il n'y a qu'un exemple dans les chroniques d'un général portugais qui voulut porter lui-même la nouvelle d'une bataille qu'il avoit gagnée contre les Castillans, et laissa sa pauvre armée à la gueule du loup. On ne voit point l'effet de cette députation ; pour moi, je crois que tout est réglé et joué, et qu'ils nous rapporteront quelque grace : je vous le manderai ; mais jusqu'ici nous n'en voyons pas davantage.

M. de Montmoron a été ici deux ou trois jours pour des affaires ; il a bien de l'esprit ; il m'a dit de ses vers ; il sait et goûte toutes les bonnes choses : nous relûmes la mort de Clorinde : ma fille, ne dites point, je la sais par cœur, relisez-la, et voyez comme tout ce combat et ce baptême sont conduits ; finissez à *ahi vista ! ahi conoscenza* [a] *!* ne vous embarrassez point dans les plaintes qui vous consoleroient ; je vous réponds que vous en serez contente. Madame de Guitaud doit bien l'être de Joubert, d'être accouchée si heureusement [b] : le pauvre homme eut bien de la peine ; ce sont de ces travaux-là

---

[a] *Voyez* le XIIe chant de la *Jérusalem délivrée.*

[b] Madame de Guitaud étoit accouchée aux îles de Sainte-Marguerite, dont M. de Guitaud étoit gouverneur. Il paroît que *Joubert* étoit l'accoucheur de madame de Grignan ; il avoit été appelé auprès de madame de Guitaud.

qu'il lui faut. Je crois que la sagesse et la droite raison
n'étoient pas appelées au conseil de ce voyage; l'événement l'a rendu heureux; mais ce sont des coups de miracle qui ne me rendroient pas plus traitable dans une
pareille occasion : quand je songe comme je vous ai vue
à Aix, ma chère enfant, n'espérez pas que je puisse avoir
aucun repos. Madame de Béthune fait bien le contraire
de sa sœur, si elle va accoucher en Pologne, c'est une
agréable place que celle qu'elle va tenir *a*.

Celle que vous tenez vous paroît ennuyeuse par la disette de *non*, et votre cœur en est affadi; vous souhaitez
un *Montausier*, et moi je souhaite que celui que vous
questionnez présentement ne vous dise point *non*. Ce
mariage me paroît une merveilleuse chose; encore ce
oui-là, et puis plus; nous attendrons en repos le *se-
meur de négatives* *b*. Les regards du *Bonzi* en sont fort
éloignés, ils paroissent donc à madame de Coulanges
comme à nous. Les négatives se jettent sur les paiements d'argent, nous lui ressemblons en ce pays, où
nous ne voyons que des gens qui disent *non* quand nous
leur demandons notre pauvre bien. Adieu, ma très aimable; je pense à vous, et la nuit et le jour : vous me faites
comprendre ce que sont des vrais dévots.

Il y a un chevalier de Sévigné à Toulon; qui est votre

---

a Louise-Marie de La Grange d'Arquien, marquise de Béthune;
elle étoit sœur de la reine de Pologne, et son mari étoit ambassadeur
du roi de France auprès du roi de Pologne.

b Il paroit que M. de Montausier, oncle de mademoiselle de Grignan, répondoit toujours négativement à toutes les propositions d'é-
tablissement qui étoient faites pour sa nièce.

parent et mon filleul, le chevalier de Buous dit qu'il est
fort brave : s'il va saluer M. de Grignan, je le prie de
lui faire quelque honnêteté particulière, à cause du
nom. Il voudroit bien avoir un vaisseau : vous qui gou-
vernez M. de Seignelay, vous pourriez bien aisément
obtenir pour lui ce qu'il souhaite [a].

433.

A la même.

Aux Rochers, mercredi 20 novembre 1675.

Je n'ai point reçu de vos lettres, ma fille, c'est une
grande tristesse. Du But me mande que cela vient du
mauvais temps, et que le courrier de Provence n'arrive plus assez tôt pour que votre paquet soit mis avec
celui de Bretagne. Je ne crois point cela, et je m'imagine que votre rhume est augmenté, que vous avez la
fièvre, et que vous n'avez pas voulu me faire écrire par
un autre : voilà, ma chère comtesse, de quelle couleur
sont les pensées que l'on a ici ; j'espère qu'elles s'éclair-
ciront vendredi, et que je ne serai pas tombée des nues

---

[a] Ils étoient deux frères dans la marine royale. Madame de Sévigné
recommande encore celui-ci à M. de Grignan dans la lettre du 5 août
1676. On voit, par un état des vaisseaux du roi en 1690, que l'un
d'eux commandoit *le Palmier*, de 36 canons, et l'autre *le Diamant*,
de 60 canons. (*Voyez* les Mémoires de Dangeau, tome Ier, p. 343.)

comme me voilà : je ne sais que dire, tant je suis décontenancée.

Nous attendons le retour de M. de Rohan et de M. de Saint-Malo. Quoiqu'ils ne soient allés simplement que pour dire au roi notre bonne volonté, car je crois que ce sera tout, je suis persuadée qu'ils rapporteront quelque grace. On leur a déja préparé, aux états, deux mille pistoles à chacun ; nos folies de libéralités sont parvenues au comble de toutes les petites-maisons du monde. Je crois qu'il vaut mieux que cela soit à cet excès, et entièrement ridicule, que d'être à portée de pouvoir l'exécuter : de tout ceci, je ne plains que M. d'Harouïs [1], dont la perte est comme assurée dans un temps où l'on demande l'argent qu'on empêche de recevoir : son intérêt me tient fort au cœur.

Madame de Vins m'écrit encore une fort jolie lettre : j'allois lui écrire ; elle m'a encore agacée ; elle se joue toujours sur cette tendresse que nous lui avons apprise : je vous montrerois ma réponse, si je n'avois, hélas ! qu'à passer d'une chambre à l'autre ; mais le moyen de la faire voyager si loin ? Je crois que mon fils viendra bientôt : il m'aidera fort à passer le reste du temps que je dois être ici. J'ai chargé d'Hacqueville d'une consultation pour l'affaire que j'ai avec ce président [2] ; c'est une de mes raisons pour être aux Rochers, et j'ai cru qu'il feroit avec une grande affection une chose qui avançoit mon retour ; voilà de mes confiances, j'y serai quelque jour attrapée. Le *bien bon* vous mande que Rousseau est à Paris,

---

[1] Trésorier général des états de Bretagne. *Il étoit allié de madame de Sévigné, ayant épousé une sœur de M. de Coulanges.

[2] M. de Meneuf.

et que vous pouvez lui écrire pour vos affaires : quand nous y serons, nous ne penserons tous qu'à vous servir. Vous ne sauriez trop ménager d'Hacqueville : vous tenez une grande place dans le commerce que j'ai avec lui. Le bon cardinal m'a écrit, et me mande que la Saint-Martin est sonnée : je lui réponds que je le sais, et qu'il ne se charge point de cette inquiétude dans son désert, les inquiétudes sont mauvaises dans les déserts, et que je lui rendrai bon compte du Mirepoix *a*. Il ne me paroît pas que cette éminence nous ait encore oubliées. Je m'amuse à faire abattre de grands arbres. Le tracas que cela fait représente au naturel ces tapisseries où l'on peint les ouvrages de l'hiver : des arbres qu'on abat, des gens qui scient, d'autres qui font des bûches, d'autres qui chargent une charrette, et moi au milieu, voilà le tableau. Je m'en vais faire planter ; *car que faire aux Rochers , à moins que l'on ne plante b ?*

Voilà un petit billet du comte de Saint-Maurice, qui vous apprendra des nouvelles de la *Mazarine c*. On m'as-

---

a On a déjà vu quelle espèce de discussion M. de Grignan avoit à soutenir contre le marquis de Mirepoix (*voyez* la note de la lettre 397, tome III, page 418.) On ne lit dans l'édition de 1754 que la première lettre de ce nom ; la similitude des initiales a fait penser à d'autres éditeurs qu'il s'agissoit ici de l'évêque de Marseille. Ils se sont trompés ; le cardinal de Retz, qui étoit aussi occupé que madame de Sévigné des affaires de madame de Grignan, lui rappelle que les vacances du parlement étant terminées, il faut penser à suivre l'affaire de M. de Mirepoix.

b Parodie de ce vers de la fable du *lièvre et des grenouilles.*

Car que faire en un gîte, à moins que l'on ne songe ?

c Madame de Mazarin s'étoit retirée en Angleterre, où elle pou-

sure dans ce moment qu'elle est à six lieues de Paris :
ô la folle ! ô la folle ! Le roi a donné encore à madame
de Fontevrauld, outre les dix mille écus, un diamant
de trois mille louis : j'en suis fort aise. Je ne saurois
écrire aujourd'hui au coadjuteur ; comment fera-t-il,
ponctuel comme il est, pour souffrir le retardement de
cette réponse? Ne le grondez point de m'avoir envoyé
votre lettre, elle étoit admirable, il n'y a rien que j'aime
tant. Et M. de La Garde, l'avez-vous? c'est un homme
que j'estime et qui vaut beaucoup. J'ai en vérité besoin
de savoir tout ce qui se passe où vous êtes. Adieu, ma
chère enfant, je causerai davantage une autre fois.

434.

A la même.

Aux Rochers, dimanche 24 novembre 1675.

Si on pouvoit avoir un peu de patience, on épargne-
roit bien du chagrin. Le temps en ôte autant qu'il en
donne; vous savez que nous le trouvons un vrai brouil-
lon, mettant, remettant, rangeant, dérangeant, impri-
mant, effaçant, approchant, éloignant, et rendant toutes

voit dire impunément *point de Mazarin* (*voyez* la lettre 111, t. Ier,
p. 264). Le comte de Saint-Maurice, qui venoit de faire part au roi
d'Angleterre de la mort du duc de Savoie, l'avoit sans doute vue à
Londres.

choses bonnes ou mauvaises, et quasi toujours méconnoissables. Il n'y a que notre amitié que le temps respecte et respectera toujours. Mais où suis-je, ma fille? voici un étrange égarement; car je veux dire simplement que la poste me retient vos lettres un ordinaire, parcequ'elle arrive trop tard à Paris, et qu'elle me les rend au double le courrier d'après : c'est donc pour cela que je me suis extravaguée, comme vous voyez. Qu'importe? en vérité, il faut un peu, entre bons amis, laisser trotter les plumes comme elles veulent : la mienne a toujours la bride sur le cou.

On eût été bien étonné chez M. de Pomponne que cet hôtel-de-ville (*d'Aix*), qui vous paroît *une caverne de larrons*, vous eût servie à votre gré. Je crois qu'il vaut mieux, pour entretenir la paix, que cela soit ainsi. La question est de savoir si vous ne vous divertissez point mieux d'une guerre où vous avez toujours tout l'avantage. Je sais du moins comme vous êtes pour la paix générale, je n'écrirai rien à Paris de cette humeur guerrière; car M. de Pomponne, qui est *amico di pace e di riposo*, vous gronderoit. D'Hacqueville me mande qu'on ne peut pas être mieux que nous sommes dans cette maison : si vous en êtes contente, écrivez à M. de Pomponne et à madame de Vins; quand on a eu dessein de faire plaisir à quelqu'un, on est aise de savoir qu'on y a réussi.

Le petit Marsan[a] a fait, en son espèce, la même faute que Lauzun, c'est-à-dire de différer et de donner de

---

[a] Charles de Lorraine, comte de Marsan.

l'air à une trop bonne affaire. Cette maréchale d'Aumont[a] lui donnoit cinq cent mille écus; mais M. Le Tellier ne le veut pas, et le roi l'a défendu. On me mande
pourtant que la maréchale a parlé à Sa Majesté, et qu'elle
n'a point paru folle, et que M. de Marsan a dit au roi:
« Sire, comme j'ai vu que mes services ne méritoient
« aucune récompense auprès de vous, j'avois tâché de
« me mettre en état de vous les rendre à l'avenir sans
« vous importuner de ma misérable fortune. »

La reine perdit, l'autre jour, la messe et vingt mille
écus avant midi. Le roi lui dit: Madame, supputons un
peu combien c'est par an. Et M. de Montausier lui dit le
lendemain: Hé bien, Madame, perdrez-vous encore
aujourd'hui la messe pour le hoca? Elle se mit en colère.
Ce sont des gens qui reviennent de Versailles, et qui re-
cueillent toutes ces ravauderies pour me les mander. Je
ne sais rien du tout du présent allégorique de *Quanto*
à M. de Marsillac. J'ai trouvé votre parodie très plaisante et très juste; je la chante admirablement, mais
personne ne m'écoute: il y a quelque chose de fou à
chanter toute seule dans un bois. Je suis persuadée du
vœu de l'évêque[b] dans la bataille; *e fece voto, e fu libe-*

---

[a] Catherine Scarron de Vaures, veuve du maréchal d'Aumont. Le
duc d'Aumont, son fils, avoit épousé une des filles du chancelier Le
Tellier, qui étoit morte depuis plusieurs années. Il restoit de ce mariage deux filles, qui devinrent par la suite la marquise de Beringhen
et la marquise de Créqui. C'est dans l'intérêt de ses petits-enfants que
M. Le Tellier s'opposoit au mariage de leur aïeule paternelle.

[b] M. de Janson, évêque de Marseille, étoit ambassadeur en Pologne avant le marquis de Béthune; madame de Sévigné le montre
dans sa lettre du 30 octobre précédent, combattant les Tartares à

rato : mais voici la suite, *passato il pericodo , schernito il santo.* Je crois qu'il est fort occupé de la teinture de son chapeau ; Dieu merci, il n'aura pas le *nôtre* [1] ; il est bien cloué sur une meilleure tête que la sienne. Je ne sais pas trop bien ce que nous en pouvons faire, mais je suis ravie qu'il nous soit demeuré. M. de Cossé hait le pape, et moi je l'aime.

Vous me parlez bien plaisamment de nos misères ; nous ne sommes plus si roués ; un en huit jours seulement pour entretenir la justice. Il est vrai que la *penderie* me paroît maintenant un rafraîchissement : j'ai une tout autre idée de la justice depuis que je suis en ce pays : vos galériens me paroissent une société d'honnêtes gens, qui se sont retirés du monde pour mener une vie douce. Nous vous en avons bien envoyé par centaines, ceux qui sont demeurés sont plus malheureux que ceux-là. Je vous parlois des états, dans la crainte qu'on ne les supprimât pour nous punir : mais nous les avons encore, et vous voyez même que nous donnons trois millions, comme si nous ne donnions rien du tout ; nous nous mettons au-dessus de la petite circonstance de ne les pouvoir payer : nous la traitons de bagatelle. Vous me demandez si tout de bon nous sommes ruinés ; oui et non : si nous voulions ne point partir d'ici, nous y vivons pour rien , parceque rien ne se vend ; mais il est vrai que pour de l'argent, il n'y en a plus dans cette province.

côté de Sobieski ; elle fait évidemment ici allusion à ce trait. (*Voyez* ci-dessus , page 63 de ce volume.)

[1] C'est-à-dire , celui de M. le cardinal de Retz.

435.

A la même.

Aux Rochers, mercredi 27 novembre 1675.

Il faut s'y accoutumer, ma fille, je recois vos deux paquets à-la-fois : la raison a dérangé un de nos jours de poste, et c'est le plus grand mal qu'elle me puisse faire ; je me moque du froid, de la neige, de la gelée et de ses autres désagréments. M. de Coulanges est à Paris ; j'en ai reçu une grande lettre très gaillarde : il veut aussi vous écrire ; ses plumes me paroissent bien taillées, il ne demande qu'à les exercer. Nous nous disons les uns aux autres, où est mon fils ? il y a long-temps qu'il est parti de l'armée ; il n'est point à Paris, où pourroit-il être ? Pour moi, je n'en suis point en peine, et je suis assurée qu'il chante vépres auprès de sa jolie abbesse ; vous savez que c'est toujours son chemin de passer chez elle. Je vous envoie ce troisième petit tome des *Essais de morale*, dont je vous ai parlé : lisez-le, ma fille, sans préjudice de *Josephe*, que je souhaite que vous acheviez, et mandez-moi si vous ne trouvez pas ce petit livre digne du premier que vous avez approuvé. Mademoiselle de Méri est revenue de La Trousse ; je m'en réjouis pour vous : elle est fort embarrassée pour une maison : ceci est un peu vous parler des vaisseaux et des galères ; mais vous savez que je cause.

N'ayez pas peur que je mande à Paris ce que vous m'avez écrit touchant vos affaires de Provence : comme je me suis assurée que la moindre plaisanterie fâcheroit M. de Pomponne, je me garderois bien d'en écrire un seul mot, ni même à d'Hacqueville qui a les mêmes sentiments. C'est samedi, jour de Saint-André, que l'on fera votre consul : je me souviens de cette fête, et j'admire que vous ayez réussi à y faire ce que vous voulez, pêle-mêle avec ceux qui m'en paroissent les patrons ; c'est que vous êtes fort aimés : nous sommes étonnés de voir qu'en quelque lieu du monde on puisse aimer un gouvernement. Nos députés, qui étoient courus si extravagamment porter la nouvelle du don, ont eu la satisfaction que notre présent a été reçu sans chagrin ; et, contre l'espérance de toute la province, ils reviennent, sans rapporter aucune grace. Je suis accablée des lettres des états. Chacun se presse de m'instruire : ce commerce de traverse me fatigue un peu. On tâche d'y réformer les libéralités et les pensions, et l'on reprend de vieux règlements qui couperoient tout par la moitié : mais je parie qu'il n'en sera rien, et que comme cela tombe sur nos amis les gouverneurs, lieutenants-généraux, commissaires du roi, premiers présidents et autres, on n'aura ni la hardiesse, ni la générosité de rien retrancher.

Madame de Quintin est à Dinan : son style est enflé comme sa personne ; ceux qui sont destinés à faire des harangues puisent là toutes leurs grandes périodes : c'est une chose bien dangereuse qu'une provinciale de qualité, et qui a pris, à ce qu'elle croit, l'air de la cour.

Il y a ici une petite madame de N......, qui n'y entend
pas tant de finesse ; elle est belle et jeune ; elle est de la
maison de M....., et n'a point été changée en nourrice.
Voilà ce qui s'appelle bien précisément des nouvelles de
Bretagne.

Nous travaillons à finir une sotte affaire avec un président, pour recevoir le reste du paiement d'une terre :
c'est ce qui nous arrête présentement.

Le mariage du joli prince (*de Marsan*) n'est pas tout-
à-fait rompu ; mais on dit que tous les trésors dont on a
parlé seront réduits à cent mille écus : ah ! pour cent
mille écus, je ne voudrois pas coucher avec cette sor-
cière *. Je suis persuadée, ma fille, que vous passerez le
mois de décembre à Grignan ; vous coupez toujours tout
ce que vous pouvez sur le séjour d'Aix : vous vous moquez de la Durance ; pour moi, je ne reviens point de
l'étonnement de sa furie et de sa violence ; je n'oublierai
jamais les chartreux de Bompas [1], *bon repas ;* car vous
souvient-il quelle bonne chère nous y fîmes ? ah, mon
enfant ! j'étois avec vous ; ce souvenir m'est tendre ; je
vous épargne toutes mes pensées et tous mes sentiments
sur ce sujet : vous avez une humeur et un courage qui

---

* Ce mariage n'eut pas lieu ; le prince de Marsan épousa, en mars
1683, Marie d'Albret, princesse de Mortagne, fille unique du maréchal d'Albret, veuve de Charles Amanieu-d'Albret, son cousin-germain, qui fut tué le 6 août 1678 au château de Pinon, en Picardie,
où madame de Bussy-Lameth lui avoit donné un rendez-vous. (*Voyez*
la lettre du 9 août 1678.)

[1] Maison de chartreux, située dans le Comtat, au bord de la Durance, et précisément au passage de cette rivière pour entrer en Provence.

ne s'accommodent point de tout ce qui me nourrit. Je m'amuse les soirs à lire l'histoire de la prison et de la liberté de M. le prince : on y parle sans cesse de notre cardinal. Il me semble que je n'ai que dix-huit ans : je me souviens de tout ; cela divertit fort. Je suis plus charmée de la grosseur des caractères que de la bonté du style ; c'est la seule chose que je consulte pour mes livres du soir. Adieu, ma très chère enfant ; vous êtes ma véritable tendresse, et tout ce qui me plaît le plus au monde : il ne me faut qu'un doigt pour compter ce qui est sur ce ton-là.

436.

A la même.

Aux Rochers, dimanche 1er décembre 1675.

Voilà qui est réglé, ma très chère, je reçois deux de vos lettres à-la-fois ; et il y a un ordinaire où je n'en ai point de vous : il faut savoir aussi la mine que je lui fais, et comme je le traite en comparaison de l'autre. Je suis comme vous, ma fille, je donnerois de l'argent pour avoir la parfaite tranquillité du coadjuteur sur les réponses, et pouvoir les garder dans ma poche deux mois, trois mois, sans m'inquiéter : mais nous sommes si sottes, que nous avons ces réponses sur le cœur ; il y en a beaucoup que je fais pour les avoir faites ; enfin c'est

un don de Dieu que cette noble indifférence. Madame de
Langeron disoit sur les visites, et je l'applique à tout : *Ce
que je fais me fatigue, et ce que je ne fais pas m'inquiète.*
Je trouve cela très bien dit, et je le sens. Je fais donc à-
peu-près ce que je dois, et jamais que des réponses :
j'en suis encore là. Je vous donne avec plaisir le dessus
de tous les paniers ; c'est-à-dire, la fleur de mon esprit,
de ma tête, de mes yeux, de ma plume, de mon écritoire, et puis le reste va comme il peut. Je me divertis
autant à causer avec vous, que je laboure avec les autres.
Je suis assommée sur-tout des grandes nouvelles de
l'Europe.

Je voudrois que le coadjuteur eût montré cette lettre
que j'ai de vous ª à madame de Fontevrault ; vous n'en
savez pas le prix : vous écrivez comme un ange ; je lis
vos lettres avec admiration ; cela marche ; vous arrivez.
Vous souvient-il, ma fille, de ce menuet que vous dan-
siez si bien, où vous arriviez si heureusement, et de ces
autres créatures qui n'arrivoient que le lendemain ? Nous
appelions ce que faisoit feu MADAME, et ce que vous
faisiez, *gagner pays.* Vos lettres sont tout de même.

Pour votre pauvre petit *Frater,* je ne sais où il s'est
fourré ; il y a trois semaines qu'il ne m'a écrit : il ne m'a-
voit point parlé de cette promenade sur la Meuse ; tout
le monde le croit ici : il est vrai que sa fortune est triste.
Je ne vois point comme toute cette charge se pourra
emmancher, à moins que Lauzun ne prenne le guidon

ª Le coadjuteur l'avoit envoyée à madame de Sévigné. (*Voyez* la
fin de la lettre 433, page 96 de ce volume.)

en paiement, et quelque supplément que nous tâcherons de trouver : car d'acheter l'enseigne à pur et à plein,
et que le guidon nous demeure sur les bras ce n'est pas
une chose possible. Vous raisonnez fort juste sur tout
cela, nous sommes dans vos sentiments, et nous nous
consolons de monter sous les pieds de deux hommes [1],
pourvu que le guidon nous serve de premier échelon.

J'achèverai ici l'année très paisiblement ; il y a des
temps où les lieux sont assez différents ; on n'est point
trop fâchée d'être tristement plantée ici. Madame de
La Fayette vous rend vos honnêtetés ; sa santé n'est pas
bonne ; mais celle de M. de Limoges [a] est encore pire : il
a remis au roi tous ses bénéfices ; je crois que son fils,
c'est-à-dire l'abbé de La Fayette, en aura une abbaye [b].
Voilà la pauvre Gascogne bien mal menée, aussi bien
que nous. On nous envoie encore six mille hommes pour
passer l'hiver : si les provinces ne faisoient rien de mal
à propos, on seroit assez embarrassé de toutes ces troupes. Je ne crois point que la paix soit si proche : vous
souvient-il de tous les raisonnements qu'on faisoit sur
la guerre, et comme il devoit y avoir bien des gens tués ?
c'est une prophétie qu'on peut toujours faire sûrement,

---

[1] Le marquis de La Trousse et le marquis de La Fare : l'un étoit
capitaine-lieutenant, et l'autre sous-lieutenant des gendarmes-dau-
phin.

[a] François de La Fayette, abbé de Dalon, évêque de Limoges, premier aumônier de la reine Anne d'Autriche, mort âgé de 86 ans, le
3 mai 1678 ; il étoit oncle du mari de madame de La Fayette.

[b] Louis de La Fayette eut en effet l'abbaye de Dalon, dont son
grand-oncle avoit été pourvu. (*Voyez* la lettre du 15 décemb. suiv.)

aussi bien que celle que vos lettres ne m'ennuieront cer-
tainement point, quelque longues qu'elles soient : ah !
vous pouvez l'espérer sans chimère ; c'est ma délicieuse
lecture. Rippert vous porte un troisième petit tome des
Essais de morale, qui me paroît digne de vous : je n'ai
jamais vu une force et une énergie comme il y en a dans
le style de ces gens-là : nous savons tous les mots dont
ils se servent ; mais jamais, ce me semble, nous ne les
avons vus si bien placés ni si bien enchâssés. Le matin,
je lis l'Histoire de France, l'après-dînée, un petit livre
dans les bois, comme ces Essais, la Vie de saint Thomas de Cantorbéry, que je trouve admirable, ou les Ico-
noclastes ; et le soir, tout ce qu'il y a de plus grosse im-
pression : je n'ai point d'autre règle. Ne lisez-vous pas
toujours Josephe ? prenez courage, ma fille, et finissez
miraculeusement [a] cette histoire. Si vous prenez les Croisades, vous y verrez deux de vos grands-pères, et pas
un de la grande maison de V.....; mais je suis sûre qu'à
certains endroits vous jetterez le livre par la place, et
maudirez le jésuite [1], et cependant l'histoire est admirable.

La bonne Troche fait très bien son devoir ; je n'ai guère
d'obligation de ce que l'on fait pour vous. La princesse
et moi, nous ravaudions l'autre jour dans des paperasses
de feue madame de La Trémouille ; il y a mille vers :
nous trouvâmes une infinité de portraits, entre autres

---

[a] Madame de Grignan avoit de la peine à achever la lecture des
ouvrages de longue haleine.

[1] Le père Mainbourg, auteur de l'*Histoire des Croisades*.

celui que madame de La Fayette fit de moi sous le nom
d'un inconnu *; il vaut mieux que moi : mais ceux qui
m'eussent aimée, il y a seize ans, l'auroient pu trouver
ressemblant. Que puis-je répondre, ma très chère, aux
trop aimables tendresses que vous me dites, sinon que
je suis tout entière à vous, et que votre amitié est la
chose du monde qui me touche le plus?

<hr>

437.

A la même.

Aux Rochers, mercredi 4 décembre 1675.

Voici le jour que j'écris sur la pointe d'une aiguille; car
je ne reçois plus vos lettres que deux à-la-fois le vendredi.
Comme je venois de me promener avant-hier, je trouvai
au bout du mail le *Frater*, qui se mit à deux genoux aussitôt qu'il m'aperçut, se sentant si coupable d'avoir été trois
semaines sous terre, à chanter *matines*, qu'il ne croyoit
pas me pouvoir aborder d'une autre façon; j'avois bien
résolu de le gronder, et je ne sus jamais où trouver de la
colère; je fus fort aise de le voir; vous savez comme il
est divertissant; il m'embrassa mille fois; il me donna

---

* Ce portrait a été inséré dans cette édition au nombre des pièces
préliminaires. On le trouve à la suite des *Mémoires de Mademoiselle.*
D'après ce passage, ce portrait auroit été composé vers 1659.

les plus méchantes raisons du monde, que je pris pour
bonnes : nous causons fort, nous lisons, nous nous pro-
menons, et nous achèverons ainsi l'année, c'est-à-dire
le reste. Nous avons résolu d'offrir notre chien de guidon, et de souffrir encore quelque supplément, selon
que le roi l'ordonnera : si le chevalier de Lauzun^a veut
vendre sa charge entière, nous le laisserons trouver des
marchands de son côté, comme nous en chercherons du
nôtre, et nous verrons alors à nous accommoder.

Nous sommes toujours dans la tristesse des troupes
qui nous arrivent de tous côtés avec M. de Pommereuil :
ce coup est rude pour les grands officiers ; ils sont mortifiés à leur tour, c'est-à-dire, le gouverneur, qui ne
s'attendoit pas à une si mauvaise réponse sur le présent
de trois millions. M. de Saint-Malo est revenu ; il a été
mal reçu aux états : on l'accuse fort d'avoir fait une méchante manœuvre à Saint-Germain ; il devoit au moins
demeurer à la cour, après avoir mandé ce malheur en
Bretagne, pour tâcher de ménager quelque accommodement. Pour M. de Rohan, il est enragé, et n'est point
encore revenu ; peut-être qu'il ne reviendra pas. M. de
Coulanges me mande qu'il a vu le chevalier de Grignan,
qui s'accommode mal de mon absence : je suis plus touchée que je ne l'ai encore été, de n'être pas à Paris, pour
le voir et causer avec lui. Mais savez-vous bien, ma
chère, que son régiment est dans le nombre des troupes
qu'on nous envoie? ce seroit une plaisante chose s'il
venoit ici ; je le recevrois avec une grande joie.

---

^a François de Nompar de Caumont, né en 1647.

J'ai fort envie d'apprendre ce qui sera arrivé de votre procureur du pays; je crains que M. de Pomponne, qui s'étoit mêlé de cette affaire, croyant vous obliger, ne soit un peu fâché de voir le tour qu'elle a pris; cela se présente en gros comme une chose que vous ne voulez plus, après l'avoir souhaitée : les circonstances qui vous ont obligés à prendre un autre parti ne sauteront pas aux yeux, du moins je le crains, et je souhaite me tromper. Il me semble que vous devez être bien instruite des nouvelles, à cette heure que le chevalier est à Paris. M. de Coulanges vient de recevoir un violent dégoût : M. Le Tellier a ouvert sa bourse à Bagnols, pour lui faire acheter une charge de maître des requêtes, et en même temps lui donne une commission qu'il avoit refusée à M. de Coulanges, et qui vaut, sans bouger de Paris, plus de deux mille livres de rente : voilà une mortification sensible, et sur quoi, si madame de Coulanges [1] ne fait rien changer par une conversation qu'elle doit avoir eue avec ce ministre, Coulanges est très résolu de vendre sa charge [a] : il m'en écrit outré de douleur. Vous savez très bien les espérances de la paix : les gazettes ne vous manquent pas, non plus que les lamentations de cette province. M. le cardinal me mande qu'il a vu le comte de Sault, Renti et Biran [b] : il a si peur d'être l'hermite de la foire, qu'il est allé passer l'avent à Saint-Mihel. Parlez-moi de vous, ma chère enfant; comment

---

[1] Madame de Coulanges étoit nièce de madame Le Tellier.

[a] De maître des requêtes, dont il avoit été pourvu au mois de septembre 1672.

[b] Le comte de Sault, qui fut depuis duc de Lesdiguières; — le

vous portez-vous? votre teint n'est-il point en poudre?
êtes-vous belle, quand vous voulez? enfin je pense mille
fois à vous, et vous ne me sauriez trop parler de ce qui
vous regarde. Je laisse la plume à cet honnête garçon,
et je vous embrasse de tout mon cœur.

M. de Sévigné.

Que veut-on dire de cet honnête garçon? On ne me
trouve pas bon à jeter aux chiens; parceque je suis
quinze jours à faire cent cinquante lieues de pays; et
quand je me serois un peu arrêté en chemin, seroit-ce
un grand malheur? Cependant, on gronde contre moi,
on jure, parcequ'on ne me voit point, et qu'on ne jouit
point des charmes de ma présence; voilà ce que c'est que
d'être trop charmant: ah, mon père! pourquoi me fai-
siez-vous si beau? J'ai reçu votre lettre, et l'amitié tendre et solide que vous m'avez toujours témoignée me
fait croire, sans beaucoup de peine, que vous vous intéressez autant que vous dites à l'état de mes affaires:
ma mère vous dit précisément de quoi il est question.
Vous croyez bien que je n'achéterai pas la charge de
M. de Lauzun, et que je ne me ruinerai pas de fond en
comble, pour en avoir deux très subalternes. Voilà où
j'en suis, pour n'avoir pas voulu opiniâtrément suivre
votre conseil; mais, en vérité, c'est une faute qui devroit
être expiée par sept ans de purgatoire, dont il y en a eu

---

marquis de Renty, de la maison de Croy; — le marquis de Biran,
qui fut depuis duc de Roquelaure, et maréchal de France.

six de passés sous M. de La Trousse [a], et qui ne méritoit
pas un enfer perpétuel comme celui que j'envisage, si
Dieu n'y met la main : enfin, pour cette fois, je suivrai
l'avis des bonnes têtes qui nous gouvernent. J'ai entendu
parler de tous vos triomphes de Provence; je ne saurois
vous dire tout l'intérêt que j'y prends. Je vous embrasse
très tendrement, ma chère petite sœur : voyez comme
vous en avez toujours usé avec moi; voyez tout ce que
vous avez voulu faire pour moi, contre vos propres intérêts; souvenez-vous combien on vous a dit que vous
étiez aimable et estimable, et vous pourrez comprendre
à-peu-près comme je suis pour vous.

Madame DE SÉVIGNÉ *continue.*

Ma chère fille, Bourdelot m'a envoyé des vers qu'il a
faits à la louange de M. le prince et de M. le duc [b]; il
vous les envoie aussi. Il m'écrit qu'il n'est point du tout

---

[a] Nouveau trait contre M. de La Trousse ; madame de Sévigné
s'en plaint souvent aussi.

[b] Ces vers n'ont pas été conservés ; madame de Sévigné en parle
à sa fille, de manière à nous les faire peu regretter. Bourdelot avoit
passé quelque temps à Stockholm, auprès de Christine ; il avoit acquis tant d'empire sur son esprit, qu'il écartoit de sa cour tous
les savants qui excitoient sa jalousie. On peut voir dans les commen-
taires latins d'Huet, évêque d'Avranches, tout ce que fit le docteur
pour empêcher Bochart d'être admis auprès de la reine. Quand
Bourdelot eut quitté la Suède, Christine demanda et obtint pour lui
l'abbaye de Massai ; le pape Urbain VIII avoit accordé à ce médecin
le privilège singulier de pouvoir posséder des bénéfices en exerçant
la médecine, pourvu qu'il la fît gratuitement. On assure qu'il observa
très religieusement cette condition.

poëte; je suis bien tentée de lui répondre : Et pourquoi donc faites-vous des vers? qui vous y oblige? Il m'appelle *la mère des Amours*, mais il a beau dire, je trouve ses vers méchants : je ne sais si c'est que les louanges me font mal au cœur, comme elles auront fait à M. le prince. Madame de Villars vous embrasse et vous aime : que dites-vous de ce chemin? Je me fie à vous pour dire une amitié pour moi au triste voyageur. J'embrasse la pauvre petite *Dague*. Le bon abbé vous est acquis; et moi, ma chère petite, ne vous suis-je pas acquise?

438.

A la même.

Aux Rochers, dimanche 8 décembre 1675.

J'attendois deux de vos paquets par le dernier ordinaire, et je n'en ai point reçu du tout. Quand les postes tarderoient, comme je le crois bien présentement, j'en devrois toujours avoir reçu un; car je ne compte jamais que vous m'ayez oubliée. Cette confiance est juste, et je suis assurée qu'elle vous plaît; mais comme les pensées noires voltigent assez dans ces bois, j'ai d'abord voulu être en peine de vous; mais le bon abbé et mon fils m'assurent que vous m'auriez fait écrire. Je ne veux point demeurer sur cette crainte; elle est trop insuppor-

table; je veux me prendre à la poste de tout, quoique je
ne comprenne rien à l'excès de ce déréglement, et espérer demain de vos nouvelles; je les souhaite avec l'impatience que vous pouvez vous imaginer.

D'Hacqueville est enrhumé avec la fièvre; j'en suis
en peine; car je n'aime la fièvre à rien : on dit qu'elle
consume, mais c'est la vie. Quoiqu'on dise *les d'Hacqueville*, il n'y en a, en vérité, qu'un au monde comme le
nôtre. N'a-t-il point déja commencé de vous parler d'un
voyage incertain que le roi doit faire en Champagne,
ou en Picardie? Depuis que ses gens, pour notre malheur, ont commencé à répandre une nouvelle de cet
agrément, c'est pour trois mois; il faut voir aussi ce que
je fais de cette feuille volante qui s'appelle les *Nouvelles*. Pour la lettre de d'Hacqueville, elle est tellement
pleine de mon fils, et de ma fille, et de notre pauvre
Bretagne, qu'il faudroit être dénaturée pour ne se pas
crever les yeux à la déchiffrer [1]. M. de Lavardin est mon
résident aux états; il m'instruit de tout; et comme nous
mêlons quelquefois de l'italien dans nos lettres, je lui
avois mandé, pour lui expliquer mon repos et ma pa
resse ici :

> .... *D'ogni oltraggio, e scorno*
> *La mia famiglia, e la mia greggia illese*
> *Sempre quì fur, nè strepito di Marte,*
> *Ancor turbò questa remota parte* [a].

A peine ma lettre a-t-elle été partie, qu'il est arrivé à
Vitré huit cents cavaliers, dont la princesse est bien mal

---

[1] L'écriture de M. d'Hacqueville étoit de la plus grande difficulté.

[a] *Gerusalemme liberata*, canto VII, st. 8.

4.   8

contente. Il est vrai qu'ils ne font que passer; mais ils vivent, ma foi, comme dans un pays de conquête, nonobstant notre bon mariage avec Charles VIII et Louis XII *a*. Les députés sont revenus de Paris. M. de Saint-Mâlo, qui est Guémadeuc, votre parent, et sur le tout *une linotte mitrée*, comme disoit madame de Choisy, a paru aux états, transporté et plein des bontés du roi, et sur-tout des honnétetés particulières qu'il a eues pour lui, sans faire nulle attention à la ruine de la province, qu'il a apportée agréablement avec lui : ce style est d'un bon goût à des gens pleins, de leur côté, du mauvais état de leurs affaires. Il dit que sa majesté est contente de la Bretagne et de son présent, qu'elle a oublié le passé, et que c'est par confiance qu'on envoie ici huit mille hommes; comme on envoie un équipage chez soi quand on n'en a que faire. Pour M. de Rohan, il a des manières toutes différentes, et qui ont plus de l'air d'un bon compatriote. Voilà nos chiennes de nouvelles; j'ai envie de savoir des vôtres, et ce qui sera arrivé de votre procureur du pays. Vous ne devez pas douter que les Janson n'aient écrit de grandes plaintes à M. de Pomponne; je crois que vous n'aurez pas oublié d'écrire aussi et à madame de Vins qui s'étoit mêlée d'écrire pour Saint-Andiol. C'est d'Hacqueville qui doit vous servir et vous instruire de ce côté-là. Je vous suis inutile à tout, *in questa remota parte* : c'est un de mes plus grands chagrins : si

a Le mariage d'Anne, duchesse de Bretagne, qui, ayant épousé Charles VIII, et ensuite Louis XII, son successeur, réunit ce duché à la France.

jamais je me puis revoir à portée de vous être bonne à quelque chose, vous verrez comme je récompenserai le temps perdu. Adieu, ma très chère et très aimée, je vous souhaite une parfaite santé; c'est le vrai moyen de conserver la mienne que vous aimez tant : elle est très bonne. Je vous embrasse très tendrement, et vous dirois combien mon fils est aimable et divertissant : mais le voilà, il ne faut pas le gâter.

M. DE SÉVIGNÉ*.

Je n'aurois rien à vous dire aujourd'hui, ma petite sœur, après ce que je vous mandai il y a trois jours, si nous n'avions passé l'après-dînée avec mademoiselle du Plessis, qui est toujours charmante et divine; l'illustre fille dont j'ai à vous entretenir a quelque chose de si étrangement beau et de si furieusement agréable, qu'elle peut aller de pair avec l'aimable Tisiphone *a*. Une lèpre qui lui couvre la bouche est jointe à cette prunelle qui fait souhaiter un parasol au milieu des brouillards, et tout son désespoir est que cela l'empêche de baiser ma mère à tous les quarts d'heure; elle a eu une manière de peste sur le bras qui l'a retenue long-temps chez elle; *je me suis laissé dire* *b* que les Rochers n'en valoient pas moins. Présentement nous sommes dans l'espérance qu'elle aura la fièvre quarte; elle nous en a fait ses plaintes, et les recommençoit à tout moment pour attirer no-

a L'une des Euménides.
b Locution de mademoiselle du Plessis, répétée par ironie.

tre compassion ; elle a voulu nous montrer la force de
son esprit, disant qu'elle étoit toute résolue à passer son
hiver avec deux jours de santé et un de maladie. Pour
nous, nous nous sommes jugés en même temps attaqués
de la fiévre double-tierce, et nous sommes assez fâchés
de prévoir que nous aurons, par son moyen, deux jours
de maladie contre un de santé : du reste, les Rochers
sont assez agréables. Ma mère continue à signaler ses
bontés pour cette maison, en y faisant des merveilles.
Le *bien bon* a aligné des plants toute cette après-dînée :
la chapelle est faite *a*, on y dira la messe dans huit jours.
Dieu nous conserve, ma petite sœur, une si bonne mère
et un si bon oncle. Je ne vous dis rien de ma charge,
tout ira bien à force de mal aller. Je vous embrasse
mille fois, et M. de Grignan, que j'aime et honore parfaitement. Ma mère vient de s'écrier : Ah mon dieu ! je
n'ai rien dit à ce *matou* ; je ne sais de qui elle parle,
mais elle m'a dit après : Mon fils, faites mes compliments
à M. de Grignan.

a Cette chapelle est isolée ; elle est de forme octogone et surmon-
tée d'une petite coupole ; elle a été parfaitement conservée. (*Voyez*
les deux vues des *Rochers*, qui sont placées au tome III de cette édition.)

439.

A la même.

Aux Rochers, mercredi 11 décembre 1675.

Il n'y a qu'à avoir un peu de patience, ma très chère, on trouve ce que l'on desire. J'ai reçu deux de vos paquets que je devois avoir déja reçus : mais enfin les voilà ; et vous ne vous trompez pas, si vous croyez qu'ils font présentement ma plus sensible joie. Je vous remercie de comprendre un peu, malgré votre philosophie, toutes les pensées que je puis avoir sur les distances infinies qui nous séparent : vous les sentez donc, et vous êtes frappée comme moi de cette disposition de la Providence ; mais vous l'envisagez avec plus de courage que moi ; car cette dureté m'est toujours nouvelle. Je me souviens sans cesse du passé, dont le présent et l'avenir ne me consolent point : voilà un champ bien ample pour exercer un cœur aussi tendre et aussi peu fortifié que le mien. J'ai fait mille fois réflexion à ces bonnes dames qui ont su faire leur devoir de leur goût. La Troche a si bien repétri et refagoté sa fortune, qu'elle s'est établie dans cette bonne ville de Paris, y faisant le siège de son empire, et le lieu de toutes ses affaires : elle a établi son fils à la cour, contre vent et marée, et se fait un attachement d'être auprès de lui. Pour la Mar-

beuf, elle avoit un peu commencé du temps de son
mari, et elle ne se contraint plus présentement : elle va
louer une maison pour cent ans, et baise très humblement les mains à la pauvre Bretagne. Et vous, ma chère
fille, qui êtes née et élevée dans ce pays, vous que j'ai
toujours aimée et souhaité d'avoir près de moi, voyez
quel orage vous jette au bout du monde. Quand on
veut achever sa lettre, il faut passer vite sur cet endroit,
et reprendre des forces, dans l'espérance de quelque
changement. Nous avons des visions, d'Hacqueville et
moi, qui sont très bonnes; ce n'est pas ici le temps de
vous les écrire.

Venons aux malheurs de cette province : tout y est
plein de gens de guerre; il y en aura à Vitré, malgré la
princesse : MONSIEUR l'appelle sa bonne, sa chère tante;
je ne trouve pas qu'elle en soit mieux traitée. Il en passe
beaucoup par la Guerche, qui est au marquis de Villeroi, et il s'en écarte qui vont chez les paysans, les vo-
lent et les dépouillent. C'est une étrange douleur en
Bretagne que d'éprouver cette sorte d'affliction, à quoi
ils ne sont pas accoutumés. Notre gouverneur a une
amnistie générale : il la donne d'une main, et de l'autre,
huit mille hommes qu'il commande, comme vous : ils
ont leurs ordres. M. de Pommereuil [a] vient, nous l'attendons tous les jours; il a l'inspection de cette petite armée, et pourra bientôt se vanter d'y joindre un assez

---

[a] Auguste Robert de Pommereuil, qui fut en 1676 prévôt des
marchands, et en 1689 intendant de Bretagne. Il mourut en 1702,
à 75 ans.

beau gouvernement : c'est le plus honnête homme et le plus bel esprit de la robe; il est fort de mes amis; mais je doute qu'il soit aussi bon à l'user que votre intendant, que vous avez si bien apprivoisé; je crains qu'on ne le change. Je ne puis vous mander aujourd'hui des nouvelles de Languedoc, comme vous en souhaitez; contentez-vous de celles de Guyenne : je trouve qu'ils sont bien protégés, et qu'on s'adoucit fort pour eux; nous ne sommes pas si heureux; nos protections, si nous en avions, nous feroient plus de mal que de bien, par la haine de deux hommes. Je crois que nous ne laisserons pas de trouver, ou du moins de promettre toujours les trois millions, sans que notre ami (*M. d'Harouïs*) soit abymé, car il s'est coulé une affection pour lui dans les états, qui fait qu'on ne songe qu'à l'empêcher de périr. Il me semble qu'en voilà assez sur ce chapitre.

Je suis aise que vous ne soyez point retournée à Grignan ; c'est de la fatigue et de la dépense : cette sagesse et cette règle, dont le *bien bon* vous rend mille graces, ont empêché ce mouvement. Mandez-moi si les petits enfants ne viennent pas vous trouver. Nous avons ici un temps admirable : nous faisons des allées nouvelles d'une grande beauté. Mon fils nous amuse; et nous est très bon : il prend l'esprit des lieux où il est, et ne transporte de la guerre et de la cour, dans cette solitude, que ce qu'il en faut pour la conversation. Quand il ne pleut point, nous sommes bien moins à plaindre qu'on ne pense de loin; le temps que nous avons destiné ici passera comme un autre. Ma lettre n'a pas été jusqu'à M. de Louvois; tout se passe entre Lauzun et nous : s'il

veut prendre le guidon, nous offrons un léger supplément; s'il veut vendre sa charge entière, contre toute
sorte de raison, qu'il cherche un marchand de son côté,
comme nous du nôtre : voilà tout ^a.

J'ai écrit au chevalier, pour m'affliger avec lui de ce
qu'il ne m'a pas trouvée à Paris : nous ferions de belles
lamentations sur notre société de l'année passée, et nous
repleurerions fort bien M. de Turenne. Je ne sais quelle
idée vous avez de la princesse ^b; elle n'est rien moins
qu'*Artémise;* elle a le cœur comme de cire, et s'en
vante, disant assez plaisamment qu'elle a le cœur ridicule; cela tombe sur le général, mais le monde en a fait
des applications particulières; j'espère que je mettrai
des bornes à cette ridiculité par tous les discours que je
fais, comme une innocente, de l'horreur qu'il faut avoir
pour les femmes qui poussent cette tendresse un peu
trop loin, et du mépris que cela leur attire : je dis des
merveilles; et l'on m'écoute, et l'on m'approuve tout autant que l'on peut. Je me crois obligée, en conscience,
à lui parler sur ce ton-là, et je veux avoir l'honneur de
la redresser.

Ce que vous dites sur *Fidèle* ¹ est fort plaisant et fort
joli; c'est la vraie conduite d'une coquette, que celle que
j'ai eue : il est vrai que j'en ai la honte, et que je m'en
justifie, comme vous avez vu : car il est certain que j'as-
pirois au chef-d'œuvre de n'avoir aimé qu'un chien,

^a *Voyez* la lettre 437, page 108 de ce volume.

^b La princesse de Tarente. Elle avoit perdu son mari le 14 sept. 1672.

¹ C'est le petit chien dont il est parlé ci-devant, lettre du 13 no-
vembre.

malgré les *maximes* de M. de La Rochefoucauld [1], et je
suis embarrassée de *Marphise*; je ne comprends pas ce
qu'on en fait; quelle raison lui donnerai-je? cela jette
insensiblement dans les menteries; tout au moins, je lui
conterai bien toutes les circonstances de mon nouvel en-
gagement: enfin, c'est un embarras où j'avois résolu de
ne me jamais trouver: c'est un grand exemple de la misère humaine; ce malheur m'est arrivé par le voisinage
de Vitré.

Je suis lasse à mourir de la fadeur des nouvelles;
nous avons bien besoin de quelque événement, comme
vous dites, aux dépens de qui il appartiendra; puisque
ce ne peut plus être la mort de M. de Turenne, *vogue
la galère.* Vous me dites des choses admirables; je les
lis, je les admire, je les crois; et tout de suite vous me
mandez qu'il n'y a rien de plus faux; je reconnois bien
le style et le bavardage des provinces. Vous jugez super-
ficiellement de celui qui gouverne celle-ci, quand vous
croyez que vous feriez de même; non, vous ne feriez
point comme il a fait, et le service du roi ne le voudroit
pas. Ah, que vous aviez bon esprit l'hiver passé! ce
n'est point ici le temps de penser aux députations; faisons la paix, et puis nous penserons à tout.

Pour la religion des juifs, je le disois en lisant leur
histoire: *Si Dieu m'avoit fait la grace d'y être née* [2], je

---

[1] M. de La Bruyère a dit, après M. de La Rochefoucauld, qu'il
étoit plus rare de trouver une femme qui n'eût eu qu'un amant, que
d'en trouver une qui n'en eut point eu.

[2] C'est à propos d'un mot de M. de R....., qui avoit dit: *Si Dieu
m'eût fait la grace d'être né Turc, je mourrois Turc.*

m'y trouverois mieux qu'en toute autre, hormis la bonne;
je la trouve magnifique : vous devez l'aimer encore plus
par cette année de repos et de robes-de-chambres, où
vous seriez un exemple de piété dans votre grand fauteuil : jamais sabbat n'auroit été mieux observé. Ripert
a reçu *les Essais de morale*; il y a plusieurs traités, et
sur-tout un qui me plaît plus que les autres, vous le de-
vinerez. Je suis ravie de votre bonne santé et de votre
beauté; car je vous aime toute. Cette pommade vient de
votre petite femme, à qui vous l'aviez demandée; vous
vous en êtes toujours bien trouvée en Provence : mais
dans un autre pays, la pommade est trop engraissante.
Je vous souhaite souvent à l'air de ces bois, qui nourrit
le teint comme à Livry, hormis qu'il n'y a point de serein, et que l'air est admirable : nous y parlons souvent
de vous; mais, ma fille, nous ne vous y voyons pas, ni
vous nous; c'est ce qui est assurément bien cruel : je ne
m'accoutumerai jamais à cet horrible éloignement. Le
bien bon vous loue fort de votre habileté et du soin que
vous avez de payer vos arrérages : c'est tout, c'est *la loi*
et les prophètes. Puisque M. de Grignan est si sage, je
l'embrasse malgré sa barbe; elle est bien quelquefois
comme la cour de MONSIEUR, et la barbe de votre petit
frère s'en veut mêler aussi; je plains la pauvre Montgobert. Mandez-moi toujours des nouvelles et de votre
jeu. Il me semble que je vous vois, avec vos petits doigts,
tirer des primes; tous ces temps sont derrière nous : il
faut en revenir à dire que le bien et le mal font le même
chemin : mais ils nous laissent de différents souvenirs.
Vous avez fait un dîner de grand appareil : où étois-je?

car je connois tout; je vois d'ici toutes les grandeurs
bien rassemblées. Vous dites des merveilles sur le mariage du petit prince (*de Marsan*) et de la maréchale :
il est vrai que la disproportion étoit grande : mais que
savez-vous, s'il en est échappé [a] ? En vérité, vous n'avez
pas besoin de mes lettres pour écrire; vous discourez
fort bien sans avoir un thème. Vous me ravissez de me
parler de la vivacité de la *Pantoufle* [b] ; vos réflexions
sont admirables sur le passé, et sur cet écueil qu'elle
trouve sur la fin de sa vie; cela doit faire trembler : assurément la tête de leurs chevaux se heurtera, en arrivant à Paris, chacun de son côté. Il en faut revenir à
Solon : *Nulle louange avant la mort :* cela est bien con-
traignant pour moi, qui aime à louer ce qui est louable;
le moyen d'attendre? j'irai toujours mon train, quitte à
changer quand on changera. Adieu, ma très chère et
très aimable, vous ne sauriez être plus parfaitement aimée que vous ne l'êtes de moi.

[a] *Voyez* la lettre 434, page 97 de ce volume.

[b] Il y a apparence que c'est la marquise de Soliers qui étoit de la
branche aînée des Forbin, qu'elle appelle *Souliers* dans la lettre 320,
tome III, page 143, où elle dit. « Je vis hier madame de *Souliers*, avec
« qui j'ai raisonné *pantoufle* assez long-temps. »

~~~~~~

440. *

A la même.

Aux Rochers, dimanche 15 décembre 1675.

Ah! mon enfant, que je viens bien de me promener *dans l'humeur de ma fille!* il n'est point question en ce pays de *l'humeur de ma mère* ^a. Je viens de ces bois; vraiment ces allées sont d'un agrément à quoi je ne m'accoutume point. Il y en a six que vous ne connoissez point du tout, mais celles que vous connoissez sont fort embellies par la beauté du plant. Le mail est encore plus beau que tout le reste, et c'est *l'humeur de ma fille.* Il fait présentement doux et sec; j'y suis demeurée au-delà de l'entre-chien et loup, mais c'est parcequ'aujourd'hui il ne passe point de troupes; car quand il en vient à Vitré, on m'oblige, contre mon gré, à me retirer une heure plus tôt. C'est là, ma très chère, où j'ai bien le loisir de vous aimer; je comprends très bien que vous n'avez pas toujours ce temps-là; il en faut jouir quand on peut; vous êtes au milieu de mille choses qui empêchent fort qu'on ne puisse trouver sa tendresse à point nommé; mais il est vrai que trois jours après, il me paroît que vous vous acquittez bien de votre promesse de m'aimer une autre fois, et je crois qu'en vérité vous m'aimez beaucoup.

^a Nom d'une allée des jardins de l'abbaye de Livry.

Je suis ravie que vous ayez Roquesante ; c'est, sans offenser tout le reste, le plus honnête homme de Provence, et celui dont l'esprit et le cœur sont les plus dignes de votre amitié ; vous m'avez fort obligée de lui faire mes compliments, sans attendre trois semaines ; il y a des choses sur quoi on peut répondre aisément. Ne m'oubliez pas, sur toute chose, auprès de votre très digne cardinal (*Grimaldi*): Dieu vous le conserve encore cent ans : je crois qu'il a bien été de ceux qui ont recloué le chapeau sur la tête du nôtre.

Vous m'étonnez, en me disant que mes lettres sont bonnes ; je suis ravie qu'elles vous plaisent ; vous savez comme je suis là-dessus : je ne vous dis rien des vôtres, de peur de *faire mal au gras des jambes du gros abbé*[1] ; mais sans cela je saurois bien qu'en dire : je vous en montrerai, et vous en jugerez. Vous croyez bien aisément que je ne souhaite rien tant que de raccommoder Fontainebleau avec moi ; je ne saurois encore soutenir la pensée du mal qu'il m'a fait[a], et vous êtes bien juste, quand vous croyez que mon amitié n'est jamais moindre que ce jour-là, quoiqu'elle ne fasse point tant de bruit. Vous avez donc vu cet abbé de La Vergne[2] et les *Essais de morale* ; ceux que je vous envoie arrivent à-peu-près

---

[1] Quand l'abbé de Pontcarré étoit importuné de quelque discours qu'on tenoit devant lui, il disoit *qu'on lui faisoit mal au gras des jambes*.

[a] Madame de Sévigné s'y étoit séparée de sa fille le 24 mai 1675. (*Voyez* la lettre du 28 mai 1676.)

[2] Pierre de La Vergne-Tressan, aussi illustre par ses vertus et sa piété que par sa naissance.

aussi diligemment que nos réponses. Le traité de *tenter Dieu* me paroît le plus utile, et celui *de la ressemblance de l'amour-propre et de la charité*, le plus lumineux pour parler leur langage; mandez-moi ce que vous en pensez. Je vous trouve bien à votre aise dans votre fauteuil; il ne seroit question que de voir entrer quelqu'un qui ne fût point à Aix. Hélas! vous souvient-il de tout ce qui entroit l'hiver passé? Vous avez touché bien droit à ce qui fait mon indifférence pour mon retour; elle est telle que, sans les affaires que nous avons à Paris *, je ne verrois aucun jour que je voulusse prendre plutôt qu'un autre pour quitter cet aimable désert; mais plusieurs raisons nous déterminent à prendre nos mesures, de sorte que nous arrivions à Paris au commencement du carême; c'est le vrai temps pour plaider, et je suis à-peu-près comme la comtesse de Pimbêche : j'espère que tout ira bien. Puisque vous voulez savoir la suite de l'affaire que j'ai avec Meneuf, c'est qu'il est au désespoir que nous lui ayons donné une haute justice, parcequ'il n'a plus de prétexte pour ne pas achever de me payer; il avoit compté sur une remise de cinq ou six mille francs, qui s'évanouit par ce papier qui étoit entre les mains de Vaillant, sans que la vertu lui en fût connue : c'est à l'abbé que j'ai encore cette obligation, parcequ'il est écrit que j'en dois avoir de toutes les sortes au *bien bon*. J'attends la fin de cette petite affaire; c'est un plaisir de voir les convulsions de la mauvaise foi, qui ne sait plus

---

* Les affaires relatives au procès entre M. de Grignan et le marquis de Mirepoix.

où se prendre, et qui est abandonnée de tous ses pré-
textes. Je ne comprends rien à mon Berbisy, il me mande
positivement qu'il vous a envoyé des *moyeux*[a] : je m'en
vais lui écrire, car j'aime bien les voir gober à M. de
Grignan. Je l'embrasse pendant que le voilà ; quand ce
seroit le troisième jour de sa barbe épineuse et cruelle,
on ne peut pas s'exposer de meilleure grace. J'avois bien
résolu de traiter le chevalier de la même sorte, mais je
crains bien que nous n'ayons que son régiment. J'avois
dessein de vous dire que si je le tenois ici, je le mange-
rois de caresses ; mais vous me le dites, je n'ai qu'à vous
avouer que vous avez raison, et que j'aimerois fort à le
voir ici ; pourvu qu'il ne plût point à verse, je suis assurée qu'il ne s'y ennuyeroit point. Parlez-moi, ma chère
petite, de votre jeu, de votre santé ; je n'ai point été
long-temps en peine de votre rhume : ce ne fut pas l'ordinaire d'après que la poste me manqua. J'ai reçu, depuis huit jours, quatre paquets, deux à-la-fois ; il ne s'en
perd aucun : pour le dérangement, il faut s'y résoudre.
Ne mandez point à Paris que je n'irai pas sitôt ; ce n'est
pas que je craigne que quelqu'un ne se pende ; mais c'est
que je ne veux pas donner cette joie à qui vous savez[b].
Adieu, ma chère enfant ; vous ne sauriez vous tromper,
quand vous croyez que je vous aime de tout mon cœur.
Voilà le petit *Frater* qui va vous dire ce que je fais les
jours maigres, et comme on a dit aujourd'hui la première messe dans notre chapelle ; car, quoiqu'il y ait

[a] C'est une espèce de fruit sec.
[b] Au marquis de Mirepoix.

quatre ans qu'elle soit bâtie, elle étoit dénuée de bien des choses, et nous ne pouvions nous en servir. Le *bien bon* vous aime et vous conjure d'être toujours habile, comptante, calculante et supputante, car c'est tout : et qu'importe d'avoir de l'argent, pourvu qu'on sache seulement combien il est dû. Vos fermiers font bien mieux leur devoir que les nôtres; vous payez vos arrérages mieux qu'aucune personne de la cour, c'est ce qui fait un grand honneur et un grand crédit. Je m'ennuie de n'entendre point parler du mariage de votre belle-fille; M. d'Ormesson marie son fils *a* à une jeune veuve, afin qu'il n'y en ait pas deux ensemble; je vous manderai quand il faudra lui écrire. Nos états sont finis; il nous manque neuf cent mille francs de fonds : cela me trouble, à cause de M. d'Harouïs. On a retranché toutes les pensions et gratifications à la moitié. M. de Rohan n'osoit, dans la tristesse où est cette province, donner le moindre plaisir; mais M. de Saint-Malo *¹*, *linotte mitrée*, âgé de soixante ans, a commencé, vous croyez que c'est les prières de quarante heures; c'est le bal à toutes les dames, et un grand souper : c'a été un scandale public. M. de Rohan, honteux, a continué, et c'est ainsi que nous chantons en mourant, semblables au cygne; car mon fils le dit, et il cite l'endroit où il l'a lu; c'est sur la fin de Quinte-Curce.

---

a André Lefèvre d'Ormesson, conseiller au grand conseil, épousa, le 15 février 1676, Éléonore Le Maître, veuve de François Leroy, conseiller au parlement.

¹ Sébastien de Guémadeuc, évêque de Saint-Malo, mort en 1702.

M. DE SÉVIGNÉ.

Ma tante de Biais [a] m'a appris cette érudition ; mais elle ne m'a point appris ce que je fis hier, dont je vais vous rendre compte. Vous savez, ou du moins vous vous doutez que je ne passe pas ma vie aux Rochers, et qu'ainsi toutes les histoires du pays ne me sont pas extrémement familières. Il vint donc une grande assemblée de recteurs pour assister à la cérémonie de notre chapelle. M. du Plessis étoit parmi. Je crus qu'il étoit à propos de parler des gens du métier, et je commençai par demander des nouvelles de M. Villebrune [b] ; on me dit qu'il étoit réfugié en Basse-Bretagne, et qu'il avoit perdu son bénéfice : là-dessus me voilà à prendre la parole, et à dire que je m'étois bien douté qu'il ne le garderoit guère, et qu'il se trouveroit bientôt quelque drôle éveillé qui le lui ôteroit, et puis je me mets sur la friperie de Villebrune ; j'assure que des capucins m'en ont parlé d'une étrange manière ; que sa vie rendoit croyable tout ce qu'on m'en avoit dit, et qu'un compère qui avoit jeté le froc aux orties ne devoit pas être de trop bonnes mœurs. Ce beau discours faisoit deux fort bons effets : le premier, c'est que l'abbé du Plessis, par une ingratitude horrible, a fait perdre le bénéfice à Villebrune ; et le

[a] *Voyez* sur cette tante de Biais la note de la lettre 13, tome Ier, page 21.

[b] Ce Villebrune, aprés avoir été capucin, se fit médecin ; madame de Sévigné l'aimoit beaucoup en cette dernière qualité. Il faut voir sur ce *bénéfice* la lettre du 3 juillet 1676.

second, c'est que le recteur de Bréal [a], qui faisoit la cérémonie, a été capucin lui-même : ainsi mes paroles étoient une épée tranchante à deux côtés, selon les paroles de l'Apocalypse, dont je ne croyois pas que la lecture dût jamais produire cet effet en moi. Autre érudition : vendredi dernier étoit le premier jour maigre que j'avois passé ici ; et je demandai, jeudi au soir, à ma mère, comment elle faisoit les vendredis ? Mon fils, dit-elle, je prends une beurrée, et je chante : ce qu'il y a de bon ou de mauvais, c'est que cela est au pied de la lettre.

Ma mère vous conseille d'écrire un mot à madame de La Fayette, sur l'abbaye [b] que le roi lui a donnée depuis peu ; elle l'en alla remercier mercredi dernier : Sa Majesté reçut son compliment avec beaucoup d'honnêteté ; et madame de La Fayette lui embrassa les genoux avec la même tendresse, qui lui fit verser des larmes pour le péril que M. le duc devoit courir dans cinq ou six mois. Elle vit madame de Montespan ; M. du Maine lui parla, et tant de prospérités ont valu à ma mère une lettre de deux pages [c] : voici qui est un peu *Ravaillac*. Adieu, ma petite sœur, aimez-moi toujours un peu, et obtenez-moi la même grace de M. de Grignan : dites-lui que je l'ho-

[a] C'est une paroisse qui est située à une lieue des *Rochers*.

[b] L'abbaye de Dalon, dont son grand-oncle, l'évêque de Limoges, s'étoit démis. (*Voyez* la lettre 436, plus haut, page 105.)

[c] Il ne falloit rien moins que toutes ces *prospérités* pour déterminer madame de La Fayette à écrire une lettre aussi longue. Elle disoit à madame de Sévigné, le 30 juin 1673 : « Je vous aimerai autant, en ne vous écrivant qu'une page en un mois, que vous, en « m'en écrivant dix en huit jours. » (*Voyez* la lettre 298, t. III, p. 85.)

nore, que je l'aime, et que ne pouvant l'imiter par les
qualités aimables, je tâche au moins à faire en sorte que
ma barbe ressemble à la sienne, autant qu'il est en mon
pouvoir; trop heureux si je pouvois lui donner la couleur du corbeau, qui le fait paroître à vos yeux et aux
miens un parfait Adonis.

La *divine* Plessis est toujours malade; c'est aujour-
d'hui le jour de notre accès: plaignez-nous, car il doit
être long; peut-être qu'il commencera dès dix heures.
Nous avons eu tous ces derniers jours, en sa place, une
petite personne fort jolie, dont les yeux ne nous faisoient
point souvenir de ceux de la *divine*. Nous avons remis,
par son moyen, le reversis sur pied; et au lieu de *biguer*,
nous disons *bigler*. J'espère que le plaisir de dire aujour-
d'hui cette sottise devant la Plessis, nous consolera de sa
présence: elle vous salue avec sa roupie ordinaire. Pour
vous montrer la vieillesse et la capacité de la petite personne qui est avec nous, c'est qu'elle nous vient d'assurer que le lendemain de la veille de Pâques étoit un
mardi; et puis elle s'est reprise, et a dit: C'est un lundi;
mais comme elle a vu que cela ne réussissoit pas, elle
s'est écriée: Ah! mon dieu! que je suis sotte! c'est un
vendredi: voilà où nous en sommes. Si vous aviez la
bonté de nous mander quel jour vous croyez que c'est,
vous nous tireriez d'une grande peine.

Si vous trouvez quelque embarras dans les dates,
c'est que ma mère vous écrivit hier au soir au sortir du
mail; et moi, je vous écris ce matin en y allant tuer des
écureuils.

9

~~~~~~

441.

A la même.

Aux Rochers, mercredi 18 décembre 1675.

Je viens d'écrire à M. de Pomponne et à madame de
Vins, parceque M. d'Hacqueville me l'a conseillé. Je
crois avoir pris le ton qu'il faut : j'envoie mes lettres ou-
vertes à ce dernier, qui est effrayé d'être seul contre tant
de gens qui viennent fondre sur nous ; il craint que vous
n'ayez négligé d'envoyer les défenses de vos amies ; il
voit cette affaire au conseil, où M. Colbert a sa voix aussi
bien que M. de Pomponne : il a voulu être soutenu de
mes pauvres lettres, dont il fera ce qu'il voudra. Je regrette de n'être pas en lieu de pouvoir agir moi-même,
non pas que je crusse faire mieux que d'Hacqueville ;
c'est qu'on est deux, et que j'aurois au moins le plaisir
de faire quelques pas pour vous : mais la Providence
n'a pas rangé ce bon office au nombre de ceux que j'ai
dessein de vous rendre. Il est vrai que d'Hacqueville ne
laisse rien à desirer ; je n'ai jamais vu des tons et des manières fermes et puissantes pour soutenir ses amis
comme celles qu'il a : c'est un trésor de bonté, d'amitié
et de capacité, à quoi il faut ajouter une application et
une exactitude, dont nul autre que lui n'est capable.
J'attends donc la fin de cette affaire avec l'espérance

que me donne la confiance que j'ai en lui; cependant
je ne laisserai pas d'ouvrir ses lettres désormais avec
beaucoup d'émotion, parceque je m'intéresse à la conclusion de cette affaire, qui me paroît d'importance
pour la Provence et pour vous. On ne vous conseille
point de faire aucune représaille du côté de la noblesse;
ceux que vous pourriez attaquer en ont moins qu'ils ne
pensent, mais ils en ont plus qu'il ne nous en faut; nous
verrons. Je suis à une belle distance pour mettre mon
nez dans tout cela. J'écrivis, il y a trois jours, à l'illustre
Sapho[1] et à Corbinelli : ce n'est point par cet endroit
que nous périrons; je crains un ministre.

J'ai passé un jour à Vitré avec M. de Pommereuil;
qui me dit, quasi devant la princesse, qu'il avoit séjourné
pour l'amour de moi. Il a fait un grand bruit dès Malicorne et dès Laval, de notre connoissance, et de l'amitié qu'il a pour moi : je n'en avois rien dit; car je hais ce
style de dire toujours que tout est de nos amis : c'est un
air de gueule enfarinée, qui n'appartient qu'à qui vous
savez; j'ai donc gardé mon petit silence, jusqu'à ce que
M. de Pommereuil ait dit des merveilles, et alors j'ai
dit qu'oui, et nous voilà dans des conversations infinies :
nous fîmes une anatomie de toute la Bretagne, pendant
que la princesse prioit Dieu avec son petit troupeau. Il
est reçu comme un dieu, et c'est avec raison; il apporte
l'ordre et la justice pour régler dix mille hommes, qui,
sans lui, nous égorgeroient tous. Sa commission n'est
que jusqu'au printemps, il ne l'a prise que pour faire sa

---

[1] Mademoiselle de Scuderi.

cour, et non pas pour faire sa fortune, qui va plus loin ;
il ne songe qu'à faire plaisir ; il vivra fort bien avec
M. de Chaulnes, mais il fera valoir au maître les choses
qu'il lui cédera pour vivre doucement ; car il trouve que,
pourvu qu'on ne cède point comme un sot, on fait sa
cour de ne point faire d'incidents, parcequ'ils interrom-
pent le service et l'unique but qu'on doit avoir, qui est
d'aller au bien. Il me parla de vous, et j'en fus touchée
comme on l'est de parler de soi-même.

Vous avez trouvé fort plaisamment d'où vient l'attachement qu'on a pour les confesseurs ; c'est justement
la raison qui fait qu'on parle dix ans de suite avec un
amant ; car, avec ces premiers, on est comme mademoiselle d'Aumale [a] ; on aime mieux dire du mal de soi que
de n'en point parler. On me mande que cette *précieuse*
fera, à son retour, une grande figure. Je suis étonnée
de ce qu'on m'apprend de madame de Maintenon ; on
dit qu'elle n'est plus si fort l'admiration de tout le
monde, et que le proverbe a fait son effet en elle ; mon
amie de Lyon (*madame de Coulanges*) m'en paroît moins
coiffée ; la dame d'honneur (*madame de Richelieu*) même,
n'a plus les mêmes empressements, et cela fait faire des
réflexions morales et chrétiennes à ma petite amie [b] :

[a] Mademoiselle d'Aumale, belle-sœur du maréchal de Schomberg,
étoit l'amie intime de madame de Maintenon ; elle se fit religieuse
à Saint-Cyr. Il est remarquable que le mot de *précieuse* se prend en
mauvaise part en 1675, tandis qu'en 1654 Bussy-Rabutin l'adressoit
à madame de La Trousse dans le sens de l'éloge. (*Voyez* la lettre 14,
tome Ier, page 27.)

[b] Je crois que c'est madame de Vins, belle-sœur de M. de Pomponne, qu'elle désigne par ce mot.

ne parlez point de ceci. Je vous conseille de faire tenir
un petit compliment, par d'Hacqueville, à madame de
La Fayette, sur cette abbaye. Adieu, ma très chère enfant, il me semble que je ne vous aime point aujour-
d'hui, je vous aimerai une autre fois; voilà ce qui doit
vous consoler. Parlez-moi des *Essais de morale;* n'est-ce
pas un aimable livre?

442. **

De madame DE SÉVIGNÉ *au comte* DE BUSSY.

Aux Rochers, ce 20 décembre 1675.

Je ne saurois comprendre pourquoi je ne vous écris
pas; car assurément c'est à moi à féliciter la nouvelle
mariée de son nouveau mariage *, à faire mes compliments au nouvel époux et au nouveau beau-père. Enfin
tout est nouveau, mon cousin, hormis mon amitié pour
vous, qui est fort ancienne, et qui me fait très souvent
penser à vous et à tout ce qui vous touche. J'avois dans
la tête que vous m'aviez promis de me mander des nouvelles de votre noce, et je pense que c'est cela que j'attendois : mais c'eût été un excès d'honnêteté; car selon

---

* Le mariage de mademoiselle de Bussy avec le marquis de Coligny avoit eu lieu le 4 novembre précédent. (*Voyez* la lettre 417,
page 23 de ce volume.)

toutes les régles, c'est à moi à recommencer. J'ai été fort
aise que vous ayez approuvé mon petit conte : j'ai trouvé
aussi admirable celui de madame d'Heudicourt *. Pour
moi, je ne trouve point qu'il les faille bannir, quand ils
sont courts et tout pleins de sel comme ceux que vous
faites; car assurément personne ne peut atteindre à vos
tons et à votre manière de conter; nous l'avons souvent
dit la belle Madelonne et moi. Mais parlons d'autre
chose.

Vous ne voulez pas qu'on vous appelle comte *; et
pourquoi, mon cher cousin? ce n'est pas mon avis. Je
n'ai encore vu personne qui se soit trouvé déshonoré de
ce titre. Les comtes de Saint-Aignan, de Sault, du Lude *,
de Grignan, de Fiesque, de Brancas, et mille autres,
l'ont porté sans chagrin. Il n'a point été profané comme
celui de marquis. Quand un homme veut usurper un titre, ce n'est point celui de comte, c'est celui de marquis,
qui est tellement gâté qu'en vérité je pardonne à ceux
qui l'ont abandonné. Mais pour comte, quand on l'est
comme vous, je ne comprends point du tout qu'on
veuille le supprimer. Le nom de Bussy est assez commun, celui de comte le distingue, et le rend le nôtre
où l'on est accoutumé; on ne comprendra point, ni d'où
vous vient ce chagrin, ni cette vanité, car personne n'a
commencé à désavouer ce titre. Voilà le sentiment de
votre petite servante, et je suis assurée que bien des

---

* *Voyez* la lettre 420, page 32 de ce volume.
* *Voyez* la lettre 420, page 35 de ce volume.
* Il venoit d'être créé duc. (*Voyez* la lettre 384, t. III, p. 354.)

gens seront de mon avis. Mandez-moi si vous y résistez,
ou si vous vous y rendez, et, en attendant, je vous embrasse, mon cher *Comte.*

Vous savez les misères de cette province : il y a dix
ou douze mille hommes de guerre qui vivent comme
s'ils étoient encore au-delà du Rhin. Nous sommes tous
ruinés; mais qu'importe, nous goûtons l'unique bien
des cœurs infortunés, nous ne sommes pas seuls misérables; on dit qu'on est encore pis en Guyenne.

Je serai à Paris au commencement du carême. Mon
fils est ici depuis huit ou dix jours. Il est assez aise de
se reposer de ses courses continuelles. Vous ai-je dit
que parmi les louanges que le cardinal de Retz donnoit
à la maison de Langheac, il disoit qu'elle étoit *sans mé-*
disance et sans chimère.

---

443. *

De madame DE SÉVIGNÉ *à madame* DE GRIGNAN.

A Vitré, samedi pour dimanche 22 décembre 1675.

Je suis venue ici, ma fille, pour voir madame de Chaulnes, et la petite personne[a], et M. de Rohan, qui
s'en vont à Paris. Madame de Chaulnes m'a écrit pour

---

[a] Mademoiselle de Murinais, alors dame de Kerman.

me prier de lui venir dire adieu ici, elle devoit venir dès
hier; et l'excuse qu'elle donne, c'est qu'elle craignoit
d'être volée par les troupes qui sont par les chemins:
c'est aussi que M. de Rohan l'avoit priée d'attendre à
aujourd'hui; et cependant, chair et poisson se perdent;
car dès jeudi on l'attendoit. Je trouve cela un peu familier, après avoir mandé elle-même positivement qu'elle
viendroit. Madame la princesse de Tarente ne trouve
pas ce procédé d'un trop bon goût, elle a raison; mais
il faut excuser des gens qui ont perdu la tramontane:
c'est dommage que vous n'éprouviez la centième partie
de ce qu'ils ont souffert ici depuis un mois. Il est arrivé
dix mille hommes dans la province, dont ils ont été
aussi peu avertis et sur lesquels ils ont autant de pouvoir que vous; ils ne sont en état de faire ni bien ni mal
à personne. M. de Pommereuil est à Rennes avec eux
tous; il est regardé comme un dieu, non pas que tous
les logements ne soient réglés dès Paris; mais il punit et
empêche le désordre; c'est beaucoup. Madame de Rohan et madame de Coëtquen ont été fort soulagées. Madame la princesse de Tarente espère que MONSIEUR et
MADAME la feront soulager aussi: c'est une grande justice,
puisqu'elle n'a au monde que cette terre, et qu'il est
fâcheux, en sa présence, de voir ruiner ses habitants.
Nous nous sauverons, si la princesse se sauve. Voilà,
ma très chère, un grand article de la Bretagne; il en
faut passer par-là: vous connoissez comme cela frappe
la tête dans les provinces.

Je n'ai pas attendu votre lettre pour écrire à M. de
Pompoune et à madame de Vins: je l'ai fait tout de mon

mieux; j'en avois demandé conseil à d'Hacqueville,
qui me paroît espérer beaucoup de ce côté-là. Ne vous
retenez point quand votre plume veut parler de la Provence; ce sont mes affaires: mais ne la retenez sur rien,
car elle est admirable quand elle a la bride sur le cou;
elle est comme l'Arioste*; on aime ce qui finit et ce qui
commence: le sujet que vous prenez console de celui
que vous quittez, et tout est agréable. Celui du froc aux
orties, que l'on jette tout doucement pour plaire à Sa
Sainteté, et le reste, est une chose à mourir de rire;
mais ne le dites pas à M. de Grignan qui est sage: pour
moi, j'en demande pardon à Dieu, mais je ne crois pas qu'il
y ait rien au monde de plus plaisant et de mieux écrit;
vous êtes plus gaie dans vos lettres que vous ne l'êtes
ailleurs. Vous avez soif d'être seule: eh! mon Dieu, ma
chère, venez dans nos bois, c'est une solitude parfaite,
et un si beau temps encore, que j'y passe tous les jours

---

* On regrettera toujours que l'on n'ait pas conservé quelques unes
des lettres que madame de Grignan écrivoit à sa mère; celles que
l'on connoit d'elle se font remarquer par de la grace, de l'élégance
et de la précision; mais on n'y voit point cette fécondité d'imagination et ces transitions inattendues qui forment l'un des caractères
du grand poëte, que Delille a si bien peint dans ces vers:

> Raison, gaité, folie, en lui tout est extrême;
> Il se rit de son art, du lecteur, de lui-même;
> Fait naître un sentiment qu'il étouffe soudain;
> D'un récit commencé rompt le fil dans ma main,
> Le renoue aussitôt, part, s'élève, s'abaisse:
> Ainsi, d'un vol agile essayant la souplesse,
> Cent fois l'oiseau volage interrompt son essor,
> S'élève, redescend, et se relève encor,
> S'abat sur une fleur, se pose sur un chêne.
>   IMAGINATION, chant V.

jusqu'à la nuit, et je pense à vous mille et mille fois avec
une si grande tendresse, que ce seroit la méconnoître
que de croire que je la pusse décrire. Mon fils me met
en furie par le sot livre qu'il vient lire autour de moi;
c'est *Pharamond*[1] : il me détourne de mes livres sérieux, et, sous prétexte que je me fais mal aux yeux, il
me fait écouter des sornettes que je veux oublier. Vous
savez comme faisoit madame du Plessis[a] à Frênes, c'est
justement de même; il va et vient; il songe fort à m'amuser et à me divertir : il vouloit vous écrire aujourd'hui;
mais je doute qu'il puisse le faire : nous ne sommes pas
chez nous, et pendant que je suis ici, il joue à l'hombre
dans la chambre de la princesse.

Si j'étois en lieu, ma fille, de vous donner des conseils, je vous donnerois celui de ne pas penser présentement d'aller à Grignan : à quel propos ce voyage? c'est
une fatigue, c'est une Durance, c'est une bise; à quoi
bon ce tracas? Vous êtes toute rangée à Aix; passez-y
votre hiver. Pour moi qui suis à la campagne, je ne pense
point aux villes : mais si j'étois dans une ville, tout
établie, la seule idée de la campagne me feroit horreur. Je parle un peu de loin, sans savoir vos raisons.
Celles de M. de Maillanes[b], pour aimer La Trousse,
peuvent être bonnes; ces messieurs nous honorent
quelquefois de leurs méchantes humeurs, et se font

[1] Roman de La Calprenède.

[a] Madame du Plessis-Guénégaud. La lettre 48, tome Ier, page 116,
nous transporte au milieu de ces réunions de Frênes, dont madame
de Sévigné rappelle quelquefois le souvenir à sa fille. Madame du
Plessis mourut au commencement d'août 1677.

[b] Hermite de Maillanes, fils d'un maître des comptes de Provence.

adorer des étrangers. Mais savez-vous que j'ai ouï dire
beaucoup de bien de Maillanes, et que M. le prince en
parla au roi fort agréablement comme d'un très brave
garçon? Je fus ravie quand on me conta cela à Paris.
Voyons, je vous prie, jusqu'où peut aller la paresse du
coadjuteur; mon Dieu, qu'il est heureux, et que j'envie-
rois quelquefois son épouvantable tranquillité sur tous
les devoirs de la vie! on se ruine, quand on veut s'en
acquitter. Voilà toutes les nouvelles que je sais de lui.

Je vous ai mandé comme Bourdelot m'a honorée,
aussi bien que vous, de son froid éloge [a] : je vous en ai
assez dit pour vous faire entendre que je le trouve
comme vous l'avez trouvé. Mon Dieu, que je lui fis une
bonne réponse! cela est sot à dire; mais j'avois une
bonne plume, et bien éveillée ce jour-là : quelle rage !
peut-on avoir de l'esprit, et se méconnoître à ce point-
là? Vous avez une musique, ma chère; je crois que je la
trouverois admirable; j'honore tout ce qui est opéra,
mais, quoique je fasse l'entendue, je ne suis pas si
habile que M. de Grignan, et je crois que j'y pleurerois
comme à la comédie. Madame de Beaumont a-t-elle
toujours bien de l'esprit? et Roquesante? jeûnent-ils
toujours tous deux au pain et à l'eau? Pourquoi tant de
pénitences, avec tant d'indulgences plénières qu'il a ap-
portées? Encore faut-il appuyer ces dernières sur quelque chose.

Disons deux mots de Danemarck : la princesse [1] est

[a] *Voyez* plus haut, page 111 de ce volume.
[1] Charlotte-Émilie-Henriette de La Trémouille, fille de madame.
la princesse de Tarente, et depuis comtesse d'Oldembourg.

au siège de Wismar avec le roi et la reine; les deux
amants y font des choses romanesques. Le favori a
traité un mariage pour le prince, et a laissé le soin à la
renommée d'apprendre cette nouvelle à la jolie princesse; il fut même deux jours sans la voir; cela n'est pas
le procédé d'un sot; pour moi, je crois qu'il se trouvera à la fin qu'il est le fils de quelque roi des Visi-
gots[a].

Vous me faites peur de votre vieille veuve qui se
marie à un jeune homme : c'est un grand bonheur de
n'être point sujette à se coiffer de ces oisons-là; il vaut
mieux les envoyer paître que de les y mener. Vous êtes
étonnée que tout ce qui vous entoure ne comprenne
point que vous souhaitez quelquefois d'être séparée de
leur bonne compagnie; et moi, je ne puis m'accoutumer
à une chose, c'est de voir avec quelle barbarie ils souhaitent tous que je passe le reste de ma vie aux Rochers,
mais à bride abattue, sans jamais faire aucun retour,
que l'on peut trouver quelque société plus délicieuse
que celle de mademoiselle du Plessis : cela m'impatiente
qu'en toute une province il n'y ait personne qui se doute
que l'on connoisse quelqu'un à Paris; j'avois dessein de
m'en plaindre à vous.

Nous avons si bien aliéné, et vendu, et tracassé, que
je crois que nous donnerons nos trois millions : *nous
serons si sots que nous prendrons la Rochelle*[b]. C'est un

[a] On a vu dans la note de la lettre 415, page 15 de ce volume,
qu'il étoit le fils d'un marchand de vin de Copenhague.

[b] Allusion à une vieille chanson du règne de Louis XIII, sur le
siège de la Rochelle.

vieux conte que vous appliquerez. Nous avons fait les
mêmes libéralités qu'à l'ordinaire; on a même sauvé
M. d'Harouïs des abymes que l'on craignoit pour lui.
On a frondé si durement contre M. de Saint-Malo, que
son neveu (*Guémadeuc*) s'est trouvé obligé de se battre
contre un gentilhomme de Basse-Bretagne. Adieu, ma
très chère enfant; la confiance que vous avez que j'aime
passionnément vos grandes lettres, m'oblige sensiblement, et fait voir que vous êtes juste. Je vous remercie de me les souhaiter, comme la plus aimable
chose que je puisse recevoir, et vous devez aussi me
plaindre quand je suis privée de cette consolation par
les retardements de la poste.

Dimanche.

Je quittai hier cette lettre pour madame de Chaulnes,
pour M. de Rohan et pour la petite personne; ils soupè-
rent ici, et sont partis ce matin pour Laval, et tout
droit à Paris. Il me semble que M. de Rohan est assez
aise d'être avec la petite. Madame de Chaulnes m'a fort
conté les affaires des états; je l'ai fait convenir que M. de
Saint-Malo avoit été ridicule avec son bal : elle me paroît la mort au cœur de toutes ces troupes, et M. de
Chaulnes, qui est demeuré à Rennes, très embarrassé
de M. de Pommereuil. Toute cette compagnie m'a
fort parlé de vous. Quand je serai aux Rochers, je vous
écrirai plus long-temps : en vérité, ma fille, c'est toute
ma consolation que de vous parler.

~~~~~~

444. *

A la même.

Aux rochers, le jour de Noël 1675.

Voici le jour où je vous écrirai, ma fille, tout ce qu'il plaira à ma plume : elle veut commencer par la joie que j'eus de revenir ici de Vitré dimanche en paix et en repos, après deux jours de discours, de révérences, de patience à écouter des choses qui sont préparées pour Paris : j'eus pourtant le plaisir d'en contester quelques unes, comme le bal de M. de Saint-Malo aux états ; madame de Tarente rioit fort de me voir échauffée, et pleine de toutes mes raisons pour l'improuver ; mais j'aime mieux être dans ces bois, faite comme *les quatre chats* (hélas! vous en souvient-il ?), que d'être à Vitré avec l'air d'une madame. La bonne princesse alla à son prêche, je les entendois tous qui *chantoient des oreilles* [1], car je n'ai jamais ouï des tons comme ceux-là : ce fut un grand plaisir pour moi d'aller à la messe, il y avoit long-temps que je n'avois senti tant de joie d'être catholique. Je dînai avec le ministre ; mon fils disputa comme un démon. J'allai à vêpres pour les contrecarrer ; enfin je compris la sainte opiniâtreté du martyre. Mon fils est

---

[1] Expression de Panurge dans Rabelais.

allé à Rennes voir le gouverneur, et nous avons fait cette nuit nos dévotions dans notre belle chapelle. J'ai encore cette petite fille qui est fort jolie *; sa maison est au bout de ce parc; sa mère est fille de la bonne femme Marcille, vous ne vous en souvenez pas; sa mère est à Rennes; je l'ai retenue : elle joue au trictrac, au reversis : elle est assez belle, et toute naïve, c'est Jeannette; elle m'incommode à-peu-près comme *Fidèle*. La Plessis a la fièvre quartaine : quand elle vient, et qu'elle trouve cette petite, c'est une très bonne chose que de voir sa rage et sa jalousie, et la presse qu'il y a à tenir ma canne ou mon manchon. Mais en voilà bien assez, c'est un grand article de rien du tout.

Les Forbins ont une affaire de grande importance; c'est au sujet du petit Janson *b*, qui a tué, en duel, le

---

* M. de Sévigné en parle à sa sœur dans la lettre 440, page 131. Il ne faut pas la confondre avec la *petite personne* qui accompagnoit madame la duchesse de Chaulnes, et qui étoit mademoiselle de Murinais, depuis marquise de Kerman.

b Il étoit fils de Laurent, marquis de Janson, et neveu du cardinal de Janson. Il prit la fuite après ce duel, et se mit au service de l'empereur. Il se trouva à la levée du siége de Vienne et à la prise de Bude. La guerre ayant été déclarée entre la France et l'empire, il revint dans sa patrie, et se déguisa sous le faux nom de *comte de Rosemberg ;* le roi, touché de cette marque de fidélité, ferma les yeux sur sa rentrée en France, et lui donna un grade dans un régiment étranger. Étant resté au nombre des morts à la bataille de la Marsaille, livrée le 4 octobre 1693, il fut porté par ses soldats chez les jésuites de Pignerol, qui prirent soin de ses blessures, et commencèrent, par leurs exhortations, à lui inspirer la résolution qu'il prit dans la suite de se consacrer à Dieu. Il se rendit à la Trappe et y fit

neveu de M. de La Feuillade, Chassingrimon *. Cette
affaire est au parlement; et le roi a dit, que si on avoit
fait justice de la mort de Châteauvilain *, qu'on croit
avoir été tué en duel, il n'y en auroit pas eu beaucoup
d'autres. Voilà donc un garçon, comme les autres, hors
de France, dans les pays étrangers : toute cette maison
est fort intriguée.

Que dites-vous de la pauvre madame de Puisieux? ce
rhume devient une fluxion sur la poitrine; c'est ainsi que
ces fluxions se sont introduites familièrement dans les
maisons. Cette bonne Puisieux nous auroit rendu mille
services contre le Mirepoix, et la voilà morte. Lancy,
notre parent, est mort aussi en trois jours : c'étoit une
ame faite exprès; j'en suis affligée : priez d'Hacqueville
de faire vos compliments chez les Rarai *: voilà tout ce
qu'il vous en coûtera. M. le cardinal de Retz me confie
qu'il est à Saint-Mihel pour passer les fêtes, que je n'en

profession sous le nom de frère Arsène le 7 décembre 1703. — En
l'année 1704, il fut du nombre des religieux que l'abbé de la Trappe
envoya en Toscane sur la demande du grand-duc, pour rétablir l'ancienne observance de Citeaux dans l'abbaye de *Buon-Solazzo*. Le
cardinal de Janson alla l'y voir, et fut touché jusqu'aux larmes des
discours de son neveu. Le frère Arsène mourut dans cette abbaye le
21 juin 1710.

a Jean-Charles d'Aubusson de Chassingrimon, chevalier de Malte,
tué en 1675.

b Louis-Marie-Charles de l'Hôpital, comte de Châteauvilain, tué
dans la nuit du 20 novembre 1674, âgé de 21 ans.

c Le marquis de Lancy étoit de la famille de Rarai, c'est pour cette
raison que l'on a rétabli le nom de *Lancy* au lieu de celui de Sancy,
qui se lit dans les autres éditions.

dise rien, de peur du scandale. Il m'a été impossible de
ne lui pas dire l'endroit de Rome de votre dernière lettre; c'est une harmonie que l'arrangement de tous les
mots qui le composent : je suis assurée qu'il le trouvera
fort bon, et qu'il reconnoîtra bien le style et les discours
de sa chère nièce. Madame de Coulanges a eu une
grande conversation avec son gros cousin (*M. de Louvois*), dont elle espère beaucoup pour M. de Coulanges.
La grande femme *a* ne vous écrit-elle point? Madame de
Vins vient de m'écrire encore une lettre fort jolie, et,
comme vous dites, bien plus flatteuse qu'elle; elle me
dit que, pour ne point souhaiter mon amitié, il n'y a
point d'autre invention que de ne m'avoir jamais vue,
et toute la lettre sur ce ton-là : n'est-ce pas un fagot de
plumes au lieu d'un fagot d'épines? M. d'Hacqueville
croit qu'elle fera fort bien pour nous, quoiqu'elle ait
été un peu fâchée que ce qu'on avoit souhaité se soit
tourné tout d'une autre façon. Connoissez-vous le Boulai *b*? Oui; il a rencontré par hasard madame de Cour-

---

a Cette grande femme étoit madame d'Heudicourt.

b François Brûlart du Boulai, capitaine au régiment d'Orléans. Il
étoit l'amant de la marquise; vers la fin d'avril 1673, il favorisa son éva-
sion des prisons de la conciergerie du parlement de Paris. Madame de
Courcelles avoit auprès d'elle une femme-de-chambre nommée *Françoise*, qui sortoit souvent pour le service de sa maîtresse. Françoise
feignit d'éprouver un violent mal de dents, et s'enveloppa la tête de
coiffes et de mousselines qui lui couvroient presque entièrement la
figure; trois jours après, la marquise changea d'habits avec elle, et
à l'aide de ce déguisement, elle trompa la vigilance des gardiens, et
s'évada. Elle alla rejoindre en Angleterre la duchesse de Mazarin,
revint ensuite à Paris, s'y tint cachée quelque temps, se retira en

celles; la voir et l'adorer n'a été qu'une même chose : la fantaisie leur a pris d'aller à Genève; ils y sont; c'est de ce lieu qu'il a écrit à Manicamp[1] la plus plaisante lettre du monde. Madame de Mazarin court les champs de son côté; on la croit en Angleterre, où il n'y a, comme vous savez, ni foi, ni loi, ni prêtre; mais je crois qu'elle ne voudroit pas, comme dit la chanson[2], qu'on en eût chassé le roi.

Pour Jabac, nous en sommes désolés : quelle sotte découverte, et que les vieux péchés sont désagréables[3]! Le bon abbé priera Rousseau de tâcher de faire patienter jusqu'à notre retour. N'est-ce point abuser du loisir d'une dame de votre qualité, que de vous conter de tels fagots? car il y a *fagots et fagots* : ceux qui répondent aux vôtres sont en leur place; mais ceux qui n'ont ni rime ni raison, n'est-ce point une véritable folie? Je vais donc vous *souhaiter les bonnes fêtes*[4], et vous assurer, ma très chère, que je vous aime d'une parfaite et véritable tendresse, et que, selon toutes les apparences, elle me conduira *in articulo mortis*. Vous ai-je dit que madame

Bourgogne avec du Boulai, au château d'Athée, et finit par se réfugier à Genève, où elle arriva le mardi 5 novembre 1675. (*Voyez* la vie de madame de Courcelles et ses lettres.) L'exemple donné par la marquise de Courcelles a été imité de nos jours.

[1] M. de Longueval-Manicamp, intime ami de M. du Boulai.

[2] Chanson de Blot.

[3] Il s'agissoit d'une ancienne dette pour marchandises livrées à madame de Grignan.

[4] L'usage de *souhaiter les bonnes fêtes* à Noël et à Pâques s'observe encore dans certaines provinces, et sur-tout en Provence.

de Fontevrauld étoit allée chez madame de Coulanges
voir votre portrait? Il en vaut bien la peine.

445. *

A la même.

Aux Rochers, dimanche 29 décembre 1675.

Les voilà mes bonnes petites lettres; ne me plaignez
point d'en lire deux à-la-fois : vous savez ma folie; quand
je reçois une de vos lettres, je trouve que j'en voudrois
bien encore une, et la voilà. C'est une double joie, c'est
une provision; tant que je ne suis pas en peine de vous,
rien ne me peut mieux consoler de ce jour de poste à
qui je fais la mine; la pensée ne me vient jamais que
vous ne m'ayez pas écrit. *Montgobert* ne me diroit-elle
pas toujours de vos nouvelles? Mandez-moi comme elle
se porte, je l'embrasse et l'aime toujours. Je reviens à
la poste, c'est l'hiver qui cause ce dérèglement. En vérité, vos lettres méritent bien d'être attendues, et d'être
reçues comme je les reçois. En voilà de madame de Vins,
de M. de Pomponne, et de Corbinelli; j'ai bien rivé le
clou à Corbinelli, et à sa muse, en voulant mettre au
même rang ce que je lui demande et ce qu'elle me de-
manderoit.

Vous verrez que madame de Vins a toujours sur le
cœur ce qu'elle vous a mandé; puisqu'elle vous donne

une si belle occasion de vous justifier, faites-le, ma belle, et dites vos bonnes petites raisons, afin qu'on les entende, et que personne n'ait plus rien sur le cœur. M. de Pomponne me gronde encore de ce que j'avois mis dans la lettre de madame de Vins qu'il aimoit M. de Marseille (*M. de Janson*) plus que moi. Enfin ce côté-là me paroît tout plein d'amitié; et M. d'Hacqueville me mande que nous avons tous les sujets du monde d'en être contents. Toutes vos raisons sont arrivées; tout a été fait dans l'ordre; il ne craint que M. Colbert. Pour moi, je crois qu'on renverra cette affaire à M. l'intendant, et c'est cela que vous voulez; je pense qu'il vaudroit mieux qu'on ordonnât que les choses demeurassent comme elles sont. Mais, hélas! dans le monde où l'on fait ce qu'on peut, et ceci, comme nous, ma bonne, vous regarde, fait-on, je ne dis pas la moitié, Dieu m'en garde! mais fait-on seulement le quart de ce qu'on veut?

On nous fait espérer le départ de *Figuriborum* [a]; je ne dis pas la paix, car vous ne voulez pas croire qu'un traité puisse être signé par lui. Que vous êtes plaisante de vous souvenir de ce temps si différent de celui-ci! Eussions-nous jamais cru que *Figuriborum* eût fait une

---

[a] Cette expression dérisoire semble être dirigée contre Charles Colbert, marquis de Croissy, que le roi venoit d'envoyer au congrès de Nimègue en qualité de l'un de ses plénipotentiaires, et qui, dans la suite, succéda à M. de Pomponne dans le ministère. On sait que Colbert fut le premier de sa race; il étoit fils d'un négociant de Reims. On reconnoît la foiblesse de l'humanité, en voyant ce ministre, d'autant plus grand qu'il devoit plus à son mérite, chercher

figure? Jamais homme n'a été ridiculisé comme lui. Il
faut avouer que vous êtes la première personne du
monde. Il y a un petit homme qui s'est vanté de s'être
soustrait à votre plaisanterie; vous aviez assez d'envie
de lui marcher sur le haut de la tête, mais n'avez-vous
point peur d'être excommuniée?

Je vous remercie, ma fille, de conserver quelque souvenir *del paterno nido*. Hélas! notre château en Espagne seroit de vous y voir; quelle joie! et pourquoi seroit-il impossible de vous revoir encore dans ces belles
allées? Que dites-vous du mariage de La Mothe[a]? La
beauté, la jeunesse, la conduite, font-elles quelque chose
pour bien établir les demoiselles? Ah, Providence! il

---

dans la nuit des temps une ancienne origine, et se rattacher par une
généalogie complaisante à une famille écossoise. Colbert commença
par être clerc de notaire, commis, et ensuite intendant du cardinal
Mazarin, qui le recommanda au roi en mourant, et le lui donna
comme un homme sûr, qui étoit propre à éclairer la conduite du
surintendant Fouquet.

[a] Anne-Lucie de La Mothe-Houdancourt, fille d'Antoine, marquis
d'Houdancourt, frère du maréchal; elle épousa, le 12 janvier suivant,
René-François, marquis de La Vieuville, chevalier d'honneur de la
reine. Un éditeur a confondu cette demoiselle de La Mothe avec
mademoiselle de Touci, fille du maréchal, et sœur de la duchesse de
Ventadour, qui avoit épousé le duc de La Ferté le 18 mars précédent. Madame de La Vieuville n'étoit plus jeune, et elle faisoit un
mariage qui étoit beaucoup au-dessus des espérances qu'il lui étoit
permis de concevoir. C'est ce qui fait dire à madame de Scuderi dans
une lettre à Bussy : « Les larmes de mademoiselle de La Mothe en se
« mettant au lit firent rire tout le monde ; la voilà pourtant mieux éta-
« blie que toutes celles qui ont eu plus de soin de leur conduite. »
(*Supplément de Bussy*, I** partie, page 197.)

en faut revenir là. Madame de Puisieux ¹ est ressuscitée ;
mais n'est-ce pas mourir deux fois, bien près l'une de
l'autre, car elle a quatre-vingts ans. Madame de Coulanges m'apprend la bonne compagnie de notre quartier ; mais cela ne me presse point d'y retourner plus tôt
que je n'ai résolu : je ne m'y sens attirée que par des affaires ; car, pour des plaisirs, je n'en espère point, et
l'hiver n'est point en ce pays-ci ce que l'on pense ; il ne
me fait nulle horreur. Nous suivons vos avis pour mon
fils, nous consentons à quelques fausses mines ; et si l'on
nous refuse, chacun en rendra de son côté ; en attendant,
il me fait ici une fort bonne compagnie, et il trouve que
j'en suis une aussi ; il n'y a nul air de maternité à notre
affaire ; la princesse (*de Tarente*) en est étonnée, elle
qui n'a qu'un benêt de fils, qui n'a point d'ame dans le
corps ᵃ. Elle est bien affligée des troupes qui sont arrivées à Vitré ; elle espéroit, avec raison, d'être exemptée :
mais cependant voilà un bon régiment dans sa ville :
c'étoit une chose plaisante si c'eût été le régiment de
Grignan ; mais savez-vous qu'il est à la Trinité, c'est-à-
dire, à Bodégat ² ? J'ai écrit au chevalier (*de Grignan*),
non pas pour rien déranger, car tout est réglé, mais
afin que l'on traite doucement et honnêtement mon

---

¹ Charlotte d'Estampes-Valençai mourut le 8 septembre 1677.

ᵃ Le jugement de madame de Sévigné est d'une grande sévérité ;
les mémoires du temps se taisent sur Charles-Belgique-Hollande de
La Trémouille, prince de Tarente, fils de la princesse de Tarente. Il
étoit premier gentilhomme de la chambre, et il mourut en 1709. Ce
passage est tiré de l'édition de 1726 ; il avoit été adouci dans les
éditions de 1734 et de 1754.

² Terre auprès de Nantes qui appartenoit à la maison de Sévigné.

fermier, mon procureur-fiscal et mon sénéchal ; cela ne
coûtera rien, et me fera grand honneur : cette terre m'est
destinée, à cause de votre partage.

Si je vois ici le Castellane ', je le recevrai fort bien ;
son nom et le lieu où il a passé l'été me le rendront
considérable. L'affaire de mon président *a* va bien ; il se
dispose à me donner de l'argent : voilà une des affaires
que j'avois ici. Celle qu'entreprend l'abbé de La Vergne
est digne de lui : vous me le représentez un fort honnête
homme.

Ne voulez-vous point lire les *Essais de morale*, et
m'en dire votre avis ? Pour moi j'en suis charmée ; mais je
le suis fort aussi de l'oraison funèbre de M de Turenne *b* ;
il y a des endroits qui doivent avoir fait pleurer tous les
assistants ; je ne doute pas qu'on ne vous l'ait envoyée ;
mandez-moi si vous ne la trouvez pas très belle. Ne voulez-vous point achever *Josephe ?* Nous lisons beaucoup,
et du sérieux, et des folies, et de la fable, et de l'histoire. Nous nous faisons tant d'affaires, que nous n'a-
vons pas le temps de nous tourner. On nous plaint à
Paris, on croit que nous sommes au coin de notre feu à
mourir d'ennui et à ne pas voir le jour : mais, ma fille,
je me promène, je m'amuse ; ces bois n'ont rien d'af-
freux ; ce n'est pas d'être ici ou de n'être pas à Paris
qu'il faut me plaindre. Je ne me charge point de vos
compliments pour madame de La Fayette ; priez-en
M. d'Hacqueville ; la machine ronde n'a été que deux

' Un parent de M. de Grignan.

a M. de Meneuf. (*Voyez* la lettre du 15 déc. précédent, p. 126.)

b Par Mascaron, évêque de Tulle. (*Voyez* la lettre suivante.)

ou trois jours sans tourner; il a été à Saint-Germain pour vous; il est occupé de nos affaires; c'est un ami adorable. M. de Coulanges espère beaucoup, d'une conversation que sa femme a eue avec M. de Louvois; s'ils avoient l'intendance de Lyon, conjointement avec le beau-père, ce seroit un grand bonheur; voilà le monde; ils ne travaillent que pour s'établir à cent lieues de Paris. Je ne puis comprendre la nouvelle passion du *Charmant* (*M. de Villeroy*): je ne me représente pas qu'on puisse parler de deux choses avec cette matérielle Chimène. On dit que son mari lui défend toute autre société que celle de madame d'Armagnac: je suis comme vous, mon enfant, je crois toujours voir la vieille Médée [a] avec sa baguette faire fuir, quand elle voudra, tous ces vains fantômes matériels. On disoit que M. de La Trousse en vouloit à la maison *visum visu;* mais je ne le crois point délogé, et je chanterois fort bien le contrepied de la chanson de l'année passée :

> La Trousse est vainqueur de Brancas [b];
> Tétu ne lui résiste pas.
> De lui seul Coulange est contente,
>   Que chacun chante, etc.

Mais c'est entre vous et moi, la belle; car je sais fort bien comme il faut dire ailleurs : vous êtes fidèle et dis-

---

[a] On croit que c'est la comtesse de Soissons que madame de Sévigné peint sous ces traits; le duc de Villeroy en avoit été éperdument amoureux. (*Voyez* la lettre 291, tome III, p. 73, et la lettre 293, p. 78 du même volume, où elle est désignée sous le nom d'*Alcine*.)

[b] Le comte de Brancas aimoit madame de Coulanges; l'abbé Tétu

crête. Vous me paroissez avoir bien envie d'aller à Grignan; c'est un grand tracas: mais vous recevrez mes conseils quand vous en serez revenue. Ces compliments pour
ces deux hommes qui sont chez eux, il y a plus d'un mois,
m'ont fait rire. La longueur de nos réponses effraie, et
fait bien comprendre l'horrible distance qui est entre
nous : ah ! ma fille, que je la sens, et qu'elle fait bien
toute la tristesse de ma vie ! sans cela, ne serois-je point
trop heureuse avec un joli garçon comme celui que j'ai?
il vous dira lui-même s'il ne souffre pas d'être éloigné
de vous : mais je l'attends, il n'est point encore arrivé;
c'est une fragile créature; encore s'il se marioit pendant
son voyage; mais je suis assurée qu'on le retient pour
rien du tout; s'il se divertit, il est bien. Adieu, ma très
chère et très aimable, et très parfaitement aimée. Parlez-moi de votre santé et de votre beauté, tout cela me
plaît. J'embrasse M. de Grignan, quand ce seroit ce
troisième jour de barbe épineuse et cruelle, on ne peut
s'exposer de meilleure grace.

étoit aussi du nombre de ses adorateurs, mais le marquis de La
Trousse étoit le rival préféré. Brancas, toujours singulier, avoit une
façon d'aimer qui n'appartenoit qu'à lui : c'étoit un mélange de dévotion et de galanterie dont madame de Sévigné plaisante avec sa
fille dans la lettre du 22 septembre 1680. Coulanges avoit fait le
couplet suivant en 1674 :

> Têtu est vainqueur de Brancas.
> La Trousse n'y résiste pas.
> De lui seul Coulange est contente,
>   Son mari chante, etc.
>   (*Voyez* les CHANSONS de Coulanges, page 39,
>   édition de 1754.)

~~~~~~

446. *

A la même.

Aux Rochers, le premier jour de l'an 1676.

Nous voici donc à l'année *qui vient*, comme disoit M. de Montbazon : ma très chère, je vous la souhaite heureuse ; et si vous croyez que la continuation de mon amitié entre dans la composition de ce bonheur, vous pouvez y compter sûrement.

Voilà une lettre de d'Hacqueville, qui vous apprendra l'agréable succès de nos affaires de Provence ; il surpasse de beaucoup mes espérances : vous aurez vu à quoi je me bornois par les lettres que je reçus il y a peu de jours, et que je vous envoyai. Voilà donc cette grande épine hors du pied, voilà cette caverne de larrons détruite ; voilà l'ombre de M. de Marseille conjurée *a*, voilà le crédit de la cabale évanoui, voilà l'insolence terrassée : j'en dirois d'ici à demain. Mais, au nom de Dieu, soyez modestes dans vos victoires : voyez ce que dit le bon d'Hacqueville, la politique et la générosité vous y obligent. Vous verrez aussi comme je trahis son secret pour

a M. de Janson n'étoit pas encore dans son diocèse ; il avoit été nommé, en 1673, ambassadeur extraordinaire en Pologne, où il eut part à l'élection de Sobieski, ce qui contribua à lui faire obtenir le chapeau de cardinal.

vous, par le plaisir de vous faire voir le dessous des cartes qu'il a dessein de vous cacher à vous-même : mais je ne veux point laisser équivoques dans votre cœur les sentiments que vous devez avoir pour l'ami et pour la belle-sœur [1], car il me paroît qu'ils ont fait encore au-delà de ce qu'on m'en écrit, et, pour toute récompense, ils ne veulent aucun remerciement. Servez-les donc à leur mode, et jouissez en silence de leur véritable et solide amitié. Gardez-vous bien de lâcher le moindre mot qui puisse faire connoître au bon d'Hacqueville que je vous ai envoyé sa lettre; vous le connoissez, la rigueur de son exactitude ne comprendroit pas cette licence poétique : ainsi, ma fille, je me livre à vous, et vous conjure de ne me point brouiller avec un si bon et si admirable ami. Enfin, ma très chère, je me mets entre vos mains; et connoissant votre fidélité, je dormirai en repos; mais répondez-moi aussi de M. de Grignan; car ce ne seroit pas une consolation pour moi que de voir courir mon secret par ce côté-là.

En voici encore un autre; voici le jour des secrets, comme la *journée des dupes* [a]. Le *Frater* est revenu de

---

[1] M. de Pomponne et madame de Vins.

[a] Marie de Médicis étoit parvenue, à force de supplications, le 10 novembre 1630, à obtenir du roi son fils que le cardinal de Richelieu seroit écarté du ministère; le 11, le roi se rendit à Versailles, et, entraîné par l'ascendant qu'il avoit laissé prendre à son ministre, et par les observations adroites du duc de Saint-Simon, il voulut avoir encore un entretien avec le cardinal; de ce moment, l'autorité du ministre fut rétablie, et la disgrace de la reine mère résolue. Cette journée du 11 novembre fut appelée *la journée des dupes*. (*Voyez* l'Histoire de Louis XIII par Griffet, tome II, page 62.)

Rennes; il m'a rapporté une sotte chanson qui m'a fait rire : elle vous fera voir en vers une partie de ce que je vous dis l'autre jour en prose. Nous avions dans la tête un fort joli mariage, mais il n'est pas *cuit :* la belle n'a que quinze ans, et l'on veut qu'elle en ait davantage pour penser à la marier. Que dites-vous de l'habile personne dont nous vous parlions la dernière fois, et qui ne put du tout deviner quel jour c'est que le lendemain de la veille de Pâques? C'est un joli petit bouchon qui nous réjouit fort; *cela n'aura vingt ans que dans six ans d'ici*. Je voudrois que vous l'eussiez vue les matins manger une beurrée longue comme d'ici à l'âques, et l'après-dînée croquer deux pommes vertes avec du pain bis. Sa naïveté et sa jolie petite figure nous délassent de la guinderie et de l'esprit *fichu* de mademoiselle du Plessis.

Mais parlons d'autre chose : ne vous a-t-on pas envoyé l'oraison funèbre de M. de Turenne? M. de Coulanges et le petit cardinal m'ont déja ruinée en ports de lettres; mais j'aime bien cette dépense. Il me semble n'avoir jamais rien vu de si beau que cette pièce d'éloquence. On dit que l'abbé Fléchier ' veut la surpasser,

---

« Allusion à un vers de Benserade qui se trouve dans des stances qu'il fit pour le roi, représentant un *esprit follet.*

> Comme font les amants, cela fait tout ainsi,
> Cela n'aura vingt ans que dans deux ans d'ici,
> Cela sait mieux danser que toute la gent blonde.
>   (*Recueil des plus belles pièces des poëtes françois.*
>   Amsterdam, 1692, tome V, page 266.)

' Depuis évêque de Lavaur, et ensuite de Nîmes.

mais je l'en défie; il pourra parler d'un héros, mais ce
ne sera pas de M. de Turenne; et voilà ce que M. de
Tulle a fait divinement à mon gré. La peinture de son
cœur est un chef-d'œuvre; et cette droiture, cette naïveté, cette vérité dont il étoit pétri; enfin, ce caractère,
comme il dit, également éloigné de la souplesse, de
l'orgueil et du faste de la modestie. Je vous avoue que
j'en suis charmée; et si les critiques ne l'estiment plus
depuis qu'elle est imprimée,

> Je rends graces aux dieux de n'être pas Romain [1].

Ne me dites-vous rien des *Essais de morale et du traité
de tenter Dieu, et de la ressemblance de l'amour-propre
et de la charité?* C'est une belle conversation que celle
que l'on fait de deux cents lieues loin. Nous faisons de
cela pourtant tout ce qu'on en peut faire. Je vous envoie un billet de la jolie abbesse : voyez si elle se joue
joliment; il n'en faut pas davantage pour voir l'agrément
de son esprit. Adieu, ma très aimable et très chère, je
vous recommande tous mes secrets; je vous embrasse
très tendrement, et suis à vous plus qu'à moi-même.

Je laisse la plume à l'honnête garçon qui est à mon
côté droit : il dit que vous avez trempé la vôtre dans du
feu en lui écrivant; il est vrai qu'il n'y a rien de si plaisant.

---

[1] Vers de Corneille dans *les Horaces.* Madame de Sévigné le cite
souvent.

De *M.* DE SÉVIGNÉ.

Que dis-je? du feu? c'est dans du fiel et du vinaigre que vous l'avez trempée, cette impertinente plume, qui me dit tant de sottises, sauf correction. Et où avez-vous donc pris, madame la Comtesse, que je ne fusse pas capable de choisir une amie? Est-ce parceque je m'étois adonné pendant trois ans à une personne qui n'a pu s'accommoder de ce que je ne parlois pas en public, et que je ne donnois pas la bénédiction au peuple? Vous avez eu du moins grande raison d'assurer que ma blessure étoit guérie, et que j'étois dégagé de ses fers. Je suis trop bon catholique pour vouloir rien disputer à l'église. C'est depuis long-temps qu'il est réglé que le clergé a le pas sur la noblesse. Il m'est tombé depuis peu entre les mains une lettre de cette grande lumière de l'église : il écrivoit à la personne aimée, et la prioit de répondre à sa tendresse par quelque marque de la sienne ; voici ce qu'il lui disoit : « Ne me refusez point, « je vous prie, cette grace, et songez que vous me ren- « drez un office singulier. » Cela n'étoit-il pas bien touchant? J'écrivois encore mieux à madame de Choisi. Je suis redevenu esclave d'une autre beauté brune dans mon voyage de Rennes. C'est madame de...... celle qui prioit Dieu si joliment aux capucins : vous souvenez-vous comme vous la contrefaisiez ; elle est devenue bel-esprit, et dit les élégies de la comtesse de La Suze en langage breton.

La *Divine* est à nos côtés depuis neuf heures du ma-

tin ; elle nous a déja conté les plus jolis détails du monde
de son mal, et nous a dit qu'elle étoit montée à cheval,
pour venir voir ma mère, dès qu'elle a été quitte d'un
lavement qu'elle avoit été obligée de prendre à cause
d'une *brûlaison* insupportable qu'elle avoit à l'endroit par
où étoit sorti un flux de ventre qui la tourmentoit depuis
hier midi. Bon jour et bon an, ma belle petite sœur, ne
vous moquez plus de moi ni de mon goût, qui est très
bon. J'en juge par l'amitié très véritable que j'ai pour
M. de Grignan, que j'honore de tout mon cœur.

447. *

Du comte DE BUSSY à madame DE SÉVIGNÉ.

A Bussy, ce 3 janvier 1676.

Il me semble que j'avois tort de ne pas écrire à la
belle *Madelonne,* madame; vous verrez dans la lettre
que je lui écris et que je vous envoie, ce qui m'en
avoit empêché, et ce qui enfin m'y a fait résoudre. Si
elle étoit à Paris, notre commerce seroit plus réglé, et
vous seriez plus contente. J'ai toujours assez compris
la peine que vous avez eue à vous séparer de cette agréable enfant, ma chère cousine, mais je la comprends
bien mieux depuis que j'ai marié ma fille *, je ne vous

a La marquise de Coligny.

4.

11

dis pas depuis que je l'aie quittée, car nous sommes
encore ensemble, et je ne prévois pas même que nous
nous séparions : mais la peur que j'en eus d'abord me
donna du chagrin; cela me fit songer à vous, et vous
plaindre plus que je ne faisois. Je savois, il y avoit
long-temps, qu'il étoit bien rude de se séparer de ce
qu'on aimoit fort, et de ce qu'on devoit fort aimer. Je
viens de l'apprendre par l'appréhension seulement, et
cela me fait croire que ce seroit pour moi une peine
mortelle, si c'étoit une séparation effective. J'ai des raisons encore d'attachement que vous n'avez pas : ma fille
a été toute ma consolation dans ma disgrace, et elle me
tient aujourd'hui lieu de fortune. J'aime bien mes autres
enfants, comme vous aimez fort M. de Sévigné, mais
assurément nos deux filles sont hors du *pair*. Adieu, ma
chère cousine; voici une lettre bien paternelle, une autre
fois vous en aurez une de moi, qui sera plus badine et
plus tendre pour vous.

448.

Du comte DE BUSSY *à madame* DE GRIGNAN.

A Bussy, ce 3 janvier 1676.

Je vous avois promis de vous écrire en Provence,
madame, et je me l'étois promis à moi-même, quand

vous partîtes de Paris; mais depuis, faisant réflexion à la longueur du temps que ma lettre mettroit à aller jusqu'à vous, je changeai de dessein, car enfin il faut qu'elle aille de Bourgogne à Paris, de Paris en Bretagne, qu'elle revienne de Bretagne à Paris, et qu'elle aille de là en Provence. Cependant je viens de me raviser, et j'ai cru qu'en ne vous mandant point de nouvelles, qui assurément ne le seroient plus pour vous, quand vous les recevriez, je pourrois vous écrire toute autre chose. Ce n'est pas que je n'aie un événement à vous mander. C'est le mariage de ma fille de Bussy avec le marquis de Coligny d'Auvergne, de la maison de Langheac; et quoiqu'elle soit peut-être accouchée, quand vous recevrez ma lettre, et que cela puisse vous faire faire des jugements téméraires, mille raisons m'obligent de vous le mander, et je vous prierai seulement, pour la justification de ma fille, d'examiner les dates, de ne tirer aucune conséquence de ce que vous aurez appris le mariage et les couches presqu'en même temps, et de ne pas confondre tant de rares merveilles. Mais, à propos de couches, vous vous souvenez bien de la lettre que vous m'avez promise, dès que vous auriez appris que je serois grand-père[a]. Je m'attends à un *opéra*[b]. Adieu, madame, je vous assure que je vous aime bien; faites-moi réponse, je languirai un peu en l'attendant, car je ne la pourrai guère recevoir avant l'année qui vient; mais, comme vous sa-

[a] *Voyez* la lettre 359, tome III, page 267.

[b] Il n'y avoit que peu d'années que l'opéra étoit connu en France. Il y fut fondé par lettres patentes de 1669. Quinault n'avoit encore

11.

vez, de toutes les bonnes choses il vaut mieux tard que
jamais *.

~~~~~~

449. *

De madame DE SÉVIGNÉ *à madame* DE GRIGNAN.

Aux Rochers, dimanche 5 janvier 1676.

En voilà deux encore, ma fille, elles sont en vérité
les très bien venues : je n'en reçois jamais trois à-la-fois;
j'en serois fâchée, parceque je serois douze jours à les
attendre; c'est bien assez de huit : mais, pour être sur-
chargée de cette lecture, ce n'est pas une chose possible, c'est de celle-là qu'on ne se lasseroit jamais;
et vous-même, qui vous piquez d'inconstance sur ce
chapitre, je vous défierois bien de n'y être pas attentive, et de n'aller pas jusqu'à la fin. C'est un plaisir dont
vous êtes privée, et que j'achéte bien cher; je ne conseille pas à M. de Grignan de me l'envier. Il est vrai
que les nouvelles que nous recevons de Paris sont char-

donné que deux de ses chefs-d'œuvre, *Alceste* et *Thésée*. Bussy ne
croyoit pas pouvoir trouver d'expression qui rendit mieux la haute
opinion qu'il avoit de la lettre de madame de Grignan; ce mot est
devenu proverbe, et peut-être l'étoit-il déja.

* *Voyez* la réponse de madame de Grignan, à la suite d'un billet
de madame de Sévigné, en date du 10 avril 1676.

mantes ; je suis comme vous, jamais je n'y réponds un
seul mot ; mais pour cela je ne suis pas muette : l'article de mon fils et de ma fille suffit pour rendre notre
commerce assez grand : vous l'aurez vu par la dernière
lettre que je vous ai envoyée.

D'Hacqueville me recommande encore le secret que
je vous ai confié, et que je vous recommande à proportion. Il me dit que jamais la Provence n'a tant fait parler
d'elle ; il a raison, je trouve cette assemblée de noblesse
un coup de partie. Vous ne pouvez pas douter que je
ne prenne un grand intérêt à ce qui se passe autour de
vous ; quelles sortes de nouvelles me pourroient être
plus chères ? Tout ce que je crains, c'est qu'on ne trouve
que la sagesse de la Provence fait plus de bruit que la
sédition des autres provinces. Je vous remercie de vos
nouvelles de Languedoc ; vous m'avez instruite de tout
en quatre lignes. Mais que vous avez bien fait de m'expliquer pourquoi vous êtes à Lambesc ! car je ne man-
quois point de dire, pourquoi est-elle là ? Je loue le torticolis qui vous a empêchée d'avoir la fatigue de manger avec ces gens-là ; vous avez fort bien *laissé paître
vos bêtes* sans vous. Je n'oublierai jamais l'étonnement
que j'eus, quand j'y étois à la messe de minuit, et que
j'entendis un homme chanter un de nos airs profanes
au milieu de la messe : cette nouveauté me surprit beaucoup.

Vous aurez lu les *Essais de morale*, dont je crois que
vous êtes contente. L'endroit de *Josephe* que vous me
dites, est un des plus beaux qu'on puisse jamais lire : il
faut que vous avouiez qu'il y a une grandeur et une di-

gnité dans cette histoire, qui ne se trouve en nulle autre.
Si vous ne me parliez de vous et de vos occupations, je
ne vous donnerois rien du nôtre, et ce seroit une belle
chose que notre commerce. Quand on s'aime, et qu'on
prend intérêt les uns aux autres, je pense qu'il n'y a rien
de plus agréable que de parler de soi; il faut retrancher
sur les autres, pour faire cette dépense entre amis. Vous
aurez vu, par ce que vous a mandé mon fils de notre
voisine, qu'elle n'est pas de cette opinion : elle nous instruit agréablement de tous les détails dont nous n'avons
aucune curiosité [a]. Pour nos soldats, on gagneroit beaucoup qu'ils fissent comme vos cordeliers; ils s'amusent
à voler; ils mirent l'autre jour un petit enfant à la bro-
che; mais d'autres désordres, point de nouvelles. M. de
Chaulnes m'a écrit qu'il vouloit me venir voir; je lui dis
très bonnement de n'en rien faire, et que je renonce à
l'honneur que j'en recevrois, par l'embarras qu'il me
donneroit; que ce n'est pas ici comme à Paris, où mon
chapon suffisoit à tant de bonne compagnie.

Vous avez donc vu ma lettre de consolation à B.... [b];

[a] Les détails de la santé de mademoiselle du Plessis. Ce passage
manquoit de clarté dans les éditions précédentes, parceque M. le
chevalier de Perrin, en publiant les éditions de 1734 et de 1754, avoit
supprimé l'apostille du marquis de Sévigné, qui est à la suite de la
lettre 446; elle ne se trouve que dans l'édition de 1726.

[b] Ce B..... doit être le comte de Brancas, que madame de Sévigné
cherchoit à consoler de la préférence que madame de Coulanges
donnoit à M. de La Trousse sur lui. Ce passage a besoin, pour être
entendu, d'être rapproché de la lettre 445, et de la note qui lui sert
de développement. (*Voyez* plus haut, page 154 de ce volume.)

peut-on lui en écrire une autre? Vraiment vous me le
dépeignez si fort au naturel, que je crois encore l'entendre, c'est-à-dire, si l'on peut; car, pour moi, je trouve
qu'il y a un grand brouillard sur toutes ces expressions.
Vous me dites bien sérieusement, en parlant de ma lettre, *monsieur votre père;* j'ai cru que nous n'étions point
du tout parentes; que vous étoit-il à votre avis? Si vous
ne répondez à cette question, je m'adresserai à la fil-
lette qui est avec nous; je ne sais si elle y répondra
comme au *lendemain de la veille de Pâques.* Au reste,
mademoiselle du Plessis s'en meurt; toute morte de jalousie, elle s'enquiert de tous nos gens comme je la traite;
il n'y en pas un qui ne se divertisse à lui donner des
coups de poignard: l'un lui dit que je l'aime autant que
vous; l'autre, que je la fais coucher avec moi, ce qui
seroit assurément la plus grande marque de ma tendresse; l'autre, que je la mène à Paris, que je la baise,
que j'en suis folle, que mon oncle l'abbé lui donne dix
mille francs; que si elle avoit seulement vingt mille écus,
je la ferois épouser à mon fils. Enfin, ce sont de telles
folies, et si bien répandues dans le petit domestique,
que nous sommes contraints d'en rire très souvent, à
cause des contes perpétuels qu'ils nous font. La pauvre
fille ne résiste point à tout cela: mais ce qui nous a paru
très plaisant, c'est que vous la connoissiez encore si
bien, et qu'il soit vrai, comme vous le dites, qu'elle
n'ait plus la fièvre quarte dès que j'arrive; par conséquent elle la joue; mais je suis assurée que nous la lui re-
donnerons *véritable* tout au moins. Cette famille est bien
destinée à nous réjouir; ne vous ai-je pas conté comme

feu son père nous a fait pâmer de rire six semaines de suite? Mon fils commence à comprendre que ce voisinage est la plus grande beauté des Rochers.

Je trouve plaisant le rendez-vous de votre voyageur, ce n'est pas le triste voyageur, mais de cet autre voyageur avec Montvergne; c'est quasi se rencontrer à la tête des chevaux, que d'arriver au cap de Bonne-Espérance, à un jour l'un de l'autre. Je prendrois le rendez-vous que vous me proposez pour *le détroit* ª, si je n'espérois de vous en donner un autre moins capable de nous enrhumer; car il faut songer que vous avez un torticolis. Vous ne pouvez pas douter de la joie que j'aurois d'entretenir cet homme des Indes, quand vous vous souviendrez combien je vous ai importunée d'Herrera ¹, que j'ai lu avec un plaisir extraordinaire. Si vous aviez autant de loisir et de constance que moi, ce livre seroit digne de vous. Mais reparlons un peu de cette assemblée de noblesse; expliquez-moi ces six syndics de robe, et ces douze de la noblesse; je pensois qu'il n'y en eût qu'un, et le marquis de Buous ne l'est-il pas pour toujours? répondez-moi là-dessus: ces partis sont plaisants, cent d'un côté et huit de l'autre. Cet homme dont vous avez si bien fondé la haine qu'il avoit pour M. de Grignan, vous embarrassera plus que tout le reste, par la

---

ª Apparemment le détroit de Gibraltar; la lettre de madame de Grignan pourroit seule éclaircir ce passage, qui est rétabli d'après l'édition de 1734.

¹ Écrivain espagnol, auteur d'une histoire générale des Indes, en quatre volumes *in-folio*, et de divers autres ouvrages historiques.

protection de madame de Vins[1]; le d'Hacqueville me le
mande, et me recommande si fort de ne vous rien dire
de l'autre affaire, que je serois perdue pour jamais s'il
croyoit que je l'eusse trahi : il faut que le grand Pomponne craigne les Provençaux. Le bon d'Hacqueville
va et vient sans cesse à Saint-Germain pour nos affaires,
sans cela nous ne lui pardonnerions pas le style général
et ennuyeux dont il nous favorise. J'avoue que cet endroit dont vous me parlez est un peu répété; mais vous
le pardonnerez à ma curiosité qui a commencé, et ma
plume a fait le reste; car je vous assure que les plumes
ont grande part aux verbiages dont on remplit quelquefois ses lettres : un des souhaits que je vous fais au commencement de cette année, c'est que mes verbiages
vous plaisent autant que les vôtres me sont agréables.

Si la gazette de Hollande avoit dit *mademoiselle* de
La Trémouille au lieu de *madame*, elle auroit dit vrai;
car mademoiselle de Noirmoutier, de la maison de La
Trémouille, a épousé, comme vous savez, cet autre La
Trémouille; car ils sont de même maison : elle s'appellera madame de Royan : je vous ai mandé tout cela[a].
La bonne princesse (*de Tarente*) et son bon cœur m'aiment toujours; elle a été un peu malade, elle se fait suer
dans une vraie machine, pour tous ses maux. Le feu
comte du Lude disoit qu'il n'avoit jamais eu de mal,
mais qu'il s'étoit toujours fort bien trouvé de suer : sé-

---

[1] Madame de Vins, qui étoit belle-sœur de M. de Pomponne, étoit
d'ailleurs en grande considération auprès de ce ministre.

[a] *Voyez* la lettre 423 ci-dessus, page 50 de ce volume.

rieusement, c'est un des remédes de du Chéne pour
toutes les douleurs du corps; et si j'avois un torticolis,
et que je prisse, comme je fais toujours, le remède de
ma voisine, vous entendriez dire que je suis *sous l'ar-
chet*. La princesse dit toujours des merveilles de vous;
elle vous connoît et vous estime : pour moi, je crois que
par métempsycose, vous vous êtes trouvée autrefois en
Allemagne. Votre ame auroit-elle été dans le corps d'un
Allemand? Non; vous étiez sans doute le roi de Suéde,
un de ses amants : car *la plupart des amants sont des Allemands*". Adieu, ma très chère enfant, notre ménage
embrasse le vôtre. Voilà le *Frater*.

M. DE SÉVIGNÉ.

Vous ne comprendrez jamais, ma petite sœur, combien ce que vous avez dit de la Plessis est plaisant, que
quand vous saurez qu'il y a un mois qu'elle joue la fièvre
quarte, pour faire justement tomber que sa fièvre la
quitte le jour que ma mère va dîner au Plessis*. La joie
de savoir ma mère au Plessis, la transporte au point
qu'elle jure ses grands dieux qu'elle se porte bien, et
qu'elle est au désespoir de ne s'être pas habillée. Mais,
Mademoiselle, lui disoit-on, ne sentez-vous point quelque commencement de frisson? — Allons, allons, repre-
noit l'enjouée *Tisiphone*, divertissons-nous, jouons au
volant, ne parlons point de ma fièvre; c'est une mé-

a Allusion à un vaudeville de Sarrazin. La princesse de Tarente
étoit d'un caractère très romanesque.

b Le château du Plessis d'Argentré, à une lieue des Rochers.

chante, c'est une intéressée. *Une intéressée,* lui dit ma
mère, toute surprise? — Oui, madame, une intéressée
qui veut toujours être avec moi. — Je la croyois généreuse, lui dit tout doucement ma mère. Cela n'empêcha
pas que la joie de voir la bonne compagnie chez elle
ne chassât la fièvre qu'elle n'avoit pas eue. Nous espérons que l'excès de la jalousie la lui donnera tout de
bon : nous appréhendons qu'elle n'empoisonne la petite
personne qui est ici, et qu'on appelle par-tout la petite
favorite de madame la princesse et de madame de Sévigné. Elle disoit hier à *Rahuel*[a] : « J'ai eu une consolation
« en me mettant à table, c'est que Madame a repoussé
« la petite pour me faire placer auprès d'elle. » *Rahuel*
lui répondit avec son air breton : « Ah, Mademoiselle,
« je ne m'en étonne pas, c'est pour faire honneur à votre
« âge, outre que la petite est à présent de la maison,
« Madame la regarde comme si elle étoit la cadette de
« madame de Grignan. » Voilà ce qu'elle eut pour sa
consolation. Vous avez raison de dire du mal de toutes
ces troupes de Bretagne; elles ne font que tuer et voler,
et ne ressemblent point du tout à vos moines. Quoique
je sois assez content de madame ma mère et de monsieur
mon oncle, et que j'aie quelque sujet de l'être, je ne laisserai pas, suivant vos avis, de les mettre hors de la maison à la fin du mois. Je les escorterai pourtant jusqu'à
Paris, à cause des voleurs, et afin de faire les choses
honnêtement. Adieu, ma petite sœur, comment vous
trouvez-vous de la fête de Noël? vous avez *laissé paître*

___

[a] Rahuel étoit le concierge du château des Rochers.

vos bêtes [a], c'est bien fait. Les monts et les vaux sont fréquents en Provence; je vous souhaite seulement de gentils pastoureaux pour vous y tenir compagnie. Je salue M. de Grignan : il ne me dit pas un mot; je ne m'en vengerai qu'en me portant bien, et en revenant de toutes mes campagnes.

Madame DE SÉVIGNÉ *continue.*

Voilà, Dieu merci, bien des folies. Si la poste savoit de quoi nos paquets sont remplis, le courrier les laisseroit à moitié chemin. Je vous conterai mercredi un songe.

~~~~~~

450.

A la même.

Aux Rochers, mercredi 8 janvier 1676.

Voici le jour de vous conter mon songe. Vous saurez que vers les huit heures du matin, après avoir songé à vous la nuit, sans ordre et sans mesure, il me sembla bien plus fortement qu'à l'ordinaire que nous étions en-

---

[a] Madame de Grignan avoit prétexté l'incommodité que son torticolis lui donnoit, pour ne pas faire elle-même les honneurs de sa table. (*Voyez* plus haut, page 165 de ce volume.)

semble, et que vous étiez si douce, si aimable et si caressante pour moi, que j'en étois toute transportée de tendresse; et sur cela je m'éveille, mais si triste et si oppressée d'avoir perdu cette chère idée, que me voilà à soupirer et à pleurer d'une manière si immodérée, que je fus contrainte d'appeler *Marie*; et avec de l'eau froide et de l'eau de la reine de Hongrie, je m'ôtai le reste de mon sommeil, et je débarrassai ma tête et mon cœur de l'horrible oppression que j'avois. Cela me dura un quart d'heure; et tout ce que je vous en puis dire, c'est que jamais je ne m'étois trouvée dans un tel état. Vous remarquerez que voici le jour où ma plume est la maîtresse *a*.

Vous avez passé quinze jours bien tristement à Lambesc; on en plaindroit une autre que vous; mais vous avez un tel goût pour la solitude, qu'il faut compter ce temps comme votre carnaval. Que dites-vous de la Saint-Géran, qui vient de partir avec son gros mari, pour aller passer le sien à la Palisse *b*: c'est un voyage d'un mois, qui surprend tout le monde dans cette saison : elle reviendra bien sûrement pour les sermons; mais voyez quelle fatigue pour ne pas quitter ce cher époux. Le grand Béthune disoit, quand Saint-Géran eut reçu ce coup de canon *1* : « Le gros Saint-Géran est bon homme,

---

a Elle ne recevoit les lettres de sa fille que le vendredi.

b La Palisse est un château gothique que l'on trouve après Moulins, sur la route de Lyon à Paris.

1 Devant Besançon en mars 1674. * « M. de Saint-Géran étoit « gros et entassé avec de gros yeux et de gros traits qui ne promet-

« honnête homme ; mais il a besoin d'être tué pour être
« estimé solidement. » Sa femme n'est pas de cet avis,
ni moi non plus : mais cette folie s'est trouvée au bout
de ma plume.

La princesse vint hier ici, encore toute foible d'avoir
sué. Elle est affligée de la ruine que les gens de guerre
lui causent, et du peu de soin que Monsieur et Madame
ont eu de la faire soulager. Elle croit que madame de
Monaco contribue à cet oubli, afin de lui soustraire les
aliments, et de l'empêcher de venir à Paris, où la proximité de la princesse lui ôte toujours un peu le plaisir
d'être cousue avec Madame : leur haine est réciproque.
A propos de réciproque, un gentilhomme de la princesse
contoit assez plaisamment qu'étant aux états, à ce bal
de M. de Saint-Malo, il entendit un Bas-Breton qui parloit à une demoiselle de sa passion ; la belle répondoit ;
enfin, tant fut procédé, que la nymphe impatientée lui
dit : « Monsieur, vous pouvez m'aimer tant qu'il vous
« plaira ; mais je ne puis du tout vous *réciproquer.* » Je
trouve que fort souvent on peut faire cette réponse qui
coupe court, et qui est en vérité toute la meilleure raison qu'on puisse donner. Mon fils est allé à Vitré voir
les dames ; il m'a priée de vous faire mille amitiés. Je
crois que le bon d'Hacqueville règlera le supplément ;
et puisque Lauzun prendra notre guidon, voilà le *Frater*
monté d'un cran ; il n'est plus qu'à neuf cents lieues du

« toient rien moins que l'esprit qu'il avoit. » *Mémoires de Saint-
Simon*, tome XII, page 22.) *Voyez* au surplus la note de la lettre 347,
tome III, page 238.

Cap. Il a fait ici un temps enragé depuis trois jours; les arbres pleuvoient dans le parc, et les ardoises dans le jardin. Toutes nos pensées de mariage ont été, je crois, emportées par ce grand vent : un père nous a dit que sa fille n'avoit que quinze ans, et qu'il ne vouloit la marier qu'à vingt; un autre, qu'il vouloit de la robe : au moins nous n'avons pas à nous reprocher que rien échappe à nos attentions. Adieu, ma chère enfant, ne voulez-vous pas bien que je vous embrasse?

451. **

Du comte DE BUSSY *à madame* DE SÉVIGNÉ.

À Bussy, ce 9 janvier 1676.

Je reçus avant-hier votre lettre du 20 décembre, ma belle cousine, qui est une réponse à une lettre que je vous écrivis le 19 octobre; vous en devez avoir reçu depuis ce temps-là deux autres de moi, sans compter celle que je viens de vous écrire, avec une pour madame de Grignan. Vous voyez par-là que je me trouve bien de votre commerce; et, il faut dire la vérité, c'est à mon gré le plus agréable qui soit au monde; vous savez que je m'y connois et que je suis sincère. Les *nouveaux* mariés et le *nouveau* beau-père vous rendent mille graces de la part que vous prenez à leur satisfaction, et ils vous en souhaitent une pareille dans l'établissement de M. votre fils.

Quand je vous ai mandé ma lassitude sur le titre de comte *a*, j'ai cru que vous entendriez d'abord la raison que j'avois d'en avoir ; mais puisqu'il vous la faut expliquer, ma chère cousine, je vous dirai que la promotion aux grands honneurs de la guerre que l'on a faite, m'a donné meilleure opinion de moi que je n'avois, et que, m'étant fait à moi-même la justice qu'on m'a refusée, j'ai été honteux de la qualité de comte. En effet, me trouvant sans vanité égal en naissance, en capacité, en services, en courage et en esprit aux plus habiles de ces maréchaux, et fort au-dessus des autres, je me suis fait maréchal *in petto*, et j'ai mieux aimé n'avoir aucun titre, que d'en avoir un qui ne fût plus digne de moi. De me dire maintenant que je serai confondu dans le grand nombre de gens qui portent le nom de Bussy *b*, je vous répondrai que je serai assez honorablement différencié par celui de Rabutin, qui accompagnera toujours l'autre.

Je crois, ma chère cousine, que vous approuverez mes raisons, car vous n'êtes pas personne à croire qu'il y a de la foiblesse à changer d'opinion, quand vous en voyez une meilleure.

Mais, puisque nous sommes sur ce chapitre, il faut que je l'épuise, et que je vous fasse tout d'un coup com-

---

a Voyez la lettre 420, page 35 de ce volume.

b Voyez la lettre de madame de Sévigné 442, page 136 de ce volume.

prendre de quelle manière je veux que vous me conce-
viez, afin que vous me fassiez ainsi concevoir à ceux à
qui vous parlerez de moi. Je vous envoie pour cela une
relation de ce qui se passa entre Duras ᵃ et moi, et les
réflexions que j'ai faites sur cet événement. Je les aurois
envoyées à tous mes amis de la cour, si l'intérêt de Coligny ne m'en eût empêché; mais il est assez des amis de
Duras, il va servir cette campagne auprès de lui, et tout
le bien dont il jouit est dans son gouvernement.

Je vous plains fort pour les maux que la guerre fait à
vos sujets; mais je ne plains guère les Bretons en général, qui sont assez fous pour s'attirer mal-à-propos l'in-
dignation d'un aussi bon maître que le nôtre. Je voudrois bien pouvoir aller à Paris comme vous, ou que
vous eussiez affaire à Bourbilly pour deux ou trois mois.
Adieu, ma belle cousine, si vous trouvez du plaisir à
m'appeler comte, ne vous en contraignez pas, je veux
bien être votre comte, de tous les sens dont vous le pouvez entendre.

ᵃ Jacques-Henri de Durfort, duc de Duras, maréchal de France,
gouverneur de Besançon et de la Franche-Comté.

~~~~~~

452.

De madame DE SÉVIGNÉ *à madame* DE GRIGNAN.

Aux Rochers, dimanche 12 janvier 1676.

Vous pouvez remplir vos lettres de tout ce qu'il vous
plaira, et croire que je les lis toujours avec un grand
plaisir et une grande approbation : on ne peut pas mieux
écrire, et l'amitié que j'ai pour vous ne contribue en rien
à ce jugement.

Vous me ravissez d'aimer les *Essais de morale;* n'a-
vois-je pas bien dit que c'étoit votre fait? Dès que j'eus
commencé à les lire, je ne songeai plus qu'à vous les
envoyer; vous savez que je suis communicative, et que
je n'aime point à jouir d'un plaisir toute seule. Quand
on auroit fait ce livre pour vous, il ne seroit pas plus
digne de vous plaire. Quel langage! quelle force dans
l'arrangement des mots? on croit n'avoir lu de françois
qu'en ce livre. Cette ressemblance de la charité avec
l'amour-propre, et de la modestie héroïque de M. de
Turenne et de M. le Prince avec l'humilité du christia-
nisme.... Mais je m'arrête, il faudroit louer cet ouvrage
depuis un bout jusqu'à l'autre, et ce seroit une bizarre
lettre. En un mot, je suis fort aise qu'il vous plaise, et
j'en estime mon goût. Pour *Josephe,* vous n'aimez pas sa
vie; c'est assez que vous ayez approuvé ses actions et

son histoire : n'avez-vous pas trouvé qu'il jouoit d'un grand bonheur dans cette cave, où ils tiroient à qui se poignarderoit le dernier?

Nous avons ri aux larmes de cette fille qui chanta tout haut dans l'église cette chanson déshonnête dont elle se confessoit; rien au monde n'est plus nouveau ni plus plaisant : je trouve qu'elle avoit raison; assurément le confesseur vouloit entendre la chanson, puisqu'il ne se contentoit pas de ce que la fille lui avoit dit en s'accusant. Je vois d'ici le bon homme de confesseur pâmé de rire le premier de cette aventure. Nous vous mandons souvent des folies; mais nous ne pouvons payer celle-là. Je vous parle toujours de notre Bretagne, c'est pour vous donner la confiance de me parler de Provence; c'est un pays auquel je m'intéresse plus qu'à nul autre : le voyage que j'y ai fait m'empêche de pouvoir m'ennuyer de tout ce que vous me dites parceque je connois tout et comprends tout le mieux du monde. Je n'ai pas oublié la beauté de vos hivers : nous en avons un admirable : je me promène tous les jours, et je fais quasi un nouveau parc autour de ces grandes places du bout du mail; j'y fais planter quatre rangs d'allées, ce sera une très belle chose : tout cet endroit est uni et défriché.

Je partirai, malgré tous ces charmes, dans le mois de février; les affaires de l'abbé le pressent encore plus que les vôtres, c'est ce qui m'a empêchée de penser à offrir notre maison à mademoiselle de Méri : elle s'en plaint à bien du monde; je ne comprends point le sujet qu'elle en a. Le *bien bon* est transporté de vos lettres; je lui montre souvent les choses qui lui conviennent: il

12.

vous remercie de tout ce que vous dites des *Essais de morale*; il en a été ravi. Nous avons toujours la petite personne, c'est un petit esprit vif et tout battant neuf, que nous prenons plaisir d'éclairer. Elle est dans une parfaite ignorance; nous nous faisons un jeu de la défricher généralement sur tout: quatre mots de ce grand univers des empires, des pays, des rois, des religions, des guerres, des astres, de la carte; ce chaos est plaisant à débrouiller grossièrement dans une petite tête, qui n'a jamais vu ni ville, ni rivière, et qui ne croyoit pas que la terre entière allât plus loin que ce parc: elle nous réjouit: je lui ai dit aujourd'hui la prise de Wismar *a*; elle sait fort bien que nous en sommes fâchés, parceque le roi de Suède est notre allié. Enfin vous voyez l'extravagance de nos amusements. La princesse est ravie que sa fille ait pris Wismar; c'est une vraie Danoise. Elle demande aussi que MONSIEUR et MADAME lui envoient l'exemption entière des gens de guerre, de sorte que nous voilà tous sauvés.

Madame de La Fayette est fort reconnoissante de votre lettre; elle vous trouve très honnête et très obligeante; mais ne vous paroît-il pas plaisant que son beau-frère n'est point du tout mort, et qu'on ne sait point les

---

a Ville du pays de Mecklenbourg sur la mer Baltique; elle appartenoit au roi de Suède, et elle se rendit au roi de Danemarck le 22 décembre 1675, après un mois et demi de siège. Ce revers étoit la suite des désastres qui faisoient regretter à Bussy-Rabutin, dans la lettre du 11 août 1675 (tome III, page 378), que Wrangel, maréchal-général, et connétable de Suède, eût survécu à la grande réputation qu'il s'étoit acquise.

vérités de Toulon à Aix? sur les questions que vous faites au *Frater*, je décide hardiment que celui qui est en colère, et qui le dit, est préférable au *traditor* qui cache son venin sous de belles et de douces apparences. Il y a une stance dans l'Arioste qui peint la fraude; ce seroit bien mon affaire, mais je n'ai pas le temps de la chercher *a* Le bon d'Hacqueville me parle encore du voyage de la Saint-Géran; et pour me faire voir que ce voyage sera court, c'est, dit-il, qu'elle ne pourra recevoir qu'une de mes lettres à la Palisse. Voilà comme il traite une connoissance de huit jours : il n'en est pas moins bon pour les autres; mais cela est admirable. J'oubliois de vous dire que j'avois pensé, comme vous, aux diverses manières de peindre le cœur humain, les uns en blanc, et les autres en noir à noircir. Le mien est pour vous de la couleur que vous savez.

a Les lecteurs aimeront à trouver ici la stance qui se présente au souvenir de madame de Sévigné, et si l'on rapproche ce passage de la lettre 284, il ne sera pas difficile de voir contre qui elle dirige les beaux vers de l'Arioste; le marquis de Sévigné soupçonnoit sa sœur d'avoir en vue madame de La Fayette, qui n'étoit aimée ni d'elle ni de lui; mais madame de Sévigné n'auroit jamais donné des armes contre son amie.

> *Avea piacevol viso, abito onesto,*
> *Un umil volger d'occhi, un andar grave,*
> *Un parlar sì benigno e sì modesto,*
> *Che parea Gabriel che dicesse :* AVE.
> *Era brutta e deforme in tutto il resto*
> *Ma nascondea queste fattezze prave*
> *Con lungo abito e largo ; e sotto quello*
> *Attossicato avea sempre il coltello.*
> ORLANDO FURIOSO, canto XIV, st. 87.

M. DE SÉVIGNÉ.

Je ne suis point en bonne humeur, je viens d'avoir
une conversation avec le *bien bon* sur le malheur du
temps, et vous savez comme ce chapitre met le poignard dans le sein. Je n'ai pas laissé de sourire de l'histoire de la fille de Lambesc ; jugez ce que j'aurois fait
si j'avois été dans mon naturel. Elle avoit autant d'envie
d'avoir l'absolution que le bon père de savoir la chanson ; et apparemment ils se contentèrent tous deux.
Pour les *Essais de morale ,* je vous demande très humblement pardon, si je vous dis que le *Traité de la connoissance de soi-même* me paroît distillé, sophistiqué,
galimatias en quelques endroits, et sur-tout ennuyeux
presque d'un bout à l'autre. J'honore de mon approbation *les manières dont on peut tenter Dieu ;* mais vous
qui aimez tant les bons styles, et qui vous y connoissez
si bien, du moins si on en peut juger par le vôtre, pou-
vez-vous mettre en comparaison le style de Port-Royal
avec celui de M. Pascal ? C'est celui-là qui dégoûte de
tous les autres : M. Nicole met une quantité de belles
paroles dans le sien ; cela fatigue et fait mal à la fin ; c'est
comme qui mangeroit trop de *blanc-manger*[a] : voilà ma
décision. Pour vous adoucir l'esprit, je vous dirai que
Montaigne est raccommodé avec moi sur beaucoup de
chapitres ; j'en trouve d'admirables et d'inimitables, et
d'autres puérils et extravagants, je ne m'en dédis point.

---

[a] Espèce de crême aux amandes et à la colle de poisson. (*Cuisinier
royal.*)

Quand vous aurez fini *Josephe*, je vous exhorte à essayer un certain *Traité des morales*, de Plutarque, qui a pour titre : *Comment on peut discerner l'ami d'avec le flatteur.* Je l'ai relu cette année, et j'en ai été plus touché que la première fois. Mandez-nous si la question que vous me faites des gens qui évaporent leur bile en discours impétueux, ou de ceux qui la gardent sous de beaux semblants, regarde madame de La Fayette; nous n'en savons rien, parceque nous ne savons peut-être pas tout ce que vous savez. Je me révolte contre ce qu'elle nous mande de l'oraison funèbre de M. de Tulle, parceque je la trouve belle et très belle ; je me révolte un peu moins sur le jugement peu avantageux qu'elle porte des *Essais de morale ;* et sans voir les vers du nouvel opéra [1], je consens volontiers à tout le mal qu'elle en dit. Adieu, ma belle petite sœur.

453.

A la même.

Aux Rochers, vendredi 17 janvier 1676.

A force de me parler d'un torticolis, vous me l'avez donné. Je ne puis remuer le côté droit ; ce sont, ma

---

[1] C'est l'opéra d'Atis ; il fut représenté à Saint-Germain devant le roi le 10 janvier 1676, mais il étoit imprimé et connu avant d'être joué.

chère enfant, de ces petits maux que personne ne plaint, quoiqu'on ne fasse que criailler. Mon fils s'en pâme de rire, je lui donnerai sur le nez tout aussitôt que je le pourrai. En attendant, ma chère enfant, je vous embrasse de tout mon cœur avec le bras gauche. Le *Frater* va vous conter des *lanternes*.

M. DE SÉVIGNÉ.

Je ne ris point, ainsi que ma mère vous le mande; mais, comme son mal n'est rien qui puisse causer la moindre inquiétude, on la plaint de ses douleurs, on l'amuse dans son lit, et du reste on cherche à la soulager autant qu'il est possible. Je crois que vous voulez bien vous reposer sur moi et sur le *bien bon* de tout ce qui regarde une santé qui nous est si précieuse; soyez tranquille de ce côté-là, ma petite sœur, et croyez que nous serons assurément guéris, quand vous commencerez d'être en peine.

Voici l'histoire de notre province. On vous a mandé comme étoit M. de Coëtquen avec M. de Chaulnes; il étoit avec lui ouvertement aux épées et aux couteaux; il avoit présenté au roi des mémoires contre la conduite de M. de Chaulnes, depuis qu'il est gouverneur de cette province. M. de Coëtquen revient de la cour pour se rendre à son gouvernement ª par ordre du roi: il arrive à Rennes, va voir M. de Pommereuil, et passe, depuis huit heures du matin qu'il est à Rennes jusqu'à neuf

---

ª De Saint-Malo.

heures du soir, sans aller chez M. de Chaulnes ; il n'a-
voit pas même dessein d'y aller, comme il le dit à M. de
Coëtlogon, et se faisoit un honneur de braver M. de
Chaulnes dans sa ville capitale. A neuf heures du soir,
comme il étoit à son hôtellerie, et n'avoit plus qu'à se
coucher, il entend arriver un carrosse, et voit monter
dans sa chambre un homme avec un bâton d'exempt;
c'étoit le capitaine des gardes de M. de Chaulnes, qui le
pria, de la part de son maître, de venir jusqu'à l'évêché : c'est où demeure M. de Chaulnes. M. de Coëtquen
descend, et voit vingt-quatre gardes autour du carrosse,
qui le mènent sans bruit et en fort bon ordre à l'évêché.
Il entre dans l'anti-chambre de M. de Chaulnes, et
y demeure un demi-quart d'heure avec des gens qui
avoient ordre de l'y arrêter. M. de Chaulnes paroît enfin,
et lui dit : « Monsieur, je vous ai envoyé querir pour
« vous ordonner de faire payer les francs-fiefs dans votre
« gouvernement. Je sais, *ajouta-t-il ,* ce que vous avez
« dit au roi, mais il le falloit prouver » ; et tout de suite
il lui tourna le dos, et rentra dans son cabinet. Le Coëtquen demeura fort déconcerté, et, tout enragé, regagna
son hôtellerie.

~~~~~~

454.

A la même.

Aux Rochers, dimanche 19 janvier 1676.

Je me porte mieux, ma très chère; ce torticolis étoit
un très bon petit rhumatisme : c'est un mal très douloureux, sans repos, sans sommeil; mais il ne fait peur à
personne. Je suis au huitième; un peu d'émotion et les
sueurs me tireront d'affaire : j'ai été saignée une fois du
pied, et l'abstinence et la patience achèveront bientôt :
je suis parfaitement bien servie par *Larmechin*ᵃ, qui ne
me quitte ni nuit ni jour. Enfin, ma fille, j'eus hier un
extrême plaisir à lire vos lettres; c'est une conversation
qui me ravit. Ne venez point me dire que vos bons succès de Provence vous sont fort indifférents; je ne sais
ce qui peut plaire au monde, si ce n'est une si parfaite
petite victoire, et dont les effets doivent être si agréables dans la suite, et si honorables pour vous. J'ai ces
bonnes nouvelles un peu plus tôt que vous, et celle de
l'assemblée de la noblesse, qui a été aussi confirmée, a
comblé la mesure. Je vous envoie la lettre de M. de
Pomponne; il me semble qu'elle est toute pleine de

ᵃ Valet-de-chambre du marquis de Sévigné.

bonne amitié. D'Hacqueville me mande que notre cardinal a une fluxion sur la poitrine; j'en suis excessive-
ment en peine, et bien plus que de moi. Je vous écrirois fort volontiers vingt-sept ou vingt-huit pages; mais
il ne m'est pas possible: mon fils vous dira le reste.
Adieu, je vous embrasse, et c'est aujourd'hui du bras
droit.

M. DE SÉVIGNÉ.

Vous voyez, dans ce que vous écrit ma mère, l'état
véritable de sa santé; mais quoique sa maladie ne fasse
nulle frayeur, et que les sueurs commencent à diminuer
ses douleurs, elles sont toujours si cruelles, que l'état
où nous la voyons fend le cœur à tous ceux qui l'aiment:
je crois que vous me faites bien la grace de penser que
je suis de ce nombre, et que je fais tout ce qui est en
mon petit pouvoir pour la soulager. Je voudrois bien
de tout mon cœur lui être bon à quelque chose; mais,
par malheur, je ne suis bon à rien; et si j'ai quelque
mérite, c'est celui d'avoir *Larmechin*, qui fait des merveilles jour et nuit. Vos lettres sont très bonnes, et
même nécessaires pour la santé et pour le divertissement
de notre chère malade; c'est dommage qu'elles ne viennent que de huit en huit jours. Nous n'ajoutons pas foi
à votre philosophie sur vos victoires de Provence: vous
pouvez voir, par l'affaire de M. de Coëtquen, que la
Provence n'est pas la seule province où il y ait des ca-
bales. Ne trouvez-vous point plaisant que M. d'Hacqueville nous mande de Paris le détail de cette affaire,
comme si nous n'étions pas à sept lieues de Rennes, et

que nous n'eussions pas quelquefois des nouvelles de ce pays barbare?

Vous saurez assurément les querelles qui sont arrivées aux noces de La Mothe[a], comme à celle de Thétis ; la Discorde aux crins de couleuvre se mêla parmi les duchesses et les princesses, qui sont les déesses de la terre : enfin tout est assoupi, et il n'en arrivera point de nouvelle guerre. Celle que nous avons contre les Espagnols, les Hollandois et les Allemands suffira. Nous avons lu les vers de l'opéra : jamais vous n'avez entendu parler d'un goût aussi corrompu que le nôtre, depuis que nous sommes en Bretagne. Nous trouvons l'oraison funèbre de M. de Tulle fort belle, et nous trouvons l'opéra (*Atys*) de cette année incomparablement au-dessus de tous les autres : pour vous dire la vérité, comme nous ne l'avons que depuis hier, nous n'avons encore lu que le prologue et le premier acte, que nous honorons de notre approbation. Ne croyez pas, s'il vous plaît, que nous en fassions autant de la *suite de Pharamond*, nous anathématisons tout ce qui n'est pas de La Calprenède[b]. Adieu, ma chère sœur ; nous divertissons ma mère autant que nous pouvons ; c'est presque la seule chose

---

[a] On voit, par une chanson de Coulanges, restée manuscrite, que M. de La Feuillade donna à Saint-Germain, à l'occasion de ce mariage, un très beau bal auquel le roi assista. (*Voyez* au surplus la note de la lettre 445, page 151 de ce volume.

[b] La Calprenède ne publia que les sept premiers volumes de *Pharamond*; il mourut au mois d'octobre 1663, sans avoir terminé ce roman. Pierre d'Ortigni de Vaumonière en donna la suite en cinq volumes.

dont elle ait présentement besoin; car, pour le reste, il faut qu'il ait son cours, et nous comptons sur trois semaines : sa fièvre a diminué justement le sept, et c'est une marque assurée qu'il n'y a nul danger. Ne nous écrivez point de lettres qui nous puissent faire de la peine; elles viendroient hors de saison, et le chagrin de vous savoir en peine ne sera pas nécessaire à madame votre mère convalescente. Mille compliments à M. de Grignan et à sa barbe, l'un portant l'autre.

455.

De M. DE SÉVIGNÉ *à la même.*

Aux Rochers, mardi 21 janvier 1676.

Commencez, s'il vous plaît, ma petite sœur, à croire fermement tout ce que nous vous dirons aujourd'hui, le *bien bon* et moi, et ne vous effarouchez point si par hasard vous ne voyez point de l'écriture de ma mère. L'enflure est encore si grande sur les mains, que je ne crois pas que nous lui permettions de les mettre à l'air. Il y a encore une autre raison, c'est que depuis hier, qui étoit le neuf, la sueur s'est tellement mise sur les parties qui sont enflées, qu'il ne faut pas se jouer à la faire rentrer; c'est la santé qui revient; et il n'y a que ce moyen de guérir ses mains, ses pieds et ses jarrets. Il y a encore un peu de douleur, et beaucoup d'enflure,

mais sans fièvre. Voilà le véritable état de notre *maman
mignonne :* ne croyez point qu'on n'ait pas eu soin d'elle,
et qu'elle ait été abandonnée; il y a à Vitré un très bon
médecin ; elle a été saignée du pied en perfection ; enfin
elle est aussi bien qu'à Paris ; et ce qu'il y a de bon ,
c'est qu'elle le trouve ainsi elle-même, et qu'elle est fort
en repos de ce côté-là ; enfin il n'y auroit plus qu'à rire,
si on pouvoit trouver l'invention de la faire demeurer
dans son lit sur les fesses d'une autre ; mais comme, par
malheur, c'est toujours sur les siennes , elle en souffre
présentement les plus grandes incommodités. La maladie a été rude et douloureuse pour la première qu'elle
ait eue en sa vie ; mais comme c'est presque une nécessité d'être malade cette année, il vaut incomparablement
mieux qu'elle ait eu ce rhumatisme, quelque cruel et
douloureux qu'il ait été , qu'un de ces rhumes sur la poitrine, qui ont tant couru , sur-tout dans un pays où la
saignée du bras auroit été presque impossible. Enfin
nous trouvons tous les jours de la consolation à notre
misère, et nous sentons quasi plus vivement le plaisir
de voir ma mère les deux bras empaquetés dans vingt
serviettes , et ne se pouvant soutenir sur ses jarrets, que
nous ne sentions celui de la voir se promener, et chanter du matin au soir dans nos allées. La petite personne
qui est ici, quand elle voyoit les douleurs de ma mère
augmenter vers le soir, n'y entendoit point d'autre
finesse que de pleurer ; voilà où elle en est ; elle est toujours l'objet de la jalousie de la Plessis, qui se fait un
mérite auprès de ma mère de haïr cette petite comme le
diable. Voici ce qui s'est passé aujourd'hui : ma mère

s'assoupissoit doucement dans son lit, et la petite fille,
le *bien bon* et moi nous étions auprès du feu ; la Plessis
est entrée, on lui a fait signe d'aller doucement, elle a
obéi ponctuellement : comme elle étoit au milieu de la
chambre, ma mère a toussé et a demandé vite son mouchoir pour cracher ; la petite et moi nous nous sommes
levés pour y aller : mais la Plessis nous a prévenus, elle
a couru au lit, et au lieu de porter le mouchoir à la
bouche de ma mère, elle lui a pincé le nez d'une force
qui a fait crier les hauts cris à la pauvre malade ; ma
mère n'a pu s'empêcher de *renasquer* un peu contre le
zèle indiscret qui avoit causé ce transport ; et puis on
s'est mis à rire. Si vous aviez vu cette petite comédie,
vous n'auriez pu vous en empêcher. Adieu, ma petite
sœur, n'ayez ni peine, ni frayeur de ce qui se passe ici ;
nous espérons qu'avant que cette lettre soit à vous, ma
mère se promènera un peu dans le jardin : s'il arrive
quelque chose d'extraordinaire entre-ci et demain, on
vous le mandera avant que de fermer le paquet. Ce qui
nous ravit, c'est qu'à l'heure qu'il est, il ne peut rien
arriver que de bon. J'embrasse de tout mon cœur M. de
Grignan.

~~~~~~

456.

De madame DE SÉVIGNÉ *à la même.*

Aux Rochers, lundi 27 janvier 1676.

J'ai encore les mains enflées, mon enfant, mais que
cela vous persuade la fin de tout le rhumatisme, qui a
toujours diminué depuis cette crise dont nous vous parlâmes le neuf de mon mal.

M. DE SÉVIGNÉ *écrit sous la dictée de madame* DE SÉVIGNÉ.

Il est donc vrai que depuis cette sueur, à la suite de
plusieurs autres petites, je me trouve sans fièvre et sans
douleur; il ne me reste plus que la lassitude du rhumatisme. Vous savez ce que c'est pour moi que d'être seize
jours sur les reins, sans pouvoir changer de situation. Je
me suis rangée dans ma petite alcove *, où j'ai été très
chaudement et parfaitement bien servie. Je voudrois
bien que mon fils ne fût pas mon secrétaire en cet en-

ᵃ Cette alcove, accompagnée de deux petits cabinets, a été conservée dans la chambre à coucher de madame de Sévigné aux Rochers;
on y voit encore son lit de satin jaune, brodé aux Indes, en soie de
couleur, or et argent.

droit pour vous dire ce qu'il a fait en cette occasion. Ce mal a été fort commun dans ce pays, et ceux qui ont évité la fluxion sur la poitrine y sont tombés : mais, pour vous dire le vrai, je ne croyois pas être sujette à cette loi commune; jamais une femme n'a été plus humiliée, ni plus traitée contre son tempérament. Si j'avois fait un bon usage de tout ce que j'ai souffert, je n'aurois pas tout perdu; il faudroit peut-être m'envier, mais je suis impatiente, ma fille, et je ne comprends pas comment on peut vivre sans pieds, sans jambes, sans jarrets et sans mains. Il faut que vous pardonniez aujourd'hui cette lettre à l'occupation naturelle d'une personne malade; c'est à n'y plus revenir; dans peu de jours je serai en état de vous écrire tout comme les autres. Il me semble avoir entendu dire, pendant que j'avois la fièvre, que votre cardinal Grimaldi[1] étoit mort; j'en serois en vérité bien fâchée. Adieu, ma chère enfant; avec tout cela mon mal n'a été que douloureux, et tous ceux qui prennent intérêt à moi n'ont pu trouver un moment le moindre sujet d'avoir peur : la fièvre même étoit nécessaire pour consumer l'humeur du rhumatisme; et présentement que je n'en ai plus, il n'y a qu'à attendre patiemment le retour de mes forces, et que l'enflure se dissipe. J'embrasse M. de Grignan. La princesse a fait des merveilles pendant ma maladie.

---

[1] Jérôme de Grimaldi, archevêque d'Aix, qui mourut doyen des cardinaux le 4 novembre 1685, âgé de 90 ans. Il fut extrêmement regretté dans son diocèse, et sur-tout des pauvres.

M. DE SÉVIGNÉ.

Je n'ai plus rien à vous dire après cela, ma petite sœur, si ce n'est que je viens d'avoir une dispute avec le *bien bon*; il dit que l'écriture de ma mère, telle qu'elle est, étoit fort nécessaire pour vous rassurer; moi je soutiens qu'elle est beaucoup plus propre à vous épouvanter, et que vous auriez bien fait l'honneur au *bien bon* et à moi de vous en rapporter à nous sur la santé de ma mère, et que le style de nos lettres vous auroit ôté vos inquiétudes. Voilà ma pensée; car je ne crois pas que vous me soupçonniez d'une assez grande force d'esprit pour écrire des plaisanteries dans le temps que je serois frappé de quelque chose de terrible : mandez-nous votre avis, pour terminer cette dispute. Je salue M. de Grignan, et baise la *Dague* au front.

457.

Le même, sous la dictée de madame DE SÉVIGNÉ, *à la même.*

Aux Rochers, mercredi 29 janvier 1676.

Ce qui vous paroîtra plaisant, ma fille, c'est que je suis guérie, que je n'ai plus ni fièvre, ni douleurs, et que pourtant je ne vous écrirai point; mais c'est par la raison même

que je suis guérie, que je ne puis écrire. Mes douleurs se
sont changées en enflure; de sorte que cette pauvre
main droite ne peut plus me servir à griffonner comme
ces jours passés : c'est encore un peu d'incommodité qui
ne durera pas long-temps. Je ne suis présentement qu'à
me consoler des maux que le lit m'a donnés pendant
quinze jours. Je commence à me promener par ma
chambre; je reprends mes forces; cet état n'est pas à
plaindre, et je vous prie de ne vous en point faire une
peine, dans le temps que nous nous en faisons un plaisir sensible. J'ai lu vos deux lettres, elles sont divines;
vous me faites des représentations admirables : si jamais
je puis avoir la main libre, j'y ferai réponse; en attendant,
croyez que vous ne perdez rien avec moi, ni de l'agrément de votre commerce, ni de l'amitié que vous me té-
moignez. Une des plus grandes joies que j'aie eues du retour de ma santé, c'est l'inquiétude que cela vous ôtera.
Vous n'en devez plus avoir, puisque nous vous avons
mandé toutes choses dans l'exacte vérité, et que nous
goûtons présentement les délices de la convalescence.
Je vous embrasse, ma chère enfant, de tout mon cœur;
le *bien bon* en fait autant; et pour moi, ma petite sœur,
vous croyez bien que je ne m'y épargne pas. Je n'ai rien
à vous dire aujourd'hui de moi-même, si ce n'est l'extrême joie que j'ai de vous voir hors d'intrigue.

~~~~~~

458.

De madame DE SÉVIGNÉ *à la même.*

Aux Rochers, vendredi 31 janvier 1676.

Ne soyez nullement en peine de moi; je suis hors d'affaire : quoique j'aie les bras, les jarrets, les pieds, gros et enflés, et que je ne m'en aide point, on m'assure que cette incommodité, qui est incroyable, finira bientôt. J'ai été mille fois mieux ici qu'à Paris; je suis servie et traitée comme la reine.

M. DE SÉVIGNÉ.

Oh! la belle écriture! ne trouvez-vous pas que ma mère eût tout aussi bien fait de ne vous pas écrire? nous l'en voulions empêcher; mais elle l'a voulu : je souhaite que cela vous serve de consolation : souhaitez-nous en récompense un peu de patience pour supporter l'enflure et la foiblesse qui restent. Ma mère croyoit que du moment qu'elle n'auroit plus de douleurs elle pourroit aller à cloche-pied; elle est un peu attrapée de s'en voir si éloignée. Tout ira bien, pourvu que l'impatience ne fasse point de mauvais effet. Nous voulions vous envoyer une lettre de madame de Vins, que ma mère reçut le dernier ordinaire; mais à force de l'avoir voulu

conserver, il arrive que nous ne la trouvons point. Sachez en gros que cette lettre étoit fort honnête; madame
de Vins assuroit qu'elle étoit persuadée que les Grignan
avoient eu toute la raison de leur côté dans ces deux
dernières affaires, et qu'elle ne vous avoit point écrit,
parcequ'elle vous connoissoit trop d'esprit et trop de
bon sens pour vouloir recommencer vos démêlés, puisque la cause en étoit ôtée : elle dit aussi qu'elle a eu tant
de chaleur pour les Grignan, parcequ'ils avoient raison,
qu'elle en est devenue suspecte aux autres; voilà grossièrement le sujet de la pièce. Vous pouvez croire à
cette heure que vous avez lu la lettre; je compte que
nous la retrouverons dans quinze jours ou trois semaines:
on a eu si grand'peur de l'égarer, qu'on l'a mise bien pré-
cieusement dans quelque petit coin, où personne ne pût
la toucher; nous n'y avons pas touché nous-mêmes,
tant on a bien réussi à faire ce qu'on vouloit. Adieu, ma
petite sœur.

459. *

De M. DE SÉVIGNÉ, *sous la dictée de madame*
DE SÉVIGNÉ, *à la même.*

Aux Rochers, dimanche 2 février 1676.

Nous avons lu vos deux dernières lettres avec un plaisir et une joie qu'on ne peut avoir qu'en les lisant. Nous

craignons celles où vous allez faire de grands cris sur le
mal que j'ai eu; premièrement, parceque vous vous en
prendrez à moi; et cela n'est pas juste : tout le monde,
en ce pays, a eu des rhumatismes, ou des fluxions sur la
poitrine : choisissez. Il y a six semaines que madame de
Marbeuf en est dangereusement malade; ainsi il falloit
bien payer le tribut d'une façon ou d'une autre; et pour
vos inquiétudes et vos frayeurs, elles commencent justement dans le temps qu'il n'y a plus de sujet d'en avoir;
je suis présentement hors de toute fièvre et des douleurs
du rhumatisme; ce qui me reste est d'avoir les mains et
les pieds enflés; en sorte que je ne saurois me guérir,
en marchant, de tous les maux que je me suis faits dans
le lit; mais cela s'appelle des incommodités, et point
du tout des dangers. Ainsi, ma chère enfant, mettez-
vous l'esprit en repos : nous ne songeons qu'à reprendre
des forces, et à nous en aller à Paris, où je vous donnerai de mes nouvelles. Je ne vous saurois écrire aujour-
d'hui, j'ai la main droite encore trop enflée; pour la
gauche, elle ne l'est plus du tout; elle est toute désen-
flée et toute ridée; c'a été une joie extraordinaire de la
voir en cet état. Je vous assure qu'un rhumatisme est
une des plus belles pièces qu'on puisse avoir; j'ai un
grand respect pour lui; il a son commencement, son ac-
croissement, son période et sa fin; heureusement c'est
à ce dernier terme que nous sommes.

Pour madame de Vins et son beau-frère (*M. de Pomponne*), je crois vous les avoir découverts par un côté
qui vous doit contenter, puisqu'il me contente. Ils n'ont
point voulu paroître tels qu'ils ont été; ils ont leurs rai-

sons, et il faut laisser à nos amis la liberté de nous servir à leur mode. Il me paroît qu'ils ont observé beaucoup de régime et de ménagement du côté de la Provence; il faut sur cela suivre leurs vues et leurs pensées,
d'autant plus agréablement, qu'ils ont bien voulu me
laisser voir d'ici le dessous des cartes, qui est enchanté
pour vous. Ils viennent de m'écrire tous deux sur ma
maladie, voyez s'il y a rien de si obligeant; voilà les lettres : ainsi, ma fille, gardez-moi donc bien tous mes petits secrets, et gardons-nous bien de nous plaindre des
gens dont nous devons nous louer.

Je comprends le bruit et l'embarras que vous avez
dans votre *rond* [1]. Mandez-moi si le bon homme de Sannes joue toujours au piquet, et s'il croit être en vie. Voici
le temps qu'il faut se divertir malgré qu'on en ait; si
vous en étiez aussi aise que votre fille l'est de danser,
je ne vous plaindrois pas; jamais je n'ai vu une petite
fille si dansante naturellement. Au reste, je suis entièrement de votre avis sur les *Essais de morale* ; je gronde
votre frère : le voilà qui va vous parler.

M. DE SÉVIGNÉ.

Et moi, je vous dis que le premier tome des *Essais de
morale* vous paroîtroit tout comme à moi, si la Marans et

---

[1] C'est un cabinet appelé le *rond*, parcequ'il est pratiqué dans une
ancienne tour du palais des comtes de Provence, où étoit le logement de M. de Grignan à Aix. * Ce palais a été abattu au commencement de la révolution.

l'abbé Tétu ne vous avoient accoutumée aux choses
fines et distillées. Ce n'est pas d'aujourd'hui que les galimatias vous paroissent clairs et aisés : de tout ce qui
a parlé de l'homme et de l'intérieur de l'homme, je n'ai
rien vu de moins agréable; ce ne sont point là ces portraits où tout le monde se reconnoît. Pascal, la Logique
de Port-Royal, et Plutarque, et Montaigne, parlent
bien autrement : celui-ci parle, parcequ'il veut parler,
et souvent il n'a pas grand'chose à dire. Je vous soutiens
de plus que ces deux premiers actes de l'opéra sont jolis,
et au-dessus de la portée ordinaire de Quinault; j'en ai
fait tomber d'accord ma mère; mais elle veut vous en
parler elle-même. Dites-nous ce que vous y trouvez de
si mauvais, et nous vous y répondrons, au moins sur ces
premiers actes[a]; car pour l'assemblée des Fleuves, je
vous l'abandonne. Ma très belle, et très aimable petite
sœur, ma mère vous embrasse avec sa main ridée; et
pour moi je vous embrasserois aussi si j'osois, étant
brouillé avec vous comme je le suis.

[a] La VIe scène du Ier acte de l'opéra d'Atys est belle, et peut-être
est-ce un défaut, parceque le reste du poëme ne présente pas autant
d'intérêt. Louis XIV ayant demandé à madame de Maintenon quel
étoit l'opéra qu'elle préféroit, celle-ci se déclara pour Atys. — *Atys
est trop heureux*, répondit le roi, en citant un vers de la IVe scène
du Ier acte. Ce poëme avoit été goûté, et le roi l'a plusieurs fois cité;
l'impromptu qu'il fit en congédiant le conseil, et que l'on a inséré
dans ses *OEuvres*, tome VI, page 263, n'est qu'une parodie de quatre
vers du prologue d'Atys.

460.

Le même, sous la dictée de madame DE SÉVIGNÉ,
à la même.

Aux Rochers, lundi 3 février 1675.

Devinez ce que c'est, mon enfant, que la chose du
monde qui vient le plus vite, et qui s'en va le plus lentement; qui vous fait approcher le plus près de la convalescence, et qui vous en retire le plus loin; qui vous
fait toucher l'état du monde le plus agréable, et qui
vous empêche le plus d'en jouir; qui vous donne les plus
belles espérances, et qui en éloigne le plus l'effet; ne
sauriez-vous le deviner? *jetez-vous votre langue aux
chiens?* c'est un rhumatisme. Il y a vingt-trois jours que
j'en suis malade; depuis le quatorze, je suis sans fièvre
et sans douleurs, et dans cet état bienheureux, croyant
être en état de marcher, qui est tout ce que je souhaite,
je me trouve enflée de tous côtés, les pieds, les jambes,
les mains, les bras; et cette enflure, qui s'appelle ma
guérison, et qui l'est effectivement, fait tout le sujet de
mon impatience, et feroit celui de mon mérite, si j'étois
bonne. Cependant je crois que voilà qui est fait, et que
dans deux jours je pourrai marcher : *Larmechin* me le
fait espérer, *o che spero!* Je reçois de partout des lettres de réjouissance sur ma bonne santé, et c'est avec

raison. Je me suis purgée une fois de la poudre de M. de
Lorme, qui m'a fait des merveilles; je m'en vais encore
en reprendre; c'est le véritable reméde pour toutes ces
sortes de maux : on me promet, après cela, une santé
éternelle; Dieu le veuille. Le premier pas que je ferai
sera d'aller à Paris : je vous prie donc, ma chère enfant,
de calmer vos inquiétudes; vous voyez que nous vous
avons toujours écrit sincèrement. Avant que de fermer
ce paquet, je demanderai à ma grosse main si elle veut
bien que je vous écrive deux mots : je ne trouve pas
qu'elle le veuille; peut-être qu'elle le voudra dans deux
heures. Adieu, ma très belle et très aimable; je vous
conjure tous de respecter, avec tremblement, ce qui
s'appelle un rhumatisme; il me semble que présentement je n'ai rien de plus important à vous recommander.
Voici le *Frater* qui peste contre vous depuis huit jours,
de vous être opposée, à Paris, au reméde de M. de
Lorme.

M. DE SÉVIGNÉ.

Si ma mère s'étoit abandonnée au régime de ce bon
homme, et qu'elle eût pris tous les mois de sa poudre,
comme il le vouloit, elle ne seroit pas tombée dans cette
maladie, qui ne vient que d'une réplétion épouvantable
d'humeurs; mais c'étoit vouloir assassiner ma mère, que
de lui conseiller d'en essayer une prise; cependant ce
reméde si terrible, qui fait trembler en le nommant,
qui est composé avec de l'antimoine, qui est une espéce
d'émétique, purge beaucoup plus doucement qu'un
verre d'eau de fontaine, ne donne pas la moindre tran-

chée, pas la moindre douleur, et ne fait autre chose que
de rendre la tête nette et légère, et capable de faire des
vers, si on vouloit s'y appliquer. Il ne falloit pourtant
pas en prendre. Vous moquez-vous, mon frère, de vouloir faire prendre de l'antimoine à ma mère? Il ne faut
seulement que du régime, et prendre un petit bouillon
de séné tous les mois : voilà ce que vous disiez. Adieu,
ma petite sœur : je suis en colère quand je songe que
nous aurions pu éviter cette maladie avec ce remède,
qui nous rend si vite la santé, quelque chose que l'impatience de ma mère lui fasse dire. Elle s'écrie : ô mes
enfants, que vous êtes fous de croire qu'une maladie se
puisse déranger! ne faut-il pas que la Providence de
Dieu ait son cours? et pouvons-nous faire autre chose
que de lui obéir? Voilà qui est fort chrétien; mais prenons toujours, à bon compte, de la poudre de M. de
Lorme.

461. *

*Le même, sous la dictée de madame DE SÉVIGNÉ,
à la même.*

Aux Rochers, dimanche 9 février 1676.

Voilà justement ce que nous avions prévu. Je vois
vos inquiétudes et vos tristes réflexions dans le temps
que je suis guérie. J'ai été frappée rudement de l'effet

que vous feroit cette nouvelle, vous connoissant comme
je vous connois pour moi; mais enfin vous aurez vu la
suite de cette maladie, qui n'a rien eu de dangereux :
nous n'avions point dessein de vous faire de finesse dans
le commencement; nous vous parlions de torticolis, et
nous croyions en être quittes pour cela : mais le lendemain cela se déclara pour un rhumatisme, c'est-à-dire,
pour la chose du monde la plus douloureuse et la plus
ennuyeuse; et présentement, quoique je sois guérie,
que je marche dans ma chambre, et que j'aie été à la
messe, je suis toute pleine de cataplasmes : cette impossibilité d'écrire est quelque chose d'étrange, et qui
a fait en vous tout le mauvais effet que j'en avois appré-
hendé. Croiriez-vous bien que notre eau de la reine de
Hongrie m'a été contraire pendant tout mon mal? Je
vois avec combien d'impatience vous avez attendu nos
secondes lettres, et je suis trop obligée à M. de Roquesante d'avoir bien voulu partager votre ennui en les attendant; il y a des héros d'amitié, dont je fais grand
cas. Je remercie les *Pichons* d'avoir remercié Dieu de si
bon cœur, et je promets à M. de Grignan deux lignes
de ma main aussitôt qu'on m'aura ôté mes cataplasmes.
Je vous prie bien sérieusement de remercier toutes les
dames et toutes les personnes qui se sont intéressées à
ma santé; et quoique ce soit au dessein de vous plaire,
que je doive ces empressements, ils ne laissent pas de
m'être fort agréables, et je vous conjure de leur en témoigner ma reconnoissance. Je crains que votre frère
ne me quitte; voilà un de mes chagrins : on ne lui parle
que de revues, que de brigade, que de guerre. Cette

maladie-ci dérange bien nos bons petits desseins; je fais
venir en tout cas *Hélène*, pour ne pas tomber des nues;
et le temps nous rassemblera. Je vous conjure d'avoir
soin de vous et de votre santé : vous savez que c'est la
marque la plus sensible que vous puissiez me donner de
votre amitié. Adieu, ma très aimable, je vous embrasse
de toute la tendresse de mon cœur. Voici le *Frater* qui
veut parler à M. de Grignan.

M. DE SÉVIGNÉ *à* M. DE GRIGNAN.

Quoique ma sœur ait pris toutes sortes de soins pour
cacher l'état où elle est, vous ne devez pas douter, mon
très cher frère, que je n'eusse pris toutes les précautions
imaginables pour la ménager, en cas que la maladie de
ma mère nous eût fait la moindre frayeur; mais heureusement, nous n'avons eu que le chagrin de lui voir
souffrir des douleurs insupportables, sans qu'il y ait jamais eu aucune apparence de danger : vous aurez bien
pu vous en apercevoir par nos lettres, qui vous auront
tout-à-fait rassuré. Soyez persuadé, mon très cher
frère, que je ne pouvois manquer de faire mon devoir
en cette occasion; ma sœur a une place dans mon cœur,
qui ne me permet pas de l'oublier. Depuis que nous
sommes dans la joie de voir revenir, à vue d'œil, la
santé de ma mère, je me console de la maladie, parcequ'elle lui apprendra à se conserver, comme une personne mortelle, et parcequ'elle est cause que j'ai reçu
de vous la lettre du monde la plus obligeante, et la plus
pleine d'amitié. Croyez aussi, Monsieur, que vous ne

sauriez aimer personne qui vous honore plus que moi,
ni qui ait pour vous plus d'estime et de tendresse.

Le même, à madame DE GRIGNAN.

Je reviens à vous, ma petite sœur, pour vous mander les détails que vous souhaitiez; dès le premier ordinaire, il eût fallu faire comme le valet-de-chambre de
feu mon oncle de Châlons ¹, qui disoit : *Monsieur a la
fièvre quarte depuis hier matin.* Nous vous avons mandé
tout ce qu'il y avoit à vous mander. Remerciez-nous
seulement, et ne vous avisez pas de nous gronder en la
moindre chose, parceque vous auriez tort. Nous avons
l'abbé de Chavigni pour évêque de Rennes*; vous trouverez que nous en devons être bien aises, pour peu que
vous oubliez le mépris et l'aversion qu'il a pour Montaigne. Je vous embrasse mille fois, ma petite sœur. Je
vous prie de faire encore pour moi des amitiés à M. de
Grignan. J'ai enfin vu une lettre de lui à un autre qu'à
vous; je la conserverai aussi comme un trophée de
bonté et de gloire; c'en est assez pour peindre mon res-
sentiment.

---

¹ Jacques de Neuchèse, évêque de Châlons-sur-Saône. (*Voyez* la
note de la lettre 53, tome Iᵉʳ, page 128.)

ᵃ François Le Bouthillier de Chavigni fut nommé à l'évêché de
Rennes, et en obtint les bulles; mais il donna sa démission, et deux
ans après il fut nommé évêque de Troyes.

~~~~~~

462.

De madame DE SÉVIGNÉ *, à la même.*

Aux Rochers, mercredi 12 février 1675.

Ma fille, il n'est plus question de moi, je me porte
bien, c'est-à-dire, autant que l'on se porte bien de la
queue d'un rhumatisme; car ces enflures s'en vont si
lentement, que l'on perdroit fort bien patience, si l'on
ne sortoit d'un état qui fait trouver celui-là fort heureux. Est-il vrai que le chevalier de Grignan se soit
trouvé depuis dans le même embarras? Je ne comprends
point ce qu'un *petit glorieux* peut faire d'un mal qui
commence d'abord à vous soumettre, pieds et poings
liés, à son empire ". On dit aussi que le cardinal de
Bouillon n'est pas exempt de cette petite humiliation.
Oh, le bon mal! et que c'est bien fait de le voir un peu
jeté parmi les courtisans! Mon fils est allé à Vitré pour
une affaire; c'est pourquoi je donne sa charge de secrétaire à une petite personne dont je vous ai souvent parlé,
et qui vous prie de trouver bon qu'elle vous baise respectueusement les mains. *Hélène* sera ici dans quatre
jours; j'ai compris que je ne pourrois m'en passer,
voyant bien que mon fils me va ôter *Larmechin.* Il y a

" Le chevalier de Grignan avoit alors 26 ans.

tant d'incommodité dans la santé qui suit la guérison d'un rhumatisme, qu'on ne sauroit se passer d'être bien servie. Voilà une lettre que la bonne princesse vient de m'envoyer pour vous; savez-vous bien que je suis touchée de l'extrême politesse et de la tendre amitié qu'il y a dans ce procédé? Je ne suis pas en peine de la façon dont vous y ferez réponse.

<hr />

463.

De M. DE SÉVIGNÉ *, sous la dictée de madame* DE SÉVIGNÉ *, à la même.*

Aux Rochers, dimanche 16 février 1676.

Puisque vous jugez la question, qu'il vaut mieux ne point voir de l'écriture de la personne qu'on aime, que d'en voir de mauvaise, je crois que je ne proposerai rien cette fois-ci à ma main enflée : mais je vous conjure, ma fille, d'être entièrement hors d'inquiétude. Mon fils me fit promener hier par le plus beau temps du monde; je m'en trouvai fortifiée; et si mes enflures veulent bien me quitter après cinq semaines de martyre, je me retrouverai dans une parfaite santé. Comme j'aime à être dorlotée, je ne suis pas fâchée que vous me plaigniez un peu, et que vous soyez persuadée qu'un rhumatisme, comme celui que j'ai eu, est le plus cruel de tous les maux qu'on puisse avoir. Le *Frater* m'a été d'une con-

solation que je ne vous puis exprimer; il se connoît assez
joliment en fièvre et en santé; j'avois de la confiance en
tout ce qu'il me disoit : il avoit pitié de toutes mes douleurs, et le hasard a voulu qu'il ne m'ait trompée en rien
de ce qu'il m'a promis, pas même à la promenade d'hier,
dont je me suis mieux portée que je n'espérois. *Larmechin*, de son côté, m'a toujours veillée depuis cinq semaines, et je ne comprends point du tout ce que j'eusse
fait sans ces deux personnes. Si vous voulez savoir quelque chose de plus d'un rhumatisme, demandez-le au
pauvre Marignane*, qui me fait grand pitié, puisqu'il
est dans l'état d'où je ne fais que de sortir. Ne croyez
point que la coiffure en toupet, ni les autres ornements
que vous me reprochez, aient été en vogue : j'ai été malade de bonne foi pour la première fois de ma vie, *et
pour mon coup d'essai, j'ai fait un coup de maître*. Tout
le soin qu'on a eu de ma santé en Provence marque
bien celui qu'on a de vous plaire; je vous prie de ne pas
laisser d'en faire des remerciements par-tout où vous le
jugerez à propos. Je ne cherche plus que des forces
pour nous mettre sur le chemin de Paris, où mon fils s'en
va le premier, à mon regret. Je suis fort touchée de la
dévotion d'Arles; mais je ne puis croire que celle du
coadjuteur le porte jamais à de telles extrémités : nous
vous prions de nous mander la suite de ce zèle si extraordinaire. Je suis bien aise que vous ayez vu le dessous
des cartes du procédé de M. de Pomponne et de ma-

---

* Joseph-Gaspard Couet, marquis de Marignane, premier consul
d'Aix; il mourut en 1692.

4.   14

dame de Vins, et que vous soyez entrée dans leur politique, sans en avoir rien fait retourner à Paris; ce
sont des amis sur lesquels nous pouvons compter. Adieu,
ma très chère enfant; il me semble que c'est tout ce que
j'ai à vous dire; si je n'étois en peine de vous et de votre
santé, je serois dans un état digne d'envie; mais la misère humaine ne comporte pas tant de bonheur. J'embrasse M. de Grignan de tout mon cœur, et vous, ma fille,
avec une tendresse infinie.

464. *

De madame DE SÉVIGNÉ *à la même.*

Aux Rochers, mercredi, jour des cendres, 19 février 1676.

Je souhaite, ma chère fille, que vous ayez passé votre
carnaval plus gaiement que moi; rien n'a dû vous en
empêcher: il y a long-temps que ma santé ne donne
plus d'inquiétude, et qu'elle ne me donne que de l'ennui. La fin ridicule ᵃ d'un rhumatisme est une chose incroyable: on ressent des douleurs qui font ressouvenir
du commencement, l'on meurt de peur; une main se
renfle traîtreusement, un torticolis vous trouble: enfin

ᵃ *La fin infinie*, dans l'édition de 1734. Dans celle de 1754, on
aura cru devoir écarter ce jeu de mots; mais je pense que c'est l'expression dont madame de Sévigné s'est servie.

c'est une affaire que de se remettre en parfaite santé; et comme je l'entreprends, j'en suis fort occupée : il ne faut pas appréhender que je retombe malade par ma faute ; je crains tout; l'on se moque de moi. Voilà donc, comme vous voyez, ce qui compose une femme d'assez mauvaise compagnie. D'un autre côté, le bon abbé ne se porte pas bien; il a mal à un genou, et un peu d'émotion tous les soirs; cela me trouble. Madame de Marbeuf est venue me voir de Rennes, mais je l'ai renvoyée passer le carnaval chez la bonne princesse : elles reviendront tantôt me voir : mon fils a passé deux jours avec elles; il s'en va dans cinq ou six; c'est une perte pour moi : mais il n'y a pas moyen qu'il diffère davantage; nous ne penserons plus qu'à le suivre. Mais, ma fille, qui peut me guérir des inquiétudes où je suis pour vous? Elles sont extrêmes; et je demande à Dieu tous les jours d'en être soulagée par une nouvelle, telle et aussi heureuse que je la puisse souhaiter. Je ne sais quand mes lettres redeviendront supportables; mais présentement elles sont si tristes et si pleines de moi, que je m'ennuie de les entendre relire; vous avez trop de bon goût pour n'être pas de même : c'est pourquoi je m'en vais finir; aussi bien la petite fille¹ se moque de moi. J'attends vos lettres, comme la seule joie de mon esprit : je suis ravie d'entrer dans tout ce que vous me dites, et de sortir un peu de tout ce que je dis. *Hélène* est arrivée depuis deux jours, elle me console de *Larmechin* qui s'en

---

¹ La petite personne, dont il a déja été parlé, lui servoit dans ce moment-là de secrétaire.

14.

va. On me mande mille choses de Paris, sur quoi l'on pourroit discourir, si l'on n'avoit point les mains enflées. Adieu, ma très chère et très aimable, vous savez combien je suis à vous; conservez-moi tendrement votre chère et précieuse amitié. J'embrasse M. de Grignan et les *Pichons*. Comment se porte Marignane? Il me semble que nous sommes bien proches du côté du rhumatisme. Je vous envoie une douzaine de souvenirs à distribuer comme il vous plaira; mais il y en a un pour Roquesante, qui ne doit jamais être confondu.

465.

A la même.

Aux Rochers, dimanche 23 février 1676.

Vous êtes accouchée à huit mois, ma très chère; quel bonheur que vous vous portiez bien! mais quel dommage d'avoir perdu encore un pauvre petit garçon! Vous qui êtes si sage, et qui grondez les autres, vous avez eu la fantaisie de vous laver les pieds; quand on a poussé si loin un si bel ouvrage, comment peut-on le hasarder, et sa vie en même temps? car il me semble que votre travail prenoit un mauvais train; enfin, ma fille, par la grace de Dieu, vous en êtes sortie heureusement, vous avez été bien secourue. Vous pouvez penser avec quelle impatience j'attends de secondes nou-

velles de votre santé, et si je suis bien occupée, et bien
remplie des circonstances de cet accouchement. Je vous
rends graces de vos trois lignes, et à vous, mon cher
Comte, des soins que vous prenez de m'instruire. Vous
savez ce que c'est pour moi que la santé de votre chère
femme : mais vous l'avez laissée trop écrire; c'est une
mort que cet excès; et pour ce lavage des pieds, on dit
qu'il a causé l'accouchement. C'est dommage de la perte
de cet enfant; je la sens, et j'ai besoin de vos réflexions
chrétiennes pour m'en consoler; car, quoi qu'on vous
dise, vous ne le sauverez pas à huit mois. J'aurois eu
peur que l'inquiétude de ma maladie n'y eût contribué,
sans que j'ai trouvé qu'il y a eu quinze jours d'intervalle.
Enfin Dieu soit loué et remercié mille et mille fois, puisque ma chère comtesse se porte bien : ma vie tient à
cette santé; je vous la recommande, mon très cher, et
j'accepte de tout mon cœur le rendez-vous de Grignan.

466. *

De M. DE SÉVIGNÉ à la même.

Aux Rochers, dimanche 23 février 1676.

Vous n'avez qu'à venir nous donner à cette heure des
règles et des avis pour notre santé; on vous répondra
comme dans l'évangile : *Médecin, guéris-toi toi-même.*

J'ai présentement de grands avantages sur vous; tel que je suis,

J'ai tant fait que nos gens sont enfin dans la plaine [1].

Ma mère se porte à merveilles; elle prit hier, pour la dernière fois, de la poudre de M. de Lorme, qui lui a très bien fait. Elle se proméne dès qu'il fait beau; je lui donne des conseils dont elle se trouve bien; *je n'accouche point à huit mois;* je dois croire, après cela, que ma mère se reposera sur moi de tout ce qui la regarde, et qu'elle méprisera beaucoup votre petite capacité, qui s'avise de se laver les jambes deux heures durant, étant grosse de huit mois : l'on vous pardonne pourtant, puisque vous vous en portez bien, et que les lettres que nous avons reçues de vous, de M. de Grignan et de la petite *Dague* [a] nous ôtent toutes sortes d'inquiétudes. Quelque douce néanmoins que fût la manière de nous apprendre cette nouvelle, ma mère en fut émue à un point qui nous fit beaucoup de frayeur. Nous jouions au reversi, quand les lettres arrivèrent; l'impatience de ma mère ne lui permit pas d'attendre que le coup fût fini pour ouvrir votre paquet; elle le fit ouvrir à M. du Plessis, qui étoit spectateur. Il commença par la lettre de la *Dague* pour moi; et à ce mot d'*accouchement* qui étoit sur le dessus, quoique le dedans fût fort gaillard, elle ne put s'empêcher d'avoir une émotion extraordinaire :

[1] *Voyez* la fable du *Coche et de la Mouche*, par La Fontaine.

[a] On voit par cette lettre que le marquis de Sévigné appeloit ainsi *Montgobert*, demoiselle de compagnie de madame de Grignan, qui écrivoit souvent à madame de Sévigné.

c'est un des restes que sa maladie lui a laissés; le sujet en étoit bien juste: mais le caractère enjoué de la *Dague* nous rassura tous en un moment, et ma mère seule eut besoin de voir de votre écriture. Je supplie M. de Grignan de recevoir mes compliments sur votre bonne santé, et les vœux très sincères que je fais pour la vie de son fils. Il n'en doit pas douter, pour peu qu'il me fasse l'honneur de juger un peu de moi par lui-même; et cela est encore bien éloigné des larmes dont il m'honora, quand on lui dit de mes nouvelles il y a dix-huit mois *a* : pour la *Dague*, je ne lui dis rien, j'attends à me venger de toutes ses injures que je me sois caché à Grignan, dans cet escalier où le vent fait de si bons effets. Je vous embrasse mille fois, ma chère petite sœur; il n'y a point de danger aujourd'hui; car il y a long-temps que je n'ai mis de poudre à ma perruque.

467.

De madame DE SÉVIGNÉ *à la même.*

Aux Rochers, mercredi 26 février 1676.

J'attends avec impatience mes lettres de vendredi; il me faut encore cette confirmation de votre chère

---

a A l'occasion du combat de Senef, où M. de Sévigné courut les plus grands dangers. (*Voyez* la lettre 350, tome III, page 243.)

et précieuse santé. Je vous embrasse tendrement, et vais vous dire le reste par mon petit secrétaire.

Je ne vous parle plus de ma santé; elle est très bonne, à la réserve de mes mains qui sont toujours enflées; si l'on écrivoit avec les pieds, vous recevriez bientôt mes grandes lettres; en attendant, je quitte les pensées de ma maladie, pour m'occuper de celles qui me sont venues de Provence; elles en sont assez capables; et, pourvu que votre bonne santé continue, j'aurai assez de sujet de remercier Dieu. Nous avons ici un temps admirable; cela me fortifie, et avance mon voyage de Paris.

On me mande que M. le prince s'est excusé de servir cette campagne; je trouve qu'il fait fort bien. M. de Lorges est enfin maréchal de France; n'admirez-vous point combien il en auroit peu coûté de lui avancer cet honneur de six ou sept mois? Toutes mes lettres ne sont pleines que du retour de M. et madame de Schomberg: pour moi, je crois qu'il ira en Allemagne. Tout le monde veut aussi que je sois en état de monter en carrosse, depuis que j'ai appris votre heureux accouchement: il est vrai que c'est une grande avance que d'avoir l'esprit en repos: j'espère l'avoir encore davantage quand j'aurai reçu mes secondes lettres. Mon fils s'en va à Paris pour tâcher de conclure une affaire miraculeuse, que M. de La Garde a commencée avec le jeune Viriville ¹; c'est pour vendre le guidon. J'aime La Garde de tout mon cœur; je vous prie d'en faire autant, et de lui écrire

---

ª Grolée de Viriville, dont la sœur fut mariée au maréchal de Tallart. (*Voyez* la lettre du 18 mars suivant.)

pour le payer de l'obligation que je lui ai. J'ai encore ici la bonne Marbeuf, qui m'est d'une consolation incroyable. Adieu, mon enfant.

~~~~~~

468. *

A la même.

Aux Rochers, dimanche 1er mars 1676.

Écoutez, ma fille, comme je suis heureuse. J'attendois vendredi de vos lettres : elles ne m'ont jamais manqué ce jour-là; j'avois langui huit jours; j'ouvre mes paquets, je n'en trouve point; je pensai m'évanouir, n'ayant pas encore assez de forces pour soutenir de telles attaques. Hélas! que seroit devenue ma pauvre convalescence avec une telle inquiétude à supporter? et le moyen d'attendre et d'avaler les moments jusqu'à lundi? Enfin, admirez combien d'Hacqueville est destiné à me faire plaisir, puisque, même en faisant une chose qui devoit être inutile, à cause de deux de vos lettres que je devois avoir, il se rencontre qu'elle me donne la vie; et très assurément me conserve la santé, en m'envoyant la lettre du 19 février qu'il venoit de recevoir de Davonneau, et qui est écrite de votre part; ce qui me fait voir que, le dixième de votre couche, vous étiez, et votre petit aussi, en très bonne santé. Quel soulagement, ma fille, d'un moment à l'autre! et quel mouve-

ment de passer de l'excès du trouble et de la douleur
à une juste et raisonnable tranquillité! J'attends lundi
mes paquets égarés, et retardés précisément le jour que
je les souhaitois. Cette date du 19 me redonne tous les
soins de ma santé qui alloit être abandonnée; ma main
n'en peut plus, mais je me porte très bien, et je vous
embrasse et mon cher comte.

Je repose donc ma main, ma très chère, et fais agir
celle de mon petit secrétaire. Je veux revenir encore à
d'Hacqueville, et je veux approuver l'excès de ses soins,
puisque cette fois ils m'ont été si salutaires. J'avoue que
si j'avois reçu mes deux lettres, comme je le devois,
j'aurois ri de sa lettre, comme quand il me mande aux
Rochers les nouvelles de Rennes; mais je n'en veux plus
rire, depuis le plaisir qu'il m'a fait. Mon fils est parti, et
nous sommes assez seules, la petite fille et moi; nous
lisons, nous écrivons, nous prions Dieu; l'on me porte
en chaise dans ce parc, où il fait divinement beau : cela
me fortifie; j'y ai fait faire des beautés nouvelles, dont
je jouirai peu cette année, car j'ai le nez tourné vers
Paris. Mon fils y est déja, dans l'espérance de conclure
l'excellente affaire de M. de La Garde. La bonne princesse me vient voir souvent, et s'intéresse à votre santé.
La Marbeuf s'en est retournée; elle m'étoit fort bonne
pour me rassurer contre des traîtresses de douleurs qui
reviennent quelquefois, et dont il faut se moquer, parceque c'est la manière de peindre du rhumatisme : c'est
un aimable mal. Adieu, ma très belle, je remercie M. Davonneau de sa lettre du 19 février.

~~~~~~

469. **

Au comte DE BUSSY-RABUTIN.

Aux Rochers, ce 1ᵉʳ mars 1676.

Qu'aurez-vous cru de moi, mon cher cousin, d'avoir
reçu une si bonne lettre de vous il y a plus de six semaines, et de n'y avoir pas fait réponse? En voici la
raison; c'est qu'il y en a aujourd'hui sept que ma grande
santé, que vous connoissez, fut attaquée d'un cruel
rhumatisme dont je ne suis pas encore dehors, puisque j'ai les mains enflées, et que je ne saurois écrire.
J'ai eu vingt et un jours la fièvre continue. Je me
fis lire votre lettre, dont le raisonnement me parut fort
juste *; mais il s'est tellement confondu avec les rêveries
continuelles de ma fièvre, qu'il me seroit impossible d'y
faire réponse. Ce que je sais, c'est que j'ai envoyé votre
lettre à ma fille, et que j'ai pensé plusieurs fois à vous
depuis que je suis malade. Ce n'est pas peu dans un
temps où j'étois si occupée de moi-même. C'est un étrange
noviciat pour une créature comme moi, qui avoit passé

---

a La nomination *in petto* que Bussy s'étoit conférée, de son autorité,
de la charge de maréchal de France. On voit que madame de Sévigné n'étoit pas fâchée de saisir le prétexte des malaises de la fièvre,
pour ne pas répondre positivement à cette partie de la lettre du
comte. (*Voyez* la lettre 451, page 176 de ce volume.)

sa vie dans une parfaite santé. Cette maladie a retardé
mon retour à Paris, où j'irai pourtant tout aussitôt que
j'aurai repris mes forces. On m'a mandé de Paris que
M. le prince avoit déclaré au roi que sa santé ne lui
permettoit pas de servir cette campagne.

M. de Lorges a été fait maréchal de France : voilà
sur quoi nous pourrions fort bien causer, si l'on causoit avec la main d'un autre. Mais il suffit pour aujour-
d'hui, mon cher cousin, que je vous aie conté mes douleurs. J'embrasse de tout mon cœur madame de Coligny : je la prie de ne pas accoucher à huit mois, comme
ma fille. Elle s'en porte bien ; mais on y perd un fils[a],
et c'est dommage. Adieu, mon très cher ; faut-il que je
vous parle de votre petit manifeste au roi, il est digne
de vous, de votre siècle, et de la postérité?

470. *

Du comte de BUSSY à madame de SÉVIGNÉ.

A Bussy, ce 9 mars 1676.

Cela est bien vrai, qu'il ne faut pas condamner les
gens sur les apparences ; depuis trois mois que je vous
ai écrit trois lettres[b], Madame, ne recevant aucune ré-

[a] Effectivement, cet enfant ne vécut pas. (*Voyez* la lettre du 3 juillet 1677.)

[b] *Voyez* les lettres 447, 448 et 451.

ponse, j'étois tout prêt à me plaindre de vous, quand j'ai appris que vous aviez failli à mourir. Sur cela j'ai bien changé de ton, et au lieu des reproches que je vous préparois, je n'ai eu que de la tendresse, et de la joie de vous savoir hors d'intrigue.

471. *

De madame DE SÉVIGNÉ *à madame* DE GRIGNAN.

Aux Rochers, mercredi 4 mars 1676.

Enfin, ma chère enfant, je les ai reçues, ces deux lettres que je souhaitois tant. Je vous ai conté comme, par un grand hasard, cette lettre de Davonneau, qui me fut envoyée par d'Hacqueville, me mit en repos. Je suis ravie de votre bonne santé; mais ne vous remettez point sitôt à vous assommer d'écrire. Je remercie M. de Grignan et Montgobert de vous en avoir empêchée; aussi bien j'en suis indigne, puisque je n'ai point encore de mains; je vous demande seulement une réponse pour la princesse, et deux lignes pour moi. Je suis chagrine de cette longueur, et de retourner à Paris comme estropiée. J'en ai piqué d'honneur mon médecin d'ici, et je prie mon fils, qui est à Paris, de demander à quelque médecin s'il n'y a rien qui puisse avancer cette guérison, après deux mois de souffrance. Mandez-moi com-

me se porte Marignane, et s'il a les mêmes incommodités que moi. Je me réjouis de la santé du petit garçon ;
je n'ose m'y attacher, parceque je n'ose espérer que
vous vous soyez trompée ; vous êtes plus infaillible que
le pape. Je fonde donc toute mon espérance sur les
contes à dormir debout, que l'on vous fait à Aix : je les
trouve extrêmement plaisants, et la *rareté* des enfants
de neuf mois m'a fait rire.

A M. DE GRIGNAN.

Je viens à vous, M. le Comte ; vous dites que ma fille
ne sauroit accoucher trop souvent, tant elle s'en acquitte bien. Hé, Seigneur Dieu ! que fait-elle autre
chose ? Mais je vous avertis que si, par tendresse et par
pitié, vous ne donnez quelque repos à cette jolie *machine*^a, vous la détruirez infailliblement, et ce sera
dommage. Voilà la pensée que je veux vous donner ;
qui, comme vous voyez, n'est pas du dimanche gras.

A madame DE GRIGNAN.

Je reviens à vous, ma très belle. Je crois que vous
êtes bien aise de voir le coadjuteur et La Garde : ce der-

---

^a Plaisanterie inspirée par le système de Descartes sur les *animaux
automates*, et qui est dirigée contre le comte de Grignan ; on en
sentira toute la force en rapprochant ce passage de la lettre 62,
tome Iᵉʳ, page 156, de la lettre 388, tome III, page 375, et de la
réponse de Bussy, lettre 389, page 380 du même volume.

nier ne va-t-il point à la cour? Nous allons voir ce qui arrivera de l'affaire qu'il a proposée; elle est si bonne, que nous ne croyons pas qu'elle puisse réussir: On me mande de Paris que le chevalier est bien enragé de n'être point brigadier; il a raison, après ce qu'il fit l'année passée [1], il méritoit bien qu'on le fît monter d'un cran. Adieu, ma chère enfant, le *bien bon* vous embrasse, et *le petit secrétaire* vous baise la main gauche; ma main va toujours en *empirando*, mais vous vous portez bien, et moi aussi.

~~~~~~

472.

A la même.

Aux Rochers, dimanche 8 mars 1676.

Ah! vous le pouvez bien croire, que si ma main vouloit écrire, ce seroit assurément pour vous; mais j'ai beau lui proposer, je ne trouve pas qu'elle le veuille. Cette longueur me désole; je n'écris pas une ligne à Paris, si ce n'est l'autre jour à d'Hacqueville, pour le remercier de cette lettre de Davonneau, dont j'étois transportée; c'étoit à cause de vous; car pour tout le reste, je n'y pense pas. Je vous garde mon griffonnage; quoique vous ayez décidé la question, je crois que vous

[1] A l'affaire d'Altenheim. (*Voyez* la lettre 391, t. III, p. 393.)

l'aimez mieux que de n'en voir point du tout. Il faudra
donc bien que les autres m'excusent;

> Car je n'ai qu'un filet de voix
> Et ne chante que pour Sylvie.

Voilà donc mon petit secrétaire, aimable et joli, qui
vient au secours de ma main tremblotante. Je vous aime
trop, mon enfant, de m'offrir de venir passer l'été avec
moi; je crois fermement que vous le feriez comme vous
le dites; et sans les petites incommodités que j'ai, car
un rhumatisme est une chose sur quoi je veux faire un
livre, je me résoudrois fort agréablement à voir partir
le bon abbé dans quinze jours, et à passer l'été dans ce
beau désert avec une si divine compagnie : mais l'affaire
de M. de Mirepoix* me décide; car, franchement, je
crois que j'y serai bonne. Je m'en irai donc clopin-clo-
pant, à petites journées, jusqu'à Paris. Je disois, pendant mon grand mal, que si vous eussiez été libre, vous
étiez une vraie femme, sachant l'état où j'étois, à vous
trouver un beau matin au chevet de mon lit. Voyez, ma
chère, quelle opinion j'ai de votre amitié, et si ma confiance n'est point comme vous la pouvez desirer. Je vous
avoue, mon enfant, que je suis ravie de votre bonne
santé; elle me donne du courage pour perfectionner
la mienne; sans cela j'aurois tout abandonné : il y a trop

---

* Le procès auquel donnoit lieu le refus du marquis de Mirepoix
de ratifier la transaction, qui avoit été faite avec M. de Grignan pour
la restitution de la dot de mademoiselle du Puy-du-Fou, sa seconde
femme. (*Voyez* la lettre 397, tome III, page 418.)

d'affaires de se tirer d'un rhumatisme ; mais j'entrevois
tant de choses qui peuvent me donner la joie de vous
voir et de vous servir dans vos affaires, que je ne ba-
lance pas à mettre tout mon soin au parfait rétablisse-
ment de ma santé. Je prends goût à la vie du petit garçon ; je voudrois bien qu'il ne mourût pas. Vous me
faites une peinture de Vardes qui est charmante ; vous
ne devez point souhaiter Bandol *a* pour la faire, votre
pinceau vaut celui de Mignard. J'aurois cru, au récit
du décontenancement de Vardes, qu'il étoit rouillé pour
quelqu'un ; mais je vois bien, puisqu'il n'y avoit que
vous, que l'honneur de cet embarras n'est dû qu'à onze
années de province *1*. Je trouve que le cardinal de Bonzi
ne doit pas se plaindre, quand on ne dit que cela de ses
yeux. Je suis fâchée que le bon homme Sannes *2* se soit
fait enterrer, c'étoit un plaisir de le voir jouer au piquet,
aussi sec qu'il l'est présentement : *combatteva tutta via,
ed era morto.*

J'ai bien envie que vous fassiez réponse à la bonne
princesse ; il me semble que vous n'avez pas assez senti
l'honnêteté de sa lettre. Mandez-moi, ma chère enfant,

---

a Il paroît que M. de Bandol étoit un homme de beaucoup d'esprit. On voit dans la lettre 125, tome I*er*, page 309, que madame
de Grignan craignoit que les lettres de ce président n'éclipsassent les
siennes, et dans ce passage elle regrettoit sans doute de ne l'avoir
pas eu près d'elle, pour mettre la dernière main au portrait du
marquis de Vardes.

1 M. de Vardes étoit exilé de la cour depuis plusieurs années, dans
son gouvernement d'Aigues-Mortes en Languedoc.

2 Il étoit conseiller au parlement d'Aix. (*Note de l'édition de 1734.*)

en quel état vous êtes relevée, et si vous avez le teint beau : j'aime à savoir des nouvelles de votre personne. Pour moi, je vous dirai que mon visage, depuis quinze jours, est quasi tout revenu; je suis d'une taille qui vous surprendroit; je prends l'air, et me promène sur *les pieds de derrière,* comme une autre. Je mange avec appétit; mais j'ai retranché le souper pour toujours; de sorte qu'à la réserve de mes mains, et de quelque douleur par-ci, par-là, qui va et vient, et me fait souvenir agréablement du cher rhumatisme, je ne suis plus digne d'aucune de vos inquiétudes. N'en ayez donc plus, je vous en conjure; et croyez qu'en quelque état que je sois, et que j'aie été, votre souvenir et votre amitié font toute mon occupation. Je viens de recevoir une lettre du cardinal; il m'assure qu'il se porte mieux : c'est une santé qui m'est bien chère. J'ai reçu aussi mille compliments de tous les Grignan. Le chevalier avoit tout sujet d'espérer, après la bonne conversation qu'il avoit eue avec son maître. Adieu, ma très chère enfant, ne craignez point que je retombe; je suis passée de l'excès de l'insolence, pour la santé, à l'excès de la timidité. Ce pauvre Lauzun ne vous fait-il pas grand'pitié de n'avoir plus à faire son trou[1]? Ne croyez-vous pas bien qu'il

---

[1] M. de Lauzun fut découvert travaillant à faire un trou dans sa prison à Pignerol. MADEMOISELLE dit, dans ses *Mémoires,* qu'il parvint même à sortir de la citadelle, et qu'il n'avoit plus qu'une porte à franchir quand une sentinelle l'arrêta. Lauzun avoit pratiqué une autre ouverture, à l'aide de laquelle il visitoit les prisonniers qui étoient au-dessus de lui. Par ce moyen, il vit Fouquet, qui le crut fou, quand il lui entendit raconter l'avancement extraordinaire qu'il avoit

se cassera la tête contre la muraille? Je suis toujours contente des *Essais de morale;* et quand vous avez cru que le sentiment de certaines gens *a* me feroit changer, vous m'avez fait tort. *La manière de tenter Dieu* nous presse un peu de faire pour notre salut ce que nous faisons souvent par amour-propre. Corbinelli dit que nos amis sont *jésuites b* en cet endroit. Je trouve le coadjuteur et vous admirables sur ce sujet; si vous faisiez vos dévotions tous les jours, vous seriez des saints : mais vous ne voulez pas; et voilà cette volonté dont saint Augustin parle si bien dans ses confessions. J'admire, ma fille, où l'envie de causer m'a conduite. Ma très chère, embrassez-moi, car je ne puis vous embrasser.

obtenu, et sur-tout le projet de son mariage avec Mademoiselle, auquel le roi avoit consenti d'abord, et que, bientôt après, il défendit d'exécuter. (*Voyez* les *Mémoires du duc de Saint-Simon,* tome X, page 100.)

a De son fils. (*Voyez* la lettre du marquis de Sévigné du 12 janvier précédent, page 182 de ce volume.)

b On lit *molinistes* dans l'édition de 1734. Il semble que l'éditeur, à cette époque, ait pris la précaution d'adoucir le texte.

~~~~~~

473. *

A la même.

Aux Rochers, mercredi 11 mars 1676.

Je fais des lavages à mes mains, de l'ordonnance du vieux de Lorme ^a, qui, au moins, me donnent de l'espérance; c'est tout; et je ne plains Lauzun, que de n'avoir plus le plaisir de creuser sa pierre. Enfin, ma très chère enfant, je puis dire que je me porte bien. J'ai dans l'esprit de sauver mes jambes, et c'est ma vie, car je suis tout le jour dans ces bois où je trouve l'été; mais à cinq heures, la poule mouillée se retire, dont elle pleureroit fort bien; c'est une humiliation à laquelle je ne puis m'accoutumer. Je crois toujours partir la semaine qui

---

^a Ce *vieux de Lorme*, dont madame de Sévigné parle souvent, étoit un homme extraordinaire. Il s'appeloit Charles, et étoit fils de Jean de Lorme, premier médecin de Marie de Médicis. Il mourut à Paris, le 24 juin 1678, âgé de près de 100 ans. Il avoit été médecin du cardinal de Richelieu, et du chancelier Séguier qui l'honoroit d'une affection particulière. Nos rois l'ont chargé plusieurs fois de négociations importantes. Rien n'est plus singulier que les matières qu'il avoit choisies pour soutenir ses thèses ; il examine dans l'une, *si la danse est salutaire aussitôt après le repas*, et dans une autre il soutient *que les amants et les fous peuvent être guéris par le même remède*. On peut voir, dans les *remarques de Joly sur le dictionnaire de Bayle*, un article très curieux sur ce médecin.

vient; et savez-vous bien que si je n'avois le courage d'aller, le bon abbé partiroit fort bien sans moi? Mon fils ne me mande rien de ses affaires; il n'a été encore occupé que de parler au bon homme de Lorme de ma santé; cela n'est-il pas d'un bon petit compère? j'attends vendredi de vos lettres, et la réponse de la princesse. C'est un extrême plaisir pour moi que de savoir de vos nouvelles; mais il me semble que je n'en sais jamais assez; vous coupez court sur votre chapitre, et ce n'est point ainsi qu'il faut faire avec ceux que l'on aime beaucoup. Mandez-moi si la petite est à Sainte-Marie *; encore que mon amour maternel soit demeuré au premier degré, je ne laisse pas d'avoir de l'attention pour les *Pichons*. On m'écrit cent fagots de nouvelles de Paris, une prophétie de Nostradamus qui est étrange, et un combat d'oiseaux en l'air, dont il en demeure vingt-deux mille sur la place : voilà bien des alouettes prises. Nous avons l'esprit dans ce pays de n'en rien croire. Adieu, ma petite; croyez que de tous ces cœurs où vous régnez, il n'y en a aucun où votre empire soit si bien établi que dans le mien. Je n'en excepte personne; j'embrasse le Comte, après l'avoir offensé.

---

* Blanche d'Adhémar, fille aînée de madame de Grignan; elle étoit élevée dans le couvent des dames de la visitation d'Aix, où elle prit l'habit de cet ordre. Elle mourut en 1735, âgée de 65 ans.

~~~~~~

474. *

A la même.

Aux Rochers, dimanche 14 mars 1676.

Je suis au désespoir de toute l'inquiétude que je vous donne. On souffre bien des douleurs inutiles dans l'éloignement, et jamais notre joie ni notre tristesse ne sont à leur place. Ne craignez point, ma fille, que j'abuse de mes mains; je n'écris qu'à vous, et même je ne puis aller bien loin. Voilà mon petit secrétaire.

Je me sers de ce lavage de M. de Lorme; mais cette guérison va si lentement, que j'espère beaucoup plus au beau temps, dont nous sommes charmés, qu'à toutes les herbes du bon homme. Du reste, je me porte si bien, que je suis résolue à partir samedi 21. Nous avons mille affaires à Paris; celle du Mirepoix n'attend plus que nous. Je ne veux point retourner sur tout ce que j'ai souffert pendant mon grand mal; il me semble qu'il est impossible de sentir de plus vives douleurs. Je tâchois d'avoir de la patience, et je voulois mettre à profit une si bonne pénitence; mais, malgré moi, je criois souvent de toute ma force. N'en parlons plus, ma fille, je me porte très bien, et ma timidité présente doit vous répondre de ma sagesse à venir. Vous ririez bien de me voir une poule mouillée, comme je suis, regardant à

ma montre, et trouvant que quatre heures et demie,
c'est une heure indue. Je suis plus étonnée qu'une autre
de la santé du petit enfant; car je me fie fort à vos sup-
putations, et je trouve vos réponses fort plaisantes; mais
enfin ce sera donc un miracle si nous conservons cet
enfant. Tout ce que vous dites de M. de Vardes est admirable; je comprends bien qu'il craigne vos épigrammes; c'est trop d'avoir contre lui vous et sa conscience.
Je crois que l'affaire du *Frater* se finira comme nous
le pouvons souhaiter. Il montera à l'Enseigne pour onze
mille francs : il ne sauroit mieux faire, et il trouvera
toujours M. de Viriville tout prêt à monter à cette place,
quand il en sera las.

J'ai senti le chagrin du chevalier (*de Grignan*), et par
toutes les raisons que vous me mandez, je croyois qu'on
dût le contenter. M. le duc de Sault*, après une longue
conversation avec Sa Majesté, a quitté le service, et il
suivra le roi comme volontaire : vous voyez qu'il y a
plusieurs mécontents. Je voudrois bien que vous n'eussiez pas laissé refroidir la réponse de la bonne princesse; vous m'eussiez fait un vrai plaisir d'entrer un
peu vite dans toute la reconnoissance que je lui dois :
je sais bien que vous êtes en couche; je fais valoir
cette raison qui est bonne. Je suis ravie que vous
vous portiez bien, et que vous soyez grasse, c'est-à-
dire belle. Je pris hier de la poudre de M. de Lorme,
c'est un remède admirable. Il a raison de le nommer le
bon pain, car il fait précisément tout ce que l'on peut

* Depuis duc de Lesdiguières.

souhaiter, et n'échauffe point du tout ; m'y voilà accoutumée ; je crois que cette dernière prise achèvera de me guérir. Je vous embrasse, ma très chère, et le comte et les *Pichons ;* Dieu vous conserve tous dans *la parfaite.* Enfin il y a neuf semaines que je n'ai point de mains ; on ne saigne point en ce pays aux rhumatismes. Dieu donne le froid selon la robe. De tous les maux que je pouvois avoir, j'ai eu précisément le moins périlleux ; mais le plus douloureux, et le plus propre à corriger mon insolence, et à me faire une poule mouillée ; car les douleurs me feroient courir cent lieues pour les éviter. Et vous, ma chère enfant, qui en avez tant souffert, et avec tant de courage, votre ame est bien plus ferme que la mienne : je desire qu'elle soit long-temps unie avec votre beau corps, et je vous aime avec une tendresse que vous ne sauriez comprendre : je suis ravie de celle qu'il me semble que vous avez pour moi.

475. *

A la même.

Aux Rochers, mercredi 18 mars 1676.

Je ne veux point forcer ma main, et le petit secrétaire vient à mon secours.

Je vous apprendrai donc que ne sachant plus que faire pour mes mains, Dieu m'a envoyé Villebrune, qui

est très bon médecin ; il m'a conseillé de les faire suer à
la fumée de beaucoup d'herbes fines ; je suis assurée
que ce remède est le meilleur, et que cette transpira-
tion est la plus salutaire. Je ne partirai que mardi, à
cause de l'équinoxe que Villebrune m'a dit qu'il falloit
laisser passer ici ; il m'a donné cent exemples : enfin je
n'ai que Villebrune dans la tête. Je crois que la bonne
princesse s'en va voir MADAME sur la mort de M. de
Valois *. L'affaire de mon fils n'est point encore finie.

Le mariage de M. de Lorges me paroît admirable * ;
j'aime le bon goût du beau-père. Mais que dites-vous de
madame de La Baume, qui oblige le roi d'envoyer un
exempt prendre mademoiselle de La Tivolière d'entre
les mains de père et mère, pour la mettre à Lyon chez
une de ses belles-sœurs? On ne doute point qu'en s'y
prenant de cette manière, elle n'en fasse le mariage
avec son fils ¹. J'avoue que voilà une mère à qui toutes
les autres doivent céder. Cela est un peu ridicule de
vous dire les nouvelles de Lyon ; mais je voulois vous
parler de cette affaire. Je n'ai point eu l'oraison funèbre
de Fléchier ; est-il possible qu'il puisse contester à M. de
Tulle? Je dirois là-dessus un vers du Tasse, si je m'en

---

* Alexandre-Louis d'Orléans, duc de Valois, fils du deuxième
mariage de Monsieur, mort le 16 mars 1676, âgé de près de 3 ans.

* Il épousoit Geneviève de Frémont, fille de Nicolas de Frémont,
seigneur d'Auneuil, etc., garde du trésor royal.

¹ Camille de La Baume d'Hostun, comte de Tallard, depuis maréchal de France et duc d'Hostun, épousa, par contrat du 28 décembre 1677, Marie-Catherine de Grolée de Viriville-La-Tivolière,
comme l'avoit prévu madame de Sévigné.

souvenois. Adieu, ma très chère; le beau temps continue; je regretterois les Rochers, si je n'étois poule
mouillée : mais puisque je crains le serein, et qu'il faudroit passer toutes les belles soirées dans ma chambre,
les longs jours me feroient mourir d'ennui, et je m'en
vais. Il faut une grande santé pour soutenir la solitude
et la campagne; quand je l'avois, je ne craignois rien.

Je suis bien lasse de cette chienne d'écriture; et sans
que vous croiriez mes mains plus malades, je ne vous
écrirois plus que je ne fusse guérie. Cette longueur est
toute propre à mortifier une créature, qui, comme vous
savez, ne connoît quasi pas cette belle vertu de patience;
mais il faut bien se soumettre quand Dieu le veut. C'est
bien employé, j'étois insolente; je reconnois de bonne
foi que je ne suis pas la plus forte. Excusez, ma fille, si
je parle toujours de moi et de ma maladie; je vous promets qu'à Paris je serai de meilleure compagnie; c'est
encore une de mes raisons d'y aller, pour désemplir un
peu ma tête de moi, et de mes maux passés; les Rochers
sont tout propres à les conserver dans la mémoire, quoiqu'il y fasse très beau : mais je veux espérer de vous
voir quelque jour dans ce *nido paterno.*

476.*

A la même.

Aux Rochers, dimanche 22 mars 1676.

Je me porte très bien; mais pour mes mains, il n'y a ni rime, ni raison : je me sers donc de la petite personne pour la dernière fois : c'est la plus aimable enfant du monde; je ne sais ce que j'aurois fait sans elle : elle me lit très bien ce que je veux; elle écrit comme vous voyez; elle m'aime; elle est complaisante; elle sait me parler de madame de Grignan; enfin, je vous prie de l'aimer sur ma parole.

La petite personne.

Je serois trop heureuse, Madame, si cela étoit : je crois que vous enviez bien le bonheur que j'ai d'être auprès de madame votre mère. Elle a voulu que j'aie écrit tout le bien de moi que vous voyez; j'en suis assez honteuse, et très affligée en même temps de son départ.

Madame DE SÉVIGNÉ *continue.*

La petite fille a voulu discourir, et je reviens à vous, ma chère enfant, pour vous dire que, hormis mes mains

dont je n'espère la guérison que quand il fera chaud,
vous ne devez pas perdre encore l'idée que vous avez
de moi : mon visage n'est point changé; mon esprit et
mon humeur ne le sont guère; je suis maigre, et j'en
suis bien aise; je marche, et je prends l'air avec plaisir;
et si l'on me veille encore, c'est parceque je ne puis me
tourner toute seule dans mon lit; mais je ne laisse pas
de dormir. Je vous avoue bien que c'est une incommodité, et je la sens un peu. Mais enfin, ma fille, il faut
souffrir ce qu'il plaît à Dieu, et trouver encore que je
suis bien heureuse d'en être sortie, car vous savez quelle
bête c'est qu'un rhumatisme? Quant à la question que
vous me faites, je vous dirai le vers de Médée :

> C'est ainsi qu'en partant je vous fais mes adieux.

Je suis persuadée qu'ils sont faits; et l'on dit que je
vais reprendre le fil de ma belle santé; je le souhaite
pour l'amour de vous, ma très chère, puisque vous l'aimez tant; je ne serai pas trop fâchée aussi de vous plaire
en cette occasion. La bonne princesse est venue me voir
aujourd'hui : elle m'a demandé si j'avois eu de vos nouvelles; j'aurois bien voulu lui présenter une réponse de
votre part; l'oisiveté de la campagne rend attentive à
ces sortes de choses; j'ai rougi de ma pensée; elle en a
rougi aussi : je voudrois qu'à cause de l'amitié que vous
avez pour moi, vous eussiez payé plus tôt cette dette. La
princesse s'en va mercredi, à cause de la mort de M. de
Valois; et moi, je pars mardi pour coucher à Laval. Je
ne vous écrirai point mercredi, n'en soyez point en

peine. Je vous écrirai de Malicorne, où je me reposerai
deux jours. Je commence déja à regretter mon petit secrétaire. Vous voilà assez bien instruite de ma santé; je
vous conjure de n'en être plus en peine, et de songer à
la vôtre. Vous, qui prêchez si bien les autres, deviez-
vous faire mal à vos petits yeux, à force d'écrire? La
maladie de Montgobert en est cause; je lui souhaite une
bonne santé, et je sens le chagrin que vous devez avoir
de l'état où elle est. Je suis ravie que le petit enfant se
porte bien : Villebrune dit qu'il vivra fort bien à huit
mois, c'est-à-dire, huit lunes passées.

Vous croyez que nous avons ici un mauvais temps :
nous avons le temps de Provence; mais ce qui m'étonne,
c'est que vous ayez le temps de Bretagne. Je jugeois que
vous l'aviez cent fois plus beau, comme vous croyiez
que nous l'avions cent fois plus vilain. J'ai bien profité
de cette belle saison, dans la pensée que nous aurions
l'hiver dans le mois d'avril et de mai, de sorte que c'est
l'hiver que je m'en vais passer à Paris. Au reste, si vous
m'aviez vue faire la malade et la délicate dans ma robe-
de-chambre, dans ma grande chaise avec des oreillers,
et coiffée de nuit, de bonne foi vous ne reconnoîtriez
pas cette personne qui se coiffoit en toupet, qui mettoit
son busque entre sa chair et sa chemise, et qui ne s'as-
seyoit que sur la pointe des sièges pliants : voilà sur quoi
je suis changée. J'oubliois de vous dire que notre oncle
de Sévigné est mort[1]. Madame de La Fayette com-

---

[1] Renauld de Sévigné, mort à Port-Royal, le 16 mars 1676. *Il
avoit fait construire et meubler un corps-de-logis à Port-Royal de

mence présentement à hériter de sa mère[a]. M. du Plessis-Guénégaud[b] est mort aussi; vous savez ce qu'il faut faire à sa femme.

Corbinelli dit que je n'ai point d'esprit quand je dicte; et sur cela il ne m'écrit plus. Je crois qu'il a raison; je trouve mon style lâche; mais soyez plus généreuse, ma fille, et continuez à me consoler de vos aimables lettres. Je vous prie de compter les lunes pendant votre grossesse; si vous êtes accouchée un jour seulement sur la neuvième, le petit vivra, sinon n'attendez point un prodige. Je pars mardi, les chemins sont comme en été, mais nous avons une bise qui tue mes mains : il me faut du chaud, les sueurs ne font rien; je me porte très bien du reste; et c'est une chose plaisante de voir une femme avec un très bon visage, que l'on fait manger comme un enfant : on s'accoutume aux incommodités. Adieu, ma très chère, continuez de m'aimer; je ne vous dis point de quelle manière vous possédez mon cœur, ni par combien de liens je suis attachée à vous. J'ai senti notre séparation pendant mon mal : je pensois souvent que ce

Paris, dans la cour du dehors, dont il fit donation au monastère. Sur la fin de sa vie, il fit rebâtir le cloître de cette maison à ses frais; il y fut inhumé, et les religieuses de Port-Royal lui érigèrent par reconnoissance un monument sur lequel on grava son épitaphe, composée par M. Hamon. (*Voyez le nécrologe de Port-Royal*, p. 115.)

[a] La mère de madame de La Fayette s'étoit remariée en secondes noces à Renauld, chevalier de Sévigné, et lui avoit apparemment fait don de l'usufruit de ses biens.

[b] Henri de Guénégaud, seigneur du Plessis et de Fresnes, mourut le 16 mars 1676. On a vu précédemment que madame de Sévigné et madame de Grignan étoient très liées avec sa femme.

m'eût été une grande consolation de vous avoir. J'ai donné ordre pour trouver de vos lettres à Malicorne. J'embrasse le Comte, c'est-à-dire, je le prie de m'embrasser. Je suis entièrement à vous, et le bon abbé aussi, qui compte et calcule depuis le matin jusqu'au soir, sans rien amasser, tant cette province a été dégraissée.

477.

A la même.

A Laval, mardi 24 mars 1676.

Et pourquoi, ma chère fille, ne vous écrirois-je pas aujourd'hui, puisque je le puis? Je suis partie ce matin des Rochers par un chaud et un temps charmant; le printemps est ouvert dans nos bois. La petite fille a été enlevée dès le grand matin, pour éviter les grands éclats de sa douleur : ce sont des cris d'enfants qui sont si naturels, qu'ils en font pitié; peut-être que dans ce moment elle danse, mais depuis deux jours elle fondoit : elle n'a pas appris de moi à se gouverner. Il n'appartient qu'à vous, ma très chère, d'avoir de la tendresse et du courage. Je me suis fort bien portée et comportée par les chemins. La contrainte offense un peu mes genoux; mais en marchant cela se passe. Mes mains sont toujours malades, il me semble que le chaud les va guérir : ce sera une grande joie pour moi; il y a bien des

choses dont j'ai une extrême envie de reprendre l'usage.
J'admire comme on s'accoutume aux maux et aux incommodités. Qui m'auroit fait voir tout d'une vue tout
ce que j'ai souffert, je n'aurois jamais cru y résister, et
jour à jour me voilà. Le *bien bon* se porte bien. Je vous
écrirai de Malicorne, où je trouverai vos lettres. Comptez, je vous prie, les lunes de votre grossesse; c'est une
ressource pour espérer la vie du petit garçon. J'embrasse le Comte; et vous, ma chère enfant, que ne vous
dirois-je point, si je vous disois tout ce que je pense et
tout ce que je sens de tendresse pour vous!

478.

A la même.

A Malicorne, samedi 28 mars 1676.

C'est une grande joie pour moi que de rencontrer,
en chemin faisant, deux de vos lettres, qui me font toujours voir de plus en plus votre amitié et vos soins
pour ma santé. Votre consultation en est une marque,
et me paroît une chose naturelle, quand on aime la vie
de quelqu'un. En récompense je vous avertis que, sans
miracle, le petit Adhémar vivra fort bien cent ans. Vous
me marquez le 15 juin; nous avons supputé les lunes
jusqu'au 11 février, il est de deux jours dans la neuvième,
c'est assez. Au reste, le changement d'air, et la conti-

,nuation du beau temps, m'ont fait un bien admirable. Si je pouvois être ici huit jours, madame de Lavardin et ses soins achèveroient de me guérir; mais j'ai mille affaires à Paris, et pour vous, et pour mon fils. Admirez ce contre-coup : le mariage de Tallard empêche Viriville d'acheter le guidon; voilà nos mesures rompues : ne trouvez-vous point cela plaisant, c'est-à-dire cruel? Madame de La Baume frappe de loin *a*.

Si je vais à Bourbon, et que vous y veniez, ce sera ma véritable santé; et pour cet hiver, l'espérance de vous avoir me donne la vie. Madame de Lavardin trouve l'*Altesse* de madame de Tarente sans conséquence et sans difficulté pour cette fois, et ne trouve point de comparaison entre madame de Vaudemont, votre amie, très loin de toute souveraineté, et la princesse Émilie de Hesse qui en sort tout droit *b*; car depuis son veuvage on ne lui conteste plus *c*. Enfin je ne crois point vous avoir commise, après les exemples que j'ai vus. Votre chanson est trop plaisante; je condamne votre plume d'aller à Rome; car pour ce qu'elle a fait, je le sauve du feu. Je vais achever avec une autre main que la mienne.

En arrivant ici, madame de Lavardin me parla de

a Madame de Sévigné, comme on l'a déjà vu, avoit fort à se plaindre de madame de La Baume. (*Voyez* le tome Ier, page 136 et 147.)

b *Amélie* de Hesse, princesse de Tarente, étoit fille de Guillaume V, landgrave de Hesse-Cassel. Le prince de Tarente, son mari, étoit mort le 14 septembre 1672, après avoir fait abjuration du calvinisme. Il a laissé des mémoires intéressants. (*Liège*, 1767, 1 vol. in-12.)

c Il paroît que madame de Grignan n'avoit pas répondu à la princesse de Tarente, parcequ'elle hésitoit à lui donner le titre d'*altesse*.

l'oraison funèbre de Fléchier; nous la fîmes lire, et je demande mille et mille pardons à M. de Tulle; mais il me parut que celle-ci étoit au-dessus de la sienne, je la trouve plus également belle par-tout; je l'écoutai avec étonnement, ne croyant pas qu'il fût possible de trouver encore de nouvelles manières de dire les mêmes choses : en un mot, j'en fus charmée. Nous avons été bien aises d'apprendre par vous les nouvelles de Messine; vous nous avez paru *original*, à cause du voisinage. Quelle rage aux Messinois d'avoir tant d'aversion pour les pauvres François, qui sont si aimables et si jolis[a]! Mandez-moi toujours toutes vos histoires tragiques, et ne nous mettons point dans la tête de craindre le contre-temps de nos raisonnements : c'est un mal que l'éloignement cause, et à quoi il faut se résoudre tout simplement; car si nous voulions nous contraindre là-dessus, nous ne nous écririons plus rien. Si vous ne recevez point de mes lettres le prochain ordinaire, n'en soyez point en peine; je doute que je puisse vous écrire qu'à Paris, où je compte arriver vendredi; *bon jour, bon œuvre*. Voici un étrange carême pour moi. Madame de

[a] Les François vendoient chèrement leur protection aux habitants de Messine ; aucune femme, même des plus qualifiées, n'étoit à l'abri de leurs insultes. Le parti espagnol se fortifioit de tous les mécontents que cette conduite produisoit, et chaque jour voyoit découvrir de nouvelles conspirations, que la nonchalance de M. de Vivonne ne prévenoit ni ne punissoit; on se détermina enfin, en 1678, à abandonner la Sicile, et M. de La Feuillade, chargé de ramener les troupes, les fit embarquer le 8 avril, emmenant avec lui, autant qu'il le put, les Messinois qui avoient été du parti de la France. (*Voyez* la note de la lettre 429, page 73 de ce volume.)

Lavardin vous écrit un billet, dont je ferai tenir la réponse plus naturellement que celle de Bussy. Le chemin que vous prenez tous deux pour vous écrire est fort plaisant *a*. Vous savez bien que M. de Coëtquen est arrivé à Paris en même temps que M. de Chaulnes ; leur haine, et les mémoires qu'a donnés Coëtquen, feroient une fort belle scène, si le roi les vouloit entendre tous deux. On me mande aussi que M. de Rohan a quitté le service, pour n'avoir pas été fait brigadier : vous verrez que la mode des volontaires reviendra. Adieu, ma chère Comtesse, en voilà assez pour aujourd'hui.

479. *

A la même.

A Paris, mercredi 8 avril 1676.

Je suis mortifiée et triste de ne pouvoir vous écrire tout ce que je voudrois ; je commence à souffrir cet ennui avec impatience. Je me porte du reste très bien ; le changement d'air me fait des miracles ; mais mes mains ne veulent point encore prendre part à cette guérison. J'ai vu tous nos amis et amies ; je garde ma chambre, et je suivrai vos conseils, je mettrai désormais ma santé

---

b Voyez la lettre 448, ci-dessus, page 162, écrite par Bussy-Rabutin à madame de Grignan, et la lettre 481, de madame de Sévigné à Bussy, ci-après, page 252.

et mes promenades devant toutes choses. Le chevalier
(*de Grignan*) cause fort bien avec moi jusqu'à onze heures; c'est un aimable garçon. J'ai obtenu de sa modestie
de me parler de sa campagne, et nous avons repleuré
M. de Turenne. Le maréchal de Lorges n'est-il point
trop heureux? Les dignités, les grands biens et une très
jolie femme. On l'a élevée comme devant être un jour
une grande dame ª. La fortune est jolie; mais je ne puis
lui pardonner les rudesses qu'elle a pour nous tous.

M. de Corbinelli.

J'arrive, Madame, et je veux soulager cette main tremblante; elle reprendra la plume quand il lui plaira:
elle veut vous dire une folie de M. d'Armagnac ᵇ. Il étoit
question de la dispute des princes et des ducs pour la
Cène; voici comme le roi l'a réglée: immédiatement
après les princes du sang, M. de Vermandois a passé,
et puis toutes les dames, et puis M. de Vendôme et
quelques ducs; les autres ducs et les princes lorrains
ayant eu la permission de s'en dispenser. Là-dessus,
M. d'Armagnac ayant voulu reparler au roi sur cette disposition, le roi lui fit comprendre qu'il le vouloit ainsi.
M. d'Armagnac lui dit: *Sire, le charbonnier est maître
à sa maison.* On a trouvé cela fort plaisant; nous le trouvons aussi, et vous le trouverez comme nous.

ª C'étoit la fille d'un garde du trésor royal. (*Voyez* la note de la
lettre 475, plus haut, page 233.)

ᵇ Louis de Lorraine, comte d'Armagnac, grand écuyer de France,
frère aîné du chevalier de Lorraine et du comte de Marsan.

Madame DE SÉVIGNÉ.

Je n'aime point à avoir des secrétaires qui aient plus
d'esprit que moi; ils font les entendus, je n'ose leur faire
écrire toutes mes sôttises; la petite fille m'étoit bien
meilleure. J'ai toujours dessein d'aller à Bourbon; j'admire le plaisir qu'on prend à m'en détourner, sans savoir pourquoi, malgré l'avis de tous les médecins.

Je causois hier avec d'Hacqueville sur ce que vous
me dites que vous viendrez m'y voir : je ne vous dis
point si je le desire, ni combien je regrette ma vie; je
me plains douloureusement de la passer sans vous. Il
semble qu'on en ait une autre, où l'on réserve de se voir
et de jouir de sa tendresse; et cependant, c'est notre
tout que notre présent, et nous le dissipons; et l'on
trouve la mort; je suis touchée de cette pensée. Vous
jugez bien que je ne desire donc que d'être avec vous;
cependant nous trouvâmes qu'il falloit vous mander
que vous prissiez un peu vos mesures chez vous. Si la
dépense de ce voyage empêchoit celui de cet hiver, je
ne le voudrois pas, et j'aimerois mieux vous voir plus
long-temps; car je n'espère point d'aller à Grignan,
quelque envie que j'en aie; le bon abbé n'y veut point
aller, il a mille affaires ici, et craint le climat. Or, je
n'ai pas trouvé dans mon traité de l'ingratitude, qu'il
me fût permis de le quitter dans l'âge où il est; et comme
je ne puis douter que cette séparation ne lui arrachât
le cœur et l'ame, mes remords ne me donneroient aucun
repos, s'il mouroit dans cette absence : ce seroit donc

pour trois semaines que nous nous ôterions le moyen de nous voir plus long-temps. Démêlez cela dans votre esprit, et suivant vos desseins, et suivant vos affaires ; mais songez qu'en quelque temps que ce soit, vous devez à mon amitié, et à l'état où j'ai été, la sensible consolation de vous voir. Si vous vouliez revenir ici avec moi de Bourbon, cela seroit admirable ; nous passerions notre automne ici ou à Livry ; et cet hiver, M. de Grignan viendroit nous voir et vous reprendre. Voilà qui seroit le plus aisé, le plus naturel et le plus desirable pour moi ; car enfin, vous devez me donner un peu de votre temps pour l'agrément et le soutien de ma vie. Rangez tout cela dans votre tête, ma chère enfant, il n'y a point de temps à perdre ; je partirai pour Bourbon ou pour Vichi dans le mois qui vient.

Vous voulez que je vous parle de ma santé, elle est très bonne, hormis mes mains et mes genoux, où je sens quelques douleurs. Je dors bien, je mange bien, mais avec retenue ; on ne me veille plus ; j'appelle, on me donne ce que je demande, on me tourne, et je m'endors. Je commence à manger de la main gauche ; c'étoit une chose ridicule de me voir *imboccar da i sergenti* ; et pour écrire, vous voyez où j'en suis maintenant [1]. Voilà ce qui me met au désespoir, car c'est une peine incroyable pour moi, de ne pouvoir causer avec vous ; c'est m'ôter une satisfaction que rien ne peut réparer. On me dit mille biens de Vichi, et je crois que je l'aimerai

---

[1] Madame de Sévigné commençoit à reprendre son écriture ordinaire, mais d'une main encore mal assurée.

mieux que Bourbon par deux raisons ; l'une, qu'on dit
que madame de Montespan va à Bourbon ; et l'autre, que
Vichi est plus près de vous ; en sorte que, si vous y veniez, vous auriez moins de peine, et que si le *bien bon*
changeoit d'avis, nous serions plus près de Grignan.
Enfin, ma très chère, je reçois dans mon cœur la douce
espérance de vous voir ; c'est à vous à disposer de la manière, et sur-tout que ce ne soit pas pour quinze jours,
car ce seroit trop de peine et trop de regret pour si peu
de temps. Vous vous moquez de Villebrune ; il ne m'a
pourtant rien conseillé que l'on ne me conseille ici. Je
m'en vais faire suer mes mains ; et pour l'équinoxe, si
vous saviez l'émotion qui arrive quand ce grand mouvement se fait, vous reviendriez de vos erreurs. Le *Frater*
s'en ira bientôt à sa brigade, et de là à *matines*[1]. Il y a
six jours que je suis dans ma chambre à faire l'entendue,
à me reposer. Je reçois tout le monde ; il m'est venu des
Soubise, des Sully, à cause de vous. Je vous remercie de
me parler des *Pichons;* où le petit a-t-il pris cette timidité ? J'ai peur que vous ne m'en accusiez ; il me semble
que vous m'en faites la mine. Je crois que cette humeur
lui passera, et que vous ne serez point obligée de le
mettre dans un froc[a]. On ne parle point du tout d'envoyer M. de Vendôme en Provence. Votre résidence

---

[1] C'est pour dire que M. de Sévigné s'arrêtoit volontiers, en allant
et en revenant, chez une abbesse de sa connoissance.

[a] Ce passage est rétabli ici d'après l'édition de 1734. Dans celle de
1754 il a été inséré dans la lettre du 15 avril suivant ; il n'a pas paru
naturel que madame de Sévigné parlât deux fois de ses petits enfants
dans cette dernière lettre.

mériteroit bien qu'on vous consolât d'une dignité : toutes vos raisons sont admirables ; mais ce n'est pas moi qui ne veux pas aller à Grignan.

Le chevalier de Mirabeau [a] a conté ici de quelle manière vous avez été touchée de mon mal, et comme, en six heures de chagrin, votre visage devint méconnoissable ; vous pouvez penser, ma très chère, combien je suis touchée de ces marques naturelles et incontestables de votre tendresse ; mais en vérité j'ai eu peur pour votre santé, et je crains qu'une si grande émotion n'ait contribué à votre accouchement : je vous connois, vos inquiétudes m'en donnent beaucoup.

J'ai vu ici la duchesse de Sault [b] ; elle est d'une taille parfaite et d'une gaillardise qui fait voir qu'elle a passé sa jeunesse à l'église avec sa mère : ce sont des jeux de mains et des gaietés incroyables ; elle s'en va en Dauphiné ; elle me parle fort de vous. Son mari est triste, mais on croit que c'est d'avoir quitté le service : on dit, et il le voit peut-être, qu'il ne devoit point faire son capital d'être lieutenant-général un an plus tôt ou plus tard. Je ne fais qu'effleurer tous les chapitres et j'étrangle toutes mes pensées, à cause de ma pauvre main. La

[a] François Riquetti, mort inspecteur des galères de France.

[b] Paule-Marguerite-Françoise de Gondi de Retz, mariée le 12 mars 1675 à François-Emmanuel de Bonne de Créqui, comte, puis duc de Sault, et enfin duc de Lesdiguières. Elle étoit fille de Catherine de Gondi, duchesse de Retz, qui mourut en odeur de sainteté, le 18 septembre 1677. Madame de Grignan trouva que le portrait que sa mère lui faisoit de cette jeune duchesse, ressembloit à celui d'un *jeune page.* (*Voyez* la lettre 508.)

princesse (*de Tarente*) arrive ici dans deux jours, elle y
recevra votre lettre que j'avois envoyée à Vitré. Ne pensez plus à cette bagatelle; elle n'est plus en lieu d'y faire
des méditations comme aux Rochers; je comprends vos
raisons. MADAME l'a mandée avec tendresse, comme sa
bonne tante. M. de Vendôme dit au roi, il y a huit jours :
« Sire, j'espère qu'après la campagne, Votre Majesté me
« permettra d'aller dans le gouvernement qu'elle m'a fait
« l'honneur de me donner. Monsieur, *lui dit le roi,* quand
« vous saurez bien gouverner vos affaires, je vous don-
« nerai le soin des miennes. » Et cela finit tout court.
Adieu, ma très chère enfant; je reprends dix fois ma
plume; ne craignez point que je me fasse mal à la main.

---

480. *

A la même.

A Paris, vendredi 10 avril 1676.

Plus j'y pense, ma fille, et plus je trouve que je ne
veux point vous voir pour quinze jours : si vous venez
à Vichi ou à Bourbon, il faut que ce soit pour venir ici
avec moi; nous y passerons le reste de l'été et l'automne;
vous me gouvernerez, vous me consolerez; et M. de Grignan vous viendra voir cet hiver, et fera de vous à son
tour tout ce qu'il trouvera à propos. Voilà comme on
fait une visite à une mère que l'on aime, voilà le temps

que l'on lui donne, voilà comme on la console d'avoir
été bien malade, et d'avoir encore mille incommodités,
et d'avoir perdu la jolie chimère de se croire immor-
telle [1] ; elle commence présentement à se douter de quelque chose, et se trouve humiliée jusqu'au point d'imaginer qu'elle pourroit bien un jour passer dans la barque comme les autres, et que Caron ne fait point de
grace. Enfin, au lieu de ce voyage de Bretagne, que
vous aviez une si grande envie de faire, je vous propose
et vous demande celui-ci.

Mon fils s'en va, j'en suis triste, et je sens cette séparation. On ne voit à Paris que des équipages qui partent :
les cris sur la disette d'argent sont encore plus vifs qu'à
l'ordinaire ; mais il ne demeurera personne, non plus
que les années passées. Le chevalier est parti sans vouloir me dire adieu ; il m'a épargné un serrement de cœur,
car je l'aime sincèrement. Vous voyez que mon écriture
prend sa forme ordinaire : toute la guérison de ma main
se renferme dans l'écriture ; elle sait bien que je la quitterai volontiers du reste d'ici à quelque temps. Je ne
puis rien porter ; une cuiller me paroît la machine du
monde, et je suis encore assujettie à toutes les dépendances les plus fâcheuses et les plus humiliantes que
vous puissiez vous imaginer : mais je ne me plains de
rien, puisque je vous écris. La duchesse de Sault me
vient voir comme une de mes anciennes amies ; je lui
plais : elle vint la seconde fois avec madame de Brissac ;
quel contraste ! il faudroit des volumes pour vous con-

---

[1] C'étoit la première maladie de madame de Sévigné.

ter les propos de cette dernière : madame de Sault vous plairoit et vous plaira. Je garde ma chambre très fidèlement, et j'ai remis mes Pâques à dimanche, afin d'avoir dix jours entiers à me reposer. Madame de Coulanges apporte au coin de mon feu les restes de sa petite maladie : je lui portai hier mon mal de genou et mes pantoufles. On y envoya ceux qui me cherchoient, ce fut des Schomberg, des Senneterre, des Cœuvres, et mademoiselle de Méri, que je n'avois point encore vue. Elle est, à ce qu'on dit, très bien logée ; j'ai fort envie de la voir dans son *château*. Ma main veut se reposer, je lui dois bien cette complaisance pour celle qu'elle a pour moi.

M. DE SÉVIGNÉ.

Je vais partir de cette ville,
Je m'en vais mercredi tout droit à Charleville,
Malgré le chagrin qui m'attend.

Je n'ai pas jugé à propos d'achever la parodie de ce couplet, parceque voilà toute mon histoire dite en trois vers. Vous ne sauriez croire la joie que j'ai de voir ma mère en l'état où elle est ; je pense que vous serez aussi aise que je le suis quand vous la verrez à Bourbon, où je vous ordonne toujours de l'aller voir ; vous pourrez fort bien revenir ici avec elle, en attendant que M. de Grignan vous rapporte votre lustre, et vous fasse reparoître comme *la gala del pueblo, la flor del abril*. Si vous suivez mon avis, vous serez bien plus heureuse que moi ; vous verrez ma mère, sans avoir le chagrin

d'être obligée de la quitter dans deux ou trois jours :
c'est un chagrin pour moi qui est accompagné de plusieurs autres que vous devinez sans peine. Enfin, me
revoilà guidon, guidon éternel, guidon à barbe grise :
ce qui me console, c'est qu'on a beau dire, toutes choses de ce monde prennent fin, et qu'il n'y a pas d'apparence que celle-là seule soit exceptée de la loi générale.
Adieu, ma belle petite sœur, souhaitez-moi un heureux
voyage : je crains bien que l'ame intéressée de M. de
Grignan ne vous en empêche ; cependant, je compte
comme si tous deux vous aviez quelque envie de me
revoir.

De madame DE SÉVIGNÉ.

Adieu, ma chère bonne, j'embrasse ce comte et le
conjure d'entrer dans mes intérêts et dans les sentiments de ma tendresse.

481.*

Au comte DE BUSSY-RABUTIN.

A Paris, ce 10 avril 1676.

Enfin me voilà de retour à la bonne ville, mon pauvre
cousin. Je vous écris avec une main encore enflée de
mon rhumatisme ; et comme c'est avec beaucoup de
peine, je finirai promptement. J'embrasse mille fois ma

nièce, et je la remercie de son amitié et de ses soins. Voilà une lettre de ma fille, qui m'est venue en Bretagne ; que dites-vous de tout le chemin qu'elle a fait?

~~~~~~

482. *

De madame de GRIGNAN *au comte* DE BUSSY-RABUTIN [a],

A Grignan, ce 15 mars 1676.

On est bien moins de temps à recevoir des réponses de Quebec, que vous ne serez à recevoir celle-ci ; mais je serai entièrement justifiée auprès de vous, si vous voulez bien ajouter à tout le chemin qu'elle va faire, l'incident d'un accouchement qui s'est placé mal-à-propos entre votre lettre et celle-ci. En lisant la supputation que vous me faisiez sur les couches de madame votre fille , il me prit une si violente envie d'accoucher, que toute la supputation que je faisois, de n'être qu'à huit mois, ne fut pas capable de m'en empêcher. Si j'avois su que vos lettres eussent eu la même vertu que les reliques de sainte Marguerite , je vous aurois prié de différer d'un mois la joie que j'ai eue d'en recevoir : mais après avoir fait l'expérience du bonheur que j'ai eu d'être heureusement

_____

[a] Cette lettre est la réponse à la lettre du comte de Bussy du 3 janvier précédent ; elle n'a pas été mise à sa date, parcequ'elle étoit jointe au billet de madame de Sévigné.

délivrée d'un fils qui vit contre les règles de la médecine, vous pouvez m'écrire en tout temps, et je croirai
toujours vos lettres la bénédiction d'une maison. Avec
cette certitude, vous jugez bien que je suis tranquille
sur l'état où est madame de Coligny. Je vous supplie,
mon cher cousin, de lui faire tous mes compliments, et
de recevoir les miens très sérieux, et mille remerciements de votre souvenir. Je crois que vous aurez été
fâché de la cruelle maladie dont ma mère a été tour-
mentée deux mois durant. Autrefois vous étiez foible
quand elle se faisoit saigner; n'aurez-vous point crié de
ses douleurs? M. de Grignan vous assure de ses très
humbles services.

483. *

Du comte DE BUSSY *à madame* DE SÉVIGNÉ.

A Chaseu, ce 15 avril 1676.

Je vous allois écrire quand j'ai reçu votre billet du 10
de ce mois, ma chère cousine, et je vous allois demander de vos nouvelles, sur lesquelles la maréchale de Clérambault [a] m'avoit donné de l'inquiétude par une lettre
qu'elle avoit écrite à Jeannin. Elle lui mandoit que vous

---

[a] Marie-Louise de Bellenave, veuve de Philippe de Clérambault,
comte de Palluau, maréchal de France.

ne vous aidiez pas de vos mains : cependant en voici déja une qui recommence ses fonctions, dont je me réjouis, parceque je crois qu'après la belle comtesse, j'y ai plus d'intérêt que personne. Je vous souhaite une parfaite santé de corps et d'esprit jusqu'à cent ans, ma chère cousine, mais au moins je vous souhaite la tête et les mains comme Dieu vous les a faites. J'en ai presque autant de besoin que vous, j'entends de votre tête et de vos mains. Votre nièce se porte fort bien ; elle a la mine d'accoucher heureusement. Nous parlons souvent de vous comme les meilleurs amis que vous ayez au monde, et comme les gens qui vous estiment le plus. Je suis fort aise que la belle *Madelonne* se porte bien de son accouchement à huit mois, et que son enfant vive. Comme elle s'est tirée de pair d'avec les autres femmes, par son mérite, elle s'en veut tirer par toutes ses actions.

484.

De madame DE SÉVIGNÉ *à madame* DE GRIGNAN.

A Paris, mercredi 15 avril 1676.

Je suis bien triste, ma mignonne, le pauvre petit compère vient de partir. Il a tellement les petites vertus qui font l'agrément de la société, que quand je ne le regretterois que comme mon voisin, j'en serois fâchée. Il m'a priée mille fois de vous embrasser et de vous dire qu'il a oublié de vous parler de l'histoire de votre Protée, tantôt galérien, et tantôt capucin; elle l'a fort réjoui. Voilà Beaulieu [1] qui vient de le voir monter gaiement en carrosse avec Broglie et deux autres; il n'a point voulu le quitter qu'il ne *l'ait vu pendu* [a], comme madame de.... pour son mari. On croit que le siège de Cambray va se faire; c'est un si étrange morceau, qu'on croit que nous y avons de l'intelligence. Si nous perdons Philisbourg, il sera difficile que rien puisse réparer cette brèche, *vederemo*. Cependant l'on raisonne et l'on fait des almanachs [b] que je finis par dire, *l'étoile du roi sur tout*. Enfin, le maréchal de Bellefonds a coupé le fil qui l'attachoit encore ici; Sanguin a sa charge [2] pour cinq cent cinquante mille livres, un brevet de retenue de trois cent cinquante mille. Voilà un grand établissement, et un cordon bleu assuré [3]. M. de Pomponne m'est venu voir très cordialement; toutes vos amies ont fait des merveilles. Je ne sors point, il fait un vent qui empêche la guérison de mes mains; elles écrivent pourtant mieux, comme vous voyez. Je me tourne la nuit sur le côté gauche; je mange de la main gauche. Voilà bien du gauche.

---

[1] Valet-de-chambre de madame de Sévigné.

[a] Allusion au rôle de *Martine*, femme de *Sganarelle*, dans le *médecin malgré lui*, acte III, scène IX.

[b] Ce mot est pris ici comme synonyme de *pronostic*, à cause des *prédictions* qui accompagnent ordinairement les calendriers. Cette expression a vieilli.

[2] De premier maître d'hôtel du roi.

[3] M. de Sanguin ne fut point chevalier des ordres de la promotion de 1688, mais le marquis de Livry, son fils, premier maître-d'hôtel du roi, fut compris dans celle de 1724.

Mon visage n'est quasi pas changé; vous trouveriez fort
aisément que vous avez vu *ce chien de visage-là quelque
part*: c'est que je n'ai point été saignée, et que je n'ai
qu'à me guérir de mon mal, et non pas des remèdes.

J'irai à Vichi; on me dégoûte de Bourbon, à cause de
l'air. La maréchale d'Estrées veut que j'aille à Vichi; c'est
un pays délicieux. Je vous ai mandé sur cela tout ce que
j'ai pensé; ou venir ici avec moi, ou rien; car quinze
jours ne feroient que troubler mes maux, par la vue de
la séparation; ce seroit une peine et une dépense ridicule. Vous savez comme mon cœur est pour vous, et si
j'aime à vous voir; c'est à vous à prendre vos mesures.
Je voudrois que vous eussiez déja conclu le marché de
votre terre, puisque cela vous est bon. M. de Pomponne
me dit qu'il venoit d'en faire un marquisat; je l'ai prié
de vous faire ducs; il m'assura de sa diligence à dresser
les lettres, et même de la joie qu'il en auroit: voilà déja
une assez grande avance. Je suis ravie de la santé des
Pichons; le *petit petit,* c'est-à-dire, le *gros gros,* est un enfant admirable; je l'aime trop d'avoir voulu vivre contre
vent et marée. Je ne puis oublier la *petite* [1]; je crois que
vous règlerez de la mettre à Sainte-Marie, selon les résolutions que vous prendrez pour cet été; c'est cela qui
décide. Vous me paroissez bien pleinement satisfaite des
dévotions de la semaine sainte et du jubilé: vous avez
été en retraite dans votre château. Pour moi, ma chère,
je n'ai rien senti que par mes pensées, nul objet n'a frappé
mes sens, et j'ai mangé de la viande jusqu'au vendredi

[1] Marie-Blanche d'Adhémar, née le 15 novembre 1670.

saint : j'avois seulement la consolation d'être fort loin de
toute occasion de pécher. J'ai dit à La Mousse votre souvenir ; il vous conseille de faire vos choux gras vous-
même de cet homme à qui vous trouvez de l'esprit.
Adieu, ma chère enfant.

M. DE CORBINELLI.

J'arrive toujours fort à propos pour soulager cette
pauvre main. Elle vouloit encore vous dire qu'elle a vu
la bonne princesse de Tarente, qui est si dissipée et si
étourdie de Paris, que je n'ai pas osé seulement lui parler de votre réponse. Nous regrettâmes ensemble la tranquillité de nos Rochers. Je me lasse d'être secrétaire, je
veux vous entretenir un moment.

Madame votre mère vous parle fort succinctement
des projets de Cambray : voici ce que les politiques disent. Il est de fait que toutes nos troupes sont, les unes
à l'entour de Cambray, les autres sous Ypres ; les autres
vers Bruxelles, où l'on a détaché Vaudrai pour l'incom-
moder. On a dessein de donner des jalousies, et de tenir
les confédérés dans l'incertitude, afin de les empêcher
de faire un gros d'armée d'une partie de leurs garnisons ;
on veut amuser le tapis. Ce que l'on trouve ici de plus
beau, c'est d'envoyer un secrétaire d'état (*Louvois*) as-
sembler les troupes, et porter les ordres par-tout. M. de
Créqui est à Cambray, M. d'Humières est à Ypres ; et
pour tout le reste, le secret est uniquement dans la tête
du roi. Le jour de son départ a été caché jusqu'à lundi,
au sortir du conseil. M. de Lunebourg s'est déclaré contre

nous, et donne aux Impériaux cinq à six mille hommes :
les princes ses frères tiennent à peu, c'est-à-dire, le duc
d'Hanovre et l'évêque d'Osnabruck. Nous avions demandé l'infante de Bavière[1] pour M. le dauphin ; mais
sa mère étant morte[2], le roi d'Espagne la demanda
aussi, et l'on croit qu'il l'aura, parceque le bon homme
Bavière veut épouser la veuve du roi de Pologne[3], sœur
de l'empereur (*Léopold*). Si M. de Marseille avoit paré
ce coup-là, il auroit bien fait.

Le roi a voulu que le parlement députât M. Palluau,
conseiller de la grand'chambre, pour se porter à Rocroi,
où il doit interroger la Brinvilliers[a], parcequ'on ne veut
pas attendre à le faire qu'elle soit ici, où toute la Robe
est alliée à cette pauvre scélérate. On juge ici un homme
de Savoie, accusé d'avoir conspiré contre le duc de Savoie : il a accusé le marquis de Livourne, qui sollicite

---

[1] Marie-Anne-Victoire de Bavière, qui fut mariée en 1680 à Louis,
dauphin de France.

[2] Henriette-Adélaïde de Savoie, morte le 18 mars 1676.

[3] Éléonore-Marie d'Autriche, veuve de Michel Viesnoviski.

[a] Marie-Marguerite Daubray, mariée en 1651 à N.... Gobelin,
marquis de Brinvilliers ; elle étoit fille de M. Daubray, lieutenant civil
au châtelet de Paris. Sa liaison avec Godin de Sainte-Croix l'entraîna
dans des crimes qui ont attaché à son nom une affreuse célébrité.
Elle sembloit jouir tranquillement du fruit de ses forfaits, lorsqu'en
juillet 1672, son complice Sainte-Croix périt victime de ses expériences. On trouva chez lui une caisse remplie de poisons et de recettes,
avec une déclaration écrite de sa main, portant que le tout appartenoit à la marquise de Brinvilliers. Celle-ci, n'ayant pu parvenir à
soustraire cette preuve de ses crimes, s'étoit enfuie en pays étranger ;
elle venoit d'y être arrêtée.

17.

ici pour sa justification. Voilà tout ce que je puis dire sans politiquer, pour aujourd'hui, madame, et seulement pour prendre occasion de vous protester, que je suis votre serviteur.

~~~~~~

485.

A la même.

A Paris, vendredi 17 avril 1676.

Il me semble que je n'écris pas trop mal, dieu merci; du moins je vous réponds des premières lignes : car vous saurez que mes mains, c'est-à-dire, ma main droite, ne veut entendre encore à nulle autre proposition qu'à celle de vous écrire; je l'en aime mieux. On lui présente une cuiller, point de nouvelle; elle tremblotte et renverse tout; on lui demande encore d'autres certaines choses, elle refuse tout à plat, et croit que je lui suis encore trop obligée. Il est vrai que je ne lui demande plus rien; j'ai une patience admirable, et j'attends mon entière liberté du chaud et de Vichi. Depuis que je sais qu'on y prend la douche, qu'on s'y baigne, et que les eaux y sont aussi bonnes qu'à Bourbon, la beauté du pays et la pureté de l'air m'ont décidée, et je partirai tout le plus tôt que je pourrai. Je vous ai tant dit que je ne veux point de vous pour quinze jours, et que je ne puis aller à Grignan, que c'est à vous à régler tout le reste. Vous connoissez mon cœur, mais je ne dois pas le croire entièrement sur ce qu'il desire; vous connoissez mieux que moi les possibilités et les impossibilités présentes.

Le roi partit hier; on ne sait point précisément le siége qu'on va faire. J'ai vu M. de Pomponne; il me prie de vous faire bien des amitiés. Je fus chez mademoiselle de Méri, qui est très bien et très agréablement logée et meublée : on ne peut sortir de sa jolie chambre. Les Villars sont tristes de l'entière retraite du maréchal (*de Bellefonds*[a]). Je ne suis sortie encore que trois fois : n'est-ce pas comme vous voulez que je me gouverne? Mon activité est entièrement changée; demandez à Corbinelli, car le voilà.

M. DE CORBINELLI.

Il est vrai, Madame, qu'elle est actuellement comme nous la voulions; mais si bien changée, qu'elle ressemble plutôt à l'indolence qu'à l'activité, si ce n'est pourtant quand il est question de vous, et de ce qui vous regarde. L'un des meilleurs remèdes qu'on puisse lui donner, est ce calme rafraîchissant; et elle conçoit déja quelque goût pour la paresse. Pour moi, qui en fais ma souveraine passion, je m'en réjouis comme d'une chose qui sera bonne à madame votre mère. Elle m'interrompt pour me dicter trois ou quatre bons mots

---

[a] Il étoit neveu de madame de Villars. (*Voyez* la lettre 53, t. Ier, p. 132.)

de madame Cornuel[a], qui firent faire à M. de Pomponne
de ces éclats de rire que vous connoissez. Madame Cornuel voyoit madame de Lionne avec de gros diamants
aux oreilles, et, en sa présence même, elle dit : *Il me
semble que vos gros diamants sont du lard dans la souricière*[b].

Elle parloit l'autre jour des jeunes gens, et disoit,
qu'*il lui sembloit qu'elle étoit avec des morts, parcequ'ils
sentoient mauvais , et ne parloient point.*

Troisième bon mot. On parloit de la comtesse de
Fiesque; elle disoit *que ce qui conservoit sa beauté , c'est
qu'elle étoit salée dans la folie.* Il y en a encore tant
d'autres, qu'on ne finiroit point, et qui sont dits avec
tant de négligence et de chagrin, qu'ils en avoient plus
de grace et plus d'agrément. Vous savez peut-être bien
que madame de Montespan partit hier à six heures du
matin, pour aller, ou à Clagny, ou à Maintenon, car
c'est un mystère; mais ce n'en est pas un qu'elle reviendra samedi à Saint-Germain, d'où elle partira vers la fin

---

• Anne Bigot, veuve de M. Cornuel, trésorier de l'extraordinaire
des guerres. « Elle écoutoit avec une attention qui débrouilloit toutes
« choses, et répondoit encore plus aux pensées qu'aux paroles de
« ceux qui l'interrogeoient. Quand elle considéroit un objet, elle en
« voyoit tous les côtés, le fort et le foible, et l'exprimoit en des termes
« vifs et concis, comme ces habiles dessinateurs, qui en trois ou quatre
« coups de crayon, font voir toute la perfection d'une figure. » (*Mélanges de littérature* de Vigneul de Marville, tom. Ier, p. 341.)

[b] On a vu dans la lettre 167, tome II, page 140, à quels dérègle-
ments s'étoit livrée madame de Lionne; elle avoit été renfermée
dans un couvent d'Angers, par ordre du roi; mais elle en sortit près
la mort de son mari.

du mois pour Nevers, en attendant les eaux. On parle
fort du siège de Condé qui sera expédié bientôt, afin
d'envoyer les troupes en Allemagne, et de repousser
l'audace des Impériaux qui s'attachent à Philisbourg.
Les grandes affaires de l'Europe sont de ce côté-là. Il
s'agit de soutenir toute la gloire du traité de Munster
pour nous, ou de la renverser pour l'Empire. Ce n'est
pas que la beauté de la princesse de Bavière ne soit un
point capital de nos démêlés; tous les princes à marier
la prétendent, et nous verrons un jour quantité de romans dont elle fera le sujet. Voilà M. de La Mousse qui
nous conte que messieurs les abbés de Grignan et de
Valbelle ont défendu à tous les prélats de France d'avoir
aucun commerce avec le nonce du pape, attendu que
nous nous plaignons de la cour de Rome*. Il ajoute que
M. d'Humières a passé le canal de Bruges, et qu'il a fait
un très grand dégât par-tout.

Madame DE SÉVIGNÉ.

Voilà un grand repos à ma main; c'est dommage que je
n'aie plus rien à vous mander. Ne trouvez-vous pas madame Cornuel admirable? Adieu, ma très chère belle,
je vous aime de la plus parfaite et de la plus tendre amitié qui puisse s'imaginer; vous en êtes bien digne, et
c'est me vanter que de dire le goût que j'ai pour vous.

---

a Voyez la lettre du 1er mai suivant. L'abbé de Grignan étoit agent-
général du clergé.

486.

A la même.

A Paris, mercredi 22 avril 1676.

Vous voilà hors du jubilé et des stations : vous avez dit tout ce qui se peut de mieux sur ce sujet. Ce n'est point de la dévotion que vous êtes lasse, c'est de n'en point avoir. Hé, mon dieu! c'est justement de cela qu'on est au désespoir. Je crois que je sens ce malheur plus que personne : il semble que toutes choses m'y devroient porter : mais nos efforts et nos réflexions avancent bien peu cet ouvrage. Je croyois M. de La Vergne un *jansé-niste;* mais par la louange que vous lui donnez d'ap-prouver les *essais de morale,* je vois bien qu'il n'est pas de nos *frères.* N'aimez-vous point le traité de *la ressem-blance de l'amour-propre et de la charité?* C'est mon fa-vori. Il est vrai que la grace est bien triomphante en ces deux filles de la Desœillets[1]; il faut qu'elles aient été bien appelées. Je serai fort aise de voir M. de Monaco; mais je voudrois qu'il vînt bien vite, afin qu'il n'y eût

---

[1] Célèbre comédienne. Elle jouoit avec un grand art le rôle d'Her-mione dans Andromaque, et sa mauvaise santé l'ayant forcée de re-noncer au théâtre, ce fut la Champmêlé qui lui succéda. Le public se partagea entre ces deux actrices. Louis XIV disoit que, pour ne rien laisser à desirer, il faudroit faire jouer les deux premiers actes

guère qu'il vous eût vue. Madame de Vins n'est point
grosse; mais elle est si changée, que je lui conseillerois
de dire qu'elle l'est. C'est la plus jolie femme du monde;
elle a des soins de moi admirables. Pour ma santé, elle
est toujours très bonne; je suis à mille lieues de l'hydro-
pisie, il n'en a jamais été question; mais je n'espère la
guérison de mes mains, et de mes épaules, et de mes
genoux, qu'à Vichi, tant mes pauvres nerfs ont été rudement affligés du rhumatisme; aussi je ne songe qu'à
partir. L'abbé Bayard et Saint-Hérem m'y attendent: je
vous ai dit que la beauté du pays et des promenades,
et la bonté de l'air, l'avoient emporté sur Bourbon. J'ai
vu les meilleurs ignorants d'ici, qui me conseillent de
petits remèdes si différents pour mes mains, que, pour
les mettre d'accord, je n'en fais aucun; et je me trouve
encore trop heureuse que sur Vichi ou Bourbon ils
soient d'un même avis. Je crois qu'après ce voyage vous
pourrez reprendre l'idée de santé et de gaieté que vous
avez conservée de moi. Pour l'embonpoint, je ne crois
pas que je sois jamais comme j'ai été: je suis d'une taille
si merveilleuse, que je ne conçois point qu'elle puisse
changer; et pour mon visage, cela est ridicule d'être encore comme il est. Votre petit frère est toujours parti,
et j'en suis toujours fâchée: vous avez trouvé justement
ce qui fait qu'il est encore guidon, à son grand regret.

d'Andromaque par la Desœillets, et les trois autres par sa rivale.
(*Voyez* la note de la lettre 215, tome II, page 294.) Mademoiselle
Desœillets mourut le 25 octobre 1670, âgée de 49 ans; on voit par
la lettre de madame de Sévigné, qu'elle laissa deux filles, qui se
firent religieuses.

M. de Viriville s'est plaint à Sa Majesté, et je crois qu'il a obtenu que sa fille changeroit de couvent[a]. Il vint me chercher justement un jour que je fis une équipée; j'allai dîner à Livry avec Corbinelli, il faisoit *divin*, je me promenai délicieusement jusqu'à cinq heures; et puis la poule mouillée s'en revint toute pleine de force et de santé.

Si mademoiselle de Méri veut venir avec moi à Vichi, ce me sera une fort bonne compagnie. J'ai refusé *le chanoine*[a], pour conserver ma liberté; elle ira avec madame de Brissac, à qui elle me préféroit, et nous nous y retrouverons. Nous avons la mine de nous rallier traîtreusement, pour nous moquer de la duchesse (*de Brissac*). *Quantova* devoit aller à Bourbon, mais elle n'ira pas; et cela persuade le retour de son *ami solide*, encore plus tôt qu'on ne l'a cru. Son amie l'a menée dans son château passer deux ou trois jours; nous verrons quels lieux elle voudra honorer de sa présence. Madame de Coulanges est toujours très aimable, et d'autant plus qu'elle a moins d'empressement que jamais pour toutes les tendresses de ce pays-là, dont elle connoît le prix. L'abbé Têtu est toujours fort touché de son commerce, et redonne avec plaisir toutes ses épigrammes. Le *cousin*[b] est toujours *très sujet;* mais il me paroît pour le moins

---

[a] Pour la soustraire à l'influence de madame de La Baume, dont le fils ne l'épousa pas moins. (*Voyez* la lettre 475, page 233 de ce volume, et la note.)

[b] Madame de Longueval, qui étoit chanoinesse.

[c] Le marquis de La Trousse.

une côte rompue, depuis l'assiduité qu'il a eue pendant trois mois chez la vieille maîtresse du *charmant*[a].
Cela fit regarder notre amie, au retour du *cousin*, comme[a]
une amante délaissée; mais quoique rien ne fût vrai, le
personnage fut désagréable. Mesdames d'Heudicourt,
de Ludres et de Gramont, me vinrent voir hier. Vos
amies vous ont fait leur cour par les soins qu'elles ont
eus de moi. M. de La Trousse ne s'en va que dans quinze
jours à l'armée du maréchal de Rochefort; tout le reste
est déja loin. Le pauvre guidon croyoit fermement être
amoureux de madame de Pont, quand il est parti. Corbinelli est toujours un loup gris, comme vous savez,
apparoissant, disparoissant, et ne pesant pas un grain :
notre amitié est très bonne. Je ferai vos reproches à La
Mousse; il est chez lui, il ne se communique guère; il
est difficile à trouver, encore plus à conserver. Il est
souvent mal content, il a eu une gronderie avec mon
fils, dont il meurt de honte; car il avoit eu la cruauté
pour lui-même de ne pas mettre un seul brin de raison
de son côté. Madame de Sanzei est triste comme Andromaque; Saint-Aubin et son Iris dans leurs faubourgs et
dans le ciel; d'Hacqueville agité dans le tourbillon des
affaires humaines, et toujours rempli de toutes les vertus; madame de La Fayette, avec sa petite fièvre, a toujours bonne compagnie chez elle; M. de La Rochefoucauld, tout ainsi que vous l'avez vu. M. le Prince s'en va

---

[a] Le *charmant* est le duc de Villeroi; la *vieille maîtresse* est la
comtesse de Soissons, appelée tantôt *Alcine* (lettre 293), tantôt
vieille Médée (lettre 445). (*Voyez* la note de la lettre 291, tome III,
page 73.)

à Chantilly ; ce n'est pas l'année des grands capitaines :
c'est par cette raison que M. de Montécuculli n'a pas
voulu se mettre en campagne^a. La bonne Troche dit
qu'elle s'en va en Anjou ; elle est toujours la bonté
même, et allante et venante ; on dit qu'elle est la femelle
de d'Hacqueville. M. de Marseille sera bien étonné de
trouver son abbé de La Vergne entêté de vous. Vous
êtes trop heureuse d'avoir eu Guitaud ; vous vous êtes
bons par-tout ; l'on peut juger ce que vous vous êtes à Aix :
c'est un homme aimable et d'une bonne compagnie ;
faites-lui bien des amitiés pour moi. Je remercie M. de
Grignan d'aimer mes lettres, je doute que son goût soit
bon. Ne soyez point en peine de la longueur de celle-ci,
je l'ai reprise à plusieurs fois.

• Madame de Sévigné est d'accord sur ce fait avec nos meilleurs
historiens : Montécuculli disoit qu'un homme qui avoit eu l'honneur
de combattre contre Mahomet Coprogli, contre M. le prince et contre M. de Turenne, ne devoit pas compromettre sa gloire avec des
gens qui ne faisoient que commencer à commander des armées.
(*Abrégé chronologique du président Hénault*, 1675.)

487. *

A la même.

A Paris, vendredi 24 avril 1676.

Je suis toujours assez incommodée de mes mains. Le
vieux de Lorme ne veut pas que je parte avant la fin
de mai; mais tout le monde s'en va, et la maison que
j'ai retenue m'échappe : il veut Bourbon, mais c'est par
cabale; ainsi je suivrai les expériences qui sont pour
Vichi. Si vos affaires et vos desseins vous eussent permis
de venir m'y trouver, et de revenir ici avec moi passer
l'été et l'automne, en attendant M. de Grignan cet hiver,
vous m'auriez fait un très sensible plaisir : mais je veux
croire que vous ne le pouvez pas, puisque vous n'avez
pas écouté cette proposition. Si mademoiselle de Méri
étoit assez préparée pour prendre des eaux, je l'aurois
menée avec beaucoup de joie; elle pourra vous le mander; mais Brayer veut la rafraîchir auparavant. Madame
de Saint-Géran est toute brûlée aussi du départ de son
mari[a], et de sa véritable dévotion; vous troùveriez que
madame de Villars les rend bien maigres : écrivez-moi
des amitiés pour l'une et pour l'autre; elles vous aiment

[a] Bernard de La Guiche, comte de Saint-Géran. (*Voyez les* notes
des lettres 347 et 450.)

fort, et ont des soins de moi incroyables. Le mari¹ s'en
va en Savoie, et la femme bientôt après. Il n'y a point
de nouvelles de Condé, qu'une perte de huit ou dix soldats, et le chapeau du maréchal d'Humières percé d'un
coup de mousquet : Dieu veuille qu'il n'y ait rien de plus
funeste. J'ai vu M. du Perrier, qui m'a conté comme vous
apprîtes, en jouant, la nouvelle de mon rhumatisme,
et comme vous en fûtes touchée jusqu'aux larmes. Le
moyen de retenir les miennes, quand je vois des marques si naturelles de votre tendresse? mon cœur en est
ému, et je ne puis vous représenter ce que je sens. Vous
mîtes toute la ville dans la nécessité de souhaiter ma
santé, par la tristesse que la vôtre répandoit par-tout.
Peut-on jamais trop aimer une fille comme vous, dont
on est aimée? Je crois aussi, pour vous dire le vrai, que
je ne suis pas ingrate; du moins, je vous avoue que je
ne connois nul degré de tendresse au-delà de celle que
j'ai pour vous. Adieu, ma très chère et très aimable;
vos lettres me sont très agréables, en attendant que vous
vouliez bien me donner quelque chose de plus; je l'espère, et le grand d'Hacqueville n'en doute pas.

¹ Le marquis de Villars fut nommé dans ce temps-là ambassadeur
extraordinaire en Savoie.

488.

A la même.

A Paris, mercredi 29 avril 1676 [a].

Il faut commencer par vous dire que Condé fut pris
d'assaut la nuit de samedi à dimanche. D'abord cette
nouvelle fait battre le cœur; on croit avoir acheté cette
victoire; point du tout, ma belle, elle ne nous coûte
que quelques soldats, et pas un homme qui ait un nom.
Voilà ce qui s'appelle un bonheur complet. Larrei [b], fils
de M. Laîné, qui fut tué en Candie, ou son frère, est

---

[a] Cette lettre est datée, dans les trois éditions originales, du mercredi 29 avril 1676; et dans les éditions de MM. de Vauxcelles et Grouvelle, du dimanche 26 avril. La première date est la véritable. On voit dans les *Lettres historiques* de Pélisson, t. III, p. 18, que Condé fut pris dans la nuit du samedi au dimanche, 26 avril 1676.

[b] Je crois que le texte de ce passage a éprouvé quelque altération. Le nom de Larrei est celui d'une seigneurie de Bourgogne, qui, au mois de mai 1650, fut érigée en marquisat, en faveur du maréchal de Fabert, sous la dénomination de *marquisat de Fabert*. Le marquis de Fabert, seul fils du maréchal, avoit été tué au siège de Candie, le 23 juin 1669, et il n'avoit point laissé d'enfants. Il y a apparence que le Larrei dont il est ici question étoit le fils de François de Fabert, frère aîné du maréchal, qui continua la famille.

blessé assez considérablement. Vous voyez comme on se passe bien des vieux héros.

Madame de Brinvilliers n'est pas si aise que moi; elle est en prison, elle se défend assez bien; elle demanda hier à jouer au piquet, parcequ'elle s'ennuyoit. On a trouvé sa confession; elle nous apprend qu'à sept ans elle avoit cessé d'être fille; qu'elle avoit continué sur le même ton; qu'elle avoit empoisonné son père, ses frères, un de ses enfants, et elle-même; mais ce n'étoit que pour essayer d'un contre-poison : Médée n'en avoit pas tant fait. Elle a reconnu que cette confession est de son écriture; c'est une grande sottise; mais qu'elle avoit la fiévre chaude quand elle l'avoit écrite; que c'étoit une frénésie, une extravagance, qui ne pouvoit pas être lue sérieusement.

La reine a été deux fois aux Carmélites avec *Quanto;* cette dernière se mit à la tête de faire une loterie, elle se fit apporter tout ce qui peut convenir à des religieuses; cela fit un grand jeu dans la communauté. Elle causa fort avec sœur Louise de la Miséricorde (*Madame de La Vallière*); elle lui demanda si tout de bon elle étoit aussi aise qu'on le disoit. *Non,* répondit-elle, *je ne suis point aise, mais je suis contente. Quanto* lui parla fort du frère de MONSIEUR, et si elle vouloit lui mander quelque chose, et ce qu'elle diroit pour elle. L'autre, d'un ton et d'un air tout aimable, et peut-être piquée de ce style: *Tout ce que vous voudrez, Madame, tout ce que vous voudrez.* Mettez dans cela toute la grace, tout l'esprit et toute la modestie que vous pourrez imaginer. *Quanto* voulut ensuite manger; elle donna une pièce de quatre

488.

pistoles pour acheter ce qu'il falloit pour une sauce
qu'elle fit elle-même, et qu'elle mangea avec un appétit
admirable : je vous dis le fait sans aucune paraphrase.
Quand je pense à une certaine lettre que vous m'écrivîtes
l'été passé sur M. de Vivonne, je prends pour une satire tout ce que je vous envoie. Voyez un peu où peut
aller la folie d'un homme qui se croiroit digne de ces
hyperboliques louanges.

A M. DE GRIGNAN.

Je vous assure, M. le Comte, que j'aimerois mille fois
mieux la grace dont vous me parlez que celle de sa majesté. Je crois que vous êtes de mon avis ; et que vous
comprenez aussi l'envie que j'ai de voir madame votre
femme. Sans être le maître chez vous comme le *char-*
bonnier[a], je trouve que, par un style tout opposé, vous
l'êtes plus que tous les autres *charbonniers* du monde.
Rien ne se préfère à vous, en quelque état que l'on puisse
être : mais soyez généreux, et quand on aura fait encore
quelque temps la bonne femme, amenez-la vous-même
par la main faire la bonne fille. C'est ainsi qu'on s'acquitte de tous ses devoirs, et c'est le seul moyen de me
redonner la vie, et de me persuader que vous m'aimez
autant que je vous aime.

---

[a] Allusion à la réponse de M. d'Armagnac. (*Voyez* la lettre 479,
plus haut, page 244.)

4.   18

A madame DE GRIGNAN.

Mon Dieu, que vous êtes plaisants, vous autres, de parler de Cambray! nous aurons pris encore une ville avant que vous sachiez la prise de Condé. Que dites-vous de notre bonheur, qui fait venir notre ami le Turc en Hongrie? Voilà Corbinelli trop aise, nous allons bien *pantoufler*. J'admire la dévotion du coadjuteur; qu'il en envoie un peu au bel abbé. Je sens la séparation de ma petite : est-elle fâchée d'être en religion?

Je ne sais si l'envie prendra à Vardes de revendre sa charge[1] à l'imitation du maréchal (*de Bellefonds*). Je plains ce pauvre garçon, vous interprétez mal ses sentiments : il a beau parler sincèrement, vous n'en croyez pas un mot; vous êtes méchante. Il vient de m'écrire une lettre pleine de tendresse; je crois tout au pied de la lettre, c'est que je suis bonne. Madame de Louvigny est venue me voir aujourd'hui, elle vous fait mille amitiés. J'embrasse les pauvres *Pichons*, et ma bonne petite; hélas! je ne la verrai de long-temps. Voilà M. de Coulanges qui vous dira de quelle manière madame de Brinvilliers a voulu se tuer.

M. DE COULANGES.

Elle s'étoit fiché un bâton, devinez où; ce n'est point dans l'œil, ce n'est point dans la bouche, ce n'est point

---

[1] De capitaine des cent suisses de la garde ordinaire du roi.

dans l'oreille, ce n'est point dans le nez, ce n'est point à
la turque : devinez où. C'est..... tant y a qu'elle étoit
morte, si l'on ne fût promptement couru à son secours[a].
Je suis très aise, Madame, que vous ayez agréé les
œuvres que je vous ai envoyées. J'ai impatience d'apprendre le retour de M. de Bandol, pour savoir comme
il aura reçu le poëme de Tobie ; il aura été apparemment assez habile homme pour vous en faire part, sans
blesser cette belle ame que vous venez de laver dans
les eaux salutaires du jubilé. Madame votre mère s'en
va à Vichi, et je ne l'y suivrai point, parceque ma santé
est un peu meilleure depuis quelque temps. Je ne crois
pas même que j'aille à Lyon : ainsi, madame la Comtesse,
revenez à Paris, et apportez-y votre beau visage, si vous
voulez que je le baise. Je salue M. de Grignan, et l'a-
vertis que j'ai fait gagner aujourd'hui un grand procès
à M. de Lussan, afin qu'il m'en remercie, s'il le trouve
à propos.

[a] *Voyez* les *Causes célèbres* de Richer, tome Ier, page 362.

~~~~~~

489.

A la même.

A Paris, vendredi 1er mai 1676.

Je commence, ma fille, par remercier mille fois M. de
Grignan de la jolie robe-de-chambre qu'il m'a donnée;
je n'en ai jamais vu de plus agréable. Je m'en vais la
faire ajuster pour me parer cet hiver, et tenir mon
coin dans votre chambre. Je pense souvent, aussi bien
que vous, à nos soirées de l'année passée; mais qui nous
empêchera d'en faire cet hiver de pareilles, si vous le
souhaitez autant que moi? Ce monsieur qui m'a apporté
cette robe-de-chambre a pensé tomber d'étonnement
de la beauté et de la ressemblance de votre portrait. Il est
certain qu'il est encore embelli; sa toile s'est imbibée,
en sorte qu'il est dans sa perfection : si vous en doutez,
ma chère enfant, venez-y voir. Il court depuis quelques
jours un bruit, dont tout le monde m'envoie demander
des nouvelles. On dit que M. de Grignan a ordre d'aller
pousser par les épaules le vice-légat hors d'Avignon : je
ne le croirai point que vous ne l'ayez mandé. Les Grignan auroient l'honneur d'être les premiers excommu-
niés, si cette guerre commençoit; car l'abbé de Grignan,
de ce côté-ci, a ordre de Sa Majesté de défendre aux prélats d'aller voir M. le nonce; ce petit monsieur dit que

vous êtes très belle ; il croit que M. de Grignan demeurera plus long-temps à Aix que vous ne pensez ; pour
moi, je ne me presse point de partir, car je sais que le
mois de juin est meilleur que celui de mai pour boire
des eaux : je partirai le dix ou le onze de ce mois. Madame de Montespan est partie pour Bourbon. Madame
de Thianges est allée avec elle jusqu'à Nevers, où M. et
madame de Nevers la doivent recevoir. Mon fils me
mande qu'ils vont assiéger Bouchain avec une partie de
l'armée, pendant que le roi, avec un plus grand nombre,
se tiendra prêt à recevoir et à battre M. le prince d'Orange. Il y a cinq ou six jours que le chevalier d'Humières
est hors de la Bastille ; son frère a obtenu cette grace. On
ne parle ici que des discours, et des faits et gestes de la
Brinvilliers. A-t-on jamais vu craindre d'oublier dans sa
confession d'avoir tué son père ? Les peccadilles qu'elle
craint d'oublier sont admirables. Elle aimoit ce Sainte-
Croix, elle vouloit l'épouser, et empoisonnoit fort souvent son mari à cette intention[a]. Sainte-Croix, qui ne

---

[a] On a douté de l'exactitude du récit de madame de Sévigné, depuis que Voltaire a écrit dans le *Siècle de Louis XIV* que la marquise n'attenta point à la vie de son mari. Partagé entre l'opinion
d'une contemporaine et celle de l'historien du Siècle de Louis XIV,
l'éditeur a cherché à se former un avis dans les écrits du temps. La
défense de la marquise de Brinvilliers l'a convaincu que l'on avoit eu
les plus fortes raisons de la soupçonner de ce crime. On voit par ce
factum qu'elle s'accusoit, dans la *confession écrite* qui fut trouvée
parmi ses papiers, *d'avoir fait donner du poison à son mari, et d'en
avoir pris elle-même*. Cette *confession* n'existe plus, mais l'avocat,
chargé de la défense de la marquise, n'auroit pas créé des monstres
pour les combattre, et l'on doit regarder comme certaines les cita-

vouloit point d'une femme aussi méchante que lui, donnoit du contre-poison à ce pauvre mari; de sorte qu'ayant
été ballotté cinq où six fois de cette sorte, tantôt empoisonné, tantôt désempoisonné, il est demeuré en vie,
et s'offre présentement de venir solliciter pour sa chère
moitié : on ne finiroit point sur toutes ces folies. J'allai
hier à Vincennes avec les Villars. Son excellence part demain pour la Savoie, et m'a priée de vous baiser la main
gauche de sa part. Ces dames[1] vous aiment fort; nom-
mez-les en m'écrivant pour les payer de leur tendresse.
Adieu, ma très chère et très aimable, je ne vous en dirai
pas davantage pour aujourd'hui.

tions qu'il fait d'une pièce qui charge autant sa cliente. L'arrêt du
parlement n'en fait pas mention, mais il ne le devoit pas; cette *confession* ne faisoit pas preuve par elle-même, et les crimes *avoués et
prouvés* méritoient tous les supplices. On auroit desiré pouvoir éclaircir ce point historique, par l'examen des pièces originales de ce
procès célèbre; mais on a acquis la certitude que toute recherche
seroit superflue, et que ces pièces n'existent plus dans les archives
de l'ancien parlement de Paris.

[1] Mesdames de Villars et de Saint-Géran.

490.

A la même.

A Paris, lundi 4 mai 1676.

C'est donc vous, ma fille, qui me refusez de venir passer ici avec moi l'été et l'automne, ce n'est point M. de Grignan. Il viendroit vous voir et vous reprendre cet hiver, mais comme vous êtes une personne toute raisonnable, et que je crois que vous avez quelque envie de me voir, il faut que vous trouviez dans la proposition que je vous ai faite des impossibilités que je ne vois pas aussi bien que vous. Pour moi, ne doutez point que je n'allasse à Grignan, si le bon abbé, qui vient avec moi par pure amitié, n'étoit obligé de revenir promptement pour plusieurs affaires, dont les miennes font une partie. C'étoit donc une chose toute naturelle que ma proposition; car pour vous voir seulement quinze jours à Vichi, ce me seroit un plaisir trop mêlé de tristesse. Dites-moi un peu sincèrement vos raisons et vos vues pour cet hiver; car je ne puis croire que vous ayez dessein de le passer sans me donner la consolation et la joie de vous embrasser. Je vous manderai le jour de mon départ et vous donnerai une adresse pour m'écrire. J'ai choisi madame de Brissac, pour apprendre dans sa société la droiture et la sincérité. Si j'avois eu

l'autre jour mon fils, je vous aurois mandé toute la su-
perficielle conversation qu'elle attira dans cette chambre.
Mon Dieu! ma fille, vous croyez avoir pris médecine,
vous êtes bien heureuse, je voudrois bien croire que j'ai
été saignée : ils disent qu'il faut cette préparation avant
que de prendre les eaux. Vous voyez que j'écris assez
bien ; je crois que mes mains seront bientôt guéries ; mais
je me sens si pleine de sérosités par les continuelles
petites sueurs dont je suis importunée, que je comprends qu'une bonne fois il faut sécher cette éponge :
la crainte d'avoir encore une fois en ma vie un rhumatisme me feroit faire plus de chemin que d'ici à Vichi.
Vous me demandez ce que je fais ; je prends l'air fort
souvent. M. de La Trousse nous donna hier une fricas-
sée à Vincennes ; madame de Coulanges, Corbinelli et
moi, voilà ce qui composoit la compagnie. Un autre
jour, je vais au cours avec les Villars, un autre jour au
faubourg ; et puis je me repose. J'ai été chez Mignard :
il a peint M. de Turenne sur sa *pie* [1] ; c'est la plus belle
chose du monde. Le cardinal de Bouillon m'étoit venu
prier, toutes choses cessantes, d'aller voir le lendemain
ce chef-d'œuvre ; car Mignard a pris la parfaite ressemblance dans son imagination, plus que dans les crayons
qu'on lui a donnés. J'ai encore entretenu deux heures
M. du Perrier ; je ne finis point sur la Provence ; je lui
fais conter mille choses de vous qui me font plaisir,
et de votre jeu, et de votre opéra où vous rêviez si bien ;

---

[1] Le cheval de bataille de M. de Turenne, et celui qu'il montoit
le jour qu'il fut tué. (*Voyez* la note de la lettre 393, t. III. p. 399.)

enfin, je vous reconnois, mais je suis bien fâchée que
M. de Grignan et vous, vous perdiez toujours tout ce
que vous jouez. Je me suis fait raconter toutes les *pétoffes* des procureurs du pays, et comme vous avez redonné la paix à la Provence, et du premier président,
et de la Tour d'Aigues *,* et de mille autres choses. Enfin, j'ai rafraîchi ma mémoire de tout ce que vingt-deux
jours de fièvre m'avoient un peu effacé; car vous savez
que j'étois sujette à de si grandes rêveries, qu'elles con-
fondoient souvent les vérités.

491. *

A la même.

A Paris, mercredi 6 mai 1676.

J'ai le cœur serré de ma petite-fille [1], elle sera au désespoir de vous avoir quittée, et d'être, comme vous
dites, en prison. J'admire comment j'eus le courage de
vous y mettre; la pensée de vous voir souvent et de
vous en retirer, me fit résoudre à cette barbarie, qui
étoit trouvée alors une bonne conduite, et une chose

---

e C'étoit un magnifique château situé à peu de distance d'Aix. Il
a été rasé pendant la révolution.

[1] Elle venoit d'être mise aux dames religieuses de Sainte-Marie
d'Aix. (*Voyez* ci-dessus la lettre du 15 avril 1676.)

nécessaire à votre éducation. Enfin il faut suivre les règles de la Providence, qui nous destine comme il lui
plaît. Madame du Gué la religieuse s'en va à Chelles;
elle y porte une grosse pension pour avoir toutes sortes
de commodités : elle changera souvent de condition, à
moins qu'un jeune garçon (*Amonio*), qui est le médecin
de l'abbaye, et que je vis hier à Livry, ne l'oblige à s'y
tenir. Ma chère, c'est un homme de vingt-huit ans; dont
le visage est le plus beau et le plus charmant que j'aie
jamais vu : il a les yeux comme madame de Mazarin, et
les dents parfaites; le reste du visage comme on imagine *Rinaldo;* de grandes boucles noires qui lui font
la plus agréable tête du monde. Il est Italien, et parle
italien, comme vous pouvez penser; il a été à Rome jusqu'à vingt-deux ans : enfin, après quelques voyages,
M. de Nevers et M. de Brissac l'ont amené en France;
et M. de Brissac l'a mis pour le reposer dans le beau
milieu de l'abbaye de Chelles, dont madame de Brissac [a], sa sœur, est abbesse. Il a un jardin de simples
dans le couvent; mais il ne me paroît rien moins que
Lamporechio [1]. Je crois que plusieurs bonnes sœurs le
trouveront à leur gré, et lui diront leurs maux; mais je
jurerois qu'il n'en guérira pas une que selon les règles
d'Hippocrate. Madame de Coulanges, qui vient de Chelles, le trouve comme je l'ai trouvé : en un mot, tous ces
jolis musiciens de chez *Toulongeon* [b] ne sont que des

[a] Marie Guyonne de Cossé-Brissac, abbesse de Chelles, morte le
13 juillet 1707.

[1] *Voyez* le conte de *Mazet de Lamporechio*, par La Fontaine.

[b] Cousin-germain de madame de Sévigné, comme petit-fils de ma-

grimauds auprès de lui. Vous ne sauriez croire combien cette petite aventure nous a réjouies.

Je veux vous parler du petit marquis (*de Grignan*); je vous prie que sa timidité ne vous donne aucun chagrin. Songez que le charmant marquis[1] a tremblé jusqu'à dix ou douze ans, et que La Troche avoit si grand'-peur de toutes choses, que sa mère ne vouloit plus le voir : ils ont tous deux une réputation sur le courage qui doit bien vous rassurer. Ces sortes de craintes ne sont autre chose que des enfances; et en croissant, au lieu d'avoir peur des loups-garoux, ils craignent le blâme, ils craignent de ne pas être estimés autant que les autres; et c'est assez pour les rendre braves et pour les faire tuer mille fois : ne vous impatientez donc point à cet égard. Pour sa taille, c'est une autre affaire; on vous conseille de lui donner des chausses pour voir plus clair à ses jambes; il faut savoir si ce côté plus petit ne prend point de nourriture; il faut qu'il agisse et qu'il se dénoue; il faut lui mettre un petit corps un peu dur qui lui tienne la taille : on doit encore m'envoyer des ins-

---

dame de Chantal leur commune aïeule. L'éditeur de 1754 indique ce M. de *Toulongeon*, comme étant le frère aîné du comte de Gramont, c'est une erreur. Le comte de Guiche, comme tous les aînés de sa maison, joignoit à la vérité le nom de Toulongeon à celui de Gramont, depuis une alliance qui remontoit au milieu du seizième siècle; mais on ne le connoissoit dans le monde que sous le nom du *comte de Guiche*. D'ailleurs, la familiarité dont use ici madame de Sévigné indique qu'elle parle de son cousin.

[1] M. de La Châtre. [2] Ce mot *charmant* n'indiqueroit-il pas plutôt le marquis de Villeroy?

tructions là-dessus. Ce seroit une belle chose qu'il y eût un Grignan qui n'eût pas la taille belle : vous souvient-il comme il étoit joli dans son petit maillot? Je ne suis pas moins en peine que vous de ce changement.

J'avois rêvé, en vous disant que madame de Thianges étoit allée conduire sa sœur; il n'y a eu que la maréchale de Rochefort et la marquise de La Vallière qui ont été jusqu'à Essonne. Elle est toute seule, et même elle ne trouvera personne à Nevers. Si elle avoit voulu mener tout ce qu'il y a de dames à la cour, elle auroit pu choisir. Mais parlons de l'amie (*madame de Maintenon*); elle est encore plus triomphante que celle-ci : tout est comme soumis à son empire : toutes les femmes-de-chambre de sa voisine sont à elle, l'une lui tient le pot à pâte à genoux devant elle, l'autre lui apporte ses gants, l'autre l'endort; elle ne salue personne, et je crois que dans son cœur elle rit bien de cette servitude. On ne peut rien juger présentement de ce qui se passe entre elle et son amie.

On est fort occupé de la Brinvilliers. Caumartin a dit une grande folie sur ce bâton dont elle avoit voulu se tuer sans le pouvoir : *C'est*, dit-il, *comme Mithridate :* vous savez de quelle sorte il s'étoit accoutumé au poison; il n'est pas besoin de vous conduire plus loin dans cette application : celle que vous faites de ma main à qui je dis : *Allons, allons, la plainte est vaine* [1], m'a fait rire; car il est vrai que le dialogue est complet; elle me répond : *Ah! quelle rigueur inhumaine! Allons*, lui dis-

---

[1] *Voyez* la scène II de l'acte II de l'opéra d'*Alceste.*

je *achevez mes écrits , je me venge de tous mes cris.*
Quoi! reprend-elle, *vous serez inexorable!* Et je coupe
court en lui disant : *Cruelle , vous m'avez appris à de-*
venir impitoyable. Ma fille, que vous êtes plaisante, et
que vous me réjouiriez bien si je pouvois aller cet été à
Grignan ! mais il n'y faut pas penser, le *bien méchant*[1]
est accablé d'affaires : je garde ce plaisir pour une autre
année; et pour celle-ci, j'espérerai que vous viendrez
me voir.

J'ai été à l'opéra avec madame de Coulanges, madame d'Heudicourt, M. de Coulanges, l'abbé de Grignan et Corbinelli. Il y a des choses admirables dans
cet opéra (*Atys*); les décorations passent tout ce que
vous avez vu; les habits sont magnifiques et galants :
il y a des endroits d'une extrême beauté; il y a un
sommeil et des songes dont l'invention surprend. La
symphonie est toute de basses et de tons si assoupis-
sants, qu'on admire *Baptiste* sur nouveaux frais; mais
l'*Atys* est ce petit drôle qui faisoit la *Furie* et la *Nour-*
rice; de sorte que nous voyons toujours ces ridicules
personnages au travers d'*Atys.* Il y a cinq ou six petits
hommes tout nouveaux, qui dansent comme *Faure :* cela
seul m'y feroit aller; et cependant on aime encore mieux
Alceste : vous en jugerez, car vous y viendrez pour l'a-
mour de moi, quoique vous ne soyez pas curieuse. Il
est vrai que c'est une belle chose de n'avoir pas vu Tria-
non; après cela vous peut-on proposer le pont du Gard ?

Vous trouverez l'homme dont vous avez aisément de-

---

[1] C'est-à-dire , le *bien bon* , qui étoit l'abbé de Coulanges.

viné l'aventure, de la même manière que vous l'avez
toujours vu chez la belle : mais il me paroît que *le com-*
bat finit, faute de combattants. Les reproches étoient
fondés sur la gloire plutôt que sur la jalousie : cependant lorsqu'on y joint une sécheresse qui étoit déja
sèche, cela confirme une indoléance inséparable des
longs attachements. Je trouve même quelquefois des
réponses brusques et dures, et je crois voir que l'on sent
la différence des génies; mais tout cela n'empêche point
une grande liaison, et même beaucoup d'amitié qui
pourra durer encore vingt ans comme elle est *ª*. La dame
est, en vérité, fort jolie, elle a des soins de moi que
j'admire, et dont je ne suis pas ingrate. La dame du
Poitron-Jaquet l'est encore moins, à ce que vous me
faites comprendre; il est vrai que les femmes valent
leur pesant d'or. La comtesse (*de Fïesque*) maintenoit
l'autre jour à madame Cornuel que Combourg n'étoit
point fou; madame Cornuel lui dit : *bonne comtesse,*
vous êtes comme les gens qui ont mangé de l'ail. Cela
n'est-il point plaisant? M. de Pomponne m'a mandé qu'il
me prioit de ne pas oublier d'écrire tous les bons mots
de madame Cornuel *b*; il me fait faire mille amitiés par
mon fils.

ª Ceci doit s'entendre de l'intimité de madame de Coulanges avec
le marquis de La Trousse.

b On regrette que madame Cornuel n'ait pas écrit; on ne connoît
d'elle qu'une lettre adressée à la comtesse de Maure, dans laquelle
se trouve un portrait piquant du marquis de Sourdis; cette lettre n'a
pas été imprimée. Le père Brotier a réuni quelques bons mots de cette
dame, dans son Recueil de *paroles mémorables*, publié en 1790,

Nous partons lundi; je ne veux point passer par Fontainebleau, à cause de la douleur que j'y sentis en vous
reconduisant jusque-là, je n'ai envie d'y retourner que
pour aller au-devant de vous. Adressez vos lettres pour
moi et pour mon fils à du But; je les recevrai encore
mieux par-là que par des traverses : je crois que notre
commerce sera un peu interrompu, j'en suis fâchée :
vos lettres me sont d'un grand amusement; vous écrivez
comme *Faure* danse. Il y a des applications sur des airs
de l'opéra, mais vous ne les savez point. Que je vous
plains, ma très belle, d'avoir pris une vilaine médecine
plus noire que jamais! ma petite poudre d'antimoine est
la plus jolie chose du monde; c'est le bon pain, comme
dit le vieux de Lorme. Je lui désobéis un peu, car il
m'envoie à Bourbon; mais l'expérience de mille gens, et
le bon air, et point tant de monde, tout cela m'envoie
à Vichi. La bonne d'Escars vient avec moi, j'en suis fort
aise. Mes mains ne se ferment point; j'ai mal aux genoux, aux épaules, et je me sens encore si pleine de sérosités, que je crois qu'il faut sécher ces marécages, et
que dans le temps où je suis il faut extrêmement se purger; c'est ce qu'on ne peut faire qu'en prenant des eaux
chaudes. Je prendrai aussi une légère douche à tous les
endroits encore affligés du rhumatisme; après cela il
me semble que je me porterai fort bien.

Le voyage d'Aigues-Mortes est fort joli; vous êtes une

par l'abbé Brotier son neveu; mais ce savant en a omis plusieurs
qui méritoient d'être conservés. Il est singulier qu'aucun biographe,
si l'on en excepte Dreux du Radier, dans son *Europe illustre*, n'ait
consacré un article à cette femme spirituelle.

vraie paresseuse de n'avoir pas voulu être de cette partie. J'ai bonne opinion de vos conversations avec l'abbé de La Vergne, puisque vous n'y mêlez point M. de Marseille. La dévotion de madame de Brissac étoit une fort belle pièce; je vous manderai de ses nouvelles de Vichi; c'est le *chanoine*[1] qui gouverne présentement sa conscience, et qui, je crois, m'en parlera à cœur ouvert. Je suis fort aise de la parure qu'on a donnée à notre Diane d'Arles : tout ce qui fâche Corbinelli, c'est qu'il craint qu'elle n'en soit pas plus gaie. J'ai été saignée ce matin, comme je vous l'ai déja dit au bas de la consultation : en vérité, c'est une grande affaire, *Maurel* en étoit tout épouvanté : me voilà maintenant préparée à partir. Adieu, ma chère enfant, je ne m'en dédis point, vous êtes digne de toute l'extrême tendresse que j'ai pour vous.

492.

A la même.

A Paris, vendredi 8 mai 1676.

Je pars lundi, ma chère enfant. Le chevalier de Buous vous porte un éventail que j'ai trouvé fort joli : ce ne sont plus de petits amours, il n'en est plus ques-

---

[1] Madame de Longueval, chanoinesse. Elle étoit sœur de la maréchale d'Estrées et de M. de Manicamp.

tion; ce sont des petits ramoneurs les plus gentils du monde [a]. Madame de Vins a gagné un grand morceau de son procès, malgré M. d'Amboile [b] qui s'étoit signalé contre elle. La bonne Tarente est au désespoir contre M. d'Ormesson, qui gouverne les affaires de M. de La Trémouille, et qui ne veut pas qu'on lui fasse de certains suppléments au préjudice des anciens créanciers. Elle pleuroit fort bien tantôt, et me contoit aussi les incivilités de madame de Monaco pour elle. MADAME aime assez cette tante, elle baragouine de l'allemand avec elle; cela importune la Monaco [c]. Mon Dieu! est-il vrai que la Simiane se sépare de son mari, sous prétexte de ses galanteries? Quelle folie! je lui aurois conseillé de faire quitte à quitte avec lui. On dit qu'elle vient ici, et qu'elle veut aller en Bretagne : tout cela est-il vrai? Je

---

[a] Ces éventails existent; l'éditeur les a fait graver; ils sont conservés avec soin par une famille de Provence qui étoit unie par les liens de l'amitié avec madame de Simiane. M. de Robineau, propriétaire de Bellombre, avoit vendu cette maison à vie à la petite-fille de madame de Sévigné. Il y trouva ces éventails, quand il rentra dans sa propriété. Cette observation paroîtra peut-être minutieuse à quelques lecteurs; qu'ils se rappellent cependant que tout ce qui a appartenu à des personnes célèbres devient précieux; la canne de Voltaire et la plume de Rousseau furent portées à des prix très élevés, et l'éditeur connoit une personne qui en a mis un considérable à une petite table d'ébène, incrustée de cuivre, qui faisoit partie du mobilier de Grignan, et sur laquelle madame de Sévigné écrivoit habituellement.

[b] André Lefèvre d'Ormesson d'Amboile, maître des requêtes, fils de celui qui rapporta le procès de Fouquet. Il devint intendant de Lyon, et y mourut, avant son père, en 1684.

[c] Surintendante de la maison de MADAME.

4.

vous embrasse, ma chère enfant; je ne vous écrirai pas
davantage aujourd'hui, ce n'est pas le jour de la grande
dépêche : la poste est haïssable; les lettres sont à Paris,
et on ne veut les distribuer que demain : ainsi on fait réponse à deux à-la-fois. J'oubliois de vous dire, tant je
me porte bien, qu'après avoir été saignée, j'ai pris de la
poudre du bonhomme (*de Lorme*), dont je suis très contente; de sorte que me voilà toute prête à partir.

493.

A la même.

A Paris, dimanche au soir, 10 mai 1676.

Je pars demain à la pointe du jour, et je donne ce
soir à souper à madame de Coulanges, son mari, madame de La Troche, M. de La Trousse, mademoiselle
de Montgeron et Corbinelli, qui viendront me dire
adieu en mangeant une tourte de pigeons. La bonne
d'Escars part avec moi; et comme le *bien bon* a vu qu'il
pouvoit mettre ma santé entre ses mains, il a pris le
parti d'épargner la fatigue de ce voyage, et de m'attendre ici, où il a mille affaires; il m'y attendra avec impatience; car je vous assure que cette séparation, quoique petite, lui coûte beaucoup, et je crains pour sa
santé; les serrements de cœur ne sont pas bons, quand
on est vieux. Je ferai mon devoir pour le retour, puis-

que c'est la seule occasion dans ma vie où je puisse lui témoigner mon amitié, en lui sacrifiant jusqu'à la pensée seulement d'aller à Grignan. Voilà précisément l'un de ces cas où l'on fait céder ses plus tendres sentiments à la reconnoissance.

Il vous reviendra cinq ou six cents pistoles de la succession de notre oncle de Sévigné[1], que je voudrois que vous eussiez tout prêts pour cet hiver. Je ne comprends que trop les embarras que vous pouvez trouver par les dépenses que vous êtes obligés de faire; et je ne pousse rien sur le voyage de Paris, persuadée que vous m'aimez assez, et que vous souhaitez assez de me voir pour y faire au monde tout ce que vous pourrez. Vous connoissez d'ailleurs tous mes sentiments sur votre sujet, et combien la vie me paroît triste sans voir une personne que j'aime si tendrement. Ce sera une chose fâcheuse, si M. de Grignan est obligé de passer l'été à Aix, et une grande dépense, de la manière dont on m'a parlé, ne fût-ce qu'à cause du jeu, qui fait un article de la vôtre assez considérable. J'admire la fortune; c'est le jeu qui soutient M. de La Trousse. Vous avez donc cru être obligée de vous faire saigner; la petite main tremblante de votre chirurgien me fait trembler. M. le prince disoit une fois à un nouveau chirurgien : « Ne tremblez-vous « point de me saigner? Pardi, monseigneur, c'est à vous « de trembler »; il disoit vrai. Vous voilà donc bien revenue du café : mademoiselle de Méri l'a aussi chassé de chez elle assez honteusement : après de telles dis-

[1] *Voyez* ci-dessus la lettre du 22 mars 1676, p. 237 de ce volume.

graces, peut-on compter sur la fortune? Je suis persuadée que ce qui échauffe est plus sujet à ces sortes de
revers que ce qui rafraîchit : il en faut toujours revenir
là ; et afin que vous le sachiez, toutes mes sérosités viennent si droit de la chaleur de mes entrailles, qu'après
que Vichi les aura consumées, on va me rafraîchir plus
que jamais par des eaux, par des fruits, et par tous mes
lavages que vous connoissez. Prenez ce régime plutôt
que de vous brûler, et conservez votre santé d'une manière que ce ne soit point par-là que vous puissiez être
empêchée de venir me voir. Je vous demande cette conduite pour l'amour de votre vie, et pour que rien ne
traverse la satisfaction de la mienne.

Je vais me coucher, ma fille, voilà ma petite compagnie qui vient de partir. Mesdames de Pomponne, de
Vins, de Villars et de Saint-Géran ont été ici ; j'ai tout
embrassé pour vous. Madame de Villars a fort ri de ce
que vous lui mandez : *j'ai un mot à lui dire ;* cela ne se
peut payer. Je pars demain à cinq heures ; je vous écrirai de tous les lieux où je passerai. Je vous embrasse de
tout mon cœur : je suis fâchée que l'on ait profané cette
façon de parler ; sans cela, elle seroit digne d'expliquer
de quelle façon je vous aime.

494.

A la même.

A Montargis, mardi 12 mai 1676.

Je vous écrivis avant-hier au soir, ma chère enfant,
et vous recevrez deux de mes lettres par la même poste;
de sorte que si vous dites, après avoir lu la première,
j'en voudrois bien une autre, la voici qui se présentera,
et vous dira que je suis à Montargis avec la bonne
d'Escars, en très bonne santé, hormis ces mains et ces
genoux. Vous connoissez cette route-ci : j'ai évité Fontainebleau; je ne veux le revoir que pour aller au-devant
de vous. J'ai couché à Courance *, où je me serois
bien promenée, si je n'étois point encore une sotte
poule mouillée; c'est *mouillée*, au pied de la lettre, car
je sue tout le jour. J'ai encore des peaux de lièvre,
parceque le frais du matin, qui donne la vie à tout le
monde, me paroît un hiver glacé; de sorte que j'aime
mieux avoir trop chaud dix heures durant, que d'avoir
froid une demi-heure. Que dites-vous de ces agréables
restes de rhumatisme? Ne croyez-vous pas que j'aie besoin des eaux chaudes? sauf à me rafraîchir à mon re

---

a C'est un beau château près de Milly, à quatre lieues à la
droite de Fontainebleau.

tour, car mes entrailles ne sont pas à la glace. Enfin,
me voilà en chemin, et même dans votre chemin. Nous
parlons souvent de vous, madame d'Escars et moi, et j'y
pense sans cesse. Il faudroit être *spensierata*, dit-on,
pour bien prendre des eaux : il est difficile que je sois
dans cet état bienheureux, étant si loin du bon abbé;
il me semble toujours qu'il va tomber malade. Savez-
vous comme je l'ai laissé? Avec un seul laquais. Il a
voulu me donner son cocher et *Beaulieu* avec ses deux
chevaux pour m'en faire six : je ne vois que l'ingratitude
qui puisse me tirer d'affaire. Adieu, ma très chère :
hélas! à quoi me sert de m'approcher de vous? Je vous
plains de ne m'avoir plus à Paris pour vous mander des
nouvelles de la Brinvilliers «.

« Elle fut déclarée atteinte et convaincue, par arrêt du 16 juillet
1676, d'avoir fait empoisonner M. Dreux Daubray son père, Antoine
Daubray, lieutenant-civil, et M. Daubray, conseiller au parlement,
ses deux frères, et d'avoir attenté à la vie de Thérèse Daubray, sa
sœur. Elle fut condamnée à faire amende honorable devant la principale porte de l'église de Paris, nu-pieds, la corde au cou, et à
avoir ensuite la tête tranchée, son corps brûlé et ses cendres jetées
au vent. (*Voyez* la lettre du 17 juillet suivant, et la note de la lettre 484, ci-dessus, page 259.)

~~~~~~

495. *

A la même.

A Nevers, vendredi 15 mai 1676.

Voici une route où l'on seroit tentée de vous écrire,
quand on ne le voudroit pas ; jugez ce que c'est quand
on y est d'ailleurs aussi bien disposée que je le suis. Le
temps est admirable, cette grosse chaleur s'est dissipée
sans orage ; je n'ai plus de ces crises dont je vous avois
parlé ; je trouve le pays très beau, et ma rivière de Loire
m'a paru quasi aussi belle qu'à Orléans : c'est un plaisir
de trouver en chemin d'anciennes amies. J'ai amené mon
grand carrosse, de sorte que nous ne sommes nullement
pressées, et nous jouissons avec plaisir des belles vues
dont nous sommes surprises à tout moment. Tout mon
déplaisir, c'est que l'hiver, les chemins sont bien différents, et que vous aurez autant de fatigue que nous en
avons peu. Nous suivons les pas de madame de Montespan ; nous nous faisons conter par-tout ce qu'elle dit, ce
qu'elle fait, ce qu'elle mange, ce qu'elle dort. Elle est
dans une calèche à six chevaux, avec la petite de Thianges[a] ; elle a un carrosse derrière, attelé de même, avec

---

[a] Louise-Adélaïde de Damas, deuxième fille de madame de Thianges, qui épousa le duc de Sforce, en 1678. « Elle n'avoit que de la

six femmes; elle a deux fourgons, six mulets, et dix ou douze hommes à cheval, sans ses officiers : son train est de quarante-cinq personnes. Elle trouve sa chambre et son lit tout prêts, elle se couche en arrivant, et mange très bien. Elle fut ici au château " où M. de Nevers étoit venu donner ses ordres, et ne demeura point pour la recevoir. On vient lui demander des charités pour les églises et pour les pauvres; elle donne par-tout beaucoup d'argent, et de fort bonne grace. Elle a tous les jours du monde un courrier de l'armée : elle est présentement à Bourbon. La princesse de Tarente, qui doit y être dans deux jours, me mandera le reste, et je vous l'écrirai. Vous ai-je mandé que ce favori du roi de Danemarck, amoureux romanesquement de la princesse [1], est prisonnier, et qu'on lui fait son procès? Il avoit un petit

---

« blancheur, d'assez beaux yeux, et un nez tombant dans une bou-
« che fort vermeille qui fit dire à M. de Vendôme qu'elle ressem-
« bloit à un perroquet qui mange une cerise. » (*Souvenirs* de madame de Caylus.)

[a] Ce château, situé au milieu de la ville, est antique, mais il a été très beau. Il est aujourd'hui fort délabré; c'est la municipalité qui l'occupe.

[1] Charlotte-Amélie de La Trémouille, fille de la princesse de Tarente, mariée le 29 mai 1680 à Antoine d'Altenbourg, comte d'Oldenbourg. M. de Pomponne, qui avoit résidé long-temps en Suède, comme ambassadeur de France, devoit bien connoître ce ministre ; cependant on ne voit pas qu'il ait été accusé d'avoir tenté de détrôner son maître. Il fut convaincu de vénalité et de corruption ; on trouva chez lui des sommes considérables en argent de France et d'Angleterre. (*Voyez* la note de la lettre 415, page 15 de ce volume, et l'article *Griffenfeld*, dans la Biographie universelle.)

dessein seulement, c'étoit de se faire roi, et de détrôner son maître et son bienfaiteur. Vous voyez que cet homme n'avoit pas de médiocres pensées : M. de Pomponne m'en parloit l'autre jour comme d'un Cromwel. Le bel abbé vous aura mandé comme le chevalier a obtenu de Sa Majesté, sans nulle peine, les lods et ventes d'Entrecasteaux, pour M. de Grignan : nous avons été étonnés que ce dernier ait consenti d'envoyer votre belle gorge, par la poste, à l'abbé de Grignan; nous dîmes l'autre jour beaucoup de sottises sur ce ton, dignes de Monceaux et de Rochecourbières *a*. Au reste, ma chère enfant, je sens que je ne passerai point ma vie, à moins que je ne meure bientôt, sans revoir votre château, avec toutes ses circonstances et dépendances; je conserve cette espérance, et je voudrois bien en avoir une plus prochaine de vous avoir cet hiver avec moi; pour vous dire le vrai, mes desirs là-dessus ne sont pas médiocres; je souhaite que vous en jugiez par les vôtres, et que nulle impossibilité ne nous vienne traverser. Adieu, ma très chère, je suis assurée que je vous écrirai à Moulins, où j'espère trouver de vos lettres, qui doivent m'être envoyées de Paris. Je suis dans une entière ignorance de toutes nouvelles; celles de la guerre me tiennent fort au cœur; cela ne vaut rien pour prendre des eaux; mais que faire quand on a quelqu'un à l'armée ? Il faudroit donc ne les prendre qu'au mois de janvier. Je lis dans le carrosse une petite histoire des Visirs, et des

---

a Rochecourbières étoit une grotte située près de Grignan, où l'on alloit faire des parties de plaisir.

intrigues des sultanes et du sérail, qui se laisse lire assez
agréablement; c'est une mode que ce livre. Bonsoir, ma
très aimable; je baise le Grignan, et fais mille amitiés à
M. de La Garde : contez à ce dernier par quel guignon
la vente de notre guidon est allée à vau-l'eau; vous êtes
bien heureux de vous avoir tous deux.

496.

A la même.

A Moulins, à la Visitation, dans la chambre où ma grand'mère [1]
est morte; ce dimanche après vêpres, 17 mai 1676, entourée
des deux petites de Valençai.

J'arrivai hier au soir ici, ma chère enfant, en six jours,
très agréablement. Madame Fouquet, son beau-frère et
son fils vinrent au-devant de moi; ils m'ont logée chez
eux. J'ai dîné ici, et je pars demain pour Vichi. J'ai
trouvé le mausolée admirable [a]; le bon abbé auroit été
bien ravi de le voir. Les petites-filles [b] que voilà sont bel-

---

[1] Jeanne-Françoise Frémiot, baronne de Chantal, fondatrice de
l'ordre de la visitation, morte le 13 décembre 1641, sur les sept
heures du soir, âgée de 69 ans; béatifiée par un bref de Benoit XIV,
du 13 novembre 1751, et canonisée par Clément XIII en 1767.

[a] *Voyez* la note de la lettre 108, tome Ier, page 253.

[b] La marquise de Valençai, mère de ces *petites filles*, étoit Marie-
Louise de Montmorenci, fille de François de Montmorenci, comte

les et aimables; vous les avez vues: elles se souviennent
que vous faisiez des grands soupirs dans cette église; je
pense que j'y avois quelque part, du moins sais-je bien
qu'en ce temps j'en faisois de bien douloureux de mon
côté[a]. Est-il vrai que madame de Guénégaud vous disoit : « Soupirez, Madame, soupirez, j'ai accoutumé
« Moulins aux soupirs qu'on apporte de Paris. » Je vous
admire d'avoir pensé à marier votre frère; vous avez
pris la chose par un très bon côté, et j'estime le négociateur. Je suivrai ce chemin, quand je serai retournée
à Paris : écrivez-en à d'Hacqueville. On juge très justement du bien de mon fils par celui de ma fille; ce seroit
une chose digne de vous de faire ce mariage: j'y tra-
vaillerai de mon côté. Vous croyez donc ne pas avoir
été assez affligée de ma maladie; eh, bon Dieu! qu'au-
riez-vous pu faire? Vous avez été plus en peine que je
n'ai été en péril. Comme la fièvre que j'ai eue vingt-
deux jours étoit causée par la douleur, elle ne faisoit
peur à personne. Pour mes rêveries, elles venoient de
ce que je ne prenois que quatre bouillons par jour, et
qu'il y a des gens qui rêvent toujours pendant la fièvre.
Votre frère m'en a fait des farces à mourir de rire, il a
retenu toutes mes extravagances, et vous en réjouira.
Ayez donc l'esprit en repos, ma belle, vous n'avez été
que trop inquiète et trop affligée de mon mal.

Il faut que M. de La Garde ait de bonnes raisons pour

de Bouteville, qui fut décapité pour fait de duel, le 21 juin 1627.
Elle étoit sœur du maréchal de Luxembourg et de la duchesse de
Meklenbourg.

[a] *Voyez* la lettre 101, tome Ier, page 231.

se porter à l'extrémité de s'atteler avec quelqu'un : je le croyois libre, et sautant, et courant dans un pré : mais enfin il faut venir au timon, et se mettre sous le joug comme les autres. J'ai le cœur serré de ma chère petite ; la pauvre enfant, la voilà donc placée ! Elle a bien dissimulé sa petite douleur; je la plains, si vous l'aimez, et si elle vous aime autant que nous nous aimions : mais vous avez un courage qui vous sert toujours dans les occasions : Dieu m'eût bien favorisée de m'en donner un pareil.

Madame de Montespan est à Bourbon, où M. de La Vallière avoit donné ordre qu'on la vînt haranguer de toutes les villes de son gouvernement : elle ne l'a point voulu. Elle a fait douze lits à l'hôpital; elle a donné beaucoup d'argent; elle a enrichi les capucins; elle souffre les visites avec civilité. M. Fouquet et sa nièce [a], qui buvoient à Bourbon, l'ont été voir; elle causa une heure avec lui sur les chapitres les plus délicats. Madame Fouquet s'y rendit le lendemain; madame de Montespan la reçut très honnêtement, et l'écouta avec douceur et avec une apparence de compassion admirable. Dieu fit dire à madame Fouquet tout ce qui se peut au monde

---

[a] Basile Fouquet, dit l'*abbé Fouquet* ; il mourut très peu de temps avant son frère le *surintendant*. Cela résulte de ce passage de la lettre de madame de Sévigné à M. de Guitaud du 5 avril 1680. « Les « deux frères sont allés bien près l'un de l'autre ; leur haine a été le « faux endroit de tous les deux, mais bien plus de l'abbé, qui avoit « passé jusqu'à la rage. » La nièce étoit Marie-Madeleine Fouquet, deuxième fille du surintendant, mariée depuis à Emmanuel de Crussol, marquis de Montsalez.

imaginer de mieux, et sur l'instante prière de s'enfermer avec son mari *a*, et sur l'espérance qu'elle avoit que
la Providence donneroit à madame de Montespan, dans
les occasions, quelque souvenir et quelque pitié de ses
malheurs. Enfin, sans rien demander de positif, elle lui
fit voir les horreurs de son état, et la confiance qu'elle
avoit en sa bonté, et mit à tout cela un air qui ne peut
venir que de Dieu : ses paroles m'ont paru toutes choi-
sies pour toucher un cœur, sans bassesse et sans impor-
tunité : je vous assure que le récit vous en auroit touchée. Le fils[1] de M. de Montespan est chez madame
Fouquet à la campagne, d'où elle est venue pour me
voir. Il a dix ans ; il est beau et spirituel : son père l'a
laissé chez ces dames en venant à Paris. La bonne d'Escars se porte très bien, et prend un soin extrême de
ma santé. Contez-moi les sorcelleries de madame de
Rus. Adieu, ma très aimable ; je vous embrasse mille
fois, et je vous aime comme il faudroit aimer son salut.

---

a Il paroît que la prière instante que madame Fouquet adressa à
madame de Montespan ne fut pas sans effet. Vers ce temps-là le
surintendant eut la permission de voir sa femme et quelques officiers
de Pignerol. (*Voyez* les *Mémoires de Saint-Simon*, tome X, p. 101,
et la note de la lettre du 3 avril 1680.)

[1] Louis-Antoine de Pardaillan, depuis duc d'Antin, fils légitime
de madame de Montespan. Il épousa en 1686 Julie-Françoise de
Crussol, fille du duc d'Usez ; sa postérité mâle s'est éteinte en 1757.
Madame d'Antin, dernière abbesse de Fontevrault, étoit son dernier
rejeton.

497.

A la même.

A Vichi, mardi 19 mai 1676.

Je commence aujourd'hui à vous écrire; ma lettre
partira quand elle pourra; je veux causer avec vous.
J'arrivai ici hier au soir. Madame de Brissac avec le
chanoine ¹, madame de Saint-Hérem et deux ou trois
autres me vinrent recevoir au bord de la jolie rivière
d'Allier : je crois que si on y regardoit bien, on y trouveroit encore des bergers de l'Astrée. M. de Saint-Hérem, M. de La Fayette, l'abbé Dorat, Planci et d'autres
encore, suivoient dans un second carrosse, ou à cheval.
Je fus reçue avec une grande joie. Madame de Brissac
me mena souper chez elle; je crois avoir déja vu que
le chanoine en a jusque-là de la duchesse : vous voyez
bien où je mets la main. Je me suis reposée aujourd'hui,
et demain je commencerai à boire. M. de Saint-Hérem
m'est venu prendre ce matin pour la messe, et pour dîner
chez lui. Madame de Brissac y est venue, on a joué : pour
moi, je ne saurois me fatiguer à mêler des cartes. Nous
nous sommes promenés ce soir dans les plus beaux en-

¹ Madame de Longueval, chanoinesse.

droits du monde; et à sept heures, la poule mouillée vient
manger son poulet, et causer un peu avec sa chère enfant: on vous en aime mieux quand on en voit d'autres.
J'ai bien pensé à cette dévotion que l'on avoit ébauchée
avec M. de La Vergne; j'ai cru voir tantôt des restes de
cette fabuleuse conversion; ce que vous m'en disiez
l'autre jour est à imprimer. Je suis fort aise de n'avoir
point ici mon *bien bon;* il y eût fait un mauvais personnage: quand on ne boit pas, on s'ennuie; c'est une *bil-
lebaude* [a] qui n'est pas agréable, et moins pour lui que
pour un autre.

On a mandé ici que Bouchain étoit pris aussi heureusement que Condé; et qu'encore que le prince d'O-
range eût fait mine d'en vouloir découdre, on est fort
persuadé qu'il n'en fera rien: cela donne quelque repos [b]. La bonne Saint-Géran m'a envoyé un compliment

---

[a] Une confusion: ce mot s'emploie peu; il est du style familier.

[b] Il s'agit ici de la position dans laquelle l'armée du roi et celle
du prince d'Orange se trouvèrent, le 7 mai 1676, dans la plaine
d'Heurtebise près Valenciennes. L'avantage de la position, le nombre
et la valeur des troupes sembloient assurer la victoire à la France;
on laissa cependant le prince d'Orange se retirer sans l'attaquer.
Les historiens sont partagés sur ce fait: La Fare et Saint-Simon ac-
cusent le marquis de Louvois d'avoir fait servir son influence à empêcher le combat, parcequ'il avoit intérêt à prolonger la guerre;
Reboulet et d'Avrigny disent que Villahermosa ne voulut pas compromettre le sort de la Flandre, en livrant une bataille que le prince
d'Orange desiroit ardemment. Quoi qu'il en soit, on a reproché à
Louis XIV d'avoir manqué l'une des plus belles occasions de battre
ses ennemis dans une bataille rangée; et le roi, s'il en faut croire le
marquis de La Fare, en a plusieurs fois témoigné ses regrets. (*Voyez*
Saint-Simon, tome Ier, page 11.)

de la Palisse. J'ai prié qu'on ne me parlât plus du peu
de chemin qu'il y a d'ici à Lyon ; cela me fait de la peine ;
et comme je ne veux point mettre ma vertu à l'épreuve
la plus dangereuse où elle puisse être, je ne veux point
recevoir cette pensée, quelque chose que mon cœur,
malgré cette résolution, me fasse sentir. J'attends ici
de vos lettres avec bien de l'impatience ; et pour vous
écrire, ma chère enfant, c'est mon unique plaisir, quand
je suis loin de vous, et si les médecins, dont je me moque extrêmement, me défendoient de vous écrire, je
leur défendrois de manger et de respirer, pour voir
comme ils se trouveroient de ce régime. Mandez-moi
des nouvelles de ma petite, et si elle s'accoutume à son
couvent ; mandez-moi bien des vôtres et de celles de
M. de La Garde : dites-moi s'il ne reviendra point cet
hiver à Paris. Je ne puis vous dissimuler que je serois
sensiblement affligée, si, par ces malheurs et ces impossibilités qui peuvent arriver, j'étois privée de vous voir.
Le mot de peste, que vous nommez dans votre lettre,
me fait frémir : je la craindrois fort de Provence. Je prie
Dieu, ma fille, qu'il détourne ce fléau d'un lieu où il
vous a mise. Quelle douleur, que nous passions notre
vie si loin l'une de l'autre, quand notre amitié nous en
approche si tendrement !

Mercredi 20 mai.

J'ai donc pris des eaux ce matin, ma très chère ; ah,
qu'elles sont mauvaises ! J'ai été prendre *le chanoine*, qui
ne loge point avec madame de Brissac. On va à six heures à la fontaine : tout le monde s'y trouve, on boit, et

l'on fait une fort vilaine mine ; car, imaginez-vous
qu'elles sont bouillantes, et d'un goût de salpêtre fort
désagréable. On tourne, on va, on vient, on se proméne, on entend la messe, on rend ses eaux, on parle
confidemment de la manière dont on les rend : il n'est
question que de cela jusqu'à midi. Enfin, on dîne ; après-
dîner, on va chez quelqu'un : c'étoit aujourd'hui chez
moi. Madame de Brissac a joué à l'hombre avec Saint-
Hérem *a* et Planci *b* ; *le chanoine* et moi, nous lisons l'A-
rioste ; elle a l'italien dans la tête, elle me trouve bonne.
Il est venu des demoiselles du pays avec une flûte, qui
ont dansé la bourrée dans la perfection. C'est ici où
les Bohémiennes poussent leurs agréments ; elles font
des *dégognades ,* où les curés trouvent un peu à re-
dire : mais enfin, à cinq heures, on va se promener
dans des pays délicieux ; à sept heures, on soupe légèrement, on se couche à dix. Vous en savez présentement autant que moi. Je me suis assez bien trouvée de
mes eaux, j'en ai bu douze verres ; elles m'ont un peu
purgée, c'est tout ce qu'on desire. Je prendrai la douche dans quelques jours. Je vous écrirai tous les soirs ;
ce m'est une consolation, et ma lettre partira quand il
plaira à un petit messager qui apporte les lettres, et
qui veut partir un quart d'heure après : la mienne
sera toujours prête. L'abbé Bayard vient d'arriver de sa

---

a François Gaspard de Montmorin, marquis de Saint-Hérem ; il
mourut en 1701.

b Henri du Plessis-Guénégaud, marquis de Planci, fils du secrétaire d'état ; il mourut en 1722, âgé de 75 ans.

4. 20

jolie maison *a*, pour me voir : c'est le *druide Adamas* de
cette contrée.

Jeudi 21 mai.

Notre petit messager crotté vient d'arriver ; il ne m'a
point apporté de vos lettres ; j'en ai eu de M. de Coulanges, du bon d'Hacqueville, et de la princesse (*de
Tarente*) qui est à Bourbon. On lui a permis de faire sa
cour *b* seulement un petit quart d'heure, elle avancera
bien là ses affaires; elle m'y souhaite, et moi je me
trouve bien ici. Mes eaux m'ont fait encore aujourd'hui
beaucoup de bien ; il n'y a que la douche que je crains.
Madame de Brissac avoit aujourd'hui la colique ; elle
étoit au lit, belle et coiffée à coiffer tout le monde : je
voudrois que vous eussiez vu l'usage qu'elle faisoit de
ses douleurs, et de ses yeux, et des cris, et des bras, et
des mains qui traînoient sur sa couverture, et les situa-
tions, et la compassion qu'elle vouloit qu'on eût : cha-
marrée de tendresse et d'admiration, je regardois cette
pièce, et je la trouvois si belle, que mon attention a
dû paroître un saisissement dont je crois qu'on me saura
fort bon gré; et songez que c'étoit pour l'abbé Bayard,
Saint-Hérem, Montjeu *c* et Planci, que la scène étoit
ouverte. En vérité, vous êtes une vraie *pitaude ,* quand
je pense avec quelle simplicité vous êtes malade ; le

---

a Sa maison de Langlar. (*Voyez* la lettre du 15 juin suivant.)

b A madame de Montespan.

c Gaspard Jeannin de Castille, marquis de Montjeu ; il mourut
en 1688.

repos que vous donnez à votre joli visage ; et enfin ,
quelle différence : cela me paroît plaisant. Au reste , je
mange mon petit potage de la main gauche, c'est une
nouveauté. On me mande toutes les prospérités de
Bouchain, et que le roi revient incessamment : il ne sera
pas seul par les chemins. Vous me parliez l'autre jour
de M. Courtin ; il est parti pour l'Angleterre. Il me paroît qu'il n'est resté d'autre emploi à son camarade[a],
que d'adorer la belle que vous savez, sans envieux et
sans rivaux. Je vous embrasse assurément de tout mon
cœur, et souhaite fort de vos nouvelles. Bonsoir, Comte,
ne me l'amènerez-vous point cet hiver? voulez-vous que
je meure sans la voir?

498.

A la même.

A Vichi, dimanche 24 juin 1676.

Je suis ravie, en vérité, quand je reçois de vos lettres,
ma chère enfant; elles sont si aimables, que je ne puis
me résoudre à jouir toute seule du plaisir de les lire;

[a] Charles Colbert, marquis de Croissi, qui fut remplacé dans
cette ambassade par M. Courtin, et devint secrétaire d'état en novembre 1679.

mais ne craignez rien, je ne fais rien de ridicule ; j'en
fais voir une petite ligne à Bayard, une autre au *cha-*
noine; ah ! que ce seroit bien votre fait que ce *cha-*
noine (*madame de Longueval*)*!* et en vérité on est
charmé de votre manière d'écrire. Je ne fais voir que ce
qui convient ; et vous croyez bien que je me rends
maîtresse de la lettre, pour qu'on ne lise pas sur mon
épaule ce que je ne veux pas qui soit vu.

Je vous ai écrit plusieurs fois, et sur les chemins, et
ici. Vous aurez vu tout ce que je fais, tout ce que je dis,
tout ce que je pense, et même la conformité de nos pensées sur le mariage de M. de La Garde. J'admire *comme*
notre esprit est véritablement la dupe de notre cœur, et
les raisons que nous trouvons pour appuyer nos changements. Celui de M. le coadjuteur me paroît admirable; mais la manière dont vous le dites l'est encore plus;
quand vous lui demandez des nouvelles du lundi, vous
paroissez bien persuadée de sa fragilité. Je suis fort aise
qu'il ait conservé sa gaieté et son visage de jubilation.
J'ai toujours envie de rire, quand vous me parlez du
bon homme du Parc ; je ne trouve rien de si plaisant que
de le voir seul persuadé qu'il fait des miracles : je suis
bien de votre avis, que le plus grand de tous seroit de
vous le persuader. Je suis fort aise que ma petite soit
gaie et contente; c'étoit la tristesse de son petit cœur
qui me faisoit de la peine. Il est vrai que le voyage d'ici
à Grignan n'est rien ; j'en détourne ma pensée avec soin,
parcequ'elle me fait mal : mais vous ne me ferez pas
croire, ma belle, que celui de Grignan à Lyon soit peu
considérable; il est tout des plus rudes, et je serois très

fâchée que vous le fissiez pour retourner sur vos pas : je ne change point d'avis là-dessus. Si vous étiez de ces personnes qu'on enlève et qu'on dérange, et qui se laissent entraîner, j'aurois espéré de vous emmener avec moi malgré vous ; mais vous êtes d'un caractère dont on ne peut se promettre de pareilles complaisances. Je connois vos tons et vos résolutions ; et cela étant ainsi, j'aime bien mieux que vous gardiez toute votre amitié et tout votre argent, pour venir cet hiver me donner la joie et la consolation de vous embrasser. Je vous promets seulement une chose, c'est que si je tombois malade ici, ce que je ne crois pas du tout assurément, je vous prierois d'y venir en diligence : mais, ma chère, je me porte fort bien ; je bois tous les matins, je suis un peu comme Nouveau *, qui demandoit : *Ai-je bien du plaisir?* Je demande aussi : *Rends-je bien mes eaux? la quantité, la qualité, tout va-t-il bien ?* On m'assure que ce sont des merveilles, et je le crois, et même je le sens ; car, à mes mains et à mes genoux près qui ne sont point guéris, parceque je n'ai encore pris ni le bain ni la douche, je me porte tout aussi bien que j'aie jamais fait.

La beauté des promenades est au-dessus de ce que

---

* M. de Nouveau, surintendant des postes. La Bruyère lui attribue aussi ce mot ridicule : « Un autre (*le président Le Coigneux*), avec « quelques mauvais chiens, auroit envie de dire *ma meute* ; il fait un « rendez-vous de chasse, il s'y trouve, il est au laisser courre, il entre « dans le fort, se mêle avec les piqueurs, il a un cor, il ne dit pas « comme *Ménalippe* (*Nouveau*) ai-je bien *du plaisir?* Il croit en avoir, « il oublie lois et procédure ; c'est un Hippolyte, etc. » (*Voyez* le chapitre *de la ville.*)

je puis vous en dire; cela seul me redonneroit la santé. On est tout le jour ensemble. Madame de Brissac et *le chanoine* dînent ici fort familièrement : comme on ne mange que des viandes simples, on ne fait nulle façon de donner à manger. Vous aurez vu, par ce que je vous mandai avant-hier, combien je suis prête à aimer quelqu'un plus que vous. Après la pièce admirable de la colique, on nous a donné d'une convalescence pleine de langueur, qui est en vérité fort bien accommodée au théâtre : il faudroit des volumes pour dire tout ce que je découvre dans ce chef-d'œuvre des cieux. Je passe légèrement sur bien des choses, pour ne point trop écrire.

Vous me parlez fort plaisamment de ce saint qui vous est tombé à Aix, et qu'on épouille à tout moment; il faudroit avoir à point nommé son reliquaire; ces poux que vous appelez *des reliques vivantes*, m'ont choquée; car, comme on m'a toujours appelée de ce nom à Sainte-Marie[1], je me suis vue en même temps comme votre M. Ribon. On m'accable ici de présents; c'est la mode du pays, où, d'ailleurs, la vie ne coûte rien du tout : enfin, trois sous[a] deux poulets, et tout à proportion. Il y a trois hommes qui ne sont occupés que de me rendre service, Bayard, Saint-Hérem et La Fayette; comme je vous fais souvent payer pour moi, n'oubliez pas de m'é-

---

[1] Madame de Sévigné étoit appelée une *relique vivante* à Sainte-Marie à cause de madame de Chantal sa grand'mère, qui étoit dèslors regardée comme une sainte par les filles de la visitation, qu'elle avoit fondées.

[a] Trois sous, en 1676, équivaloient à six sous de notre monnoie d'aujourd'hui.

crire quelque mot qui les regarde. Adieu, mon ange, aimez-moi bien toujours; je vous assure que vous n'aimez pas une ingrate.

~~~~~~

499. **

Du comte DE BUSSY *à madame* DE SÉVIGNÉ.

A Chaseu, ce 6 mai 1676.

Puisque vous ne vous réjouissez pas, Madame, de la petite grace que le roi vient de me faire, en me permettant d'aller à Paris, il faut que vous ne le sachiez pas : car, bien que ce soit peu de chose, en comparaison des maux qu'il m'a faits, c'est une faveur qui me distingue des autres exilés; il n'en a fait de pareilles qu'à moi. Je vous verrai donc cet été à Paris, ma chère cousine, mais le masque levé, et pourvu que je vous trouve en bonne santé, vous me trouverez aussi content que de plus heureux que moi, et aussi gai, non pas qu'un homme de vingt-cinq ans, mais qu'un honnête homme, qui en a plus d'une fois autant, le peut être. Nous parlerons de la belle *Madelonne*ª, et nous lui écrirons ensemble; adieu.

ª Madame de Grignan.

5oo.

De madame DE SÉVIGNÉ *au comte* DE BUSSY.

A Vichi, ce 25 mai 1676.

Quand j'appris votre permission d'aller à Paris, jen sentis toute la joie imaginable, et je courus avec Corbinelli pour m'en réjouir avec madame votre femme. Nous trouvâmes qu'elle étoit délogée; je crus que vous viendriez à l'instant, et que je vous verrois un matin entrer dans ma chambre : cependant vous ne vîntes pas, et moi je partis pour venir ici tâcher de recouvrer cette belle santé dont la perte m'afflige et vous aussi. J'y ai reçu votre lettre. Vous faites bien de me faire des compliments sur votre retour; car je crois que je serai plus aise de vous revoir, que vous ne sauriez être de me retrouver. Dans cette espérance, je vais avaler mes verres d'eau deux à deux, afin d'être bientôt à Paris, où je vous embrasse par avance. Je supplie ma niéce de Coligny de croire que je l'aime et que je l'estime. On n'ose écrire ici, cela fait mourir; c'est pourquoi je finis, afin de vous conserver une cousine qui vous aime fort.

5oi. *

A madame DE GRIGNAN.

A Vichi, mardi 26 mai 1676.

Je dois encore recevoir quelques unes de vos lettres
de Paris, elles seront toutes les bien venues, ma très
chère; elles sont trop aimables. Vous avez une idée de
ma santé, qui n'est pas juste; ne savez-vous pas que j'ai
conservé mes belles jambes? ainsi je marche fort bien.
J'ai mal aux mains, aux genoux, aux épaules; on m'assure que la douche me guérira : j'ai très bon visage, je
dors et je mange bien; j'ai même si peu d'humeurs, que
je ne prendrai des eaux que quinze jours, crainte de
me trop échauffer. Je commencerai demain la douche,
et vous manderai sans cesse de mes nouvelles : le commerce de Lyon va bien. Ne me grondez point de vous
écrire, c'est mon unique plaisir, et je prends mon temps
d'une manière qui ne me peut nuire. Ne me retranchez
rien de tout ce qui vous regarde; vous me dites des
choses si tendres, si bonnes, si vraies, que je ne puis y
répondre que par ce que je sens. Je ne me repens point
de ne vous avoir point laissée venir ici; mon cœur en
souffre; mais quand je pense à cette peine, pour n'être
que huit ou dix jours avec moi, je trouve que je vous
aime mieux cet hiver. Je suis si attachée à vous, que je

sens plus que les autres la peine de la séparation; ainsi,
ma très chère, je me suis gouvernée selon mes foiblesses, et n'ai pas écouté l'envie et la joie que j'aurois eues
de vous avoir. Je ne crois pas être ici dans dix jours. La
duchesse (*de Brissac*) s'en va plus tôt, et le joli *chanoine* :
elle s'en va chez Bayard, parceque j'y dois aller : il s'en
passeroit fort bien; il y aura une petite troupe d'*infelici
amanti*. Ma fille, vous perdez trop, c'est cela que vous
devriez regretter; il faudroit voir comme on tire sur
tout, sans distinction et sans choix. Je vis l'autre jour,
de mes propres yeux, flamber un pauvre célestin : jugez
comme cela me paroît à moi, qui suis accoutumée à
vous [a]. Il y a ici des femmes fort jolies : elles dansèrent
hier des bourrées du pays, qui sont, en vérité, les plus
plaisantes du monde; il y a beaucoup de mouvement,
et les *dégognades* n'y sont point épargnées; mais si on
avoit à Versailles de ces sortes de danseuses en masca-
rades, on en seroit ravi par la nouveauté; car cela passe
encore les Bohémiennes. Il y avoit un grand garçon dé-
guisé en femme, qui me divertit fort; car sa jupe étoit
toujours en l'air, et l'on voyoit dessous de fort belles
jambes. Il faut que je vous dise un mot de Paris, sur lequel je vous conjure de ne me point dire le contraire;
c'est, ma fille, que je veux, pour ma joie et ma commodité, que vous repreniez tout bonnement votre
chambre et votre alcove, qui ne sont à personne : je
couche par choix dans ma petite chambre; ainsi, voilà
qui est tout réglé, tout établi, c'est mon plaisir, c'est

---

[a] *Voyez* la lettre du 11 juin suivant, page 333.

ma joie ; toute autre chose me choque et me déplaît.

Je me suis fait valoir ici des nouvelles du combat naval[a]. Comme nous pleurâmes le chevalier Tambonneau,
quand il fut tué l'autre fois, je m'en tiens quitte. Adieu,
mon enfant, reposez-vous bien dans votre beau château; c'est là où j'aimerois bien à être cet été; mais ne
m'en parlez point, je n'ai jamais cru avoir de la vertu
que dans cette occasion.

~~~~~~

5o2. *

A la même.

A Vichi, jeudi 28 mai 1676.

Je reçois deux de vos lettres; l'une me vient du côté
de Paris, et l'autre de Lyon. Vous êtes privée d'un grand
plaisir, de ne faire jamais de pareilles lectures : je ne
sais où vous prenez tout ce que vous dites; mais cela
est d'un agrément et d'une justesse à quoi l'on ne s'ac-

---

[a] Le combat naval livré par Duquesne à Ruyter, le 22 avril 1676,
au nord-est de l'Etna. Dès le commencement de l'affaire, un boulet
fracassa les deux jambes de l'amiral hollandois; et sa perte, arrivée le 29 avril, fut pour sa patrie ce que celle de Turenne avoit été
pour la France. Chaque nation s'attribua la victoire; mais le succès
obtenu par notre escadre ne peut être douteux, puisque nous res-
tâmes maîtres du champ de bataille, et que nous fûmes lever le siège
d'Agousta.

coutume point. Vous avez raison de croire que j'écris sans effort, et que mes mains se portent mieux : elles ne se ferment point encore, et le dedans des mains est fort enflé, et les doigts aussi. Cela me fait trembloter, et me fait, de la plus méchante grace du monde, dans le bon air des bras et des mains : mais je tiens très bien une plume, et c'est ce qui me fait prendre patience. J'ai commencé aujourd'hui la douche; c'est une assez bonne répétition du purgatoire. On est toute nue dans un petit lieu souterrain, où l'on trouve un tuyau de cette eau chaude, qu'une femme vous fait aller où vous voulez. Cet état où l'on conserve à peine une feuille de figuier pour tout habillement, est une chose assez humiliante. J'avois voulu mes deux femmes-de-chambre, pour voir encore quelqu'un de connoissance. Derrière un rideau se met quelqu'un qui vous soutient le courage pendant une demi-heure; c'étoit pour moi un médecin de Gannet*, que madame de Noailles a mené à toutes ses eaux, qu'elle aime fort, qui est un fort honnête garçon, point charlatan ni préoccupé de rien, qu'elle m'a envoyé par pure et bonne amitié. Je le retiens, m'en dût-il coûter mon bonnet; car ceux d'ici me sont entièrement insupportables, et cet homme m'amuse. Il ne ressemble point à un vilain médecin, il ne ressemble point aussi à celui de Chelles[1]; il a de l'esprit, de l'honnêteté; il connoît le monde; enfin j'en suis contente. Il me par-

---

* C'est peut-être une erreur qui s'est glissée dans toutes les éditions; je crois qu'il faut lire *Ganat*, petite ville près de Vichi.

[1] *Voyez* ci-dessus la lettre du 6 mai, page 282 de ce volume.

loit donc pendant que j'étois au supplice. Représentez-
vous un jet d'eau contre quelqu'une de vos pauvres parties, toute la plus bouillante que vous puissiez vous imaginer. On met d'abord l'alarme par-tout, pour mettre en
mouvement tous les esprits; et puis on s'attache aux
jointures qui ont été affligées : mais quand on vient à
la nuque du cou, c'est une sorte de feu et de surprise
qui ne se peut comprendre; c'est là cependant le nœud
de l'affaire. Il faut tout souffrir, et l'on souffre tout, et
l'on n'est point brûlée, et on se met ensuite dans un lit
chaud, où l'on sue abondamment, et voilà ce qui guérit.
Voici encore où mon médecin est bon; car au lieu de
m'abandonner à deux heures d'un ennui qui ne peut se
séparer de la sueur, je le fais lire, et cela me divertit.
Enfin je ferai cette vie sept ou huit jours, pendant lesquels je croyois boire; mais on ne veut pas, ce seroit
trop de choses; de sorte que c'est une petite alonge à
mon voyage. C'est principalement pour finir cet adieu,
et faire une dernière lessive, que l'on m'a envoyée ici,
et je trouve qu'il y a de la raison : c'est comme si je re-
nouvelois un bail de vie et de santé; et si je puis vous
revoir, ma chère, et vous embrasser encore d'un cœur
comblé de tendresse et de joie, vous pourrez peut-être
encore m'appeler votre *bellissima madre,* et je ne renon-
cerai pas à la qualité de *mère-beauté,* dont M. de Coulanges m'a honorée. Enfin, ma chère enfant, il dépendra
de vous de me ressusciter de cette manière. Je ne vous
dis point que votre absence ait causé mon mal; au contraire, il paroît que je n'ai pas assez pleuré, puisqu'il
me reste tant d'eau; mais il est vrai que de passer ma

vie sans vous voir, y jette une tristesse et une amertume
à quoi je ne puis m'accoutumer.

J'ai senti douloureusement le 24 de ce mois¹; je l'ai
marqué, ma très chère, par un souvenir trop tendre;
ces jours-là ne s'oublient pas facilement; mais il y auroit bien de la cruauté à prendre ce prétexte pour ne
vouloir plus me voir, et à me refuser la satisfaction
d'être avec vous, pour m'épargner le déplaisir d'un
adieu. Je vous conjure, ma fille, de raisonner d'une
autre manière, et de trouver bon que d'Hacqueville et
moi nous ménagions si bien le temps de votre congé, que
vous puissiez être à Grignan assez long-temps, et en avoir
encore pour revenir. Quelle obligation ne vous aurai-je
point, si vous songez à me redonner dans l'été qui vient
ce que vous m'avez refusé dans celui-ci? Il est vrai que
de vous voir pour quinze jours m'a paru une peine, et
pour vous, et pour moi; et j'ai trouvé plus raisonnable
de vous laisser garder toutes vos forces pour cet hiver,
puisqu'il est certain que la dépense de Provence étant
supprimée, vous n'en faites pas plus à Paris : si au lieu
de tant philosopher, vous m'eussiez, franchement et de
bonne grace, donné le temps que je vous demandois,
c'eût été une marque de votre amitié très bien placée;
mais je n'insiste sur rien, car vous savez vos affaires, et
je comprends qu'elles peuvent avoir besoin de votre
présence. Voilà comme j'ai raisonné, mais sans quitter
en aucune manière du monde l'espérance de vous voir;

¹ Le 24 du mois de mai de l'année 1675 fut le jour où madame de
Sévigné se sépara de sa fille à Fontainebleau.

car je vous avoue que je la sens nécessaire à la conservation de ma santé et de ma vie, Parlez-moi du *Pichon*[ᵃ], est-il encore timide? N'avez-vous point compris ce que je vous ai mandé là-dessus? Le mien n'étoit point à Bouchain; il a été spectateur des deux armées rangées si long-temps en bataille[ᵇ]. Voilà la seconde fois qu'il n'y manque rien que la petite circonstance de se battre : mais, comme deux procédés valent un combat, je crois que deux fois à la portée du mousquet valent une bataille. Quoi qu'il en soit, l'espérance de revoir le pauvre baron gai et gaillard m'a bien épargné de la tristesse. C'est un grand bonheur que le prince d'Orange n'ait point été touché du plaisir et de l'honneur d'être vaincu par un héros comme le nôtre. On vous aura mandé comme nos guerriers, amis et ennemis, se sont vus galamment *nell'* *uno*, *nell' altro campo ,* et se sont fait des présents.

On me mande que le maréchal de Rochefort est très bien mort à Nanci, sans être tué que de la fièvre double tierce. N'est-il pas vrai que les petits ramoneurs sont jolis[ᶜ]? On étoit bien las des amours. Si vous avez encore mesdames de Buous, je vous prie de leur faire mes compliments, et sur-tout à la mère; les mères se doivent cette préférence. Madame de Brissac s'en va bientôt; elle me fit l'autre jour de grandes plaintes de votre froi-

---

[ᵃ] Le petit marquis.

[ᵇ] Le 7 mai. (*Voyez* la note de la lettre 497, p. 303 de ce vol.)

[ᶜ] Il s'agissoit d'un papier d'éventail que madame de Sévigné avoit envoyé à madame de Grignan par le chevalier de Buous. (*Voyez* la note de la lettre 492, plus haut, page 289 de ce volume.)

deur pour elle, et que vous aviez négligé son cœur et
son inclination qui la portoient à vous. Nous demeure-
rons ici, la bonne d'Escars et moi, pour achever nos remèdes. Dites-lui toujours quelque chose; vous ne sauriez comprendre les soins qu'elle a de moi. Je ne vous
ai point dit combien vous êtes célébrée ici, et par le
bon Saint-Hérem, et par Bayard, et par mesdames de
Brissac et de Longueval. D'Hacqueville me mande toujours des nouvelles de la santé de mademoiselle de Méri;
on auroit peur, si elle avoit la fièvre, mais j'espère que
ce ne sera rien, et je souhaite qu'elle s'en tire comme
elle a fait tant d'autres fois. On me fait prendre tous les
jours de l'eau de poulet; il n'y a rien de plus simple ni
de plus rafraîchissant : je voudrois que vous en prissiez
pour vous empêcher de brûler à Grignan. Vous me dites
de plaisantes choses sur le beau médecin de Chelles. Le
conte des deux grands coups d'épée pour affoiblir son
homme est fort bien appliqué. Je suis toujours en peine
de la santé de notre cardinal; il s'est épuisé à lire : hé,
mon Dieu! n'avoit-il pas tout lu? Je suis ravie, ma fille,
quand vous parlez avec confiance de l'amitié que j'ai
pour vous; je vous assure que vous ne sauriez trop croire
combien vous faites toute la joie, tout le plaisir et toute
la tristesse de ma vie, ni enfin tout ce que vous m'êtes.

503. *

A la même.

A Vichi, lundi au soir 1ᵉʳ juin 1676.

Allez vous promener, madame la Comtesse, de venir
me proposer de ne vous point écrire; apprenez que c'est
ma joie, et le plus grand plaisir que j'aie ici. Voilà un
plaisant régime que vous me proposez; laissez-moi conduire cette envie en toute liberté, puisque je suis si
contrainte sur les autres choses que je voudrois faire
pour vous; et ne vous avisez pas de rien retrancher de
vos lettres : je prends mon temps; et la manière dont
vous vous intéressez à ma santé m'empêche bien de vouloir y faire la moindre altération. Vos réflexions sur les
sacrifices que l'on fait à la raison sont fort justes dans
l'état où nous sommes : il est bien vrai que le seul amour
de Dieu peut nous rendre heureux en ce monde et en
l'autre; il y a très long-temps qu'on le dit : mais vous y
avez donné un tour qui m'a frappée.

C'est un beau sujet de méditation que la mort du maréchal de Rochefort; un ambitieux dont l'ambition est
satisfaite, mourir à quarante ans! c'est quelque chose
de bien déplorable. Il a prié, en mourant, la comtesse
de Guiche[a] de venir reprendre sa femme à Nanci, et

a La comtesse de Guiche et la maréchale de Rochefort étoient

lui laisse le soin de la consoler. Je trouve qu'elle perd
par tant de côtés, que je ne crois pas que ce soit une
chose aisée. Volà une lettre de madame de La Fayette,
qui vous divertira. Madame de Brissac étoit venue ici
pour une certaine colique; elle ne s'en est pas bien
trouvée : elle est partie aujourd'hui de chez Bayard,
après y avoir brillé, et dansé, et fricassé chair et poisson. Le *chanoine* (*madame de Longueval*) m'a écrit; il
me semble que j'avois échauffé sa froideur par la mienne;
je la connois, et le moyen de lui plaire, c'est de ne lui
rien demander. Madame de Brissac et elle forment le
plus bel assortiment de feu et d'eau que j'aie jamais vu.
Je voudrois voir cette duchesse faire main-basse dans
votre place de Prêcheurs¹ sans aucune considération
de qualité ni d'âge : cela passe tout ce que l'on peut
croire. Vous êtes une plaisante idole ; sachez qu'elle
trouveroit fort bien à vivre où vous mourriez de faim.

Mais parlons de la charmante douche ; je vous en ai
fait la description; j'en suis à la quatrième; j'irai jusqu'à
huit. Mes sueurs sont si extrêmes, que je perce jusqu'à
mes matelas; je pense que c'est toute l'eau que j'ai bue
depuis que je suis au monde. Quand on entre dans ce lit,
il est vrai qu'on n'en peut plus; la tête et tout le corps
sont en mouvement, tous les esprits en campagne, des
battements par-tout. Je suis une heure sans ouvrir la
bouche, pendant laquelle la sueur commence, et conti-

cousines, comme petites-filles, par leurs mères, du chancelier Séguier.

¹ Place publique à Aix.

nue deux heures durant; et de peur de m'impatienter,
je fais lire mon médecin, qui me plaît; il vous plairoit
aussi. Je lui mets dans la tête d'apprendre la philosophie de votre *père* Descartes; je ramasse des mots que
je vous ai ouï dire. Il sait vivre; il n'est point charlatan;
il traite la médecine en galant homme; enfin il m'a-
muse. Je vais être seule, et j'en suis fort aise : pourvu
qu'on ne m'ôte pas le pays charmant, la rivière d'Allier,
mille petits bois, des ruisseaux, des prairies, des moutons, des chèvres, des paysannes qui dansent la bourrée
dans les champs, je consens de dire adieu à tout le reste;
le pays seul me guériroit. Les sueurs qui affoiblissent
tout le monde me donnent de la force, et me font voir
que ma foiblesse venoit des superfluités que j'avois encore dans le corps. Mes genoux se portent bien mieux;
mes mains ne veulent pas encore, mais elles le voudront
avec le temps. Je boirai encore huit jours, du jour de la
Fête-Dieu, et puis je penserai avec douleur à m'éloigner
de vous. Il est vrai que ce m'eût été une joie bien sensible de vous avoir ici uniquement à moi; vous y avez
mis une clause de retourner chacun chez soi, qui m'a
fait transir : n'en parlons plus, ma chère enfant, voilà
qui est fait. Songez à faire vos efforts pour venir me
voir cet hiver : en vérité, je crois que vous devez en
avoir quelque envie, et que M. de Grignan doit souhaiter que vous me donniez cette satisfaction. J'ai à vous
dire que vous faites tort à ces eaux de les croire noires;
pour noires, non; pour chaudes, oui. Les Provençaux
s'accommoderoient mal de cette boisson : mais qu'on
mette une herbe ou une fleur dans cette eau bouillante,

21.

elle en sort aussi fraîche que lorsqu'on la cueille; et au lieu de griller et de rendre la peau rude, cette eau la rend douce et unie : raisonnez là-dessus. Adieu, ma chère enfant; s'il faut, pour profiter des eaux, ne guère aimer sa fille, j'y renonce. Vous me mandez des choses trop aimables, et vous l'êtes trop aussi quand vous voulez. N'est-il pas vrai, M. le Comte, que vous êtes heureux de l'avoir? et quel présent vous ai-je fait!

504.

A la même.

A Vichi, jeudi 4 juin 1676.

J'ai enfin achevé aujourd'hui ma douche et ma *suerie;* je crois qu'en huit jours il est sorti de mon pauvre corps plus de vingt pintes d'eau. Je suis persuadée que rien ne me pouvoit faire plus de bien; et je me crois à couvert des rhumatismes pour le reste de ma vie. La douche et la sueur sont assurément des états pénibles; mais il y a une certaine demi-heure où l'on se trouve à sec et fraîchement, et où l'on boit de l'eau de poulet fraîche; je ne mets point ce temps au rang des plaisirs innocents; c'est un endroit délicieux. Mon médecin m'empêchoit de mourir d'ennui; je me divertissois à lui parler de vous, il en est digne. Il s'en est allé aujourd'hui; il reviendra, car il aime la bonne compagnie; et depuis

madame de Noailles, il ne s'étoit pas trouvé à telle fête.
Je m'en vais prendre demain une légère médecine, et
puis boire huit jours, et puis c'est fait. Mes genoux sont
comme guéris; mes mains ne se ferment pas encore;
mais pour cette lessive que l'on vouloit faire de moi une
bonne fois, elle sera dans sa perfection. Nous avons ici
une madame de La Baroir qui bredouille d'une apo-
plexie; elle fait pitié : mais quand on la voit laide, point
jeune, habillée du bel air, avec de petits bonnets à double carillon, et qu'on songe de plus qu'après vingt-deux
ans de veuvage, elle s'est amourachée de M. de La Baroir qui en aimoit une autre, à la vue du public, à qui
elle a donné tout son bien, et qui n'a jamais couché
qu'un quart d'heure avec elle, pour fixer les donations,
et qui l'a chassée de chez lui outrageusement (voici une
grande période); mais quand on songe à tout cela, on a
extrêmement envie de lui cracher au nez.

On dit que madame de Péquigny [1] vient aussi; c'est
la Sybille Cumée. Elle cherche à se guérir de soixante-
seize ans, dont elle est fort incommodée; ceci devient
les Petites-Maisons. Je mis hier moi-même une rose
dans la fontaine bouillante; elle y fut long-temps sau-
cée et resaucée; je l'en tirai comme de dessus la tige :
j'en mis une autre dans une poêlonnée d'eau chaude,
elle y fut en bouillie en un moment. Cette expérience,
dont j'avois ouï parler, me fit plaisir. Il est certain que
ces eaux-ci sont miraculeuses. Je veux vous envoyer

[1] Claire-Charlotte d'Ailly, mère de Charles d'Albert, duc de
Chaulnes.

par un petit prêtre qui s'en va à Aix, un petit livre que
tout le monde a lu, et qui m'a divertie; c'est l'*Histoire
des Visirs*[a]; vous y verrez les guerres de Hongrie et de
Candie, et vous y verrez en la personne du grand-visir[']
que vous avez tant entendu louer, et qui règne encore
présentement, un homme si parfait, que je ne vois aucun chrétien qui le surpasse. Dieu bénisse la chrétienté!
Vous y verrez aussi des détails de la valeur du roi de
Pologne (*J. Sobieski*), qu'on ne sait point, et qui sont
dignes d'admiration. J'attends de vos lettres présentement avec impatience, et je cause en attendant. Ne craignez jamais que j'en puisse être incommodée : il n'y a
nul danger d'écrire le soir.

Voilà votre lettre du 31 mai, ma très chère et parfaitement aimable. Il y a des endroits qui me font rire aux
larmes : celui où vous ne pouvez pas trouver un mot
pour madame de La Fayette est admirable. Je trouve
que vous avez tant de raison, que je ne comprends pas
par quelle fantaisie je vous demandois cette inutilité. Je
crois que c'étoit dans le transport de la reconnoissance
de ce bon vin qui sent le fût : vous étiez toujours sur vos
pieds pour lui dire, *supposé*, et un autre mot encore
que je ne trouve plus. Pour notre *Pichon*, je suis transportée de joie que sa taille puisse être un jour *à la Grignan*. Vous me le représentez fort joli, fort aimable;

---

[a] *Histoire des grands-visirs Mahomet Coprogli et Achmet Coprogli;*
Paris, 1676, in-12. Cet ouvrage est de Chassepol, il a été réimprimé
en 1679, en 3 vol. in-12.

['] Achmet Coprogli, pacha, mort en 1676. ' Son frère Mahomet
Coprogli fut fait grand-visir en 1689.

cette timidité vous faisoit peur mal-à-propos. Vous vous
divertissez de son éducation, et c'est un bonheur pour
toute sa vie : vous prenez le chemin d'en faire un fort
honnéte homme. Vous voyez comme vous avez bien fait
de lui donner des chausses; ils sont filles, tant qu'ils ont
une robe.

Vous ne comprenez point mes mains, ma chère
enfant; j'en fais présentement une partie de ce que
je veux; mais je ne puis les fermer qu'autant qu'il faut
pour tenir une plume; le dedans ne fait aucun semblant de vouloir se désenfler. Que dites-vous des
restes agréables d'un rhumatisme? M. le cardinal (*de
Retz*) me mandoit l'autre jour que les médecins avoient
nommé son mal de tête un rhumatisme de membranes;
quel diantre de nom! à ce mot de rhumatisme, je
pensai pleurer. Je vous trouve fort bien pour cet été
dans votre château. M. de La Garde doit être compté
pour beaucoup; je pense que vous en faites bien votre
profit. Je crois avoir sagement fait de vous avoir épargné la fatigue du voyage de Vichi, et à moi la douleur
de vous voir, pour vous dire adieu presque en même
temps. Pour moi, je vivrois tristement si je n'espérois
une autre année d'aller à Grignan; c'est une de mes en-
vies de me retrouver dans ce château avec tous les Grignan du monde, il n'y en a jamais trop. J'ai un souvenir
tendre du séjour que j'y ai fait, et cela promet un second voyage, dès que je pourrai. J'ai ri, en vérité, quoique malgré moi, de la nouvelle du combat naval que
notre bon d'Hacqueville vous a mandée; il faut avouer
que cela est plaisant, et le soin qu'il prenoit aussi de

m'apprendre des nouvelles de Rennes, quand j'étois
aux Rochers; mais vous cherchez qui en rira avec vous,
car vous savez bien le vœu que j'ai fait, depuis qu'il
m'envoya une certaine lettre de Davonneau, qui me
redonna la vie *.

Que dites-vous du maréchal de Lorges? le voilà capitaine des gardes du corps : ces deux frères deviennent
jumeaux [1]. Mademoiselle de Frémont [b] est, en vérité,
bien mariée, et M. de Lorges aussi. Je m'en réjouis pour
le chevalier (*de Grignan*); plus son ami s'avancera, plus
il sera en état de le servir. Madame de Coulanges me
mande qu'on lui écrit que madame de Brissac est guérie,
et qu'elle ne rend point les eaux de Vichi : voilà bien
notre petite amie [c]. Vous la trouverez fort au-dessus des
servitudes où vous l'avez vue autrefois : elle n'aime plus
qu'autant qu'on l'aime; et cette mesure est bonne, sur-
tout avec les dames de la cour. Vous avez fait transir
le bon abbé de lui parler de ne pas reprendre à Paris
votre petit appartement : hélas! ma fille, je ne le con-

* *Voyez* la lettre 468, page 217 de ce volume.

[1] Le maréchal de Duras et le maréchal de Lorges étoient tous
deux capitaines des gardes du corps en même temps.

[b] Geneviève de Frémont, maréchale de Lorges. (*Voyez* la lettre
475.)

[c] Il est difficile de trouver des expressions qui fassent bien entendre la plaisanterie de madame de Coulanges; mais on n'éprouveroit
pas cet embarras si les *chansons satiriques du temps* étoient suscep-
tibles d'être publiées. On y verroit, dans un style qu'on ne peut
qualifier, que la duchesse de Brissac étoit sujette à une petite incommodité qui ne se rencontre ordinairement que dans la foiblesse du
premier âge.

serve et ne l'aime que dans cette vue; au nom de Dieu,
ne me parlez point d'être hors de chez moi. J'adore le
bon abbé de tout ce qu'il me mande là-dessus, et de
l'envie qu'il a de me voir recevoir une si chère et si aimable compagnie; si sa lettre n'étoit pleine de mille petites affaires de Bourgogne et de Bretagne, je vous l'en-
verrois. Adieu, je vous embrasse mille fois avec une
tendresse qui doit vous plaire, puisque vous m'aimez.
Faites bien des amitiés à M. de La Garde et à M. de
Grignan, et mes compliments de noces au premier.
Baisez les *Pichons* pour moi; j'aime la gaillardise de
Pauline : et le *petit petit* veut-il vivre absolument contre
l'avis d'Hippocrate et de Gallien? Il me semble que ce
doit être un homme tout extraordinaire. L'*inhumanité*
que vous donnez à vos enfants est la chose la plus commode du monde : voilà, Dieu merci, la petite ¹ qui ne
songe plus ni à père, ni à mère; ah ! ma belle, elle n'a
pas pris cette heureuse qualité chez vous; vous m'aimez
trop, et je vous trouve trop occupée de moi et de ma
santé; vous n'en avez que trop souffert.

¹ Marie-Blanche, qui avoit été mise au couvent.

~~~~~~

5o5.

A la même.

A Vichi , lundi 8 juin 1676.

Ne doutez pas, ma fille, que je ne sois touchée très
sensiblement de préférer quelque chose à vous qui
m'êtes si chère : toute ma consolation , c'est que vous
ne pouvez ignorer mes sentiments, et que vous verrez
dans ma conduite un beau sujet de réfléchir, comme
vous faisiez l'autre jour, touchant la préférence du devoir sur l'inclination. Mais je vous conjure, et M. de
Grignan, de vouloir bien me consoler cet hiver de cette
violence qui coûte si cher à mon cœur. Voilà donc ce
qui s'appelle la vertu et la reconnoissance : je ne m'é-
tonne pas si l'on trouve si peu de presse dans l'exercice de ces belles vertus. Je n'ose, en vérité, appuyer
sur ces pensées; elles troublent entièrement la tranquillité qu'on ordonne en ce pays. Je vous conjure donc une
bonne fois de vous tenir pour toute rangée chez moi,
comme vous y étiez, et de croire encore que voilà précisément la chose que je souhaite le plus fortement.
Vous êtes en peine de ma douche, ma très chère; je l'ai
prise huit matins, comme je vous l'ai mandé; elle m'a
fait suer abondamment; c'est tout ce qu'on en souhaite,
et bien loin de m'en trouver plus foible, je m'en trouve

plus forte. Il est vrai que vous m'auriez été d'une grande
consolation : je doute cependant que j'eusse voulu vous
souffrir dans cette fumée : pour ma sueur, elle vous auroit fait un peu de pitié : mais enfin, je suis le prodige
de Vichi, pour avoir soutenu la douche courageuse-
ment. Mes jarrets en sont guéris ; si je fermois mes
mains, il n'y paroîtroit plus. Pour les eaux, j'en prendrai
jusqu'à samedi ; c'est mon seizième jour ; elles me pur-
gent et me font beaucoup de bien.

Tout mon déplaisir, c'est que vous ne voyiez point danser les bourrées de ce pays ; c'est la plus surprenante chose
du monde ; des paysans, des paysannes, une oreille aussi
juste que vous, une légèreté, une disposition ; enfin
j'en suis folle. Je donne tous les soirs un violon avec un
tambour de basque, à très petits frais ; et dans ces prés
et ces jolis bocages, c'est une joie que de voir danser les
restes des bergers et des bergères du Lignon [1]. Il m'est
impossible de ne vous pas souhaiter, toute sage que
vous êtes, à ces sortes de folies.

Nous avons *Sibylle Cumée* [2] toute parée, tout habillée en jeune personne ; elle croit guérir, elle me fait pitié. Je crois que ce seroit une chose possible, si c'étoit
ici la fontaine de Jouvence. Ce que vous dites sur la li-
bérté que prend la mort d'interrompre la fortune est
incomparable : c'est ce qui doit consoler de ne pas être
au nombre de ses favoris ; nous en trouverons la mort

[1] Petite rivière à laquelle le roman de l'*Astrée* a donné de la célébrité.

[2] Madame de Péquigny. (*Voyez* la lettre précédente, page 325.)

moins amère. Vous me demandez si je suis dévote; hélas! non, dont je suis très fâchée; mais il me semble
que je me détache en quelque sorte de ce qui s'appelle
le monde. La vieillesse et un peu de maladie donnent
le temps de faire de grandes réflexions; mais ce que je
retranche sur le public, il me semble que je vous le redonne : ainsi je n'avance guère dans le pays du *détachement*; et vous savez que le droit du jeu seroit de commencer par effacer un peu ce qui tient le plus au cœur.

Madame de Montespan partit jeudi de Moulins dans
un bateau peint et doré, meublé de damas rouge, que
lui avoit fait préparer M. l'intendant, avec mille chif-
fres, mille banderoles de France et de Navarre : jamais
il n'y eut rien de plus galant; cette dépense va à plus de
mille écus; mais il en fut payé tout comptant par la lettre que la belle écrivit au roi; elle n'y parloit, à ce
qu'elle lui dit, que de cette magnificence. Elle ne voulut
point se montrer aux femmes; mais les hommes la vi-
rent à l'ombre de M. l'intendant*. Elle s'est embarquée
sur l'Allier, pour trouver la Loire à Nevers, qui doit la
mener à Tours, et puis à Fontevrauld, où elle attendra le retour du roi, qui est différé par le plaisir qu'il
prend au métier de la guerre. Je ne sais si on aime cette
préférence. Je me consolerai facilement de Ruyter*,
par la facilité qu'il me paroît que cet événement donne
à votre voyage. N'est-il pas vrai, mon cher Comte, vous

* Il s'appeloit M. Moran, si l'on en doit croire une note de l'édition de 1734, omise dans celle de 1754.

* *Voyez* la note de la lettre 501, page 315.

me priez de vous aimer tous deux? hé! que fais-je autre
chose? Soyez-en donc bien persuadés. Je vous ai mandé
ce que dit notre petite Coulanges de la guérison de la
duchesse (*de Brissac*), qui consiste à ne point rendre
les eaux de Vichi : cela est plaisant*a* Vous avez vu
comme je suis instruite de *Guenani b* dans le temps que
vous m'en parlez. Je viens de prendre et de rendre
mes eaux à moitié ; il est mardi, à dix heures du matin.
Comme je suis bien assurée que, pour vous plaire, il
faut que je quitte ma plume, je finis en vous embras-
sant de toute ma tendresse.

506. *

A la même.

A Vichi, jeudi au soir 11 juin 1676.

Vous seriez la bien venue, ma fille, de venir me dire
qu'à cinq heures du soir je ne dois pas vous écrire;
c'est ma seule joie, c'est ce qui m'empêche de dormir.
Si j'avois envie de faire un doux sommeil, je n'aurois
qu'à prendre des cartes, rien ne m'endort plus sûre-

a Voyez la note de la lettre précédente, page 328.
b On a vu dans la note de la lettre 127, tome I*er*, page 317, que
Guenani étoit le nom d'une fille naturelle que M. le duc avoit eue de
madame de Marans ; elle étoit née vers l'année 1668.

ment. Si je veux être éveillée, comme on l'ordonne, je
n'ai qu'à penser à vous, à vous écrire, à causer avec
vous des nouvelles de Vichi : voilà le moyen de m'ôter
toute sorte d'assoupissement. J'ai trouvé ce matin à la
fontaine un bon capucin ; il m'a humblement saluée ;
j'ai fait aussi la révérence de mon côté, car j'honore la
livrée qu'il porte. Il a commencé par me parler de la
Provence, de vous, de M. de Roquesante, de m'avoir
vue à Aix, de la douleur que vous aviez eue de ma maladie. Je voudrois que vous eussiez vu ce que m'est devenu ce bon père, dès le moment qu'il m'a paru si bien
instruit : je crois que vous ne l'avez jamais ni vu, ni remarqué ; mais c'est assez de vous savoir nommer. Le
médecin que je tiens ici pour causer avec moi ne pouvoit se lasser de voir comme naturellement je m'étois
attachée à ce père. Je l'ai assuré que s'il alloit en Provence, et qu'il vous fît dire qu'il a toujours été avec
moi à Vichi, il seroit pour le moins aussi bien reçu. Il
m'a paru qu'il mouroit d'envie de partir pour vous aller
dire des nouvelles de ma santé : hors mes mains, elle
est parfaite ; et je suis assurée que vous auriez quelque
joie de me voir et de m'embrasser en l'état où je suis,
sur-tout après avoir su dans quel état j'étois auparavant.
Nous verrons si vous continuerez à vous passer de ceux
que vous aimez, ou si vous voudrez bien leur donner
la joie de vous voir : c'est où d'Hacqueville et moi nous
vous attendons.

La bonne Péquigny est survenue à la fontaine ; c'est
une machine étrange, elle veut faire tout comme moi,
afin de se porter comme moi. Les médecins d'ici lui disent

que oui, et le mien se moque d'eux. Elle a pourtant bien
de l'esprit avec ses folies et ses foiblesses; elle a dit cinq
ou six choses très plaisantes. C'est la seule personne
que j'aie vue, qui exerce sans contrainte la vertu de li-
beralité : elle a deux mille cinq cents louis *a* qu'elle a résolu de laisser dans le pays; elle donne, elle jette, elle
habille, elle nourrit les pauvres : si on lui demande une
pistole, elle en donne deux; je n'avois fait qu'imaginer
ce que je vois en elle. Il est vrai qu'elle a vingt-cinq mille
écus de rente, et qu'à Paris elle n'en dépense pas dix
mille. Voilà ce qui fonde sa magnificence; pour moi, je
trouve qu'elle doit être louée d'avoir la volonté avec le
pouvoir; car ces deux choses sont quasi toujours sépa-
rées.

La bonne d'Escars m'a fait souvenir de ce que j'avois
dit à la duchesse (*de Brissac*) le jour de l'embrasement
du célestin; elle en rit beaucoup; et comme vous vous
attendez toujours à quelque sincérité de moi dans ces
occasions, la voici. Je lui dis : « Vraiment, Madame,
« vous avez tiré de bien près ce bon père; vous aviez
« peur de le manquer. » Elle fit semblant de ne pas
m'entendre, et je lui dis comme j'avois vu brûler le célestin : elle le savoit bien, et ne se corrigea pas pour cela
du plaisir de faire des meurtres *b*.

---

a Le louis valoit 10 livres, qui étoient alors la même somme que
20 d'aujourd'hui, le marc étant à 26 livres.

b *Voyez* la lettre 561, page 314.

Vendredi à midi.

Je viens de la fontaine, c'est-à-dire, à neuf heures, et j'ai rendu mes eaux : ainsi, ma très aimable belle, ne soyez point fâchée que je fasse une légère réponse à votre lettre ; au nom de Dieu, fiez-vous à moi, et riez, riez sur ma parole ; je ris aussi quand je puis. Je suis un peu troublée de l'envie d'aller à Grignan, où je n'irai pas. Vous me faites un plan de cet été et de cet automne, qui me plaît et qui me convient. Je serois aux noces de M. de La Garde, j'y tiendrois ma place, j'aiderois à vous venger de Livry ; je chanterois : *Le plus sage s'entête et s'engage sans savoir comment.* Enfin, Grignan et tous ses habitants me tiennent au cœur. Je vous assure que je fais un acte généreux et très généreux de m'éloigner de vous.

Que je vous aime de vous souvenir si à propos de nos *Essais de morale!* je les estime et les admire. Il est vrai que le *moi* de M. de La Garde va se multiplier, tant mieux, tout en est bon. Je le trouve toujours à mon gré, comme à Paris. Je n'ai point eu de curiosité de questionner sur le sujet de sa femme[1]. Vous souvient-il de ce que je contois un jour à Corbinelli, qu'un certain homme épousoit une femme? Volà, me dit-il, un beau détail. Je m'en suis contentée en cette occasion, persua-

---

[1] Le mariage dont il s'agissoit ne se fit point, quoiqu'il fût très avancé. M. de La Garde étoit fils de Louis Escalin des Aimars, baron de La Garde, et de Jeanne Adhémar de Monteil, tante de M. de Grignan.

dée que, si j'avois connu son nom, vous me l'auriez
nommée. Vos dames de Montelimart sont assez bonnes à
moufler avec leur carton doré *a*. Je reviens à ma santé,
elle est très admirable; les eaux et la douche m'ont extrêmement purgée; et au lieu de m'affoiblir, elles m'ont
fortifiée. Je marche tout comme une autre; je crains de
rengraisser, voilà mon inquiétude; car j'aime à être
comme je suis. Mes mains ne se ferment pas, voilà tout,
le chaud fera mon affaire. On veut m'envoyer au Mont-
d'Or, je ne veux pas. Je mange présentement de tout,
c'est-à-dire, je le pourrai, quand je ne prendrai plus les
eaux. Je me suis mieux trouvée de Vichi que personne,
t bien des gens pourroient dire :

> Ce bain si chaud, tant de fois éprouvé,
> M'a laissé comme il m'a trouvé.

Pour moi, je mentirois; car il s'en faut si peu que je
ne fasse de mes mains comme les autres, qu'en vérité
ce n'est pas la peine de se plaindre. Passez donc votre
été gaiement, ma très chère; je voudrois bien vous envoyer pour la noce deux filles et deux garçons qui sont
ici, avec le tambour de basque, pour vous faire voir
cette bourrée. Enfin *les Bohémiens* sont fades en comparaison. Je suis sensible à la parfaite bonne grace : vous
souvient-il quand vous me faisiez rougir les yeux, à force
de bien danser? Je vous assure que cette bourrée dan-
sée, sautée, coulée naturellement, et dans une justesse
surprenante, vous divertiroit. Je m'en vais penser à ma

---

a Il s'agit apparemment de quelques coiffures dans le genre de celles
des femmes du pays de Caux, où le carton doré est encore en usage.

lettre pour M. de La Garde. Je pars demain d'ici; j'irai
me purger et me reposer un peu chez Bayard, et puis à
Moulins, et puis m'éloigner toujours de ce que j'aime
passionnément, jusqu'à ce que vous fassiez les pas nécessaires pour redonner la joie et la santé à mon cœur et à
mon corps, qui prennent beaucoup de part, comme
vous savez, à ce qui touche l'un ou l'autre. Parlez-moi de
vos balcons, de votre terrasse, des meubles de ma chambre, et enfin toujours de vous; ce *vous* m'est plus cher
que mon *moi*, et cela revient toujours à la même chose.

507.*

A la même.

A Langlar, chez M. l'abbé Bayard, lundi 15 juin 1676.

J'arrivai ici samedi, comme je vous l'avois mandé. Je
me purgeai hier pour m'acquitter du cérémonial de
Vichi, comme vous vous acquittiez l'autre jour des compliments de province à vos dames de carton *a*. Je me
porte fort bien, le chaud achévera mes mains; je jouis
avec plaisir et modération de la bride qu'on m'a mise
sur le cou; je me promène un peu tard; je reprends mon
heure de me coucher; mon sommeil se raccoutume avec
le matin; je ne suis plus une sotte poule mouillée; je

----

a Voyez la lettre précédente et la note.

conduis pourtant toujours ma barque avec sagesse; et
si je m'égarois, il n'y auroit qu'à me crier, *rhumatisme;*
c'est un mot qui me feroit bien vite rentrer dans mon
devoir. Plût à Dieu, ma fille, que, par un effet de magie
blanche ou noire, vous puissiez être ici; vous aimeriez
premièrement les solides vertus du maître du logis; la
liberté qu'on y trouve plus grande qu'à Frêne* et vous
admireriez le courage et la hardiesse qu'il a eue de rendre une affreuse montagne, la plus belle, la plus délicieuse, et la plus extraordinaire chose du monde. Je
suis assurée que vous seriez frappée de cette nouveauté.
Si cette montagne étoit à Versailles, je ne doute point
qu'elle n'eût ses pareurs contre les violences dont l'art
opprime la pauvre nature dans l'effet court et violent
de toutes les fontaines. Les hautbois et les musettes font
danser la bourrée d'Auvergne aux Faunes d'un bois odo-
riférant, qui fait souvenir de vos parfums de Provence;
enfin, on y parle de vous, on y boit à votre santé : ce repos m'a été agréable et nécessaire.

Je serai mercredi à Moulins, où j'aurai une de vos
lettres, sans préjudice de celle que j'attends après
dîner. Il y a dans ce voisinage des gens plus raisonnables
et d'un meilleur air que je n'en ai vu en nulle autre
province; aussi ont-ils vu le monde et ne l'ont pas oublié. L'abbé Bayard me paroît heureux, et parcequ'il
'est et parcequ'il veut l'être. Pour moi, ma chère Comtesse, je ne puis l'être sans vous; mon ame est toujours

---

* Chez madame du Plessis-Guénégaud. (*Voyez* la lettre 48, t. Ier,
pag. 116.)

agitée de crainte, d'espérance, et sur-tout de voir, tous
les jours, écouler ma vie loin de vous : je ne puis m'accoutumer à la tristesse de cette pensée; je vois le temps
qui court et qui vole, et je ne sais où vous reprendre.
Je veux sortir de cette tristesse par un souvenir qui me
revient d'un homme qui me parloit en Bretagne de l'a-
varice d'un certain prêtre : il me disoit fort naturellement : « Enfin, Madame, c'est un homme qui mange de
« la merluche toute sa vie, pour manger du poisson
« après sa mort. » Je trouvai cela plaisant, et j'en fais
l'application à toute heure. Les devoirs, les considéra-
tions nous font manger de la merluche toute notre vie,
pour manger du poisson après notre mort*.

Je n'ai plus les mains enflées, mais je ne les ferme
pas; et comme j'ai toujours espéré que le chaud les re-
mettroit, j'avois fondé mon voyage de Vichi sur cette
lessive dont je vous ai parlé; et sur les sueurs de la
douche, pour m'ôter à jamais la crainte du rhumatisme :
voilà ce que je voulois, et ce que j'ai trouvé. Je me sens
bien honorée du goût qu'a M. de Grignan pour mes lettres : je ne les crois jamais bonnes; mais puisque vous
les approuvez, je ne leur en demande pas davantage. Je
vous remercie de l'espérance que vous me donnez de
vous voir cet hiver; je n'ai jamais eu plus d'envie de vous
embrasser. J'aime l'abbé de vous avoir écrit si paternel-
lement; lui qui souffre avec peine d'être six semaines
sans me voir, ne doit-il pas entrer dans la douleur que

---

a C'est la pensée de La Bruyère : « Jeune, on conserve pour sa vieil-
« lesse; vieux, on épargne pour la mort. » (*Des biens de la fortune.*)

j'ai de passer ma vie sans vous, et dans l'extrême desir que j'ai de vous avoir?

On dit que madame de Rochefort est inconsolable. Madame de Vaubrun est toujours dans son premier désespoir. Je vous écrirai de Moulins. Je ne fais pas réponse à la moitié de votre aimable lettre, je n'en ai pas le temps.

508. *

A la même.

A Moulins, jeudi 18 juin 1676.

Puisque vous m'envoyez vous écrire plus loin, et qu'une réponse de quatre jours vous incommode, hélas! je vais donc m'éloigner, mais ce ne peut être sans douleur, ni sans faire toutes les réflexions que nous avons déja faites sur les lois que l'on s'impose, et sur le martyre que l'on se fait souffrir, en préférant si souvent son devoir à son inclination : en voici un bel exemple. Pour m'ôter cette tristesse, j'avoue, ma très chère, que j'emporte l'espérance de vous voir cet hiver.

Ruyter est mort; je laisse aux Hollandois le soin de le regretter : vous m'en paroissez plus libre de quitter votre Provence. Les voyages sur la côte sont fâcheux; celui que M. de Grignan doit faire encore n'est pas commode. Nous tâcherons de vous laisser respirer à Grignan jusqu'au mois d'octobre : c'est pour ne pas inter-

rompre ce sommeil, que je n'ai pas voulu que vous vinssiez à Vichi, et pour d'autres raisons encore que je vous
ai mandées. Je crois donc que vous voudrez bien me
donner cette preuve d'une amitié que je crois vive et
sincère, et qui seroit un peu trop rude, si vous ne m'en
donniez cette marque.

Je partis hier de Langlar. La bonne princesse (*de Tarente*) m'avoit envoyé un laquais, pour me dire qu'elle
seroit mardi 16 ici. Bayard, avec sa parfaite vertu, ne
voulut jamais comprendre cette nécessité de partir; il
retint le laquais, et m'assura si bien qu'elle m'attendroit
jusqu'au mercredi, qui étoit hier, et que même il viendroit avec moi, que je cédai à son raisonnement. Nous
arrivâmes donc hier ici; la princesse étoit partie dès la
pointe du jour, et m'avoit écrit toutes les lamentations
de Jérémie; elle s'en retourne à Vitré, dont elle est inconsolable; elle eût été, dit-elle, consolée, si elle m'avoit
parlé; je fus très fâchée de ce contre-temps : je voulus
battre Bayard; et vous savez ce que l'on dit.

Nous avons couché chez madame Fouquet, où une
fort jolie femme de ses amies nous vint faire les honneurs. Ces pauvres femmes sont, à Pomé, dans une petite maison qu'elles ont achetée, où nous allons les voir
après dîner. Je vais dîner à Sainte-Marie, avec le tombeau de M. de Montmorency, et les petites de Valençai.
Je vous écrirai de Pomé de grandes particularités de
Quanto, qui vous surprendront : ce qui vous paroîtra
bon, c'est que ce seront des vérités, et toutes des plus
mystérieuses. Bayard est de ce voyage; c'est un d'Hacqueville pour la probité, les arbitrages et les bons con-

seils ; mais fort mitigé sur la joie, la confiance et les plaisirs. Il vous révère, et vous supplie de le lui permettre, en faveur de l'amitié qu'il a pour moi.

Si vous recevez une réponse de M. de Lorges, pour savoir si on est bien aise quand on est content[a], je vous prie de m'en faire part : en attendant, je vous dirai que celui-ci[b] a trouvé par sa modération ce que l'autre ne trouvera peut-être jamais avec toutes les graces de la fortune. Il est aise, parcequ'il est content, et il est content, parcequ'il a l'esprit bien fait. Vous me disiez l'autre jour des choses trop plaisantes sur Rochefort, qui avoit souhaité et obtenu tout, et qui avoit seulement oublié de souhaiter de ne pas mourir sitôt. C'étoit une tirade qui valoit trop : mais on ne finiroit point, si on vouloit relever tout ce qui est de ce goût-là.

Vous me demandiez s'il étoit vrai que la duchesse de Sault[c] fût un page ; non, ce n'est point un page ; mais il est vrai qu'elle est si aise de n'être plus à Machecoule[c] à mourir d'ennui avec sa mère, et qu'elle se trouve si bien d'être la duchesse de Sault, qu'elle a peine à contenir sa joie ; et c'est précisément ce que disent les Italiens, *non può capire*. Elle est *fort aise d'être contente*, et cela répand une joie un peu excessive sur toutes ses actions, et qui n'est plus à la mode de la cour, où chacun a ses

---

[a] Allusion à la réponse de madame de La Vallière à madame de Montespan. (*Voyez* la lettre 488, page 272 de ce volume.)

[b] L'abbé Bayard.

[c] *Voyez* la lettre 479, et la note ci-dessus, page 248.

[c] Beau château du duché de Retz, à quatre lieues de Nantes, sur les bords du lac de Grand-Lieu.

tribulations, et où l'on ne rit plus depuis plusieurs années. Pour sa personne, elle vous plairoit sans beauté, parcequ'elle est d'une taille parfaite et d'une très bonne grace à tout ce qu'elle fait. Je suis toujours en peine de notre cardinal; il me cache ses maux par l'intérêt qu'il sait que j'y prends; mais la continuation de ce mal de tête me déplaît. Je me porte fort bien; j'attends du chaud la liberté de mes mains; elles me servent quasi comme si de rien n'étoit; j'y suis accoutumée, et je trouve que ce n'est point une chose si nécessaire de fermer les mains; à quoi sert cela? C'est une vision, quand il n'y a personne à qui l'on veuille serrer la main. Ce m'est un petit reste de souvenir de ce mal que j'honore tant, et dont le nom seul me fait trembler. Enfin, mon ange, ne soyez plus en peine de moi, ce qui reste pour ma consolation dépend de vous. Je vous écrirai encore d'ici une lettre que je vous annonce, et que vous aimerez; je vous embrasse avec la dernière tendresse. Bonjour, M. de Grignan.

509. *

A la même.

A Pomé, samedi 20 juin 1676

Vous me parlez encore de la rigueur que j'ai eue de ne vous avoir pas voulue à Vichi; croyez, ma fille, que j'en ai plus souffert que vous: mais la Providence n'avoit pas rangé les choses pour me donner cette parfaite joie. J'ai eu peur de la peine que vous donneroit ce voyage, qui est long et dangereux; et par le chaud, c'étoit une affaire. J'avois peur que ce mouvement n'en empêchât un autre; j'avois peur de vous quitter, j'avois peur de vous suivre; enfin je craignois tout de ma tendresse et de ma foiblesse, je ne pouvois qu'en votre absence préférer mon oncle l'abbé à vous. Je n'ai été que trop occupée de notre voisinage; cette pensée m'a fait pour le moins autant de mal qu'à vous, et quelquefois jusqu'aux larmes. Ne vous moquez point de moi, je vous en conjure, et contez à **Montgobert** mes tristes raisons, afin qu'elle les comprenne, qu'elle me plaigne, et qu'elle ne me gronde plus. Voilà ce que je voulois encore vous dire pour faire honneur à la vérité : faites-en, ma chère enfant, à l'amitié que vous avez pour moi, en me venant voir cet hiver. Mais parlons d'autre chose.

Je suis ici de jeudi, comme je vous l'ai mandé; je m'en vais demain à Moulins, d'où je **ferai** partir cette lettre, et j'en partirai moi-même pour **Nevers** et **Paris**. Toute la sainteté du monde est ici; cette maison est agréable; la chapelle est ornée. Si mes pauvres mains me faisoient quelque jour retourner à Vichi, je vous assure que je ne me ferois pas des cruautés comme cette fois. Corbinelli *a* me trouve un peu enrôlée dans la *sacrée* paresse; mais je ne sais si ma santé ne me rendra point ma *rustauderie:* je vous le manderai, afin que vous

---

a *Voyez* l'apostille de Corbinelli, à la suite de la lettre 485, ci-dessus, page 261.

ne m'aimiez pas plus que je ne le mérite. Je vous loue
extrêmement de l'envie que vous avez d'établir le pauvre
baron[1]. Quand je serai à Paris, nous tâcherons de se-
conder vos bons commencements. Ne sommes-nous pas
trop heureuses que la campagne soit si douce jusqu'ici?
Je crains bien un détachement pour l'Allemagne. Vous
n'êtes pas actuellement dans l'ignorance de la mort de
Ruyter, ni de la prison du pauvre Penautier[a]. J'arriverai
assez tôt pour vous instruire de toutes ces tragiques
histoires. Je souhaite, ma fille, que votre petite rivière
puisse vous fournir de l'eau pour vous baigner fraîchement, car il y a d'étranges manières de se baigner à
Vichi.

A Moulins, dimanche au soir 21 juin.

Quel bonheur, ma très chère, de recevoir votre lettre
du 17, en arrivant de Pomé, où j'ai laissé les deux saintes (*mesdames Fouquet*)! J'ai amené mademoiselle Fouquet, qui me fait ici les honneurs de chez sa mère; elle
s'en retournera demain matin, quand je partirai pour
aller coucher à Nevers. Je crois que, quelque joie que
l'on puisse avoir en recevant vos lettres, et quelque estime qu'on ait pour elles, rien n'approche de ce qu'elles
me sont.

Vous jugez très juste du *moi* des *Essais de morale*.
Il est vrai qu'il y a, comme disoit le vieux Chapelain,

---

[1] M. de Sévigné son fils.

[a] Penautier, receveur général du clergé de France, et trésorier des
états de Languedoc, étoit l'amant de madame de Brinvilliers, et fut
très véhémentement soupçonné d'avoir pris part à ses crimes.

teinture de ridiculité dans cette expression : le reste est
trop grave pour cette bigarrure, mais nous en faisons
un très bon usage. Vous me peignez Grignan d'une
beauté surprenante; hé bien, ai-je tort quand je dis que
M. de Grignan, avec sa douceur, fait toujours précisément tout ce qu'il veut? Nous avons eu beau crier misère, les meubles, les peintures, les cheminées de mar-
bre, n'ont-ils pas été leur train? Je ne doute point que tout
cela ne soit parfaitement bien; ce n'étoit pas là notre
difficulté, mais où a-t-il pris tant d'argent? Mon enfant,
c'est la magie noire. Je vous conjure de ne me pas manquer cet hiver; je ne puis avoir nulle sorte d'incommodité que celle de ne vous avoir pas. Voilà où mon courage m'abandonneroit. Ma chère enfant, ne laissez pas
finir ma vie sans me donner la joie de vous embrasser
tendrement. Pour mes mains, elles ne me font point de
mal; elles sont encore *infermables*; mais je mange, et je
m'en sers assez pour n'être quasi plus incommodée : je
n'ai plus l'air malade, je suis votre *bellissima :* vous ne
le voulez pas croire.

Vous ne gagnez que des victoires sur votre mer : je
suis assurée que d'Hacqueville vous renverra votre relation; car je ne crois pas qu'il puisse souffrir qu'il soit
dit qu'un autre lui ait appris quelque chose. On ne peut
rien de plus plaisant que ce que vous dites sur le maréchal de Vivonne, et la *prévision* qui lui a fait avoir cette
dignité*. Voilà Corbinelli bien ravi de ces heureux suc-

---

a Le maréchal de Vivonne, ayant l'amiral Duquesne sous ses
ordres, avoit remporté le 2 juin une victoire décisive sur les esca-

cès. Je reçois une lettre du bon abbé qui se moque de vous, et dit que vous pensiez qu'il logeoit dans votre appartement, vous aviez là une belle pensée! Non, ma fille, il n'y a que vous qui puissiez me plaire dans un tel voisinage; aussi n'est-il fait que pour vous, et vous seule y pouvez être souhaitée comme vous l'êtes. J'ai encore ici l'abbé Bayard, qui ne me quitte que le plus tard qu'il peut. Il est bien épris de votre mérite; c'est un ami de grande conséquence : il vous baise les mains mille fois. Mesdames Fouquet[a] m'ont chargée de leurs saints compliments pour vous. Adieu, belle et charmante, je vous quitte pour entretenir ma compagnie. Je vous écrirai des chemins. Je vous aime, en vérité, de tout ce que mon cœur est capable d'aimer.

dres espagnole et hollandoise réunies dans le port de Palerme; douze vaisseaux de guerre et six galères furent brûlés; de sorte qu'il ne resta plus de forces ennemies dans la Méditerranée. Il paroît que madame de Grignan avoit écrit à sa mère que la *prévision* de cet exploit avoit fait donner à M. de Vivonne le bâton de maréchal, laissant assez entendre que jusque-là il n'avoit pas eu d'autres titres à cet honneur que les bontés du roi, et la faveur dont jouissoit madame de Montespan.

[a] La mère et la femme de Fouquet; la première, marie de Maupeou, veuve de François Fouquet, vicomte de Vaux, étoit née en 1590, elle mourut en 1681. La seconde, Marie-Madeleine de Castille, étoit née en 1633, et mourut en 1716.

~~~~~~

5 10. *

A la même.

A Briare, mercredi 24 juin 1676.

Je m'ennuie, ma très chère, d'être si long-temps sans
vous écrire. Je vous ai écrit deux fois de Moulins; mais
il y a déja bien loin d'ici à Moulins. Je commence à da-
ter mes lettres de la distance que vous voulez. Nous par-
tîmes donc lundi de cette bonne ville : nous avons eu
des chaleurs extrêmes. Je suis bien assurée que vous
n'avez pas trouvé d'eau dans votre petite rivière, puisque notre belle Loire est entièrement à sec en plusieurs
endroits. Je ne comprends pas comme auront fait madame de Montespan et madame de Tarente; elles auront glissé sur le sable. Nous partons à quatre heures
du matin; nous nous reposons long-temps à la dînée;
nous dormons sur la paille et sur les coussins de notre
carrosse, pour éviter les incommodités de l'été. Je suis
d'une paresse digne de la vôtre; par le chaud, je vous
tiendrois compagnie à causer sur un lit, tant que terre
nous pourroit porter. J'ai dans la tête la beauté de vos
appartements; vous avez été trop long-temps à **me les**
dépeindre.

Je crois que sur ce lit vous m'expliqueriez ces ridi-

cules qui viennent des défauts de l'ame, et dont je me
doute à-peu-près. Je suis toujours d'accord de mettre au
premier rang de ce qui est bon, ou mauvais, tout ce qui
vient de ce côté-là : le reste me paroît supportable, et
quelquefois excusable; les sentiments du cœur me paroissent seuls dignes de considération; c'est en leur
faveur que l'on pardonne tout : c'est un fonds qui nous
console, et qui nous paye de tout; et ce n'est donc que
par la crainte que ce fonds ne soit altéré, qu'on est
blessé de la part des choses.

Nous parlerons encore de vos beaux tableaux, et de la
mort extraordinaire de Raphaël d'Urbin "; je ne l'eusse
pas imaginée, non plus que le chaud de la Saint-Jean :
il y a plus de dix ans que j'avois remarqué qu'on se
chauffoit fort bien aux feux qu'on y fait, c'est sur cela que
je m'étois reposée, et que je me suis mécomptée. Les
médecins appellent l'opiniâtreté de mes mains, un reste
de rhumatisme un peu difficile à persuader : mais voici
un chaud qui doit convaincre de tout. Je suis tellement
en train de suer, que je sue toujours; et la bonne d'Escars n'ose me proposer d'ôter des habits, parcequ'elle
dit que j'aime à suer. Il est vrai qu'il me reste encore
la fantaisie de croire que j'ai froid, quand je n'ai pas
extrêmement chaud; cela s'en ira avec la poule mouillée, qui prend tous les jours congé de moi. Nous pensions être vendredi à Vaux, et passer une soirée divine;

" Raphaël d'Urbin, le plus grand peintre de l'Italie, mourut en
1520, âgé de 37 ans, épuisé par les excès auquel il s'étoit livré avec
sa maitresse. Les médecins, ignorant la cause de son mal, ordonnè-
rent des saignées qui causèrent sa mort.

mais je crains que nous n'y soyons que samedi. Je vous écrirai encore, car c'est ma seule joie.

Madame de La Fayette m'a mandé que *Guenani* est retournée à Maubuisson, et qu'elle est aimable, sans être belle : elle est vive, douce, complaisante, glorieuse et folle; ne la reconnoissez-vous pas, vous qui êtes une de ses plus anciennes connoissances? Si vous eussiez cru qu'elle eût été en tiers, vous auriez augmenté votre pitié. Je ne sais pourquoi vous dites que cette histoire est répandue, je ne le trouve point; c'est que je ne trouve personne qui m'en parle; cela deviendra peut-être faux, comme mille autres choses [a]. Le goût que Sa Majesté prend au métier de la guerre pourroit bien faire cet effet. La pauvre bonne amitié est bien plus durable; il est vrai que ce mot *de passion éternelle* faisoit peur à une certaine beauté du temps passé; et comme un pauvre amant lui protestoit, croyant dire des merveilles, qu'il l'aimeroit toute sa vie, elle l'assura que c'étoit pour cela seul qu'elle ne l'acceptoit pas, et que rien ne lui faisoit tant d'horreur que la pensée d'être aimée long-temps d'une même personne. Vous voyez comme les avis sont différents.

Il y avoit un parent de l'abbé Bayard, qui étoit avec

---

[a] Madame de Marans avoit mis au monde, en 1668, une fille naturelle qu'on appela *Guenani*; cet enfant est sans doute le *tiers* dont madame de Marans étoit enceinte lorsqu'elle inspiroit tant de pitié à madame de Grignan. Les bruits de la naissance illégitime de Guénani circuloient, et furent confirmés en 1692, par les lettres de légitimation qui lui furent accordées. (*Voyez* la note de la lettre 127, tome Ier, page 317.)

nous à Langlar; s'il y eût été en même temps que la duchesse de Brissac, il eût été fort digne qu'elle eût tiré dessus : elle n'avoit rien trouvé de si bon dans tout son
voyage : il ne dit et ne fait rien à gauche; **il est** jeune et
joli, et danse la bourrée; il fait des chansons avec une
facilité surprenante. Il vint une laide femme nous voir,
qu'on soupçonne d'être coquette : voici ce qu'il dit tout
de suite à Bayard, et qui me revint ensuite; car le petit
homme est poli, et craignoit d'offenser mes chastes
oreilles : je crains encore plus celles de M. de Grignan;
mais on **écrit à** Briare tout ce qui se présente. C'est sur
l'air.

> C..... n'est pas mal habile
> Quand il s'agit de prendre un cœur,
> Si ce n'est celui du Pupille,
> C'est celui de son gouverneur [a].

Je vous prie de ne pas le laisser traîner de mon écriture : il en fait plusieurs autres de cette vivacité; mais
je crois que vous n'en savez pas l'air. Voilà bien abuser
de vous, ma fille; il faut que je sois également persuadée, et de votre amitié, et de votre loisir. Je ne sais aucune nouvelle. Ce que vous avez dit sur la prévision du
roi à l'égard du frère de *Quanto* (*Vivonne*) est un sujet
de méditation admirable. Je médite aussi fort souvent
sur la joie et l'espérance de vous voir à Paris.

---

[a] Les vers cités ne sont **que** l'indication de l'air sur lequel le couplet devoit être chanté. Celui du petit homme n'a pas été imprimé.

~~~~~~

511.

A la même.

A Nemours, vendredi 26 juin 1676.

Je défie votre Provence d'être plus embrasée que ce pays : nous avons de plus la désolation de ne point espérer de bise. Nous marchons quasi toute la nuit, et nous suons le jour. Mes chevaux témoignèrent hier qu'ils seroient bien aises de se reposer à Montargis ; nous y fûmes le reste du jour. Nous y étions arrivées le matin à huit heures ; c'est un plaisir de voir lever l'aurore, et de dire dévotement les sonnets qui la représentent[a]. Nous passâmes la soirée chez madame de Fiennes, qui est gouvernante de la ville et de son mari[b], qu'on appelle pourtant M. le gouverneur : elle me vint prendre à mon hôtellerie, et se souvient fort du temps qu'elle vous honoroit de ses approbations : vous connoissez son air et son ton décisif. Elle est divinement bien logée. Cet établissement est fort joli ; elle y règne

---

[a] Le sonnet de la *belle matineuse* de Malleville étoit alors très admiré. (*Voyez* le recueil des plus belles pièces des poëtes françois. Amsterdam, 1692, tome III, page 62.)

[b] Ce mari, qui se nommoit Deschapelles, étoit fils d'une nourrice de Monsieur ; la comtesse de Fiennes étoit déja vieille quand elle fit ce mariage, et elle conserva toujours son premier nom.

4. 23

trois ou quatre mois, et puis elle se va traîner aux pieds
de toutes les grandeurs, comme vous savez. Elle me dit
qu'elle attendoit mademoiselle de Fiennes, et qu'on lui
mandoit que la Brinvilliers mettoit bien du monde en
jeu et nommoit le chevalier de B...., mesdames de Cl...
et de G.... pour avoir empoisonné MADAME, pas davantage*. Je crois que cela est très faux; mais il est fâcheux d'avoir à se justifier d'une pareille chose. Cette
diablesse accuse vivement Penautier, qui est en prison
par avance : cette affaire occupe tout Paris, au préju-

---

* Ces lettres initiales désignent le chevalier de Beuvron, et mesdames de Clérambault et de Grancey. Le chevalier étoit devenu le
favori de Monsieur depuis l'exil du chevalier de Lorraine, et madame de Grancey passoit pour être sa maîtresse. La malignité publique supposoit qu'ils auroient eu intérêt à commettre ce crime.
Quant à Beuvron, on a vu dans la note *b* de la lettre 225, tome II,
page 327, que c'étoit son oncle qui avoit pu être atteint par le soupçon. Madame de Grancey n'étoit pas coupable; mais la conduite
qu'elle avoit tenue vis-à-vis de madame Henriette pouvoit faire naître
ces bruits. Madame de Bavières dit dans ses *fragments de lettres
originales:* « La méchante Grancey n'eut aucune part à cette atro-
« cité, mais, au reste, elle a bien fait à Madame tout le mal qu'elle a
« pu, lui a rendu les plus mauvais offices auprès de Monsieur, et au-
« près de tout le monde. » A l'égard de la maréchale de Clérambault,
on ne voit pas ce qui auroit pu diriger sur elle une semblable accusa-
tion : elle perdit sa charge de gouvernante des enfants de Monsieur,
et vécut dans la disgrace. (*Voyez* la lettre du 6 décembre 1679.) Si
des innocents furent l'objet d'injustes soupçons, l'existence du crime
n'en paroit pas moins trop certaine, et l'on peut ajouter aux preuves
que l'éditeur en a rassemblées dans l'article *Henriette d'Angleterre*
(*Biographie universelle*) des recherches curieuses qui se trouvent
dans l'*Histoire secrète des intrigues de la France.* Londres, 1713,
tome 1er, page 130, et tome III, page 4.)

dice des nouvelles de la guerre. Quand je serai arrivée,
ma très chère, vous croyez bien que je ne vous laisserai
rien ignorer d'une chose si extraordinaire. Nous allons
ce soir coucher à la capitainerie *a* de Fontainebleau, car
je hais le *Lion d'or*, depuis que je vous y ai quittée : j'espère me raccommoder avec lui en vous y allant reprendre. J'ai rêvé sur votre retour; je vous proposerai mon
avis, que je serois ravie que vous voulussiez suivre :
nous avons du temps, nous en parlerons. Je suis bien
aise, à cause de cette chaleur excessive, de vous avoir
laissée en paix dans mon cabinet à Grignan; vous seriez
morte d'avoir repris votre route du midi par le temps
qu'il fait. Si Saint-Hérem ' est à sa capitainerie, et si j'y
apprends quelque nouvelle, je vous écrirai peut-être
encore ce soir : mais, dans l'incertitude, je vous écris
d'ici, afin de n'avoir plus qu'à me coucher en arrivant;
car il sera tard, et vous voulez que je me porte bien.

---

a C'est le nom d'une partie du château de Fontainebleau, qui est
destinée à l'habitation du gouverneur.

' Gouverneur de Fontainebleau.

512.

A la même.

A Paris, mercredi 1ᵉʳ juillet 1676.

J'arrivai ici dimanche, ma très belle; j'avois couché
à Vaux ᵃ, dans le dessein de me rafraîchir auprès de ces
belles fontaines, et de manger deux œufs frais. Voici ce
que je trouvai; le comte de Vaux ¹, qui avoit su mon arrivée, et qui me donna un très bon souper; et toutes
les fontaines muettes, et sans une goutte d'eau, parcequ'on les raccommodoit : ce petit mécompte me fit rire.
Le comte de Vaux a du mérite, et le chevalier (*de Grignan*) m'a dit qu'il ne connoissoit pas un plus véritablement brave homme. Les louanges du *petit glorieux* ne
sont pas mauvaises; il ne les jette pas à la tête. Nous
parlâmes fort, M. de Vaux et moi, de l'état de sa fortune présente, et de ce qu'elle avoit été. Je lui dis, pour
le consoler, que la faveur n'ayant plus de part aux approbations qu'il auroit, il pourroit les mettre sur le

---

ᵃ Magnifique château à une lieue de Melun; il a appartenu au
surintendant Fouquet et à son fils, ensuite au maréchal de Villars;
on l'appela alors Vaux-Villars; il appartient aujourd'hui à M. de
Choiseul-Praslin, dont il porte le nom.

¹ Fils aîné de M. Fouquet, surintendant des finances; ' Il épousa
Jeanne Guyon, fille de la célèbre madame Guyon, auteur mystique.

compte de son mérite, et qu'étant purement à lui, elles seroient bien plus sensibles et plus agréables : je ne sais si ma rhétorique lui parut bonne.

Enfin nous arrivâmes ici ; je trouvai à ma porte mesdames de Villars, de Saint-Géran, d'Heudicourt, qui me demandèrent *quand j'arriverois;* elles ne venoient que pour le savoir. Un moment après, M. de La Rochefoucauld, madame de La Sablière par hasard ; les Coulanges, Sanzei, d'Hacqueville. Voilà qui est fait, nous suions tous à grosses gouttes ; jamais les thermomètres ne se sont trouvés à telle fête : il y a presse dans la rivière ; madame de Coulanges dit qu'on ne s'y baigne plus que par billets. Pour moi, qui suis en train de suer, je ne finis pas, et je change fort bien trois fois de chemise en un jour. Le *bien bon* fut ravi de me revoir, et, ne sachant quelle chère me faire, il me témoigna une extrême envie que j'eusse bientôt une joie pareille à la sienne. J'ai reçu bien des visites ces deux jours. J'ai célébré les eaux salutaires de Vichi ; et si jamais le vieux de Lorme prend congé de la compagnie, la maréchale d'Estrées[1] et moi, nous entreprenons de confondre Bourbon.

Madame de La Fayette est à Chantilly. J'ai donné votre lettre à Corbinelli. Il me l'a lue, elle est admirable depuis le commencement jusqu'à la fin : vous avez, en vérité, trop d'esprit quand vous voulez. Corbinelli est hors de lui, de trouver une tête de femme faite comme la vôtre. Au reste, je reprends les sottes nouvelles que madame de Fiennes m'avoit dites à Montargis. On n'a

---

[1] Gabrielle de Longueval, maréchale d'Estrées.

point du tout parlé de mesdames de Cl..........., de
G......., ni du chevalier de B.....*; rien n'est plus
faux. Penautier a été neuf jours dans le cachot de Ravaillac; il y mouroit; on l'a ôté, son affaire est désagréable; il a de grands protecteurs; M. de Paris (*de
Harlay*) et M. Colbert le soutiennent hautement[b]; mais
si la Brinvilliers l'embarrasse davantage, rien ne pourra
le secourir. Madame d'Hamilton est inconsolable, et ruinée au-delà de toute ruine; elle fait pitié. Madame de
Rochefort est changée à ne pas être connoissable, avec
une bonne fièvre double-tierce : cela ne vous plaît-il
pas assez?

Le retour du roi se recule toujours. Vous avez vu les
vers qu'a faits l'abbé Têtu : l'exagération m'y paroît
exagérée : la réponse en prose de M. de Pomponne vous
plairoit fort. Il a aussi écrit (c'est l'abbé Têtu) une lettre
à M. de Vivonne[c] bien plus jolie que Voiture et Balzac;
les louanges n'en sont point fades. Madame de Thianges (*sœur de Vivonne*) fit faire hier un feu de joie devant sa porte, et défoncer trois tonneaux de vin en faveur de cette victoire. Des boîtes qui crevèrent, tuèrent

---

a *Voyez* la note de la lettre précédente, page 354.

b Il faut ajouter le cardinal de Bonzy à cette liste. (*Voyez* la lettre
du 24 juillet suivant.)

c *Voyez*, sur la victoire navale du 2 juin précédent, la note de la
lettre 509, page 347. Cette lettre de l'abbé Têtu n'a pas été conservée.
Boileau en avoit écrit une au maréchal de Vivonne, sur la victoire
du 9 février 1675, dans laquelle il faisoit parler Balzac et Voiture
dans un style parfaitement approprié au leur. Madame de Sévigné
paroît mettre la lettre de l'abbé Têtu au-dessus de celle de Despréaux.
(*Voyez* les œuvres de Boileau.)

trois ou quatre personnes. M. de Grignan n'a-t-il point
écrit à M. le maréchal? J'ai vu Bussy plus gai, plus content, plus plaisant que jamais. Il se trouve si distingué
des autres exilés, et sent si bien cette distinction, qu'il
ne donneroit pas sa fortune pour une autre *. Il marie,
je crois, *la Remiremont* [1] au frère de madame de Cal-
visson. Voici l'année d'établissement pour ses filles. J'ai
trouvé ici que le mariage de M. de La Garde faisoit
grand bruit.

Vous me comblez de joie en me parlant sans incertitude
de votre voyage de Paris; ce sera le dernier et véritable
remède qui rendra ma santé parfaite. Pour moi, ma fille,
voici ma pensée; je la propose à M. de Grignan et à vous.
Je ne voudrois point que vous allassiez repasser la Durance, ni remonter à Lambesc, cela vous jette trop loin
dans l'hiver; et pour vous épargner cette peine, je trouverois très bien que vous partissiez de Grignan quand
votre mari partira pour l'assemblée; que vous prissiez
des litières; que vous vinssiez vous embarquer à Roanne,
et très sûrement vous trouveriez mon carrosse à Briare,
qui vous amèneroit ici. Ce seroit un temps admirable
pour être ensemble. Vous y attendriez M. de Grignan qui
vous amèneroit votre équipage, et que vous auriez le
plaisir de recevoir. Nous aurions cette petite avance,
qui me donneroit une grande joie, et qui vous épargne-

---

a *Voyez* la lettre 499, plus haut, page 311.

[1] Marie-Thérèse de Rabutin, dame de Remiremont, épousa depuis
Louis de Madaillan de l'Esparre, marquis de Montataire. On parloit
alors de son mariage avec Louis de Lisle, marquis de Marivaux, mais
cela n'eut pas lieu. (*Voyez* la lettre du 23 décembre 1682.)

roit d'extrêmes fatigues, et à moi toute l'inquiétude que
j'en ressens.

Répondez-moi, ma très chère, sur cette proposition,
qui doit vous paroître aussi raisonnable qu'à moi, et parlons cependant de Villebrune *ª* : je n'ai jamais été plus
surprise que d'apprendre qu'il étoit à Grignan. Je suis
assurée que vous l'avez bien questionnée sur ma maladie; il a pu vous la dire d'un bout à l'autre. Il m'envoie
d'une poudre admirable; vous en a-t-il dit la composition? je n'en prendrai pourtant qu'au mois de septembre. Il se loue fort de vos honnêtetés; je crois qu'il avoit
un bon passeport en parlant de moi. J'admire comme
le hasard vous a envoyé cet homme pour figurer avec
mon capucin de Vichi. Pour moi, je lui trouve bien de
l'esprit, et un grand talent pour la médecine : c'est encore pour s'y perfectionner qu'il est allé à Montpellier.
Il a eu de grandes conversations avec M. de Vardes sur
l'or potable. Il est fort estimé dans notre Bretagne; il y
a presse à qui l'aura; et je ne sais rien de mauvais en
lui (ôtez-en quelque fragilité), qui puisse le rendre indigne de votre protection : il m'a été d'une grande consolation aux Rochers. Je n'ai pas entendu parler depuis
ce temps-là de ce que nous croyons qui a causé tous mes
maux; j'espère en être entièrement quitte. Je ne renonce
pas à me faire saigner, quand on le jugera à propos. La
poudre du bon homme pourra aussi retrouver sa place,
quand je me serai rendue digne de son opération; car

ª Le médecin qui avoit soigné madame de Sévigné aux Rochers
l'hiver précédent.

présentement les eaux et la douche de Vichi m'ont si
bien savonnée, que je crois n'avoir plus rien dans le
corps; et vous pouvez dire, comme à la comédie, *ma
mère n'est point impure.* Je tâterai de l'air de Livri, et
croyez, mon enfant, que j'userai sagement de cette bride
qu'on m'a mise sur le cou.

Il n'y a qu'à rire de l'aventure de La Garde; je vous
assure qu'il dormoit; *l'amour tranquille s'endort aisément,* comme vous savez. Hélas! à propos de dormir,
M. de Saintes [1] s'est endormi cette nuit au Seigneur d'un
sommeil éternel. Il a été vingt-cinq jours malade, sai-
gné treize fois; et hier matin il étoit sans fièvre, et se
croyoit entièrement hors d'affaire. Il causa une heure
avec l'abbé Têtu; ces sortes de mieux sont quasi toujours traîtres, et tout d'un coup il est retombé dans l'a-
gonie; et enfin nous l'avons perdu. Comme il étoit très
aimable, il est extrêmement regretté.

On assure que Philisbourg est assiégé. La Gazette de
Hollande dit qu'ils ont perdu sur la mer ce que nous
avons perdu sur la terre, et que Ruyter [a] étoit leur Turenne. S'ils avoient de quoi s'en consoler, comme nous,
je ne les plaindrois pas; mais je suis assurée qu'ils n'auront jamais l'esprit de faire huit amiraux [2] pour conserver Messine. Pour moi, je suis ravie de leur misère;

---

[1] Louis de Bassompierre, fils du maréchal de ce nom, évêque de
Saintes.

[a] *Voyez* la note de la lettre 501, plus haut, page 315.

[2] Plaisanterie fondée sur la promotion des huit maréchaux de
France qui furent créés peu de jours après la mort de M. de Turenne.

cela rend la Méditerranée tranquille comme un lac; et
vous en savez les conséquences. Je reçois une lettre de
mon fils, qui est détaché avec plusieurs autres troupes
pour aller en Allemagne; j'en suis très fâchée, et quoiqu'il veuille m'en consoler par l'assurance de venir m'embrasser ici en passant, je ne saurois approuver cette double campagne. Adieu, ma très aimable et très chère, le
bien bon vous embrasse, et vous assure de la joie qu'il
aura de vous voir.

513.

A la même.

A Paris, vendredi 3 juillet 1676.

Vous me dites que c'est à moi de régler votre marche;
je vous l'ai réglée, et je crois qu'il y a bien de la raison
dans ce que j'ai proposé. M. de Grignan même ne doit
pas s'y opposer, puisque la séparation sera courte, et
que c'est bien épargner de la peine, et me donner un
temps d'avance, qui sera, ce me semble, purement pour
moi. J'ai fait part de ma pensée à d'Hacqueville, qui l'a
fort approuvée : il vous en écrira. Songez-y, ma fille, et
faites, de l'amitié que vous avez pour moi, le chef de
votre conseil.

On dit que la princesse d'Italie (*madame de Monaco*)
n'est plus si bien auprès de sa maîtresse (MADAME).

Vous savez comme celle-ci est sur la galanterie; elle s'est imaginé, voyez quelle injustice! que cette favorite n'avoit plus la même aversion qu'elle pour cette bonté de cœur. Cela fait des dérangements étranges : je m'instruirai mieux sur ce chapitre; je ne sais qu'en l'air ce que je vous dis.

Il me semble que j'ai passé trop légèrement sur Villebrune; il est très estimé dans notre province; il prêche bien [1], il est savant; il étoit aimé du prince de Tarente, et avoit servi à sa conversion et à celle de son fils. Le prince lui avoit donné à Laval un bénéfice de quatre mille livres de rente; quelque prétendant parla d'un dévolu, à cause de ce que vous savez; l'abbé du Plessis le prévint à Rome, et obtint le bénéfice : ce fut contre le sentiment de toute sa famille qu'il fit cette démarche, croyant, disoit-il, faire un partage de frère avec Villebrune. Cependant il n'en a point profité, car M. de La Trémouille a prétendu que le bénéfice dépendant de lui, il falloit avoir son consentement : de sorte qu'il n'est rien arrivé, sinon que Villebrune n'a plus rien, que l'abbé du Plessis n'a pas eu un bon procédé, et que M. de La Trémouille n'a pas osé redonner le bénéfice à Villebrune, qui a toujours été depuis en Basse-Bretagne, fort estimé et vivant bien. Si le hasard vous l'avoit placé dans votre chapitre [2], je vous trouverois assez heureuse de pouvoir parler avec lui de toutes cho-

---

[1] Ce Villebrune étoit sorti des Capucins. (*Voyez* la lettre du 15 décembre 1675, plus haut, page 129 de ce volume.)

[2] Il y a un chapitre à Grignan fondé par les ancêtres de M. de Grignan.

ses, et d'avoir un très bon médecin; car c'est cette
science qui l'a fait aller à Montpellier pour apprendre
des secrets qu'il ne croit réservés qu'au soleil de Languedoc. Voilà ce que la vérité m'a obligée de vous dire.
Je veux en écrire à Vardes pour le lui recommander,
car ce pauvre homme me fait pitié. Voyez un peu
comme je me suis embarquée dans cette longue narration.

L'affaire de la Brinvilliers va toujours son train; elle
empoisonnoit de certaines tourtes de pigeonneaux dont
plusieurs mouroient qu'elle n'avoit pas dessein de tuer;
ce n'étoit pas qu'elle eût des raisons pour s'en défaire,
c'étoient de simples expériences pour s'assurer de l'effet
de ses poisons[a]. Le chevalier du Guet, qui avoit été de
ces jolis repas, s'en meurt depuis deux ou trois ans:
elle demandoit l'autre jour s'il étoit mort; on lui dit que
non; elle dit en se tournant : Il a la vie bien dure.
M. de La Rochefoucauld jure que cela est vrai.

Il vient de sortir d'ici une bonne compagnie, car vous
savez que je garde ma maison huit jours après mon retour de Vichi, comme si j'étois bien malade. Cette com-

[a] Voltaire nie ces faits et traite ces accusations de propos populaires. Cependant on voit dans le *factum*, page 46 de l'édition de
Hollande, qu'une fille nommée Françoise Roussel, qui étoit au service de la Brinvilliers, a déposé que sa maîtresse lui donna un jour
des groseilles confites à manger, qu'elle en mangea fort peu, et se
sentit aussitôt malade; qu'une autre fois, elle lui donna une tranche
de jambon humide, et que l'ayant mangée, elle a éprouvé pendant
trois ans de grands maux d'estomac qui lui ont fait croire qu'elle
étoit empoisonnée; cette déposition ne rend-elle pas tout vraisemblable?

pagnie étoit la maréchale d'Estrées, le *chanoine* (*madame de Longueval*), Bussy, Rouville et Corbinelli. Tout a prospéré; vous n'avez jamais rien vu de si vif : comme nous étions le plus en train, nous avons vu apparoître M. le Premier (*Beringhen*), avec son grand deuil; nous sommes tous tombés morts. Pour moi, c'étoit de honte que j'étois morte; je n'avois rien fait dire à ce Caton sur la mort de sa femme[1], et mon dessein étoit de l'aller voir avec la marquise d'Uxelles. Cependant, au lieu d'attendre ce devoir, il vint s'informer de mes nouvelles et de celles de mon voyage. La maréchale de Castelnau et sa fille ont des soins extrêmes de moi. Je ne sais rien de Philisbourg depuis ce que je vous en ai mandé. Mon fils n'est point encore passé; il ne va point en Allemagne, c'est dans l'armée du maréchal de Créqui : cela me paroît une seconde campagne qui me déplaît. Madame de Noailles me disoit hier que, sans avoir pu se tromper, elle étoit accouchée d'un fils à huit mois, qui a très bien vécu; il a seize ans[a].

---

[1] Anne du Blé, tante du maréchal d'Uxelles, morte le 8 juin 1676.

[a] On lit ainsi dans l'édition de 1754, la seule qui contienne ce passage. Mais il y a erreur, car cela ne peut se rapporter qu'à Gaston Jean-Baptiste Louis de Noailles, né le 7 juillet 1669, qui a été évêque de Châlons, et est mort le 17 septembre 1720. Les autres fils de Louise Boyer, duchesse de Noailles, avoient alors plus de vingt ans. Celui dont il s'agit avoit sept ans.

514.

A la même.

A Paris , lundi 6 juillet 1676.

Je vis hier au soir le cardinal de Bouillon , Caumartin et Barillon; ils parlèrent fort de vous ; ils commencent, disent-ils, à se rassembler en qualité de commen-
saux ; mais hélas ! le plus cher (*le cardinal de Retz*)
nous manquera.

M. de Louvois est parti pour voir ce que les ennemis
veulent faire. On dit qu'ils en veulent à Maestricht :
M. le prince ne le croit pas. Il a eu de grandes confé-
rences avec le roi ; on disoit qu'il seroit envoyé ; mais il
n'a pas présumé qu'il dût s'offrir, et l'on ne veut pas
lui en parler : ainsi l'on attend les courriers de M. de
Louvois, sans qu'il soit question d'autre chose. Il est
vrai que plusieurs victimes ont été sacrifiées aux mânes
des deux héros de mer et de terre. Je crains bien que la
Flandre ne soit pas paisible, comme vous le pensez. Le
pauvre baron (*M. de Sévigné*) est à Charleville avec son
détachement, attendant les ordres : c'est le duc de Villeroi qui est le général de cette petite armée ; ils sont
dans le repos et les délices de Capoue ; c'est le plus beau
pays du monde. Pour l'Allemagne, M. de Luxembourg

n'aura guère d'autre chose à faire qu'à être spectateur,
avec trente mille hommes, de la prise de Philisbourg.
Dieu veuille que nous ne voyons pas de même celle de
Maestricht. Ce qu'on fera, à ce que dit M. le prince,
c'est que nous prendrons une autre place, et ce sera
pièce pour pièce. Il y avoit un fou, le temps passé, qui
disoit, dans un cas pareil : Changez vos villes de gré à
gré, vous épargnerez vos hommes. Il y avoit bien de la
sagesse à ce discours.

L'affliction de madame de Rochefort augmente plutôt qu'elle ne diminue. Celle de madame d'Hamilton
fait pitié à tout le monde ; elle demeure avec six enfants
sans aucun bien. Ma nièce de Bussy, c'est-à-dire de Coligny, est veuve ; son mari est mort à l'armée de M. de
Schomberg, d'une horrible fièvre ª. La maréchale (*de
Schomberg*) veut que je la mène après dîner chez cette
affligée qui ne l'est point du tout ; elle dit qu'elle ne le
connoissoit point, et qu'elle avoit toujours souhaité
d'être veuve. Son mari lui laisse tout son bien ; de sorte
que cette femme aura quinze ou seize mille livres de
rente. Elle aimeroit bien à vivre réglément, et à dîner
à midi comme les autres ; mais l'attachement que son
père a pour elle la fera toujours déjeûner à quatre heures du soir, à son grand regret. Elle est grosse de neuf

---

ª On a inséré dans les lettres de Bussy, tome IV, page 268, une
lettre du 8 juillet, dans laquelle le maréchal de Schomberg lui fait
part de la mort du marquis de Coligny ; ce qui semble assez extraordinaire, c'est que dans la réponse que M. de Bussy fait au maréchal,
on ne voit pas l'expression du moindre regret sur la mort de son
gendre.

mois. Voyez si vous voulez écrire un petit mot en faveur du *Rabutinage;* cela se mettra sur mon compte.

Vous avez raison de vous fier à Corbinelli pour m'aimer, et pour avoir soin de ma santé; il s'acquitte parfaitement de l'un et de l'autre, et vous adore sur le tout. Il est vrai qu'il traite en vers de petits sujets fort aisés, comme il prétend que les anciens ont fait; il est persuadé que la rime donne plus d'attention, et que cela revient à la prose mesurée[1] qu'Horace a mise en crédit : voilà de grands mots. Il a fait une épître contre les loueurs excessifs, qui fait revenir le cœur. Il a une grande joie de votre retour : vous lui manquez à tout : il est en vérité fort amusant, car il a toujours quelque chose dans la tête. Villebrune m'avoit dit que sa poudre ressuscitoit les morts; il faut avouer qu'il y a quelque chose du petit garçon *qui joue à la fossette*[a]. On peut juger de lui comme on veut : c'est un homme à facettes encore plus que les autres.

---

[1] C'est le *Sermoni propiora* d'Horace. (*Voyez* satire IV, lib. I, vers 42.)

[a] Allusion au *Médecin malgré lui.* Martine, femme de Sganarelle, voulant faire passer son mari pour médecin, raconte la cure merveilleuse du petit garçon qui tomba du haut du clocher; à peine Sganarelle l'eut-il frotté de son onguent, que *l'enfant aussitôt se leva sur ses pieds, et courut jouer à la fossette.* (Acte I, scène V.)

515. *

A la même.

A Paris, mercredi 8 juillet 1676.

Vous avez raison de dire que le sentiment de tendresse qui vous fait résoudre à venir ici tout-à-l'heure,
si je le veux et si j'ai besoin de vous, me fait mieux voir
le fond de votre cœur, que toutes les paroles bien rangées : je vous l'avoue, et je ne puis vous dire, ma très
chère, à quel excès le mien est touché de cette marque
de votre amitié; mais comme vous lui donnez pour conseil la raison de d'Hacqueville, et que vous avez fait à
mon égard, ainsi que pour les régentes, qui ne peuvent
rien faire sans un conseil, vous m'avez donné un maître
en me donnant un compagnon; vous savez le proverbe.
Hé bien, ma fille, voici ce que le grand d'Hacqueville
me dit hier de vous mander; il n'ignore point ce que
c'est pour moi de vous voir, et de ne pas manger toute
ma vie de la *merluche*ª ; mais nous regardons la fatigue
de venir par les chaleurs et par la diligence comme une
chose terrible, et qui pourroit vous faire malade, et
nous demandons pourquoi cette précipitation pour une
santé qui est beaucoup meilleure qu'elle n'a encore été?

ª *Voyez* la lettre 507, page 340 de ce volume.

4.   24

Je marche, je mange, et, hors mes mains qui me donnent une médiocre incommodité, je suis en état d'attendre le mois de septembre, qui sera à-peu-près le temps
où M. de Grignan se préparera pour l'assemblée, et où
nous trouvons que toutes les raisons de tendresse, de
commodité et de bienséance vous doivent engager à
me venir voir. Si vous fussiez venue à Vichi, et de
là ici, c'eût été une chose toute naturelle, et qui eût
été bien aisée à comprendre; mais vos desseins ne
s'étant pas tournés ainsi, et tout le monde sachant que
vous n'arrivez plus qu'au mois de septembre, cette
raison, que vous me donnez pour gouvernante, vous
conseille de laisser revenir de l'eau dans la rivière,
et de suivre tous les avis que nous vous avons donnés
par avance. Nous vous prions seulement de ne pas nous
manquer dans ce temps-là. Ma santé, quoique meilleure
que vous ne pensez, ne l'est pas assez pour ne pas avoir
besoin de ce dernier remède, et je ne puis pas en douter
voyant les sentiments que vous me dites si naturellement dans votre lettre. C'est ainsi que vous donnerez
de la joie à tout le monde; vous êtes l'ame de Grignan,
et vous ne quitterez votre château et vos *Pichons* que
quand vous seriez prête de les quitter pour Lambesc,
et en ce temps vous viendrez ici me redonner la vie. Je
crois, ma chère enfant, que vous approuverez la sagesse
de notre d'Hacqueville, et que vous comprendrez très
bien les sentiments de mon cœur, et la joie que j'ai de
me voir assurée de votre retour, et d'éprouver cette
marque de votre amitié. Je suis persuadée que M. de
Grignan approuvera toutes nos résolutions, et me saura

bon gré même de me priver du plaisir de vous voir tout-
à-l'heure, dans la pensée de ne pas lui ôter le plaisir de
vous avoir cet été à Grignan; et après, ce sera son tour
à courre, et il courra, et nous le recevrons avec plaisir.
Je vous demande seulement, et à lui aussi, de vous
laisser jouir d'une santé qui sera le fondement de la véritable joie de votre voyage; car je compte que sans elle
on ne peut avoir aucun plaisir.

Je crains que votre lettre du 20 juin ne soit égarée
ou perdue: vous savez, ma très chère, que tout ce qui
vient de vous ne sauroit m'être indifférent, et que ne
vous ayant point, il me faut du moins la consolation de
vos lettres. Vous me paroissez toujours en peine de ma
santé: votre amitié vous donne des inquiétudes que je
ne mérite plus. Il est vrai que je ne puis fermer les
mains; mais je les remue, et m'en sers à toutes choses.
Je ne saurois couper ni peler des fruits, ni ouvrir des
œufs; mais je mange, j'écris, je me coiffe, je m'habille;
on ne s'aperçoit de rien, et je ne mérite aucune louange
de souffrir patiemment cette légère incommodité. Si
l'été ne me guérit pas, on me fera mettre les mains dans
une gorge de bœuf: mais comme ce ne sera que cet automne, je vous assure que je vous attendrai pour ce vilain remède; peut-être n'en aurai-je pas besoin. Je
marche fort bien, et mieux que jamais, car je ne suis plus
une *grosse crevée*; j'ai le dos d'une *plateur* qui me ravit;
je serois au désespoir d'engraisser, et que vous ne me
vissiez pas comme je suis. J'ai encore quelque légère
douleur aux genoux; mais en vérité c'est si peu de chose
que je ne m'en plains point du tout.

24.

Trouvez-vous, ma fille, que je ne vous parle point de moi? en voilà par-dessus les yeux : vous n'avez pas besoin de questionner Corbinelli. Il est souvent avec moi, ainsi que La Mousse; et tous deux parlent assez souvent de votre *père* Descartes; ils ont entrepris de me rendre capable d'entendre ce qu'ils disent, j'en serai ravie, afin de n'être point comme une sotte bête, quand ils vous tiendront ici. Je leur dis que je veux apprendre cette science comme l'hombre; non pas pour jouer, mais pour voir jouer. Corbinelli est ravi de ces deux volontés, qu'on trouve si bien en soi, sans être obligé d'aller les chercher si loin. En vérité, nous avons tous bien envie de vous avoir, et ce nous est une espérance bien douce que de voir approcher ce temps. Je vous trouve bien seule, ma très chère; cette pensée me fait de la peine; ce n'est pas que vous soyez sur cela comme une autre; mais je regrette ce temps où je pourrois être avec vous. Pour moi je prétends aller à Livry; madame de Coulanges dit qu'elle y viendra; mais la cour ne lui permettra pas cette retraite.

Le roi arrive ce soir à Saint-Germain, et par hasard madame de Montespan s'y trouve aussi le même jour; j'aurois voulu donner un autre air à ce retour, puisque c'est une pure *amitié*. Madame de La Fayette arriva avant-hier de Chantilly en litière; c'est une belle allure : mais son côté ne peut souffrir le carrosse. M. de La Rochefoucauld nous remet sur pied ce voyage de Liancourt et de Chantilly dont on parle depuis dix ans : si on veut m'enlever, je les laisserai faire. MADAME est transportée du retour de MONSIEUR. Elle embrasse tous

les jours madame de Monaco, pour faire voir qu'elles
sont mieux que jamais : je vois trouble à cette cour. J'ai
fait prier M. le premier président par M. d'Ormesson
de me donner une audience ; il n'en peut donner qu'a-
près le procès de la Brinvilliers : qui croiroit que notre
affaire dût se rencontrer avec celle-là ? Celle de Penautier ne va qu'avec celle de la dame ; et pourquoi empoisonner le pauvre Matarel*? Il avoit une douzaine d'enfants. Il me semble même que sa maladie violente et
point subite ne ressembloit pas au poison : on ne parle
ici d'autre chose. Il s'est trouvé un muid de vin empoisonné, qui a fait mourir six personnes. Je vois souvent
madame de Vins, elle me paroît toute pleine d'amitié
pour vous. Je trouve que M. de La Garde et vous, ne
devriez point vous quitter ; quelle folie de garder chacun
votre château, comme du temps des guerres de Provence ! Je suis fort aise d'être estimée de lui. La marquise
d'Huxelles est en furie de son mariage ; elle est trop plaisante, elle ne peut s'en taire. Quand vous ne savez que
me mander, contez-moi vos *pétoffes* d'Aix. M. Marin
attend son fils [1] cet hiver. Je comprends le plaisir que
vous donne la beauté et l'ajustement du château de

ª Matarel étoit trésorier des états de Bourgogne ; mais ce n'étoit
pas seulement pour avoir empoisonné Matarel, que Penautier étoit
poursuivi ; il l'étoit à la requête d'une dame *Vosser*, veuve du sieur
Saint-Laurent, trésorier général du clergé, qui soutenoit que Sainte-
Croix avoit empoisonné son mari, à l'instigation de Penautier, pour
que ce dernier succédât à son emploi. (*Voyez* les Causes célèbres de
Richer, tome Ier, page 417.)

[1] Premier président du parlement d'Aix.

Grignan : c'est une nécessité, dès que vous avez pris le parti d'y demeurer autant que vous faites. Le pauvre baron ne viendra pas ici, le roi l'a défendu. Nous avons approuvé les dernières paroles de Ruyter, et admiré la tranquillité où demeure votre mer. Adieu, très belle et très aimable, je jouis délicieusement de l'espérance de vous voir et de vous embrasser. Madame d'Oppède est venue me dire adieu avec beaucoup de civilité, et toujours me disant fort modestement qu'en Provence vous ne trouveriez peut-être pas beaucoup mieux qu'elle, et qu'elle se trouveroit heureuse d'être dans votre goût, dans votre commerce, et de pouvoir contribuer à votre divertissement. Je voudrois que cela pût être pour l'amour d'elle et de vous, et il me semble que cela doit être.

<hr>

516. *

A la même.

A Paris, vendredi 10 juillet 1676.

Madame de Villars, qui entre fort bien dans la joie que j'ai de vous attendre, me disoit hier qu'il lui sembloit que la lettre que j'ai de vous, où vous me rendez maîtresse de votre marche, étoit justement comme une bonne lettre-de-change, bien acceptée, payable à vue,

que je toucherois quand il me plairoit. Je trouvai le duc
de Sault chez elle, pâmant de rire de la nouvelle qui
couroit, et qui court encore, que le roi s'en retourne
sur ses pas, à cause du siège de Maestricht, ou de quelque autre place : ce seroit un beau mouvement, et bien
commode pour les pauvres courtisans qui reviennent
sans un sou : c'est dimanche que Sa Majesté le décla-
rera. Le bon *ami de Quanto* avoit résolu de n'arriver
que lorsqu'elle arriveroit de son côté ; de sorte que si
cela ne se fût trouvé juste le même jour, il auroit couché à trente lieues d'ici : mais enfin tout alla à souhait.
La famille de l'*ami* alla au-devant de lui : on donna du
temps aux bienséances ; mais beaucoup plus à la pure
et simple *amitié*, qui occupa tout le soir. On fit hier une
promenade ensemble, accompagnés de quelques dames ;
on fut bien aise d'aller à Versailles pour le visiter, avant
que la cour y vienne. Ce sera dans peu de jours, pourvu
qu'il n'y ait point de *hourvaris*.

On a confronté Penautier à la Brinvilliers ; cette entre-
vue fut fort triste : ils s'étoient vus autrefois plus agréablement. Elle a tant promis que si elle mouroit elle
en feroit bien mourir d'autres, qu'on ne doute point
qu'elle n'en dise assez pour entraîner celui-ci, ou du
moins pour lui faire donner la question, qui est une
chose terrible. Cet homme a un nombre infini d'amis
d'importance, qu'il a obligés dans les deux emplois
qu'il avoit[1]. Ils n'oublient rien pour le servir ; on ne

---

[1] De trésorier général des états de Languedoc, et de receveur
général du clergé de France.

doute point que l'argent ne se jette par-tout ; mais s'il
est convaincu, rien ne le peut sauver.

Je laisse là ma lettre, je m'en vais faire un tour de
ville, pour voir si je n'apprendrai rien qui vous puisse
divertir. Mes mains sont toujours au même état : si j'en
étois fort incommodée, je commencerois à faire tous
les petits remèdes qu'on me propose ; mais je me sens
un si grand fonds de patience pour supporter cette incommodité, que je vous attendrai pour me guérir de
l'ennui que les remèdes me donneront.

Je reviens de la ville. J'ai été chez madame de Louvois, chez madame de Villars, et chez la maréchale
d'Estrées. J'ai vu le grand-maître[1], qui croit s'en retourner lundi, quand même le roi ne partiroit pas : car si
Maestricht est assiégé, comme on l'assure, il ne veut
pas, dit-il, manquer cette occasion de faire quelque
chose. Il est sur cela comme un petit garçon ; et au lieu
de ne plus servir, comme le roi le croyoit, ayant fait
les autres maréchaux de France, il s'amuse à le vouloir
mériter par les formes, comme un cadet de Gascogne.
Mais ce n'est point cela que je veux dire ; ce sujet m'a
portée plus loin que je ne voulois : c'est qu'il est donc
vrai que le roi croit partir ; il a été long-temps enfermé
avec M. de Louvois. M. le prince attendoit les nouvelles
de cette conférence. Tous les courtisans sont au désespoir, et ne savent où retrouver de l'argent et de l'équi-

---

[1] Henri de Daillon, comte, puis créé duc du Lude, par lettres du
31 juillet 1675, pour le dédommager de n'avoir pas été compris dans
la promotion que le roi fit de huit maréchaux de France, le 30 juillet 1675.

page; la plupart ont vendu leurs chevaux : tout est en mouvement; les bourgeois de Paris disent qu'on enverra M. le prince, et que le roi ne prendra point la peine de retourner. Le détachement qu'on envoyoit à l'armée du maréchal de Créqui revient en Flandre. Enfin je ne puis dire ce soir, ni personne, le dénouement de cette émotion. L'*ami* de *Quanto* arriva un quart d'heure avant *Quanto*; et comme il causoit en famille, on le vint avertir de l'arrivée : il courut avec un grand empressement, et fut long-temps avec elle. Il fut hier à cette promenade que je vous ai dite, mais en tiers avec *Quanto* et son *amie* (madame *de Maintenon*): nulle autre personne n'y fut admise, et la sœur (madame *de Thianges*) en a été très affligée : voilà tout ce que je sais. La femme *a* de l'*ami* a fort pleuré. On a dit sourdement que si son mari partoit, elle seroit du voyage; tout ceci se démêlera dans peu. Adieu, ma très chère et très parfaitement aimée, je jouis à pleines voiles de l'aimable espérance. Ne faites rien qui puisse troubler notre joie, et ne changez point de sentiment, quand il est question de me donner une bonne marque de votre amitié; je vous embrasse tendrement. La Saint-Géran a la fièvre; elle en est aussi étonnée que je le fus aux Rochers; elle n'a jamais été malade, non plus que moi en ce temps-là.

---

a La reine étoit malheureuse et délaissée; madame de Caylus la montre ayant tant de crainte du roi, et une si grande timidité naturelle, qu'elle n'osoit ni lui parler ni s'exposer au tête-à-tête avec lui. (*Souvenirs.*)

~~~~~~

517.

A la même.

A Paris, vendredi 17 juillet 1676.

Enfin c'en est fait, la Brinvilliers est en l'air : son
pauvre petit corps a été jeté, après l'exécution, dans un
fort grand feu, et ses cendres au vent; de sorte que nous
la respirerons, et que par la communication des petits
esprits, il nous prendra quelque humeur empoison-
nante, dont nous serons tout étonnés. Elle fut jugée dès
hier; ce matin on lui a lu son arrêt, qui étoit de faire
amende honorable à Notre-Dame, et d'avoir la tête cou-
pée, son corps brûlé, les cendres au vent. On l'a pré-
sentée à la question; elle a dit qu'il n'en étoit pas besoin, et qu'elle diroit tout; en effet, jusqu'à cinq heures
du soir elle a conté sa vie, encore plus épouvantable
qu'on ne le pensoit. Elle a empoisonné dix fois de suite
son père, elle ne pouvoit en venir à bout, ses frères et
plusieurs autres; et toujours l'amour et les confidences
mêlés par-tout. Elle n'a rien dit contre Penautier. On
n'a pas laissé, après cette confession, de lui donner dès
le matin la question ordinaire et extraordinaire; elle n'en
a pas dit davantage : elle a demandé à parler à M. le
procureur général; elle a été une heure avec lui; on ne

sait point encore le sujet de cette conversation. A six heures on l'a menée nue en chemise, la corde au cou, à Notre-Dame, faire l'amende honorable; et puis on l'a remise dans le même tombereau, où je l'ai vue, jetée à reculons sur de la paille, avec une cornette basse et sa chemise, un docteur auprès d'elle, le bourreau de l'autre côté : en vérité cela m'a fait frémir[a]. Ceux qui ont vu l'exécution disent qu'elle est montée sur l'échafaud avec bien du courage. Pour moi, j'étois sur le pont Notre-Dame, avec la bonne d'Escars; jamais il ne s'est vu tant de monde; jamais Paris n'a été si ému ni si attentif; et qu'on demande ce que bien des gens ont vu, ils n'ont vu, comme moi, qu'une cornette; mais enfin ce jour étoit consacré à cette tragédie. J'en saurai demain davantage, et cela vous reviendra.

On dit que le siége de Maestricht est commencé; celui de Philisbourg continue : cela est triste pour les spectateurs. Notre petite amie (*madame de Coulanges*) m'a bien fait rire ce matin; elle dit que madame de Rochefort, au milieu de sa douleur, a toujours conservé une

---

[a] M. Musset-Pathay, dans ses *Recherches sur le cardinal de Retz*, page 151, a dit que madame de Sévigné avoit assisté au supplice de la Brinvilliers; il n'avoit apparemment pas lu cette lettre. Madame de Sévigné eut la curiosité fort naturelle de se trouver sur le passage de cette femme atroce, et elle se plaça avec madame d'Escars sur le pont Notre-Dame, d'où il étoit impossible de voir l'exécution. Quand la Voisin fut conduite à la mort, madame de Sévigné la vit passer des fenêtres de l'hôtel de Sully, rue Saint-Antoine. (*Voyez* la lettre du 23 février 1680.) On auroit désiré que l'auteur des *Recherches* eût indiqué les *supplices* auxquels madame de Sévigné *assista*.

tendresse extrême pour madame de Montespan, et m'a
contrefait les sanglots au travers desquels elle lui disoit
qu'elle avoit aimé cette belle toute sa vie d'une véritable
inclination. Êtes-vous assez méchante pour trouver cela
aussi plaisant que moi?

Voici encore une sottise; mais je ne veux pas que
M. de Grignan la lise. Le *petit bon* (*M. de Fiesque*), qui
n'a pas l'esprit d'inventer la moindre chose, a conté
naïvement qu'étant couché l'autre jour familièrement
avec la *Souricière*[a], elle lui avoit dit, après deux ou
trois heures de conversation : « *Petit bon*, j'ai quelque
« chose sur le cœur contre vous. » — Et quoi, madame?
— « Vous n'êtes point dévot à la vierge; ah ! vous
« n'êtes point dévot à la vierge : cela me fait une peine
« étrange. » Je souhaite que vous soyez plus sage que
moi, et que cette sottise ne vous frappe pas, comme
elle m'a frappée.

On dit que L.....[b] a trouvé sa chère femme écrivant
une lettre qui ne lui a pas plu; le bruit a été grand.
D'Hacqueville est occupé à tout raccommoder : vous
croyez bien que ce n'est pas de lui que je sais cette
petite affaire; mais elle n'en est pas moins vraie.

---

[a] C'étoit madame de Lionne. (*Voyez* le mot de madame Cornuel,
qui est rapporté dans la lettre 485, plus haut, page 262 de ce vol.

[b] M. de Louvigny, second fils du maréchal de Gramont, qui devint
duc de Gramont. Sa femme étoit fille du maréchal de Castelnau;
elle avoit, dit-on, plu au roi.

518. *

A la même.

A Paris, mercredi 22 juillet 1676.

Oui, ma fille, voilà justement ce que je veux; je suis contente et consolée du temps que je perds, par la rencontre heureuse des sentiments de M. de Grignan et des miens. Il sera fort aise de vous avoir cet été à Grignan : j'ai considéré son intérêt aux dépens de la chose du monde qui m'est la plus chère, qui est de vous voir; et il songe à son tour à me plaire, en vous empêchant de remonter en Provence, et vous faisant prendre un mois ou six semaines d'avance, qui me font un plaisir sensible, et qui vous ôtent la fatigue de l'hiver et des mauvais chemins. Rien n'est plus juste que cette disposition; elle me fait sentir toutes les douceurs de cette espérance, que nous aimons et que nous estimons tant. Voilà qui est donc réglé; nous en parlerons encore plus d'une fois, et plus d'une fois je vous remercierai de cette complaisance. Mon carrosse ne vous manquera point à Briare, pourvu qu'il puisse revenir de l'eau dans la rivière : on passe tous les jours à gué notre rivière de Seine, et l'on se moque de tous les ponts de l'Ile.

Je viens d'écrire au chevalier (*de Grignan*) qui s'inquiétoit de ma santé. Je lui mande que je me porte très

bien, hormis que je ne puis serrer la main ni danser la
bourrée : voilà deux choses dont la privation m'est bien
rude ; mais vous achéverez de me guérir ; et quoique j'aie
encore un peu de mal aux genoux, cela ne m'empêche
point de marcher, au contraire, je souffre quand je suis
trop long-temps assise. Vous ai-je mandé que je fus dîner l'autre jour à Sucy[a], chez la présidente Amelot,
avec les d'Hacqueville, Corbinelli, Coulanges ? Je fus
ravie de revoir cette maison, où j'ai passé ma belle jeunesse : je n'avois point de rhumatisme en ce temps-là.
Mes mains ne se ferment pas tout-à-fait, mais je m'en
sers à toutes choses, comme si de rien n'étoit. J'aime
l'état où je suis ; et toute ma crainte, c'est de rengraisser,
et que vous ne me voyiez point le dos plat. En un mot
ma très chère, quittez vos inquiétudes, et ne songez
qu'à me venir voir. Voilà notre Corbinelli qui va vous

[a] On lit *Sully* dans les éditions de 1734 et de 1754 ; c'est une
erreur qui a été rectifiée à l'aide des renseignements que M. Ginoux,
ancien administrateur des domaines et propriétaire du château de
Sucy, a eu la complaisance de communiquer à l'éditeur. Sucy est
un joli village à quatre lieues de Paris, où Philippe de Coulanges,
aïeul maternel de madame de Sévigné, fit construire, en 1620, une
belle maison qui relevoit alors du franc-alleu noble de La Tour.
Cette maison fut érigée en fief, sous le nom du fief de Montalau ; et le
23 mai 1636, Philippe de Coulanges acquit le franc-alleu de La Tour.
Étant mort peu de temps après, ses enfants et petits-enfants ven-
dirent ces biens, le 8 avril 1637, à son fils Philippe de Coulanges,
maître des comptes. Celui-ci en fit la vente le 16 août 1655 à Marie
de Grieux, veuve de Jacques Lyonne, grand audiencier de France,
dont la fille unique, Marie Lyonne, épousa Charles Amelot, mort
président au grand conseil, le 12 février 1671. (*Voyez* la lettre 104,

rendre compte de lui. Villebrune dit qu'il m'a guérie;
hélas, je suis bien aise que cela lui soit bon : il n'est pas
en état de négliger ce qui lui attire des Vardes et des
Moulceau *in ogni modo*. Vardes mande à Corbinelli que,
dans cette pensée, il le révère comme le Dieu de la médecine. Villebrune pourra fort bien les divertir, et sur
ce chapitre, et sur d'autres : c'est un oiseau effarouché
qui ne sait où se reposer.

Encore un petit mot de la Brinvilliers; elle est morte
comme elle a vécu, c'est-à-dire résolument. Elle entra
dans le lieu où l'on devoit lui donner la question; et
voyant trois seaux d'eau, elle dit : « C'est assurément
« pour me noyer; car de la taille dont je suis, on ne pré-
« tend pas que je boive tout cela. » Elle écouta son arrêt,
dès le matin, sans frayeur et sans foiblesse; et sur la fin,

tome 1er, page 245.) Ces domaines restèrent dans la famille Amelot
jusqu'en 1696. La maison bâtie par l'aïeul de madame de Sévigné,
où elle nous apprend qu'elle a passé une partie de sa jeunesse, a
éprouvé peu de changements; elle appartient aujourd'hui à M. Bou-
din de Vesvres, ancien inspecteur des postes. C'est dans cette maison
que Coulanges retrouva le vieux lit de famille. (*Voyez* ci-après la
lettre du 16 juillet 1677.) On lit dans les éditions de 1734 et de 1754,
chez le président Amelot. Ce texte est erroné, et on a dû préférer
celui de 1726 : *chez la présidente*. La terre de La Tour, à Sucy, appartenoit à la veuve de Charles Amelot, puisqu'elle en avoit hérité.
Michel Amelot, son fils, habile diplomate, étoit alors conseiller au
parlement de Paris. Il ne fut président du conseil de commerce qu'au
mois de septembre 1699.

a M. de Moulceau, président de la chambre des comptes de Montpellier, avec lequel madame de Sévigné entretint plus tard une correspondance. (*Voyez* la lettre du 17 avril 1682.)

elle fit recommencer, disant que ce tombereau l'avoit
frappée d'abord, et qu'elle en avoit perdu l'attention
pour le reste. Elle dit à son confesseur, par le chemin,
de faire mettre le bourreau devant elle, *afin*, dit-elle,
de ne point voir ce coquin de Desgrais qui m'a prise [a].
Desgrais étoit à cheval devant le tombereau. Son confesseur la reprit de ce sentiment; elle dit : « Ah mon Dieu !
« je vous en demande pardon ; qu'on me laisse donc cette
« étrange vue. » Elle monta seule et nu-pieds sur l'é-
chelle et sur l'échafaud, et fut un quart d'heure *miro-
dée*, rasée, dressée et redressée, par le bourreau ; ce fut
un grand murmure et une grande cruauté. Le lendemain on cherchoit ses os, parceque le peuple croyoit
qu'elle étoit sainte. Elle avoit, disoit-elle, deux confesseurs ; l'un soutenoit qu'il falloit tout avouer, et l'autre
non ; elle rioit de cette diversité, disant : Je puis faire en
conscience ce qu'il me plaira : il lui a plu de ne rien
dire du tout. Penautier sortira un peu plus blanc que de
la neige ; le public n'est point content, on dit que tout
cela est trouble. Admirez le malheur ; cette créature a
refusé d'apprendre ce qu'on vouloit, et a dit ce qu'on ne
demandoit pas : par exemple, elle a dit que M. Fouquet
avoit envoyé Glaser, leur apothicaire empoisonneur,
en Italie, pour avoir d'une herbe qui fait du poison :
elle a entendu dire cette belle chose à Sainte-Croix.
Voyez quel excès d'accablement, et quel prétexte pour

---

[a] On peut voir, dans les *Causes célèbres* de Richer, les moyens
adroits que l'exempt Desgrais employa pour faire sortir la Brinvilliers
du couvent où elle s'étoit retirée à Liége, et la constituer prison-
nière.

achever ce pauvre infortuné. Tout cela est bien sus-
pect*. On ajoute encore bien des choses; mais en voilà
assez pour aujourd'hui.

On tient que M. de Luxembourg a dessein de tenter
une grande entreprise pour secourir Philisbourg; c'est
une affaire périlleuse. Le siège de Maestricht continue;
mais le maréchal d'Humières va s'emparer d'Aire¹ pour
jouer aux échecs, comme je disois l'autre jour; il a pris
toutes les troupes qu'on destinoit au maréchal de Créqui; et les officiers généraux, qui étoient nommés pour
cette armée, sont retournés en Allemagne, comme La
Trousse, le chevalier du Plessis et d'autres. Nos garçons sont demeurés avec M. de Schomberg; je les aime
bien mieux là qu'avec le maréchal d'Humières. M. de

---

* Madame de Sévigné étoit bien informée; l'éditeur est loin d'accu-
ser Fouquet d'un crime auquel il ne pensa peut-être jamais, et d'ajouter foi à des déclarations aussi suspectes ; mais il a acquis la certitude
que la Brinvilliers déclara, avant son supplice, tenir de Sainte-Croix
que M. Fouquet avoit un grand dessein, au moment de son arresta-
tion, et qu'il avoit envoyé *Glazel* (et non Glazer), son apothicaire,
à Florence, pour y apprendre l'art de préparer des poisons subtils.
Les pièces du procès de la Brinvilliers n'existent plus, mais ce fait
est énoncé dans les interrogatoires insérés au procès-verbal de question de Jean Maillart, auditeur des comptes, qui fut condamné par
arrêt de la chambre de l'Arsenal, du 20 février 1682, à avoir la tête
tranchée, pour crime de lèse-majesté, comme ayant connu et n'ayant
pas révélé un complot dirigé contre la personne du roi. Ce Maillart
étoit ami de Sainte-Croix, et la procédure fait voir qu'il étoit *véhémentement* soupçonné de s'être servi de lui pour faire empoisonner
sa femme. Ces pièces font partie des manuscrits de la bibliothèque
de MONSIEUR.

¹ Cette place fut prise le 31 juillet.

4   25

Schomberg favorisera notre siége et les fortifications de
Condé, comme Villahermosa¹ favorise le siége de Maestricht et le prince d'Orange. Tout ceci s'échauffe beaucoup : cependant on se réjouit à Versailles ; tous les jours
des plaisirs, des comédies, des musiques, des soupers
sur l'eau. On joue tous les jours dans l'appartement du
roi ; c'est au reversi. Le roi et madame de Montespan
tiennent un jeu ; la reine et madame de Soubise, qui joue
quand Sa Majesté prie Dieu ; elle est de deux pistoles
sur cent. MONSIEUR et M. de Créqui, Dangeau et ses
croupiers, Langlée et les siens : voilà où l'on voit perdre
ou gagner tous les jours deux ou trois mille louis ⁿ.

Madame de Nevers² est belle comme le jour, et brille
fort, sans qu'on en soit en peine. Mademoiselle de
Thianges (*sa sœur*) est grande ; elle a tout ce qui compose une grande fille ᵇ. L'hôtel de Grancey est tout

---

¹ Le général des troupes d'Espagne.

ⁿ Les pertes de jeu étoient énormes dans ce siècle. On voit dans le
Supplément de Bussy, IIᵉ partie, page 18, que MONSIEUR perdit, dans
une campagne, 100,000 écus contre Dangeau et Langlée, et qu'il fut
obligé pour acquitter cette somme, de donner l'ordre de vendre sa
vaisselle d'or, son balustre d'argent, et une partie de ses pierreries.
Son valet-de-chambre (*Mérille*) trouva 50,000 écus dans la bourse
de ses amis, et conserva ces objets à son maitre.

² Gabrielle de Damas, fille de Claude-Léonor, marquis de Thianges, et de Gabrielle de Rochechouart-Mortemart.

ᵇ On lit dans les éditions modernes : *Elle a tout ce qui compose
une belle fille ;* on a dû conserver le texte des éditions de 1734 et de
1754. Madame de Sévigné fait entendre qu'elle a seulement les avantages de la taille, et madame de Caylus dit en effet dans ses *Souvenirs*
que mademoiselle de Thianges, qui devint duchesse de Sforce, n'étoit

comme il étoit, rien ne se change. Le chevalier de Lorraine[a] est très languisssant; il auroit assez l'air d'être empoisonné, si la Brinvilliers eût été son héritière. M. le
duc fait son quartier d'été en ce quartier; mais madame
de Rohan s'en va à Lorges : cela est un peu embarras-
sant[b] Ne voudriez-vous point savoir des nouvelles de
Danemarck? en voilà que je reçois par la bonne princesse. Je crois que cette grace du roi vous fera plaisir à
voir; c'est ainsi que l'on diminue les peines au lieu de
les augmenter[c].

Je reçois votre lettre du 15. Ce qui est dit, est dit sur
votre voyage; vous m'en parlez toujours avec tant d'a-

pas belle, mais fort blanche. Dans la lettre du 4 mai 1672, madame
de Sévigné écrivoit à sa fille que mademoiselle de Thianges étoit tout
ce qu'on pouvoit imaginer de plus beau. Il est vraisemblable que ses
traits avoient acquis trop de force. (*Voyez* la note de la lettre 495,
page 295 de ce volume.)

[a] Le nom de ce chevalier est en blanc dans les éditions de 1734 et
de 1754, mais il se lit dans l'édition de 1726. Ce que dit madame de
Sévigné est d'accord avec les *Fragments de lettres* de madame de
Bavières. « Le chevalier de Lorraine avoit beaucoup changé, pour
« la figure, par une suite naturelle de sa conduite, et des maladies
« qui en étoient résultées. »

[b] Madame la duchesse de Rohan-Chabot devoit emmener à Lorges
madame de Coëtquen, sa fille; mais le départ de celle-ci fut retardé
d'un mois. (*Voyez* la lettre du 5 août suivant.) Madame de Coëtquen
avoit été maîtresse du chevalier de Lorraine; il paroîtroit, d'après
ce passage, que M. le duc étoit alors le rival préféré.

[c] Il s'agit du comte de Griffenfeld. (*Voyez* la note de la lettre 415,
plus haut, page 15.) Madame de Sévigné ne peut s'empêcher de faire
un retour pénible sur la *commutation* qui avoit tant aggravé le sort
du surintendant Fouquet. (*Voyez* la note de la page 102 du 1er vol.)

mitié et de tendresse, que j'en suis touchée dans le milieu du cœur. Je suis étonnée d'avoir pu trouver en moi
assez de raison et de considération pour vos Grignan,
pour vous laisser encore à eux jusqu'au mois d'octobre.
Je regarde avec tristesse la perte d'un temps où je ne
vous vois point, et où je pourrois vous voir : j'ai là-dessus des repentirs et des folies, dont le grand d'Hacqueville se moque. Il voit bien que vous faites votre devoir
auprès de M. l'archevêque d'Arles : n'êtes-vous pas bien
aise d'être capable de faire tout ce que veut la raison?
Je vois que vous en savez présentement plus que moi.
Je disois hier de Penautier ce que vous m'en dites,
sur le peu de presse que je prévois qu'il y aura à sa
table *a*.

Pour les eaux de Vichi, je ne puis que m'en louer;
elles m'ont redonné de la force, en me purgeant et en
me faisant suer. Mon corps est bien; ce qui me reste
n'est pas considérable; je ferai, quand vous serez ici,
tous les remèdes que vous voudrez : pour cet été, je
n'en ai aucun besoin, il faut que je songe à Livry, car je
me trouve étouffée ici, j'ai besoin d'air et de marcher :
vous me reconnoissez bien à ce discours. A ce que je

---

* On fit alors ce couplet :

> Si Penautier, dans son affaire,
> N'a su trouver que des amis,
> C'est qu'il avoit su se défaire
> De ce qu'il avoit d'ennemis.
> Si pour paroître moins coupable,
> Il fait largesse de son bien,
> C'est qu'il prévoit bien que sa table
> Ne lui coûtera jamais rien.

vois, vous allez parler avec une grande sincérité, sur le
mariage que vous savez[a]; écrivez-moi vos sentiments
afin de ne pas oublier l'autre style. Ce que vous dites
de la raison qui vous fait être ravie que M. de Marseille[1] soit cardinal, est justement la mienne : il n'aura
plus la joie ni l'espérance de l'être.

On mande des merveilles de l'Allemagne. Que dites-
vous de ces Allemands qui se laissent noyer par un petit ruisseau, qu'ils n'ont pas l'esprit de détourner? Je
suis persuadée que M. de Luxembourg les battra, et
qu'ils ne prendront point Philisbourg : ce n'est point
notre faute s'ils se rendent indignes d'être nos ennemis.
Mon fils est dans l'armée de M. de Schomberg; c'est présentement la plus sûre. Que me dites-vous des Grignan
qui viennent de vous arriver? J'en embrasse tout autant qu'il y en aura, et salue très respectueusement
M. l'archevêque (*d'Arles*)..

---

[a] Il s'agit du mariage de M. de La Garde. (*Voyez* la lettre du 29
juillet.)

[1] Toussaint de Forbin de Janson, qui de l'évéché de Marseille fut
nommé, en 1679, à celui de Beauvais, ne fut cardinal qu'en février
1690, de la promotion que fit Alexandre VIII.

~~~~~~

519.

De madame de GRIGNAN *au comte* DE BUSSY.

A Grignan, ce 22 juillet 1676.

Je vous supplie. Monsieur, de faire mes compliments
à madame votre fille, sur la mort de M. le marquis de
Coligny. Vous savez mieux que moi ce qu'il faut dire
en cette occasion. Je lui ferois un compliment fort
mauvais et fort commun, qui ne la consoleroit point,
si elle est affligée, et qui lui paroîtroit impertinent, si
elle ne l'est pas. Je remets donc mes intérêts entre vos
mains, pour assaisonner les assurances que je vous prie
de lui donner de la part que je prends à ce qui lui est
arrivé. Si par hasard elle étoit accouchée, faites de cet
événement le second point de votre discours. Mais je
crois que cette prévoyance ne me dispense de rien à
votre égard : il vous faudra une lettre de grand-père.
Mandez-moi si vous êtes bien résolu de ne me point
faire de quartier là-dessus, afin que je commence à me
préparer : car je vous avoue que difficilement pourrai-je
me résoudre à vous parler comme il convient à un personnage si vénérable. Cependant j'ai des exemples bien
proches qui devroient m'accoutumer à voir cette qualité
désassortie aux personnes qui la portent. Vous n'êtes ni
plus jeune, ni plus gai, que ma mère étoit quand je lui

fis l'affront de la lui donner. Je l'ai priée de vous dire la
joie que j'ai de votre retour à Paris. Quoique le mystère soit agréable en mille occasions, je crois que vous
êtes fort content de n'y être plus obligé pour vos amis.
J'espère profiter de cette liberté cet hiver. En attendant
je vous recommande la rate de ma mère; et je vous demande toujours un peu de part en votre souvenir.

520.

Du comte DE BUSSY *à madame* DE GRIGNAN.

A Paris, ce 27 juillet 1676.

Vous avez raison, Madame, vous n'eussiez rien écrit
qui vaille à ma fille sur la mort de son mari; et vous
avez bien plus d'esprit avec moi, que vous n'auriez eu
avec elle. Je lui ferai votre compliment, et je ne lui dirai
ni plus ni moins que ce qu'il faut lui dire. On ne connoît pas cette juste mesure d'aussi loin que vous êtes.
Je lui dirai encore la joie que vous avez de son heureux
accouchement; mais je ne vous dispenserai pas de m'é-
crire en cette rencontre. Je vous permettrai seulement
de badiner avec moi; car pour l'humeur, je suis plus
loin du *barbonnage* que vous. Ecrivez-moi encore une
fois ou deux, et puis venez m'aider à désopiller la rate
de madame votre mère. Votre absence empêche l'effet
de mes remèdes.

521.*

De madame DE SÉVIGNÉ *à madame* DE GRIGNAN.

A Paris, ce vendredi 24 juillet 1676.

J'ai vu ce matin le plus beau des abbés. Nous jouissons par avance du plaisir de vous avoir : cette espérance répand une joie et une douceur sur toute ma vie ; elle a dissipé un crêpe noir que votre absence y avoit mis. Je me porte bien quand je pense que vous vous préparez à me venir voir. D'Hacqueville veut que je retourne à Vichi cet automne : mais, ma fille, je ne saurois, je suis fatiguée de voyager. Mes mains ni mes genoux n'ont pas besoin de cette répétition si prompte ; je sais une recette qui me guérira sûrement. Il est vrai que j'irai au-devant de vous ; mais il n'est pas besoin que je prenne cette peine pour vous faire venir ; ce voyage sera mieux placé une autre fois. Je me repose un peu en vous attendant ; j'irai me rafraîchir à Livry. M. le premier président m'a fait dire par M. d'Ormesson que, puisque je savois présentement ce que c'est que d'être malade ; je comprendrois bien les remèdes et les rafraîchissements qu'il va prendre à Bâville, quinze jours, ou trois semaines durant. Au reste, la reine de Pologne[1]

[1] Marie-Casimire de La Grange-d'Arquien, femme de Jean Sobieski, élu roi de Pologne en mai 1674.

vient à Bourbon; je crois qu'elle joindra fort agréablement au plaisir de chercher la santé celui d'avoir le
dessus sur la reine de France*; car, pendant qu'elle
sera en train, je suis persuadée qu'elle viendra à Paris :
vous en aurez la vue, et vous admirerez ce que c'est
que la fortune.

Penautier est heureux : il n'y eut jamais un homme si
bien protégé; vous le verrez sortir, mais sans être jus-
tifié dans l'esprit de tout le monde. Il y a eu des choses
extraordinaires dans tout ce procès; mais on ne peut les
dire. Le cardinal de Bonzi disoit toujours en riant que
tous ceux qui avoient des pensions sur ses bénéfices ne
vivroient pas long-temps, et que *son étoile* les tueroit. Il
y a deux ou trois mois que l'abbé Fouquet, ayant rencontré cette éminence dans le fond de son carrosse avec
Penautier, dit tout haut : *Je viens de rencontrer le cardinal de Bonzi avec son étoile*[1]. Cela n'est-il pas plaisant? Tout le monde croit comme vous qu'il n'y aura
pas de presse à la table de Penautier. On ne peut écrire
tout ce qu'on entend dire là-dessus. Je savois tantôt
mille choses très bonnes à vous endormir; je ne m'en
souviens plus; quand elles reviendront, je les écrirai
vitement. Adieu, ma très aimable, il est tard, je ne suis
pas en train de discourir. J'ai passé tout le soir avec
d'Hacqueville dans le jardin de madame de La Fayette;
il y a un jet d'eau, un petit cabinet couvert; c'est le plus

---

a Cette supériorité ne pouvoit être que celle de la beauté.

[1] Le cardinal de Bonzi étoit regardé comme un de ceux qui pro-
tégeoient Penautier le plus ouvertement.

joli petit lieu du monde pour respirer à Paris. Je vous
embrasse mille fois, ma très chère, et vous remercie de
la joie que vous répandez dans mon cœur, en m'assurant de votre retour avant l'hiver.

~~~~~~

522.

A la même.

A Paris, mercredi 29 juillet 1676.

Voici un changement de scène qui vous paroîtra aussi
agréable qu'à tout le monde. Je fus samedi à Versailles
avec les Villars : voici comme cela va. Vous connoissez
la toilette de la reine, la messe, le dîner; mais il n'est
plus besoin de se faire étouffer, pendant que leurs ma-
jestés sont à table; car à trois heures, le roi, la reine,
MONSIEUR, MADAME, MADEMOISELLE, tout ce qu'il y a
de princes et de princesses, madame de Montespan,
toute sa suite, tous les courtisans, toutes les dames, enfin ce qui s'appelle la cour de France, se trouve dans
ce bel appartement du roi que vous connoissez. Tout
est meublé divinement, tout est magnifique. On ne sait
ce que c'est que d'y avoir chaud; on passe d'un lieu à
l'autre sans faire la presse nulle part. Un jeu de reversi
donne la forme, et fixe tout. Le roi est auprès de madame de Montespan qui tient la carte; MONSIEUR, la
reine et madame de Soubise; Dangeau et compagnie;

Langlée et compagnie ; mille louis sont répandus sur le
tapis, il n'y a point d'autres jetons. Je voyois jouer Dangeau ; et j'admirois combien nous sommes sots au jeu
auprès de lui. Il ne songe qu'à son affaire, et gagne où
les autres perdent ; il ne néglige rien, il profite de tout,
il n'est point distrait : en un mot, sa bonne conduite
défie la fortune ; aussi les deux cent mille francs en dix
jours, les cent mille écus en un mois, tout cela se met
sur le livre de sa recette[a]. Il dit que je prenois part à
son jeu, de sorte que je fus assise très agréablement et
très commodément. Je saluai le roi, ainsi que vous me
l'avez appris ; il me rendit mon salut, comme si j'avois
été jeune et belle. La reine me parla aussi long-temps de
ma maladie, que si c'eût été une couche. Elle me dit encore quelques mots de vous. M. le duc me fit mille de
ces caresses à quoi il ne pense pas. Le maréchal de
Lorges m'attaqua sous le nom du chevalier de Grignan,
enfin *tutti quanti*. Vous savez ce que c'est que de recevoir un mot de tout ce que l'on trouve en son chemin.
Madame de Montespan me parla de Bourbon, elle me
pria de lui conter Vichi, et comme je m'en étois trouvée ; elle me dit que Bourbon, au lieu de guérir un ge-

<hr>

[a] Fontenelle raconte, dans l'*Éloge* de Dangeau, qu'un jour que ce
courtisan alloit se mettre au jeu, il demanda au roi un appartement
dans le château de Saint-Germain. Le roi lui répondit qu'il lui accor-
deroit cette grace, pourvu qu'il la demandât en cent vers qu'il feroit
pendant la partie. Le jeu terminé, Dangeau récita les cent vers qu'il
avoit faits, comptés et retenus dans sa mémoire, sans que cet effort
eût paru lui causer la moindre distraction. La Bruyère a peint Dangeau sous le nom de *Pamphile* dans le chapitre *des Grands*.

nou, lui a fait mal aux deux. Je lui trouvai le dos bien
plat, comme disoit la maréchale de La Meilleraie ; mais
sérieusement, c'est une chose surprenante que sa beauté ; sa taille n'est pas de la moitié si grosse qu'elle étoit,
sans que son teint, ni ses yeux, ni ses lèvres, en soient
moins bien. Elle étoit tout habillée de point de France ;
coiffée de mille boucles ; les deux des tempes lui tom-
bent fort bas sur les joues ; des rubans noirs sur sa tête,
des perles de la maréchale de l'Hôpital, embellies de
boucles et de pendeloques de diamants de la dernière
beauté, trois ou quatre poinçons, point de coiffe, en
un mot, une triomphante beauté à faire admirer à tous
les ambassadeurs. Elle a su qu'on se plaignoit qu'elle
empêchoit toute la France de voir le roi ; elle l'a redonné, comme vous voyez ; et vous ne sauriez croire la
joie que tout le monde en a, ni de quelle beauté cela rend
la cour. Cette agréable confusion, sans confusion, de
tout ce qu'il y a de plus choisi, dure depuis trois heures
jusqu'à six. S'il vient des courriers, le roi se retire un moment pour lire ses lettres, et puis revient. Il y a toujours
quelque musique qu'il écoute, et qui fait un très bon
effet. Il cause avec les dames qui ont accoutumé d'a-
voir cet honneur. Enfin on quitte le jeu à six heures ; on
n'a point du tout de peine à faire les comptes ; il n'y a
point de jetons ni de marques ; les poules sont au moins
de cinq, six ou sept cents louis, les grosses de mille, de
douze cents. On en met d'abord vingt-cinq chacun, c'est
cent ; et puis celui qui fait en met dix ; on donne chacun
quatre louis à celui qui a le quinola ; on passe ; et quand
on fait jouer, et qu'on ne prend pas la poule, on en

met seize à la poule, pour apprendre à jouer mal-à-propos. On parle sans cesse, et rien ne demeure sur le cœur. Combien avez-vous de cœurs? J'en ai deux, j'en ai trois, j'en ai un; j'en ai quatre : il n'en a donc que trois, que quatre, et Dangeau est ravi de tout ce caquet : il découvre le jeu, il tire ses conséquences, il voit à qui il a affaire; enfin j'étois fort aise de voir cet excès d'habileté : vraiment c'est bien lui qui sait le dessous des cartes, car il sait toutes les autres couleurs. On monte donc à six heures en calèche, le roi, madame de Montespan, MONSIEUR, madame de Thianges et la bonne d'Heudicourt sur le strapontin, c'est-à-dire, comme en paradis, ou dans *la gloire de Niquée* ª. Vous

---

ª *La gloire de Niquée* est une des féeries du roman des Amadis. Cette princesse, fille d'un soudan, étoit sœur d'Anastarax, qui en devint éperdument amoureux, sans la connoître. Désespéré de ne pouvoir la posséder, ce prince étoit réduit à un sombre désespoir, quand la reine Zirphée, sa tante, accourut de l'extrémité du monde, pour lui sauver la vie. Elle se fait aussitôt conduire au palais de Niquée : à sa voix les murailles se reculent, les voûtes s'élèvent, une salle immense paroît, soutenue par des colonnes de jaspe que surmonte une coupole de cristal. Un trône enrichi de drap d'or, semé de perles et de pierreries, en occupe le centre. Le ramage des oiseaux et le parfum des fleurs, y font régner un éternel printemps. La reine fait revêtir sa nièce d'habits magnifiques; elle pose sur ses beaux cheveux blonds un diadème d'impératrice, et la place sur le trône. Elle fait ensuite mettre à ses pieds deux princesses qui lui présentent un miroir, où, par une vertu magique, elle reconnoît les traits d'Amadis de Grèce, dont elle est uniquement occupée, sans l'avoir jamais vu. La princesse tombe alors dans le ravissement, toutes ses facultés sont suspendues, elle est *enchantée* et douée de la vertu de frapper d'immobilité tous ceux qui seroient assez téméraires

savez comme ces calèches sont faites; on ne se regarde
point, on est tourné du même côté. La reine étoit dans
une autre avec les princesses, et ensuite tout le monde
attroupé, selon sa fantaisie. On va sur le canal dans des
gondoles, on y trouve de la musique, on revient à dix
heures, on trouve la comédie, minuit sonne, on fait
media noche; voilà comme se passa le samedi.

De vous dire combien de fois on me parla de vous,
combien on me demanda de vos nouvelles, combien on
me fit de questions sans attendre la réponse, combien
j'en épargnois, combien on s'en soucioit peu, combien je
m'en souciois encore moins, vous reconnoîtriez au naturel l'*iniqua corte.* Cependant elle ne fut jamais si
agréable, et l'on souhaite fort que cela continue. Madame de Nevers est fort jolie, fort modeste, fort naïve;
sa beauté fait souvenir de vous; M. de Nevers est toujours le même *a*; sa femme l'aime de passion. Mademoiselle de Thianges est plus régulièrement belle que sa
sœur, et beaucoup moins charmante. M. du Maine est
incomparable; son esprit étonne, et les choses qu'il dit

pour la regarder. Anastarax est amené par Zirphée dans cette salle
de merveilles; mais à peine a-t-il aperçu Niquée *dans sa gloire*, qu'il
tombe à genoux privé de mouvement. Il y seroit peut-être encore, si le
grand Amadis de Grèce, après un combat terrible, n'avoit enfin réussi
à pénétrer dans ce palais. Il poursuivit son ennemi vaincu jusque
dans la salle magique, et d'un coup d'épée donné maladroitement,
il brisa le miroir que Niquée considéroit avec tant d'attention. La
princesse reprit aussitôt ses sens, et elle eut quelque peine à pardonner au chevalier qui l'avoit tirée de sa profonde rêverie. (*Voyez* le
VIIIe livre d'*Amadis de Gaule*, chap. XXIV et LXIII.)

    a Le plus plaisant Robin. (Variante de l'édition de 1726.)

ne se peuvent imaginer. Madame de Maintenon, madàme de Thianges, *Guelphes* et *Gibelins*[1], songez que tout est rassemblé. MADAME me fit mille honnêtetés, à cause de la bonne princesse de Tarente. Madame de Monaco étoit à Paris.

M. le prince fut voir l'autre jour madame de La Fayette; ce prince, *all' cui spada ogni vittoria è certa*. Le moyen de n'être pas flatté d'une telle estime, et d'autant plus qu'il ne la jette pas à la tête des dames? Il parle de la guerre, il attend des nouvelles comme les autres. On tremble un peu de celles d'Allemagne. On dit pourtant que le Rhin est tellement enflé des neiges qui fondent des montagnes, que les ennemis sont plus embarrassés que nous. Rambures[a] a été tué par un de ses soldats, qui déchargeoit très innocemment son mousquet. Le siége d'Aire continue; nous y avons perdu quelques lieutenants aux gardes et quelques soldats. L'armée de Schomberg est en pleine sûreté. Madame de Schomberg s'est remise à m'aimer; le baron en profite par les caresses excessives de son général. *Le petit glorieux* n'a pas plus d'affaires que les autres; il pourra s'ennuyer; mais s'il a besoin d'une contusion, il faudra qu'il se la fasse lui-même : Dieu les conserve dans cette oisiveté! Voilà, ma très chère, d'épouvantables détails : ou ils vous ennuieront beaucoup, ou ils vous amuseront,

---

[1] Deux fameuses factions, nées dans le XIIe siècle, dont l'une tenoit le parti des papes, et l'autre celui des empereurs.

[a] Louis-Alexandre, marquis de Rambures, dernier rejeton de cette famille. Moréri place sa mort en juillet 1679; c'est une erreur.

ils ne peuvent point être indifférents. Je souhaite que
vous soyez dans cette humeur où vous me dites quelquefois : « Mais vous ne voulez pas me parler; mais
« j'admire ma mère, qui aimeroit mieux mourir que de
« me dire un seul mot. » Oh! si vous n'êtes pas contente,
ce n'est pas ma faute ; non plus que la vôtre, si je ne l'ai
pas été de la mort de Ruyter. Il y a des endroits dans
vos lettres qui sont divins. Vous me parlez très bien du
mariage¹, il n'y a rien de mieux; le jugement domine,
mais c'est un peu tard. Conservez-moi dans les bonnes
graces de M. de La Garde, et toujours des amitiés pour
moi à M. de Grignan. La justesse de nos pensées sur
votre départ renouvelle notre amitié.

Vous trouvez que ma plume est toujours taillée pour
dire des merveilles du grand-maître²; je ne le nie pas
absolument : il est vrai que je croyois m'être moquée de
lui, en vous disant l'envie qu'il a de parvenir, et comme
il veut être maréchal de France *à la rigueur*, comme du
temps passé; mais c'est que vous m'en voulez sur ce
sujet, le monde est bien injuste.

Il l'a bien été aussi pour la Brinvilliers; jamais tant
de crimes n'ont été traités si doucement, elle n'a pas eu
la question ; on avoit si peur qu'elle ne parlât, qu'on lui
faisoit entrevoir une grace, et si bien entrevoir, qu'elle
ne croyoit point mourir; elle dit en montant sur l'échafaud : *C'est donc tout de bon?* Enfin elle est au vent, et

---

¹ On a déja dit qu'il étoit alors question, pour M. de La Garde,
d'un mariage qui ne se fit point. (*Voyez* page 336 de ce volume.)

² *Voyez* ci-dessus la lettre 516, page 376.

son confesseur dit que c'est une sainte. M. le premier
président (*de Lamoignon*) avoit choisi ce docteur [1]
comme une merveille ; il fut trompé par les intéressés,
ç'étoit celui qu'on vouloit qu'il prît. N'avez-vous point
vu ces gens qui font des tours de cartes, ils les mêlent
fort long-temps, et vous disent d'en prendre une telle
qu'il vous plaira, et qu'ils ne s'en soucient pas ; vous la
prenez, vous croyez l'avoir prise, et c'est justement celle
qu'il veulent : à l'application, elle est juste. Le maréchal
de Villeroi disoit l'autre jour : *Penautier sera ruiné de
cette affaire-ci;* le maréchal de Gramont répondit : *Il
faudra qu'il supprime sa table* [a] : voilà bien des épigrammes. Je suppose que vous savez qu'on croit qu'il y a
cent mille écus répandus pour faciliter toutes choses :
l'innocence ne fait guère de telles profusions. On ne
peut écrire tout ce qu'on sait ; ce sera pour une soirée.
Rien n'est si plaisant que tout ce que vous dites sur
cette horrible femme. Je crois que vous avez contentement; car il n'est pas possible qu'elle soit en paradis ;
sa vilaine ame doit être séparée des autres. Assassiner
est le plus sûr; nous sommes de votre avis; c'est une bagatelle en comparaison d'être huit mois à tuer son père,
et à recevoir toutes ses caresses et toutes ses douceurs,
à quoi elle ne répondoit qu'en doublant toujours la
dose.

[1] M. Pirot, docteur en Sorbonne.

[a] Penautier, aussitôt après son acquittement, reprit l'exercice de
tous ses emplois, et dans la même année il alla aux états de Languedoc, où les plus grands seigneurs lui firent l'honneur de venir s'as-
seoir à sa table. (*Causes célèbres de Richer,* tome 1er, page 422.)

Contez à M. l'archevêque (*d'Arles*) ce que m'a fait dire M. le premier président pour ma santé. J'ai fait voir mes mains et quasi mes genoux à Langeron, afin qu'il vous en rende compte. J'ai d'une manière de pommade qui me guérira à ce qu'on m'assure; je n'aurai point la cruauté de me plonger dans le sang d'un bœuf, que la canicule ne soit passée. C'est vous, ma fille, qui me guérirez de tous mes maux. Si M. de Grignan pouvoit comprendre le plaisir qu'il me fait d'approuver votre voyage, il seroit consolé par avance de six semaines qu'il sera sans vous.

Madame de La Fayette n'est point mal avec madame de Schomberg. Cette dernière me fait des merveilles, et son mari à mon fils. Madame de Villars songe tout de bon à s'en aller en Savoie; elle vous trouvera en chemin. Corbinelli vous adore, il n'en faut rien rabattre; il a toujours des soins de moi admirables. Le *bien bon* vous prie de ne pas douter de la joie qu'il aura de vous voir; il est persuadé que ce remède m'est nécessaire, et vous savez l'amitié qu'il a pour moi. Livry me revient souvent dans la tête, et je dis que je commence à étouffer, afin qu'on approuve mon voyage. Adieu, ma très aimable et très aimée; vous me priez de vous aimer; ah! vraiment je le veux bien; il ne sera pas dit que je vous refuse quelque chose.

523. *

A la même.

À Paris, vendredi 31 juillet 1676.

Il est question d'une illumination; c'est demain, à
Versailles. Madame de La Fayette, madame de Coulanges viennent de partir; je voudrois que vous y fussiez. Pour moi, après avoir vu les bonnes Villars, et
cherché inutilement mademoiselle de Méri, je suis revenue vous écrire; c'est tout ce qui me peut plaire en
attendant mieux. Le bon abbé même est à Livry; de
sorte que c'est avec vous que je passe la soirée très agréablement. Celles qui ont intérêt à tout ce qui se passe
en Flandre et en Allemagne, sont un peu troublées.
On attend tous les jours que M. de Luxembourg batte
les ennemis; et vous savez ce qui arrive quelquefois.
On a fait une sortie de Maestricht, où les ennemis ont
eu plus de quatre cents hommes de tués. Le siège d'Aire
va son train. On a envoyé le duc de Villeroi et beaucoup de cavalerie dans l'armée du maréchal d'Humières. Je crois que mon fils en est; mais, quoiqu'il ne soit
point paresseux de m'écrire, je ne sais comme cela se
fait, je n'ai jamais de lettres comme les autres, et cela
me met toujours en peine. Je retarde même quelques
jours d'aller à Livry, pour voir de quelle façon tout ceci
se démêlera. C'est M. de Louvois qui a fait avancer, de

26.

son autorité, l'armée de M. de Schomberg fort près d'Aire,
et a mandé à Sa Majesté qu'il croyoit que le retardement d'un courrier auroit pu nuire aux affaires. Méditez
sur ce texte.

Puisque je cause avec vous, il faut que je vous parle
de madame la grand'duchesse et de madame de Guise[1].
Elles sont très mal ensemble, et ne se parlent point,
quoiqu'elles soient toujours dans le même lieu. Madame
la grand'duchesse est fort agréablement avec le roi; elle
a un logement à Versailles; elle y fait d'assez longs sé-
jours; elle est à l'illumination, et bientôt sa prison sera
la cour, et l'attachement entier à sa noble famille. On a
écrit à M. le grand duc que cette retraite qu'on lui avoit
promise s'observoit mal, il a dit qu'il ne s'en soucioit
point du tout; qu'en remettant madame sa femme entre
les mains du roi, il avoit ôté de son esprit tout le soin
de sa conduite. Le comte de Saint-Maurice me dit hier
que M. le grand duc voyant un grand seigneur de Savoie à sa cour, il lui avoit dit avec un soupir : « Ah,
« Monsieur! que vous êtes heureux d'avoir eu une prin-
« cesse de France, qui ne s'est point fait un martyre de
« régner dans votre cour ! »

On commence à murmurer je ne sais quoi de Théobon[a], comme si les duels étant défendus, les rencon-
tres étoient permises : je vous dis cela extrêmement en

___

[1] Ces deux princesses étoient filles de Gaston de France, duc
d'Orléans, et de Marguerite de Lorraine.

[a] Lydie de Rochefort-Théobon, fille d'honneur de la reine, qui
épousa le comte de Beuvron. Il paroîtroit, par la lettre du 7 août

l'air, comme il m'a été dit. Votre cousine d'Harcourt *a* a pris l'habit à Montmartre; toute la cour y étoit, tous ses beaux cheveux étoient épars, et une couronne de fleurs sur sa tête, comme une jolie victime. On dit que cela faisoit pleurer tout le monde.

Vous êtes trop aimable de parler, comme vous faites, des Rabutins; je les désavouerois bien, s'ils ne nous honoroient pas autant qu'ils le doivent. M. d'Alby ¹ est mort; il laisse des trésors au duc du Lude. Hélas! comme notre pauvre M. de Saintes *b* a disposé *saintement* de son bien au prix de cet avare! Voilà de beaux bénéfices à donner : Alby vaut vingt-cinq mille écus de rente; on en a fait un archevêché : mais vous savez avant nous qu'il y en a encore un plus beau à donner, c'est le souverain pontificat. M. *de Rome* ² est enfin mort, comme dit M. de Noyon (*M. de Clermont-Tonnerre*). J'attends d'Hacqueville pour savoir ce que fera notre bon cardinal (*de Retz*); s'il part, ma fille, il faut que vous fassiez toute chose pour avoir encore la joie de le voir en pas-

suivant, qu'elle auroit eu quelques prétentions sur le cœur du roi, mais cela n'eut pas de suites.

a Françoise de Lorraine, cousine de M. de Grignan par Anne d'Ornano, comtesse d'Harcourt, sa mère. Elle devint abbesse de Montmartre en 1683, et mourut le 29 octobre 1699, âgée de 42 ans.

¹ Gaspard de Daillon, oncle du duc du Lude, dernier évêque d'Alby, ce siège ayant été érigé en métropole après sa mort.

b Louis de Bassompières, évêque de Saintes, fils du maréchal de ce nom, et de mademoiselle de Balzac, mort le 1ᵉʳ juillet 1676.

² Clément X, mort le 22 juillet. On voit que l'évêque de Noyon, avec sa morgue ridicule, avoit la prétention de ne parler du pape que comme d'un égal. (*Voyez* la lettre 116, et la note, tome 1ᵉʳ, page 284.)

sant. Voilà M. de Marseille bien reculé, car le nouveau
pape fera la première promotion pour ses créatures, et
puis pour les couronnes, et dans ces couronnes il n'est
pas sûr que la Pologne en soit; c'est, selon le pape;
car, quand on veut chicaner, on dit qu'elle n'a que la
sollicitation, et point du tout le droit de nommer, comme
la France et l'Espagne; et quand elle nommeroit, qui
pourroit dire que ce sera toujours M. de Marseille¹? enfin, c'est bien du temps. Vous ai-je dit que madame de
Savoie² avoit envoyé cent aunes du plus beau velours
du monde à madame de La Fayette, et cent aunes de
satin pour le doubler; et depuis deux jours encore, son
portrait entouré de diamants, qui vaut bien trois cents
louis? Je ne trouve rien de plus divin que ce pouvoir de
donner, et cette volonté de le faire aussi à propos que
Madame Royale.

Je viens de causer avec d'Hacqueville. Le roi prie très
instamment notre cardinal d'aller à Rome : on vient de
lui dépêcher un courrier; ils iront tous par terre, parceque le roi n'a point de galères à leur donner : ainsi vous
ne verrez point cette chère éminence. Nous sommes en
peine de sa santé, et nous nous fions à sa prudence,
pour accommoder le langage du Saint-Esprit avec le service du roi. Nous parlerons plus d'une fois de ce voyage.

¹ M. de Marseille avoit la nomination du roi de Pologne. *Madame
de Sévigné devinoit très juste. Le roi de Pologne retira sa recomman-
dation, et ce fut à Louis XIV que M de Janson dut la pourpre romaine. (*Voyez* la note de la lettre du 26 février 1690.)

² Marie-Jeanne-Baptiste de Savoie-Nemours, régente des états de
Victor-Amédée-François, son fils. *Ces cadeaux avoient des motifs.
(*Voyez* la note de la lettre du 13 décembre 1679.)

Il est vrai que madame de Schomberg vous aime, vous estime, et vous trouve fort au-dessus des autres : ce sera à vous cet hiver à ne pas *détruire*; mais elle n'est pas contente de M. de Grignan, qu'elle a toujours aimé tendrement, à cause qu'il est aimable, et que son amie l'adoroit. Elle croyoit que, la sachant si près de Provence, il devoit faire quatre ou cinq lieues pour la voir. et lui offrir toutes les retraites qui étoient en son pouvoir, et qu'elle n'auroit pas acceptées. Cette plainte est amoureuse *a*.

Écoutez-moi, ma belle : lorsque le gouverneur de Maestricht[1] fit cette belle sortie, le prince d'Orange courut au secours avec une valeur incroyable ; il repoussa nos gens l'épée à la main jusque dans les portes; il fut blessé au bras, et dit à ceux qui avoient mal fait : « Voilà, Messieurs, comme il falloit faire, c'est vous qui « êtes cause de la blessure dont vous faites semblant « d'être si touchés. » Le rhingrave le suivoit, et fut blessé à l'épaule. Il y a des lieux où l'on craint tant de louer cette action, qu'on aime mieux se taire de l'avantage que nous avons eu.

Vous avez contentement sur le salut de la Brinvil-

---

a On croit qu'il s'agit ici de la jeune maréchale de Schomberg, et non de Marie d'Hautefort, veuve du duc d'Halluin, qui étoit d'une famille différente

[1] M. de Calvo commandoit à Maestricht pendant le siège, en l'absence du maréchal d'Estrade, qui en étoit gouverneur. * On a retenu ce mot qu'il adressa aux ingénieurs qui étoient sous ses ordres : « Messieurs, je n'entends rien à la défense d'une place ; tout ce que « je sais, c'est que je ne me rends pas. » (*Voyez* l'Histoire de France, par le président Hénault.)

liers; personne ne doute de la justice de Dieu, et je reprends avec grand regret l'opinion de l'éternité des
peines. On vient de m'assurer que l'illumination est dif-
férée de plusieurs jours : je ne m'en soucie guère; mais
je me soucie extrêmement de vous, et je vous aime, ma
très chère, avec une véritable tendresse.

524.

A la même.

A Paris, mercredi 5 août 1676.

Je veux commencer aujourd'hui par ma santé; je me
porte très bien, ma chère enfant. J'ai vu le bon homme
de Lorme à son retour de Maisons; il m'a grondée de
n'avoir pas été à Bourbon, mais c'est une radoterie; car
il avoue que, pour boire, Vichi est aussi bon : mais c'est
pour suer, dit-il, et j'ai sué jusqu'à l'excès : ainsi je n'ai
pas changé d'avis sur le choix que j'ai fait. Il ne veut
point des eaux d'automne, et voilà ce qui m'est bon, il
veut que je prenne de sa poudre au mois de septembre.
Il dit qu'il n'y a rien à faire au petit, et que le temps lui
fera un crâne tout comme aux autres. Bourdelot m'a dit
la même chose, et que ces os se font les derniers. Il
m'envoie promener, c'est-à-dire à Livry, de peur que
l'habitude de faire de l'exercice dans cette saison ne me
regonfle la rate, d'où viennent mes oppressions; il sera
obéi. Je crois que vous devez être contente de la lon-

gueur de cet article. Il paroît bien que la Brinvilliers est
morte, puisque j'ai tant de loisir.

Il reste à parler de Penautier ; son commis Belleguise
est pris : on ne sait si c'est tant pis ou tant mieux pour
lui ; on est si disposé à croire que tout est à son avantage, que je crois que nous le verrions pendre, que nous
y entendrions encore quelque finesse. On a dit à la cour
que c'étoit le roi qui avoit fait arrêter ce commis dans
les faubourgs. On blâme la négligence du parlement ;
et quand on y a bien regardé, il se trouve que c'est à la
diligence et à la libéralité du procureur général[1], et que
cette recherche lui a coûté plus de deux mille écus. Je
fus hier une heure avec lui à causer agréablement ; il
cache sous sa gravité un esprit aimable et très poli ;
M. de Harlai-Bonneuil[a] étoit avec moi : je n'ose vous
dire à quel point je fus bien reçue ; il me parla fort de
vous et de M. de Grignan.

Cependant Aire est pris. Mon fils me mande mille
biens du comte de Vaux, qui s'est trouvé le premier
par-tout ; mais il dénigre fort les assiégés, qui ont laissé
prendre en une nuit le chemin couvert, la contrescarpe,
passer le fossé plein d'eau, et prendre les dehors du plus

---

[1] Achille de Harlai, depuis premier président.

[a] Il étoit cousin du procureur général. Ils descendoient tous les
deux d'Achille de Harlai, premier président du parlement de Paris,
qui fit aux ligueurs cette noble et courageuse réponse : *Mon ame est
à Dieu, mon cœur à mon roi, mon corps entre les mains des factieux
qui en disposeront* (Discours sur la vie et la mort d'Achille de Harlai. Paris, 1616, page 48.) Le mot du président Frémiot, bisaïeul de
madame de Sévigné, peut être comparé à celui-ci. (*Voyez* la *Notice
historique*, tome Ier, page 51.)

bel ouvrage à corne qu'on puisse voir, et qui enfin se sont rendus le dernier jour du mois, sans que personne ait combattu. Ils ont été tellement épouvantés de notre canon, que les nerfs du dos qui servent à se tourner, et ceux qui font remuer les jambes pour s'enfuir, n'ont pu être arrêtés par la volonté d'acquérir de la gloire; et voilà ce qui fait que nous prenons des villes. C'est M. de Louvois qui en a tout l'honneur; il a un plein pouvoir, et fait avancer et reculer les armées, comme il le trouve à propos. Pendant que tout cela se passoit, il y avoit une illumination à Versailles, qui annonçoit la victoire : ce fut samedi, quoiqu'on eût dit le contraire. On peut faire les fêtes et les opéra; sûrement le bonheur du roi, joint à la capacité de ceux qui ont l'honneur de le servir, remplira toujours ce qu'ils auront promis. J'ai l'esprit fort en liberté présentement du côté de la guerre.

M. le cardinal de Retz vient de m'écrire, et me dit adieu pour Rome. Il partit dimanche 2 août; il fait le chemin que nous fîmes une fois, et où nous versâmes si bien; il arrivera droit à Lyon, d'où ils prendront tous le chemin de Turin, parceque le roi ne veut pas leur donner des galères. Ainsi vous n'aurez pas le plaisir de voir cette chère éminence, comme je le croyois; je suis en peine de sa santé; il étoit dans les remèdes : mais il a fallu céder aux instantes prières du maître, qui lui *

* Ce pronom manquoit dans les éditions modernes, bien qu'il se trouvât dans les éditions de 1734 et de 1754. Son absence jetoit de l'obscurité, cela a fait croire à M. Grouvelle que la phrase qui suit étoit extraite textuellement de la lettre du roi.

écrivit de sa propre main. J'espère que le changement d'air, et la diversité des objets, lui fera plus de bien que la résidence et l'application, dans sa solitude.

Vous avez donc enfin M. de Grignan; je souhaite que vous l'ayez traité comme un étranger : j'ai trouvé fort bon que vous en ayez raccourci votre lettre. Il est vrai qu'il fait des merveilles pour le service de Sa Majesté; je le dis, quand l'occasion s'en présente; j'en cause souvent avec d'Hacqueville. Il a si bien remis le calme dans l'hôtel de Gramont, qu'on n'entend plus rien du tout; mais c'est à son habileté qu'un tel silence est dû; il est certain qu'il y a eu de quoi réjouir le public[a]. Ce que vous me répondez sur les folies que je vous mande vaut bien mieux que ce que je dis. Je ne trouve rien de plus plaisant que de ne pas dire un mot à M. de La Garde, d'une chose à quoi vous pensez tous en même temps; mandez-moi donc quand il faudra écrire, et m'envoyez la lettre toute faite, je la copierai. J'embrasse M. de Grignan et je le remercie des bontés qu'il a eues pour le chevalier de Sévigné, qu'il a vu à Toulon; c'est mon filleul; il m'a écrit une lettre toute transportée de reconnoissance. Si M. de Grignan trouve l'occasion d'écrire, ou de parler pour lui, j'en serai ravie. Il s'ennuie fort d'être subalterne; j'ai ouï dire qu'il étoit brave garçon, et qu'il méritoit bien un vaisseau : si c'est l'avis de M. de Grignan, vous devez l'en faire souvenir.

Au reste, M. de Coulanges s'en va bientôt à Lyon; il

[a] On se rappelle une lettre que madame de Louvigny écrivoit en cachette de son mari. (*Voyez* la lettre 517, ci-dessus, page 380.)

compte revenir avant la Toussaint, justement dans le
temps que vous viendrez. Je vous conseille de prendre
des mesures avec lui; il conduira gaiement votre barque, et vous serez trop aise de l'avoir. Je trouve que le
Pichon est fort joli : vous lui faites un bien extrême de
vous amuser à sa petite raison naissante; cette application à le cultiver lui vaudra beaucoup. Je vous prie de
lui pardonner tout ce qu'il avouera naïvement, mais jamais une menterie; c'est une chose agréable que la mémoire : vous me faites quelquefois trembler sur sa taille,
et puis je trouve que ce n'est plus rien.

Quand vous lirez *l'Histoire des visirs*, je vous conseille de ne pas demeurer à *ces têtes coupées* sur la table;
ne quittez point le livre à cet endroit, allez jusqu'au
fils[1]; et si vous trouvez un plus honnête homme parmi
ceux qui sont baptisés, vous vous en prendrez à moi :
pour l'épître dédicatoire, j'avoue qu'elle devroit être à
la femme.

Vous croyez, ma fille, que je suis gauche, et embarrassée de mes mains; point du tout, il n'y paroît point;
cette légère incommodité n'est que pour moi, et ne paroît nullement aux autres. Ainsi, ma fille, je ressemble
comme deux gouttes d'eau à votre *bellissima*, hormis

---

[1] Achmet Coprogli, pacha, fut nommé grand-visir après la mort
de Mahomet Coprogli, son père. Les vies du père et du fils sont in-
téressantes. L'ouvrage est dédié au duc de Bouillon; mais, comme
les aventures qui y sont semées lui donnent beaucoup de ressemblance avec un roman, madame de Sévigné trouvoit qu'il auroit été
plus naturel de le dédier à la duchesse de Bouillon, dans la famille
de laquelle on ne haïssoit pas les aventures.

que j'ai la taille bien mieux qu'auparavant. Vous êtes,
en vérité, trop aimable et trop bonne d'être si occupée
de ma santé. Ne soyez point en peine de Livry; je m'y
gouvernerai très sagement, et je reviendrai avant les
brouillards, pourvu que ce soit pour vous attendre.
J'attends de Parère ¹ cette petite affaire pour les lods de
Briançon; s'il faut dire que vous l'achetez, nous appren-
drons à mentir de notre grand Diana ².

Voici une petite histoire que vous pouvez croire,
comme si vous l'aviez entendue. Le roi disoit un de ces
« matins : « En vérité, je crois que nous ne pourrons pas
« secourir Philisbourg; mais enfin je n'en serai pas moins
« roi de France. » M. de Montausier ³,

> Qui pour le pape ne diroit
> Une chose qu'il ne croiroit,

lui dit : « Il est vrai, Sire, que vous seriez encore fort
« bien roi de France, quand on vous auroit repris Metz,
« Toul et Verdun, et la Comté, et plusieurs autres pro-
« vinces dont vos prédécesseurs se sont bien passés. »
Chacun se mit à serrer les lèvres; et le roi dit de très
bonne grace : « Je vous entends bien, M. de Montau-
« sier, c'est-à-dire, que vous croyez que mes affaires
« vont mal : mais je trouve très bon ce que vous dites,

---

¹ Premier commis de M. de Pomponne.

² C'étoit un clerc régulier de Palerme en Sicile, et le même dont
il est souvent parlé dans *les petites Lettres*, pour avoir favorisé dans
ses écrits les opinions relâchées en fait de morale.

³ Personne n'ignore que M. de Montausier étoit l'homme de la
cour le plus véridique.

« car je sais quel cœur vous avez pour moi. » Cela est
très vrai, et je trouve que tous les deux firent parfaitement bien leur personnage.

Le baron (*M. de Sévigné*) se porte très bien. Le chevalier de Nogent, qui est venu apporter la nouvelle de
la prise d'Aire, dit que le baron a été par-tout, et qu'il
étoit toujours à la tranchée, par-tout où il faisoit chaud,
et où du moins il devoit faire de belles illuminations, si
nos ennemis avoient du sang aux ongles ; il l'a nommé
au roi comme un de ceux qui font paroître beaucoup de
bonne volonté. Madame de Coëtquen n'ira que dans un
mois trouver madame sa mère à Lorges". M. le duc est
fort gai, il chasse ; il va à Chantilly, à Liancourt ; enfin
ils sont tous ravis de pouvoir faire leurs vendanges.
M. de Nevers n'a aucune inquiétude de sa femme, parcequ'elle est d'un air naïf et modeste qui ne fait aucune
frayeur ; il la regarde comme sa fille ; et si elle faisoit
la moindre coquetterie, il seroit le premier à s'en apercevoir et à la gronder : elle est grosse et bien languissante. Ma nièce de Coligny est accouchée d'un fils *b* ; elle
dit que ce lui sera une contenance que d'avoir à élever
ce petit garçon. Pauline est donc la favorite de M. le
Comte, et notre sœur Colette ' ne respire que le saint
habit.

<hr/>

" *Voyez* la note ' de la lettre 5i8, page 387 de ce volume.

b Marie Roger, dit le comte de Langheac ; il mourut à Avignon en
1746, ne laissant que des filles de son mariage avec Jeanne-Marie
Palatine de Dio de Montpeyroux.

' La fille aînée de M. de Grignan, de son premier mariage avec
Angélique-Clarice d'Angennes

525.

A la même.

A Paris, vendredi 7 août 1676.

Je m'en vais demain à Livry, ma très chère, j'en ai besoin, ou du moins je le crois. Je ne vous en écrirai pas moins, et notre commerce n'en sera point du tout interrompu. J'ai vu des gens qui sont revenus de la cour; ils sont persuadés que la vision de Théobon*a* est entièrement ridicule, et que jamais la souveraine puissance de *Quanto* n'a été si bien établie. Elle se sent au-dessus de toutes choses; et ne craint non plus ses petites morveuses de nièces[1] que si elles étoient charbonnées. Comme elle a bien de l'esprit, elle paroît entièrement délivrée de la crainte d'enfermer le loup dans la bergerie : sa beauté est extrême, sa parure est comme sa beauté, et sa gaieté comme sa parure. Le chevalier de Nogent a nommé le baron au roi, au nombre de trois ou quatre qui ont fait au-delà de leur devoir, et en a parlé encore à mille gens. M. de Louvois est revenu; il n'est embarrassé que des louanges, des lauriers

---

a Voyez la lettre 523, ci-dessus, page 404.

[1] Madame de Nevers et mademoiselle de Thianges, depuis duchesse de Sforce.

et des approbations qu'on lui donne. Je crois que Vardes vous mènera le grand-maître, qui s'en va recueillir une petite succession de quatre cent mille écus [1]. Vardes l'attendra au Saint-Esprit, et j'ai dans la tête qu'il le mènera à Grignan; peut-être aussi qu'ils n'y penseront point. La *bonne* d'Heudicourt a été dix jours dans *la gloire de Niquée* [a]; mais comme on ne lui avoit donné un logement que pour ce temps-là, elle est revenue, et on l'a trouvé très bon. Le tempérament et le détachement [b] de vos *Pichons* règnent assez dans ce bon pays-là. M. du Maine est un prodige d'esprit; premièrement, aucun ton, aucune finesse ne lui manquent: il en veut, comme les autres, à M. de Montausier; c'est sur cela que je dis l'*iniqua corté*: il le voyoit passer un jour sous ses fenêtres avec une petite baguette qu'il tenoit en l'air; il lui cria : *M. de Montausier, toujours le bâton haut*. Mettez-y le ton et l'intelligence, et vous trouverez qu'à six ans on n'a guère de ces manières-là : il en dit tous les jours mille dans ce même genre. Il étoit, il y a quelques jours, sur le canal dans une gondole où il soupoit fort près de celle du roi : on ne veut point qu'il l'appelle *mon papa*; il se mit à boire, et follement s'écria, *à la santé du roi, mon père*; et puis se jeta, en

---

[1] *Voyez* ci-dessus, la lettre du 31 juillet. C'étoit la succession de l'évêque d'Alby, son oncle. Le marquis de Vardes habitoit alors Montpellier.

[a] *Voyez* la note de la lettre 522. L'épithète *bonne* donnée à madame d'Heudicourt est une allusion à son nom : elle s'appeloit Bonne de Pons.

[b] L'indifférence et l'égoïsme.

mourant de rire, sur madame de Maintenon. Je ne sais
pourquoi je vous dis ces deux choses-là ; ce sont, je vous
assure, les moindres.

Le roi a donné à un fils de M. Le Grand la belle abbaye de M. d'Alby, de vingt-cinq mille livres de rente[1].
Mon zèle m'a conduite à parler moi-même à M. Picon
de votre pension; il me dit que l'abbé de Grignan tenoit
le fil de cette affaire, de sorte que je ne ferai plus que
réveiller le bel abbé, sans me vanter d'avoir été sur ses
brisées : c'est que je me défie toujours des allures des
gens paresseux. Je ne suis paresseuse que pour moi,
j'aimerois qu'on fût de même. Il a interrompu ma lettre, ce bel abbé, et il m'a promis de faire si bien, que
je ne puis douter que nous n'ayons notre pension. Ecri-
vez-lui un mot sur ce sujet, afin de l'animer à faire des
merveilles; il fera raccommoder nos lettres de marquisat de la manière que je vous l'ai dit. Parère me promet tous les jours l'expédition de ces lods et ventes;
c'est un plaisant ami; il me bredouilla l'autre jour mille
protestations; je croyois cette affaire faite, et je ne tiens
encore rien. J'ai vu ce que l'on mande au bel abbé sur
cette réconciliation du père et du fils; cela est écrit
fort plaisamment. Cette retraite dans le milieu de l'archevêché, et cette Thébaïde dans la rue Saint-Honoré
m'ont extrêmement réjouie. Les retraites ne réussissent
pas toujours; il faut les faire sans les dire : mais on a
promis à l'abbé de lui compter le sujet de cette belle

---

[1] L'abbaye des Chastelliers, donnée à François-Armand de Lor-
raine-Armagnac, âgé de 11 ans, qui fut depuis évêque de Bayeux.

réconciliation dont je suis si édifiée. Je vous prie, ma fille, que ce soit par vous que je l'apprenne.

On attend des nouvelles d'Allemagne avec *trémeur;* il doit y avoir eu un grand combat. Je m'en vais cependant à Livry; qui m'aimera me suivra. Corbinelli m'a promis de me venir apprendre à *voir jouer*, comme je vous disois l'autre jour : cela me divertit. Adieu, ma très chérement aimée; si j'avois autant de mérite sur toutes choses que j'en ai sur cela, il faudroit m'adorer.

~~~~~~

526.

A la même.

Commencée à Paris le 11 , et finie à Livry
mercredi 12 août 1676.

Le vieux de Lorme, Bourdelot et Vesou me défendent Vichi pour cette année; ils ne trouvent pas que cette dose de chaleur, si près l'une de l'autre, fût une bonne et prudente conduite : pour l'année qui vient, c'est une autre affaire, nous verrons; mais, quoi que dise notre d'Hacqueville, on n'oseroit entreprendre ce voyage contre l'avis des mêmes médecins qui m'y avoient si bien envoyée : je n'ai nulle opiniâtreté, et je me laisse conduire avec une docilité que je n'avois pas avant que

• *Voyez* la lettre 515, page 37 de ce volume.

d'avoir été malade. Vous me trouverez en état de vous donner de la joie; ce qui me reste d'incommodité est si peu de chose que cela ne mérite ni votre attention, ni votre inquiétude.

D'Hacqueville doit encore parler à M. de Pomponne, et discourir à fond sur vos affaires; il vous en écrira, et vous enverra aussi l'expédition de vos lods et ventes que Parère me promit hier très positivement. Je vous écris ceci avant que d'aller à Livry, où je serai demain matin, et où j'achéverai cette lettre. Je voudrois que vous vissiez de quelle façon vous m'avez écrit de la taille du *Pichon*[a]; je suis fort aise que ce soit une exagération causée par votre crainte; à la fin, il se trouvera que c'est un fort joli petit garçon qui a bien de l'esprit; et voilà sur quoi vous me faites consulter les matrones. Rien, en vérité, n'est plus plaisant que ce que vous dites de la Si......[b]; quelle tête! ose-t-elle se montrer devant la vôtre? ce que disent les dames de Grenoble est si plaisant et si juste, que je crois que c'est vous qui l'avez dit pour elles. Je trouve à cette folie tant d'imagination, que je n'y reconnois point le style de la province.

On a donné Alby à M. de Mende[1]; mais il y a douze

---

[a] Du petit marquis.

[b] On lisoit l'initiale *S* dans l'édition de 1734; on lit *Si.....* dans l'édition de 1754. Il est très probable qu'il s'agit ici de madame de Simiane, belle-mère de Pauline de Grignan. (*Voyez* la lettre 492, plus haut, page 289.)

[1] Hyacinthe Serroni, évêque de Mende, fut le premier archevêque d'Alby. Il étoit religieux de l'ordre de Saint-Dominique lorsqu'il passa d'Italie en France avec Michel Mazarin, cardinal et archevêque d'Aix, lequel avoit été religieux et général de ce même ordre.

27.

mille francs de pension; trois mille livres au chevalier
de Nogent, trois mille livres à M. d'Agen *a* notre ami, et
six mille livres à M. de Nevers; je ne vois pas bien pourquoi, si ce n'est pour une augmentation de violons dont
il se divertit tous les soirs. Ah! que je suis aise que vous
ayez achevé *ces visirs!* N'est-il pas vrai que vous aimez
le dernier. Il faut avouer que cette petite histoire n'est
point bien écrite du tout; mais les événements se laissent fort bien lire. Il me semble que cette reine de Pologne ne vient plus tant *1*; peut-être qu'elle attend le
grand-seigneur, ou le grand-visir que nous aimons.

La princesse d'Harcourt *2* est accouchée à cinq mois
d'un enfant mort depuis plus de six semaines; aussi a-t-
elle pensé mourir; mais elle est mieux, et ce qui la guérira sans doute, c'est qu'on l'a fait transporter à Clagny,
crainte du bruit: madame de Montespan en a des soins
extrêmes; Dieu sait si la reconnoissance sera tendre.

A Livry.

Je viens de recevoir votre lettre du 2: vous avez été
au Saint-Esprit, ma fille; c'est pour être bien fatiguée;
vous pouviez ne m'écrire que trois lignes, je l'eusse fort
approuvé. C'eût été une plaisante chose que vous y eussiez trouvé le grand-maître: je vois bien que vous croyez

---

a Claude Joly, évêque d'Agen; il mourut en octobre 1678.

1 *Voyez* la lettre 521, page 392 de ce volume.

2 Françoise de Brancas, femme d'Alphonse-Henri-Charles de Lorraine, prince d'Harcourt.

que je l'aurois trouvé encore plus plaisant que vous[a].
Je crois voir bientôt Gourville; je lui parlerai de Vénejan[b] : c'est une situation admirable; mais il ne faut pas
le vendre à vil prix, comme on vend aujourd'hui toutes
les terres. Le *pauvre* M. Le Tellier a acheté Barbesieux,
une des belles de France, au denier seize; c'est, en vérité, une raillerie. Peut-être que M. le prince de Conti,
ou son conseil, ne se prévaudroient point de cette mode,
puisque vous ne vendriez pas Vénejan par décret. Pour
Caderousse, je n'imagine d'accommodement avec lui
que de jouer sa part à trois dès contre M. de Grignan.
Ne faites point de façon de m'envoyer les commissions
de la mariée[c] : vous ne sauriez trop me compter comme
un des choux de votre jardin. Je serai ravie d'aller un
moment à Paris pour un si bon sujet. La bonne d'Escars
nous donnera un plat de son habileté avec beaucoup
de joie. Mettez-nous donc en œuvre, et vous en serez
contente.

On me mande de Paris que l'on n'a point encore de
nouvelles d'Allemagne. L'inquiétude que l'on a sur ce
combat, que l'on croit inévitable, ressemble à une violente colique, dont l'accès dure depuis plus de douze
jours. M. de Luxembourg accablé de courriers. Hélas! ce
pauvre M. de Turenne n'en envoyoit jamais; il gagnoit

[a] Madame de Sévigné plaisante souvent sur l'inclination qu'on lui
supposoit pour le duc du Lude.

[b] Vieux château sur une hauteur qui domine le Rhône, près de
la route du Pont-Saint-Esprit. C'étoit un marquisat appartenant au
comte de Grignan.

[c] La prétendue de M. de La Garde.

une bataille, et on l'apprenoit par la poste. Nos *chanoines*
de Flandre sont en parfaite santé, et notre bon hermite
aussi [1], qui m'écrit du 17, de Lyon, où il est allé en cinq
jours de son hermitage. Il attend ses confrères; si on
l'avoit laissé le maître de la route, il seroit arrivé, dit-il,
en douze jours de Lyon à Rome.

M. d'Hacqueville a fort causé avec M. de Pomponne;
il n'y a rien à faire pour votre marquisat, qu'à le vendre
avec ce titre, qui rend toujours une terre plus considérable; en sorte que, si celui qui l'achète n'a pas la qualité requise, il ne laisse pas d'obtenir aisément des lettres en chancellerie, qui le font *marquis de Mascarille* [a].
L'abbé de Chavigny n'est plus notre évêque de Rennes;
il aime mieux l'espérance de Poitiers : c'est celui de Dol
qui vient à Rennes [b], et l'abbé de Beaumanoir à Dol.

Vous voulez, ma très chère, que je vous parle de ma
santé, elle est encore meilleure ici qu'à Paris; ce petit
étouffement a disparu à la vue de l'horizon de notre petite terrasse; il n'y a point encore de serein; quand je
sens le moindre froid, je me retire. On a fait une croisée
sur le jardin dans ce petit cabinet; ce qui en ôte tout l'air
humide et malsain qui y étoit : mais, outre l'agrément
extrême que cela fait, il n'y fait point chaud : car ce n'est
que le soleil levant qui le visite une heure ou deux. Je

[1] Le cardinal de Retz; on a vu qu'il s'étoit retiré à Commercy pour
payer ses dettes.

[a] Le titre de marquis étoit tombé dans un grand avilissement.
(*Voyez* la lettre 442, page 136 de ce volume.)

[b] Ce fut Jean-Baptiste de Beaumanoir-Lavardin qui fut évêque de
Rennes; il mourut en 1711.

suis seule, le bon abbé est à Paris. Je lis avec le père prieur, et je suis attachée à des mémoires d'un M. de Pontis[1], provencal, qui est mort depuis six ans à Port-Royal, à plus de quatre-vingts ans. Il conte sa vie et le temps de Louis XIII, avec tant de vérité et de naïveté et de bon sens, que je ne puis m'en tirer. M. le prince l'a lu d'un bout à l'autre avec le même appétit. Ce livre a bien des approbateurs, il y en a d'autres qui ne le peuvent souffrir : il faut ou l'aimer ou le haïr ; il n'y a point de milieu : je ne voudrois pas jurer que vous l'aimassiez.

La raison que vous ne comptez point pour me faire aller à Vichi, qui est de vous voir et de vous ramener, est justement celle qui me toucheroit, et qui me paroît

---

[1] Louis de Pontis, gentilhomme provençal, qui, après avoir passé cinquante-six ans dans les armées, au service de trois de nos rois, crut devoir se retirer en 1653, pour mener une vie cachée à Port-Royal-des-Champs, où il vécut dans la pratique de la pénitence et de la piété, et mourut le 14 juin 1670. (*Voyez* le *Nécrologe de Port-Royal*, page 236.) Comme ce fut Thomas du Fossé qui rédigea les Mémoires dont il s'agit, cet ouvrage étoit censé appartenir à Port-Royal, et dès-lors il ne devoit pas plaire également à tout le monde. Le P. d'Avrigny a beaucoup décrié ce livre dans la préface de ses Mémoires historiques. Voltaire a répété, dans le *Siècle de Louis XIV*, ce que d'Avrigny en avoit dit, et il va même jusqu'à nier l'existence de M. de Pontis ; il ne seroit pas difficile d'établir que ce gentilhomme a vécu long-temps à Port-Royal, qu'il a été l'ami d'Arnauld-d'Andilly, qu'il étoit très estimé de M. de Pomponne ; mais cette discussion étoit étrangère à notre travail. Il faut que ces Mémoires ne soient pas inexacts, puisqu'ils ont été goûtés par des contemporains qui avoient été témoins d'une partie des faits qu'ils contiennent.

uniquement bonne ; aussi je n'y balancerois pas, si j'étois
persuadée que cela fût nécessaire ; mais je crois mes let-
tres-de-change acceptées de trop bonne foi pour n'être
pas acquittées exactement. Je vous attendrai donc, ma
très belle, avec toute la joie que vous pouvez vous imaginer d'une amitié comme celle que j'ai pour vous.

527.

A la même.

A Livry, vendredi 14 août 1676.

Ma chère enfant, je me porte fort bien ici ; je suis
plus persuadée de la grandeur du mal que j'ai eu, par
la crainte que je sens d'y retomber, et par ma conduite
à l'égard du serein, que par nulle autre chose ; car vous
vous souvenez bien que les belles soirées et le clair de
lune me donnoient un souverain plaisir. Je vous remercie d'avoir pensé à moi dans ces beaux temps. Mesdames de Villars, de Saint-Géran, d'Heudicourt, mademoiselle de l'Estranges, *la petite ame* et la petite ambas-
sadrice arrivèrent hier ici à midi ; il faisoit très beau. Un
léger soupçon avoit causé une légère prévoyance, qui
composa un très bon dîner. J'ai un fort bon cuisinier,
vous m'en direz votre avis. Nous causâmes, nous man-
geâmes, nous nous réjouîmes assez ; nous parlâmes de
vous avec plaisir. Elles me dirent qu'il n'y avoit point
encore de nouvelles d'Allemagne : c'est brûler à petit

feu, ce me semble, que de savourer ainsi dix ou douze
jours une violente inquiétude; c'est tirer son jeu à petite prime; et la marquise de La Trousse [a], qui revient
de la Trousse, ouvrira son jeu tout d'un coup, et le
verra bon ou mauvais, comme il sera; car il n'y a jamais
que ce qui y est; et l'inquiétude, non plus que la façon
des tireurs de prime, ne fait rien à l'affaire. Je crois cependant que les amitiés les plus vives ne se veulent rien
épargner; qu'en dites-vous?

Le roi a donné à un M. du Plessis [b], grand-vicaire de
Notre-Dame, et fort homme de bien, l'évêché de Saintes:
Sa Majesté dit tout haut : « J'ai donné ce matin un évê-
« ché à un homme que je n'ai jamais vu. » C'est le second; l'autre étoit l'abbé de Barillon [c] évêque de Luçon. La belle madame (*de Montespan*) commence un
peu à se lasser de cette exposition publique; elle a été
deux ou trois jours à n'avoir pas la force de s'habiller.
Le roi ne laisse pas de jouer : mais le jeu n'est pas si
long. Si ce changement de théâtre ne dure, c'est qu'il
étoit trop agréable pour être de longue durée. On af-
fecte fort de n'avoir point d'heures particulières; tout le
monde est persuadé que la bonne politique veut qu'on
n'en ait point; et que, si on en avoit, on n'en auroit plus.

Madame de Villars quitte tous les siens et s'en va

[a] Marguerite de Lafond, femme de Philippe-Auguste Le Hardi,
marquis de La Trousse.

[b] Guillaume du Plessis-de-Gesté de La Brunetière. Ce fut un très
saint prélat, doué tout à-la-fois de zèle et de douceur; il convertit
beaucoup d'hérétiques, et mourut en 1702.

[c] Henri de Barillon, évêque de Luçon, mort le 7 mai 1699.

tout de bon en Savoie jouer un assez joli rôle; elle a un carrosse magnifique, une belle housse de velours rouge, et tout le reste. Un de ses plaisirs, dit-elle, c'est qu'elle n'aimera personne en ce pays-là : voilà un triste plaisir. Celui de la d'Heudicourt, qui s'en va chez elle pour quelques semaines, n'est pas plus gai. La manière de ce bon pays que vous savez, c'est de combler de joie, de faire tourner la tête, et puis de ne plus connoître les gens; mais sur-tout c'est de se passer parfaitement bien de toutes choses. Ce détachementᵃ en mériteroit un pareil des pauvres mortels; mais il y a de la glu jusqu'à leurs regards. Adieu, belle et charmante, je ne suis plus si causante qu'à Paris; j'en suis fâchée pour vous, puisque vous vous divertissez de mes peintures.

~~~~~~

528. *

A la même.

A Livry, mercredi 19 août 1676.

Je vous gronde, ma fille, de vous être baignée dans cette petite rivière, qui n'est point une rivière, et qui prend ce grand nom comme bien des gens prennent le nom des grandes maisons : mais on ne trompe personne;

• *Voyez* la lettre 525, page 416.

tout le monde se connoît; et il vient un M. Le Laboureur, qui découvre son origine, et que son vrai nom, c'est *la Fontaine,* non pas celle de *Vaucluse,* d'*Aréthuse,* ou de *Jouvence;* mais une petite fontaine sans nom et sans renom; et voilà où vous vous êtes baignée. Je meurs de peur que vous n'en ayez un rhumatisme ou un gros rhume; et j'aurai cette crainte jusqu'à ce que je sache comment vous vous portez. Bon Dieu! si j'en avois fait autant, quelle vie vous me feriez!

Au reste, vous savez déja comme cette montagne d'Allemagne est accouchée d'une souris sans mal ni douleur. Un de nos amis [a], que vous aimez à proportion des soins qu'il a de moi, me mande qu'il ne sait comment ménager mon esprit ni le vôtre en cette rencontre; qu'il s'est trouvé un diable de bois inconnu sur la carte, qui nous a tenus en bride de telle sorte que, ne pouvant nous ranger en bataille qu'à la vue des ennemis, nous avons été obligés de nous retirer le 10, et d'abandonner Philisbourg à la brutalité des Allemands. Jamais M. de Turenne n'eût prévu ce bois; ainsi l'on doit se consoler de plus en plus de sa perte. On craint aussi celle de Maestricht, parceque l'armée de *nos frères* n'est pas en état de le secourir. Ce seroit encore un chagrin si l'on chassoit les Suédois de la Poméranie. Le chevalier (*de Grignan*) me mande que le baron a fait le fou à Aire; il s'est établi dans la tranchée et sur la contrescarpe, comme s'il eût été chez lui. Il s'étoit mis dans la tête d'avoir le régiment de Rambures, qui fut donné à l'instant

[a] Le baron de Sévigné, ou le chevalier de Grignan.

au marquis de Feuquières; et dans cette pensée il répétoit comme il faut faire dans l'infanterie.

Vous me parlez de madame d'Heudicourt ª, et vous voulez un raccommodement en forme; il n'y en a point. Le temps efface, on la revoit; elle a une facilité et des manières qui ont plu; elle est faite à ce badinage; elle ne frappe point l'imagination de rien de nouveau; elle est indifférente, on n'a plus besoin d'elle; mais elle a par-dessus les autres qu'on y est accoutumée : la voilà donc dans cette calèche; et puis on a besoin de son logement, elle s'en va; il manque un degré de chaleur pour en chercher un autre : ce sera pour une autre fois. Voilà le sable sur quoi l'on bâtit, et voilà la feuille volante à quoi l'on s'attache.

M. l'archevêque (*d'Arles*) nous écrit mille merveilles de vous, et des soins, et des complaisances que vous avez pour lui. Je ne puis vous dire combien je vous loue d'un procédé si honnête et si plein de justice. Il y a des sortes de devoirs dont je ne puis souffrir qu'on se dispense; nulle raison ne me fait excuser une si grossière ingratitude. C'est ce bon patriarche qui maintient encore l'ordre et la règle, et le calcul dans votre maison; et si vous avez le malheur de le perdre, ce sera le dernier accablement de vos affaires.

Ceux qui ont parié que notre bon cardinal iroit à Rome, ont gagné assurément. Il a été à Lyon deux jours plus tôt que les autres : je suis comme vous persuadée

ª Madame d'Heudicourt avoit été brouillée avec madame Scarron. (*Voyez* pages 234 et 238 du premier volume.)

qu'il le falloit ainsi, puisqu'il l'a fait. La difficulté c'est
de faire passer cette opinion dans la tête de tout le
monde. J'en dis autant pour le mariage de M. de La
Garde. C'est une chose très plaisante que d'entendre la
marquise d'Uxelles[1] parler froidement là-dessus, comme
d'un ami qui l'a trompée, et qui lui a fait un mauvais
tour.

Je vous loue fort de vous être remise à vous baigner
sagement dans votre chambre. Si vous trouvez quelque
fois des discours hors de leur place dans mes lettres,
c'est que je reçois une des vôtres le samedi; la fantaisie
me prend d'y faire réponse; et puis le mercredi matin
j'en reçois encore une, et je reprends sur des chapitres
que j'ai déja commencés; cela peut me faire paroître un
peu impertinente; en voilà la raison. Il y a plus de dix
jours que j'ai fait réponse à ce que vous me dites d'Alby;
M. de Mende l'a chargé de pensions.

J'apprends que la belle *Madame* a reparu dans le bel
appartement comme à l'ordinaire, et que ce qui avoit
causé son chagrin étoit une légère inquiétude de son
ami et de madame de Soubise[a]. Si cela est, on verra

---

[1] Marie de Bailleul, mère du maréchal d'Uxelles, étoit amie de
M. de La Garde, au point d'entretenir avec lui un commerce de
lettres suivi pendant plusieurs années, quoiqu'il ne roulât absolument que sur les nouvelles de la cour et de la ville. ' (*Voyez* la note
de la lettre 14, tome Ier, page 25.)

[a] Anne de Rohan-Chabot, fille de la duchesse de Rohan, mariée
en 1663 à François de Rohan, depuis prince de Soubise. Elle étoit
belle, dit madame de Caylus dans ses *Souvenirs*, mais son esprit,
uniquement occupé de l'agrandissement de sa maison, rendoit sa

bientôt cette dernière sécher sur pied; car on ne pardonne pas seulement d'avoir plu.

Pour ma santé, elle est très bonne; il n'est plus question de rien, je suis persuadée que le rhumatisme a tout fini. Je ne m'expose plus au serein; ou je suis dans une chambre, ou je monte en carrosse pour gagner les hauteurs. Le clair de lune est une étrange tentation, mais je n'y succombe guère. Enfin soyez en repos, et pour mes mains, et pour mes genoux. Je consulterai la pommade, et je prendrai de la poudre de mon bon homme après la canicule. Je vous laisse en vérité le soin de me gouverner, et je crois que vous ferez mieux que tous les docteurs.

M. Charier me mande que le cardinal de Retz étoit parti deux jours avant ses camarades. On ne me parle point sur ce sujet, je suis trop marquée, et je vois que l'on me fait l'honneur de me traiter comme les d'Hacqueville; mais je démêle bien ce qu'on auroit envie de me dire. Je suis fâchée que votre cardinal[1] ne prenne pas le chemin des autres. Pour moi j'ai dans la tête que le nôtre fera quelque chose d'extraordinaire à quoi l'on ne s'attend point, ou qu'il rendra son chapeau dans

conversation *froide et plate*. Ses liaisons avec le roi furent couvertes d'un mystère, à l'ombre duquel cette femme habile éleva sa famille et sa fortune. M. de Rohan n'avoit que peu de biens quand il l'épousa; il habitoit un hôtel modeste dans la Place-Royale, et en peu de temps il devint prince de Soubise, eut 400,000 fr. de rentes, et acheta le palais des Guise, qui porte encore aujourd'hui le nom de Soubise.

[1] Jérôme de Grimaldi, archevêque d'Aix. Ce cardinal mourut le 4 novembre 1685.

cette conjoncture, ou qu'il prendra un style tout particulier, ou qu'il sera pape : ce dernier est un peu difficile ; mais enfin il me semble que cela ne sera pas tout uni ; et même ces pensées-là ne sont bonnes qu'entre nous, car si l'on se trompoit, ce seroit encore une belle chose. Il m'a fait l'honneur de m'écrire deux lignes de Lyon. On peut être avec justice fort en peine de sa santé ; c'est un miracle, si ces chaleurs, cette précipitation et ce conclave, ne lui font beaucoup de mal.

J'étois avant-hier au soir dans cette avenue, je vis venir un carrosse à six chevaux ; c'étoit la bonne maréchale d'Estrées, *le chanoine* [a], la marquise de Senneterre, que l'abbé de La Victoire appelle *la Mitte*, et le gros abbé de Pontcarré. On causa fort, on se promena, on mangea, et cette compagnie s'en alla au clair de mon ancienne amie. Madame de Coulanges se baigne : Corbinelli a mal aux yeux : madame de La Fayette ne va point en carrosse. Mais je reçois vos lettres, et je vous écris ; je lis, je me promène, je vous espère ; gardez-vous bien de me plaindre. Il me paroît que l'abbé de La Vergne a bien du zèle pour votre conversion ; je la crois un peu loin, si elle tient à celle de madame de Schomberg. Il est vrai que son mérite s'est fort humanisé, elle en a toujours eu beaucoup pour ceux qui la connoissoient ; mais cette lumière, qui étoit sous le boisseau, éclaire présentement tout le monde : elle n'est pas la

---

[a] Madame de Longueval, la chanoinesse, sœur de la maréchale d'Estrées. La marquise de Senneterre étoit aussi une demoiselle de Longueval.

seule à qui le changement de condition a fait ce miracle.
Nous faisions la guerre au bon homme d'Andilly, qu'il
avoit plus d'envie de sauver une ame qui étoit dans un
beau corps qu'une autre. Je dis la même chose de l'abbé
de La Vergne, dont le mérite et la réputation sont ici
fort répandus : je vous trouve très heureuse de l'avoir.
Quitte-t-il la Provence? Doit-il y retourner? Votre vision est plaisante sur *la tourterelle* Sablière ". *Elle apprit
au ramier le chemin de son cœur.* Elle acheta le lit du
défunt ; vous savez bien pourquoi.

L'amie [1] de madame de Coulanges est toujours dans
une haute faveur. Si notre petite amie [b] est attachée à ce
bon pays-là, c'est par l'agrément passager qu'elle y reçoit, elle n'est point la dupe de la sorte de tendresse et
d'amitié qu'on y dépense. Je ne sais rien de madame de
Monaco. Tout est caché à l'hôtel de Gramont sous l'im-
pénétrable discrétion de d'Hacqueville; et tout est
comme il étoit, à l'hôtel de Grancey, hormis que le
prince [c] est d'une maigreur et d'une langueur qui sent
la Brinvilliers. L'abbé de Grignan doit vous instruire de
Penautier : il y a bien des choses qui m'échappent ici.
Monsieur de Coulanges partira pour Lyon avec mada-

---

[a] Madame de La Sablière étoit fort éprise alors du marquis de La
Fare, qui partagea cette passion assez vivement, pour que le desir
d'être tout entier à son amour contribuât en quelque chose à lui
faire vendre sa charge de sous-lieutenant des gendarmes de Mᵍʳ le
dauphin. (*Voyez* ses Mémoires cités plus bas, sous la lettre 567.)

[1] Madame de Maintenon.

[b] Madame de Coulanges.

[c] Le chevalier de Lorraine. (*Voyez* la lettre 518, plus haut, p. 387.)

me de Villars. Il me paroît que quand il y sera, il doit
vous obéir : assurez-vous au moins de sa conduite ; vous
ne sauriez avoir un plus joli pilote. Le bon abbé vous
aime fort, il boit très souvent à votre santé : et quand le
vin est bon, il s'étend sur vos louanges, et trouve que je
ne vous aime pas assez. Adieu, ma très chère ; je ne
crains point ce reproche devant Dieu.

Mes maîtres de philosophie [1] m'ont un peu abandonnée. La Mousse est allé en Poitou avec madame de
Sanzei [2]. Le père prieur (*de Livry*) voudroit bien s'instruire aussi ; c'est dommage de ne pas cultiver ses bons
desirs. Nous lisons tristement ensemble le petit livre
des *Passions* (*de Descartes*), et nous voyons comme les
nerfs du dos de M. de Luxembourg ont été bien dispo-
sés pour la retraite. Mais savez-vous que tout d'un coup
on a cessé de parler d'Allemagne à Versailles ? On répondit un beau matin aux gens qui en demandoient
bonnement des nouvelles pour soulager leur inquiétude.
Et pourquoi des nouvelles d'Allemagne ? il n'y a point de
courrier, il n'en viendra point, on n'en attend point ; à
quel propos demander des nouvelles d'Allemagne ? Et
voilà qui fut fini.

---

[1] MM. de La Mousse et Corbinelli.
[2] Elle étoit sœur de M. de Coulanges.

~~~~~~

529.

A la même.

A Paris, vendredi 21 août 1676.

Je suis venue ici ce matin pour les commissions de
M. de La Garde. Je suis descendue chez la bonne d'Escars, que j'ai trouvée avec une grosse bile qui lui donne
une petite fièvre, et toute pleine de bonne volonté; elle
avoit autour d'elle madame *Le Moine*, et tous les équipages de point de France et de point d'Espagne, les plus
beaux et les mieux choisis du monde. Je suis allée dîner
chez M. de Mesmes, et à trois heures je suis revenue
chez madame d'Escars; j'ai trouvé, en entrant dans la
cour, madame de Vins et d'Hacqueville, qui venoient
me voir *amiablement.* Nous avons pris un très beau
manteau, une belle jupe, de la toile d'or et d'argent
pour une toilette, et de quoi faire un corps de jupe, la
dentelle pour la jupe, la toilette; une petite pour les
sachets, pour les coiffes noires; les souliers, la perruque, les rubans, tout sera admirablement beau : mais
comme j'ai tout pris sur ma parole, et pour très peu de
temps, je vous prie de ne nous point remettre sur l'incertitude des paiements des pensions de M. de La Garde,
et de nous envoyer une lettre de change. M. Colbert est
un peu malade; si vous saviez ce qu'on fait de ce pré-

texte, même pour votre pension, vous verriez bien que
rien n'est tel qu'une lettre de change : et les pauvres
courtisans, accoutumés à la patience, attendront l'heureux moment du Trésor royal. Voilà le bel abbé[1] qui
entre; il vint me voir mercredi à Livry; nous causâmes
fort de vos affaires. Il est certain qu'il ne faudroit proposer[2] le coadjuteur que comme un sujet très propre et
très digne, sans qu'il parût que ce sujet se donnât aucun mouvement, parcequ'il doit paroître fixé et content.
On assureroit seulement de la disposition de M. l'archevêque (*d'Arles*) pour recevoir tel autre coadjuteur qu'on
voudroit; et il faudroit que cela passât uniquement par
le confesseur, n'étant pas du district de M. de Pomponne, qui pourtant ne manqueroit pas de l'appuyer,
si la balle lui venoit. Mais on croit ici que, nonobstant le
bruit qui a couru que M. de Mende[a] refusoit Alby, il le
prendra; ainsi nos raisonnements seront inutiles. Pour
le gouvernement, le fils en a la survivance, et *matame*
te Ludres ne seroit pas fâchée d'avoir cette récompense,
en quittant la livrée[3] qu'elle porte depuis si long-temps.
On dit aussi que Théobon, soit qu'elle ait mérité ou
point mérité cet établissement, seroit fort desireuse de
l'avoir : vous voyez sur quoi cela roule.

J'aime le bel abbé de l'attention qu'il paroît avoir pour
vos affaires, et du soin qu'il a de me chercher pour en

[1] M. l'abbé de Grignan, frère de M. le coadjuteur d'Arles.

[2] Il s'agissoit de l'archevéché d'Alby, que l'on croyoit encore va-
cant par le refus qu'on disoit que M. de Mende en avoit fait.

[a] Hyacinthe Serroni, évêque de Mende, nommé archevêque d'Alby.

[3] Madame de Ludres, chanoinesse de Poussai.

discourir avec moi, qui ne suis pas si sotte sur cela, à
cause de l'intérêt que j'y prends, que sur toutes les autres choses du monde. Nous passâmes une fort jolie soirée à Livry; et aujourd'hui nous avons conclu avec le
grand d'Hacqueville que tous nos raisonnements sont
inutiles pour cette fois, mais qu'il ne faut pas perdre
une occasion de demander. Madame de Vins m'a priée
de ne m'en point retourner demain, et de me trouver
entre cinq et six chez madame de Villars, où elle sera.
Nous pourrons voir le soir M. de Pomponne, qui reviendra de Pomponne, où madame de Vins n'est pas allée, à cause d'un procès, et toujours procès, qui sera
jugé demain. Je suis tentée de sa proposition; de sorte
que j'ai la mine de ne m'en aller que dimanche à la
messe à Livry. On dit que l'on sent la chair fraîche dans
le pays de *Quanto* (*madame de Montespan*). On ne sait
pas bien droitement où c'est; on a nommé la dame
que je vous ai nommée [a] : mais comme on est fin en ce
pays, peut-être que ce n'est pas là. Enfin il est certain
que le cavalier est gai et réveillé, et la demoiselle triste,
embarrassée, et quelquefois larmoyante. Je vous dirai
la suite, si je le puis.

Madame de Maintenon est allée à Maintenon pour
trois semaines. Le roi lui a envoyé *Le Nôtre* pour ajuster
cette belle et laide terre. Je n'ai point encore vu la belle
Coulanges ni Corbinelli. L'armée de M. de Schomberg
s'en va au secours de Maestricht : mais on ne croit point
du tout que les ennemis l'attendent, soit par avoir pris

* Madame de Soubise. (*Voyez* la lettre précédente.)

la place, soit par avoir levé le siége ; ils ne sont pas assez forts. Adieu, très aimable et très aimée.

~~~~~~

530. *

A la même.

A Livry, mercredi 26 août 1676.

Je crois que vous voyez bien que je fais réponse le
mercredi à vos deux lettres ; pour le vendredi, je vis aux
dépens du public, et sur mon propre fonds, qui compose quelquefois une assez mauvaise lettre. J'attends là
votre dernière, et cependant je vais balloter sur celle
que j'ai déja reçue, et sur ce que j'ai fait depuis trois ou
quatre jours. Je vous écrivis vendredi de chez Gautier,
l'abbé de Grignan à mes côtés ; j'y avois trouvé madame
de Vins et d'Hacqueville, qui me prièrent d'aller le lendemain chez madame de Villars, où ils se trouveroient.
Nous y passâmes deux heures fort agréablement. Je de-
meurai donc à Paris, pour l'amour d'eux. De chez Gautier nous avons été chez madame de La Fayette ; car il
faut tout dire : la Saint-Géran nous montra une fort jolie lettre que vous et M. de Grignan lui aviez écrite ;
nous admirâmes le bon esprit de votre ménage. Je re-
passai chez mademoiselle de Méri, et le dimanche matin je revins ici, après avoir vu les deux soirs madame

de Coulanges et Corbinelli. Cette belle se baigne : elle
dit qu'elle viendra bientôt; ce sera quand il lui plaira.
Vous me connoissez sur la joie que j'ai de ne mettre
sur mon compte aucune complaisance : j'aime à n'être
comptée pour rien; et c'est une joie qui ne peut jamais
manquer, pour peu que l'on vive long-temps. Corbinelli veut venir, si je le veux; mais je ne le veux jamais.
Cependant la bonne marquise d'Uxelles, que j'aime
il y a bien des années, m'avoit priée de ne point manquer de revenir pour un dîner qu'elle donnoit à M. de
La Rochefoucauld, à M. et à madame de Coulanges, à
madame de La Fayette, etc. Je crus voir dans son ton
tout ce qui mérite que l'on prenne cette peine, Il se trouva
que c'étoit lundi; de sorte qu'étant revenue le dimanche,
je retournai lundi matin d'ici chez la marquise. C'étoit
chez Longueil [a], son voisin, qu'elle donnoit son dîner.
La maison de Longueil est très jolie, ses officiers admirables, et nous approuvâmes fort ce changement. La
compagnie y arriva, et m'y trouva tout établie, gron-
dant de ce qu'on venoit si tard. Au lieu de M. et madame
de Coulanges, qui ne purent venir, il y avoit Briole, l'abbé de Quinçay [b], mademoiselle de La Rochefoucauld. Le
repas et la conversation, tout fut très digne de louanges : on en sortit tard. Je revins chez la d'Escars admirer encore la beauté de notre linge et de nos étoffes;
tout sera à merveille. Je passai chez madame de Coulanges; on me gronda de m'en retourner. On veut me

[a] Frère du président de Maisons.
[b] M. de Brianville, abbé de Saint-Benoît de Quinçay.

retenir sans savoir pourquoi, et je suis revenue le mardi matin, qui étoit hier. Je me promène dans ce jardin, avant qu'à Paris on ait pensé à moi.

Les inquiétudes d'Allemagne sont passées en Flandre. L'armée de M. de Schomberg marche; elle sera le 29 en état de secourir Maestricht*. Mais ce qui nous afflige comme bonnes Françoises, et qui nous console comme intéressées, c'est qu'on est persuadé que, quelque diligence qu'ils fassent, ils arriveront trop tard. Calvo n'a pas de quoi relever la garde; les ennemis feront un dernier effort, et d'autant plus qu'on tient pour assuré que Villa-Hermosa¹ est entré dans les lignes, et doit se joindre au prince d'Orange pour un assaut général : voilà l'espérance que j'ai trouvée dans Paris, et dont j'ai rapporté ici le plus que j'ai pu, afin de me disposer avec quelque tranquillité à prendre de la poudre de M. de Lorme, puisque nous sommes hors de cette canicule, qui n'a point fait demander comme autrefois : est-ce la canicule? Ces *maraudailles* de Paris disent que *Marphorio* demande à *Pasquin* pourquoi on prend en une même année Philisbourg et Maestricht, et que Pasquin répond que c'est parceque M. de Turenne est à Saint-Denis, et M. le prince à Chantilly.

Corbinelli vous répondra sur la grandeur de la lune,

ª Le prince d'Orange fut obligé d'en lever le siége le 27 août. Toute son artillerie fut prise dans sa retraite, par le comte de Montal et le duc de Villeroi.

¹ Gouverneur des Pays-Bas espagnols, et général des troupes d'Espagne.

et sur le goût amer ou doux. Il m'a contentée sur la lune,
mais je n'entends pas bien le goût. Il dit que ce qui ne
nous paroît pas doux est amer : je sais bien qu'il n'y a
ni doux, ni amer; mais je me sers de ce qu'on nomme
abusivement *doux* et *amer* pour le faire entendre aux
grossiers. Il m'a promis de m'ouvrir l'esprit là-dessus
quand il sera ici. Rien n'est plus plaisant que ce que vous
lui dites pour m'empêcher d'aller au serein : je vous assure, ma fille, que je n'y vais point; la seule pensée de
vous plaire feroit ce miracle, et j'ai de plus une véritable crainte de retomber dans mon rhumatisme. Je résiste à la beauté de cette lune avec un courage digne de
louanges; après cet effort, il ne faut plus douter de ma
vertu, ou, pour mieux dire, de ma timidité.

J'ai vu madame de Schomberg, elle vous aime et
vous estime beaucoup par avance : vous trouverez bien
du chemin de fait. L'abbé de La Vergne[a] lui écrit dignement de vous; mais elle m'a parlé très dignement de
lui; il n'y a point d'homme au monde qu'elle aime davantage : c'est un père; c'est son premier et fidèle ami;
elle en dit des biens infinis; ce chapitre ne finit point,
quand une fois elle l'a commencé. Elle comprend fort
bien qu'il vous aime et qu'il vous cherche; il a le goût
exquis; elle trouve fort juste que vous vous accommo-
diez de la facilité et de la douceur de son esprit; elle
pense qu'il doit vous convertir de pleine autorité, parceque vous êtes persuadée que l'état où il vous souhaite
est bon. Si elle en avoit autant cru de celui où il veut

[a] Pierre de La Vergne de Tressan, né dans la religion réformée,
fit abjuration dès l'âge de vingt ans. Il renonça de bonne heure au

la mettre, c'eût été une affaire faite. Vous voyez que
dans ce discours nous ne comptons pas beaucoup ce
qui vient d'en-haut. Parlez-moi encore de cet abbé, et
dites-moi combien de jours vous l'avez eu.

On croit que *Quanto* est toute rétablie dans sa félicité :
c'est l'ennui des autres qui fait dire les changements.
Madame de Maintenon est toujours à Maintenon avec
Barillon et *la Tourte*ᵃ : elle a prié d'autres gens d'y aller : mais celui que vous disiez autrefois qui vouloit
faire trotter votre esprit, et qui est le déserteur de cette
cour, a répondu fort plaisamment qu'il n'y avoit point
présentement de logement pour les amis; qu'il n'y en
avoit que pour les valets. Vous voyez de quoi on accuse cette bonne tête : à qui peut-on se fier désormais?
Il est vrai que sa faveur est extrême, et que l'ami de
Quanto en parle comme de sa première ou seconde
amie. Il lui a envoyé un illustre (*Le Nôtre*) pour rendre
sa maison admirablement belle. On dit que MONSIEUR
y doit aller, je pense même que ce fut hier, avec ma-

monde, et s'attacha à M. Pavillon, évêque d'Aleth. Il faisoit des mis-
sions, et s'étoit consacré à diriger les consciences. Son zèle le portant
principalement à la conversion des calvinistes, il avoit entrepris de
ramener la maréchale de Schomberg à la religion catholique. Il périt
par accident le 5 avril 1684.

ᵃ On appeloit ainsi mademoiselle de Montgeron. Coulanges l'a
plusieurs fois chantée; on trouve ce couplet dans le *pain béni de
Livry*. (*Chansons de Coulanges, pages* 17 *et* 252, *édit. de* 1754.)

> Montgeron, qui chante
> Bien mieux qu'un serein,
> Va charmer le pélerin;
> Cette belle enchante
> Tout le genre humain.

dame de Montespan : ils devoient faire cette diligence
en relais, sans y coucher. Je vous remercie mille fois
de m'avoir si bien conté les circonstances d'une réconciliation où je prends tant d'intérêt, et que je souhaitois
pour la consolation du père, et en vérité pour l'honneur
du fils, afin de pouvoir l'estimer à pleines voiles. Si les
spectateurs ont été dans mes sentiments, je me réjouis
avec eux de la joie qu'ils ont eue.

Voilà votre lettre qui arrive tout à propos pour me
faire finir celle-ci. Vous me donnez des perspectives
charmantes pour m'ôter l'horreur des séparations; rien
n'est si bon pour ma santé que les espérances que vous
me donnez. Il faut commencer par arriver; vous me
trouverez fort différente de l'idée que vous avez de moi;
ces genoux et ces mains, qui vous font tant de pitié, seront sans doute guéris en ce temps-là. Enfin, mon air
délicat seroit encore la *rustauderie* d'une autre, tant
j'avois un grand fonds de cette belle qualité. Pour Vichy,
je ne doute nullement que je n'y retourne cet été. Vesou
dit aujourd'hui qu'il voudroit que ce fut tout-à-l'heure :
de Lorme dit que je m'en garde bien dans cette saison;
Bourdelot dit que j'y mourrois, et que j'ai donc oublié
que je ne suis que feu, et que mon rhumatisme n'étoit
venu que de chaleur. J'aime à les consulter pour me
moquer d'eux : peut-on rien voir de plus plaisant que
cette diversité? Ils m'ôtent mon libre arbitre à force de
me laisser dans l'indifférence : les jésuites ont bien raison de dire qu'il y a des auteurs graves pour appuyer
toutes les *opinions probables :* me voilà donc libre de
suivre l'avis qui me conviendra. J'ai présentement pour

me gouverner mon beau médecin de Chelles [1]; je vous
assure qu'il en sait autant et même plus que les autres.
Vous allez bien médire de cette approbation; mais si
vous saviez comme il m'a bien gouvernée depuis deux
jours, et comme il a fait prospérer un commencement
de maladie que je croyois avoir perdue, et qui me prit
à Paris, vous l'aimeriez beaucoup. Enfin je m'en porte
très bien : je n'ai nul besoin d'être saignée; je m'en tiens
à ce qu'il m'ordonne, et je prendrai ensuite de la poudre de mon bon homme. Il croit que du tempérament
dont je suis, je ne serai pas quitte dans trois ans de ces
retours. On vouloit me retenir à Paris; si je n'avois pas
beaucoup marché, je ne m'en serois pas si bien trouvée.
Enfin, ma fille, ayez l'esprit en repos; et, après m'avoir
fait sentir tous les plaisirs de l'espérance, songez à me
donner des réalités.

J'ai reçu un billet de Lyon de notre cardinal, et un
d'auprès de Turin. Il me mande que sa santé est bien
meilleure qu'il n'eût osé l'espérer après un si grand travail. Il me paroît fort content de M. de Villars, qui l'est
allé recevoir dans sa *cassine*. Vous savez qu'ils ne ver-
ront point le duc (*de Savoie*), parcequ'ils veulent le
traiter comme les autres princes d'Italie, à qui ils ne
donnent point la main chez eux; et ce duc veut faire
comme M. le prince, c'est-à-dire, que chacun fasse les
honneurs de chez soi. N'admirez-vous point le rang de
ces éminences? Je suis fort étonnée que la vôtre ne vous
ait pas écrit de Lyon, cela étoit tout naturel.

---

[1] *Voyez* la lettre 491, page 282 de ce volume.

Songez bien à ce que vous devez faire sur la taille de votre fils ; cette seule raison doit vous obliger à consulter ; car du reste il sera parfaitement bien avec M. le coadjuteur : mais s'il y a un lieu où l'on puisse le repétrir, c'est dans ce pays-ci. Pour cet Allemand, je suis assurée que l'abbé de Grignan ne cherchera point à le mettre en condition jusqu'à votre retour ; cela ne vaut pas la peine, après avoir tant attendu. C'est une petite merveille que celui que vous avez : votre embarras nous a fait rire, c'est de ne pouvoir connoître s'il sait les finesses de la langue allemande, ou si vous confondez le suisse avec cette autre langue. C'est une habileté à laquelle il nous semble que vous ne parviendrez jamais : vous prendrez assurément l'un pour l'autre, et vous trouverez que le *Pichon* parlera comme un Suisse, au lieu de savoir l'allemand. Vous parlez si plaisamment d'Allemagne et de Flandre, que depuis que l'une est tranquille et l'autre dans le mouvement, on ne peut plus vous répondre, sinon que chacun à son tour.

Adieu, ma très belle et très chère ; vous êtes admirable de me faire des excuses de tant parler de votre fils ; je vous demande aussi pardon, si je vous parle tant de ma fille. Le baron m'écrit, et croit qu'avec toute leur diligence ils n'arriveront pas assez tôt : Dieu le veuille ! j'en demande pardon à ma patrie. Vous ne me dites rien *dudit déposant* [1] ; c'est signe qu'il n'a plus rien à dire ; quand dira-t-il *oui ?* C'est une belle parole. Je le supplie de m'aimer toujours un peu.

[1] M. de La Garde.

~~~~~~

531.

A la même.

A Livry, vendredi 28 août 1676.

J'en demande pardon à ma chère patrie, mais je voudrois bien que M. de Schomberg ne trouvât point d'occasion de se battre : sa froideur et sa manière tout opposée à M. de Luxembourg me font craindre aussi un
procédé tout différent. Je viens d'écrire un billet à madame de Schomberg " pour en apprendre des nouvelles.
C'est un mérite que j'ai apprivoisé il y a long-temps ;
mais je m'en trouve encore mieux depuis qu'elle est
notre générale. Elle aime Corbinelli de passion : jamais
son bon esprit ne s'étoit tourné du côté d'aucune sorte
de science ; de sorte que cette nouveauté qu'elle trouve
dans son commerce, lui donne aussi un plaisir tout extraordinaire dans sa conversation. On dit que madame
de Coulanges viendra demain ici avec lui, et j'en aurai
bien de la joie, puisque c'est à leur goût que je devrai
leur visite. J'ai écrit à d'Hacqueville pour ce que je voulois savoir de M. de Pomponne, et encore pour une
vingtième sollicitation à ce petit bredouilleur de Parère.
Je suis assurée qu'il vous écrira toutes les mêmes ré-

" Suzanne d'Aumale d'Harcourt.

ponses qu'il me doit faire, et vous dira aussi comme,
malgré le bruit qui couroit, M. de Mende a accepté
Alby.

Au reste je lis les figures de la Sainte-Écriture[1], qui
prennent l'affaire dès Adam. J'ai commencé par cette
création du monde que vous aimez tant ; cela conduit
jusqu'après la mort de Notre-Seigneur : c'est une belle
suite, on y voit tout, quoiqu'en abrégé ; le style en est
fort beau, et vient de bon lieu : il y a des réflexions des
Pères fort bien mêlées ; cette lecture est fort attachante.
Pour moi je passe bien plus loin que les jésuites ; et
voyant les reproches d'ingratitude, les punitions horribles dont Dieu afflige son peuple, je suis persuadée que
nous avons notre liberté tout entière ; que par conséquent nous sommes très coupables, et méritons fort
bien le feu et l'eau, dont Dieu se sert quand il lui plaît.
Les jésuites n'en disent pas encore assez, et les autres
donnent sujet de murmurer contre la justice de Dieu,
quand ils affoiblissent tant notre liberté. Voilà le profit
que je fais de mes lectures. Je crois que mon confesseur
m'ordonnera la philosophie de Descartes.

Je crois que madame de Rochebonne est avec vous,
et je m'en vais l'embrasser. Est-elle bien aise dans sa

---

[1] L'*Histoire du vieux et du nouveau Testament*, etc., par le sieur
de Royaumont. *(Le maître de Sacy.*) La réputation de ce livre est
fixée ; on le regarde comme l'ouvrage le plus propre à donner à la
jeunesse les premières notions de l'Histoire sainte. La première édition parut à Paris en 1670, chez *Le Petit;* elle a été souvent réim-
primée en divers formats, et notamment chez M. J. J. Blaise, en 1811
et 1815. Paris, 1 vol, in-4°, gr. et pet. pap., orné de 270 fig. et cartes.

maison paternelle? Tout le chapitre [1] lui rend-il bien ses devoirs? A-t-elle bien de la joie de voir ses neveux? Et Pauline [2] : est-il vrai qu'on l'appelle mademoiselle *de Mazargues* [a] ? Je serois fâchée de manquer au respect que je lui dois. Et le petit de huit mois veut-il vivre cent ans? Je suis si souvent à Grignan, qu'il me semble que vous me devriez voir parmi vous tous. Ce seroit une belle chose de se trouver tout d'un coup aux lieux qui sont présents à la pensée. Voilà mon joli médecin (*Amonio*) qui me trouve en fort bonne santé, tout glorieux de ce que je lui ai obéi deux ou trois jours. Il fait un temps frais, qui pourroit bien nous déterminer à prendre de la poudre de mon bon homme : je vous le manderai mercredi. J'espère que ceux qui sont à Paris vous auront mandé des nouvelles; je n'en sais aucune, comme vous voyez; ma lettre sent la solitude de cette forêt; mais dans cette solitude vous êtes parfaitement aimée.

---

[1] La collégiale de Grignan.

[2] Pauline Adhémar de Monteil de Grignan, petite-fille de madame de Sévigné, étoit alors âgée d'environ trois ans. Elle épousa, en 1695, Louis de Simiane, marquis d'Esparron, lieutenant-général pour le roi en Provence, après la mort de M. le comte de Grignan son beau-père.

[a] Terre qui appartenoit à la maison de Grignan; elle est située à une lieue de Marseille; elle passa ensuite au chevalier de Grignan, et mademoiselle d'Oraison sa veuve y mourut. Cette terre appartient aujourd'hui à la maison de Castellane.

~~~~~~

532.

A la même.

A Livry, mercredi 2 septembre 1676.

Monsieur d'Hacqueville et madame de Vins ont couché ici ; ils vinrent hier joliment nous voir. Madame de Coulanges est ici ; c'est une très aimable compagnie : vous savez comme elle fait bien avec moi. Brancas est aussi venu rêver quelques heures avec *Sylphide* (*madame de Coulanges*). Nous avons pourtant, lui et moi, fort parlé de vous, et admiré votre conduite et l'honneur que vous lui avez fait [1].

Mais ce que nous avons encore admiré tous ensemble, c'est l'extrême bonheur du roi, qui, nonobstant les mesures trop étroites et trop justes qu'on avoit fait prendre à M. de Schomberg pour marcher au secours de Maestricht, apprend que ses troupes ont fait lever le siège à leur approche, et en se présentant seulement. Les ennemis n'ont point voulu attendre le combat : le prince d'Orange, qui avoit regret à ses peines, vouloit tout hasarder ; mais Villa-Hermosa n'a pas cru devoir exposer ses troupes ; de sorte que, non seulement ils ont

---

[1] Le comte de Brancas avoit été le négociateur du mariage de mademoiselle de Sévigné avec M. de Grignan.

promptement levé le siège, mais encore abandonné
leur poudre, leurs canons ; enfin tout ce qui marque
une fuite. Il n'y a rien de si bon que d'avoir affaire avec
des confédérés pour avoir toutes sortes d'avantages :
mais ce qui est encore meilleur, c'est de souhaiter ce
que le roi souhaite; on est assuré d'avoir toujours contentement. J'étois dans la plus grande inquiétude du
monde; j'avois envoyé chez madame de Schomberg,
chez madame de Saint-Géran, chez d'Hacqueville, et
l'on me rapporta toutes ces merveilles. Le roi en étoit
bien en peine, aussi bien que nous : M. de Louvois courut pour lui apprendre ce bon succès ; l'abbé de Calvo
étoit avec lui : Sa Majesté l'embrassa tout transporté de
joie, et lui donna une abbaye de douze mille livres de
rente, vingt-mille livres de pension à son frère [a] et le
gouvernement d'Aire, avec mille et mille louanges qui
valent mieux que tout le reste. C'est ainsi que le grand
siège de Maestricht est fini, et que Pasquin n'est qu'un sot.

Le jeune Nangis épouse la petite de Rochefort [b] : cette
noce est triste. La maréchale est jusqu'ici très affligée,
très malade, très changée; elle n'a point mangé de
viande depuis que son mari est mort : je tàcherai de faire
continuer cette abstinence [c]. j'ai fort causé avec le bon

---

[a] François de Calvo Gualbès ; il avoit défendu Maëstricht contre
le prince d'Orange. (*Voyez* la note de la lettre 523, page 407.)

[¹] *Voyez* ci-dessus la lettre du 26 août, page 439 de ce volume.

[b] Marie-Henriette d'Aloigny de Rochefort, fille du maréchal de
Rochefort, fut mariée, le 14 septembre 1676, à Louis Fauste de
Brichanteau, marquis de Nangis, son cousin germain.

[c] Madame de Grignan aimoit que son sexe montrât de la constance
et de la force dans les sentiments qu'il éprouvoit.

d'Hacqueville et madame de Vins; ils m'ont paru tout
pleins d'amitié pour vous; ce ne vous est pas une nouvelle; mais on est toujours fort aise d'apprendre que
l'éloignement ne gâte rien. Nous nous réjouissons par
avance de vous attendre le mois prochain; car enfin
nous sommes au mois de septembre : et le mois d'octobre le suit.

J'ai pris de la poudre du bon homme : ce grand remède, qui fait peur à tout le monde, est une bagatelle
pour moi; il me fait des merveilles. J'avois auprès de
moi mon joli médecin (*Amonio*) qui me consoloit beaucoup : il ne me dit pas une parole qu'en italien; il me
conta pendant toute l'opération mille choses divertis-
santes : c'est lui qui me conseille de mettre mes mains
dans la vendange, et puis une gorge de bœuf, et puis,
s'il en est encore besoin, de la moelle de cerf, et de
l'eau de la reine de Hongrie. Enfin je suis résolue à ne
point attendre l'hiver, et à me guérir pendant que la
saison est encore belle. Vous voyez bien que je regarde
ma santé comme une chose qui est à vous, puisque j'en
prends un soin si particulier.

Madame DE COULANGES.

Avouez, Madame, que j'ai un beau procédé avec
vous. Je vous ai écrit de Lyon, point de Paris; je vous
écris de Livry; et ce qui me justifie, c'est que vous vous
accommodez de tout cela à merveille : un reproche de
votre part m'auroit charmée; mais vous ne profanez pas
les reproches aux pauvres mortelles. Nous menons ici

une vie tranquille : recommandez bien à madame de Sévigné le soin de sa santé; vous savez qu'elle n'aime point à vous refuser; elle ne va guère au serein, elle est soutenue de l'espérance de votre retour : pour moi, je le souhaite en vérité plus vivement qu'il ne m'appartient. Vous êtes si bien informée des nouvelles, que je ne m'amuserai pas à vous en conter. Le roi est bien heureux; il me semble qu'il ne pourroit souhaiter de l'être encore davantage. Adieu, Madame, vous êtes attendue avec toute l'impatience que vous méritez : voilà qui est au-dessus de toute exagération. Barillon ne trouve que l'abbé de La Trappe digne de lui, quand vous êtes en Provence. Écoutez bien M. de Brancas, il vous va dire ses raisons.

M. DE BRANCAS.

Je ne puis être à Livry, sans m'y ressouvenir de mademoiselle de Sévigné, ni sans songer que, si j'ai travaillé à rendre M. de Grignan heureux, c'a bien été à mes dépens, puisque je partage aussi vivement que personne tout ce qu'il en coûte pour une aussi longue absence que la vôtre. Madame de Coulanges voudroit bien nous faire entendre qu'il y a des personnes qui devroient encore plus vous regretter : mais, sans entrer dans tout ce qu'elle veut dire, je me contente de vous assurer que vous devez hâter votre retour, si vous aimez madame votre mère, qui ne songera point à sa santé que vous n'ayez mis son cœur en repos. J'ai reçu avec bien de la joie et du respect les compliments que

29.

vous m'avez faits sur la couche de ma fille (*la princesse d'Harcourt*[a]). Croyez, Madame, qu'on ne peut vous honorer plus tendrement que je fais.

Madame DE SÉVIGNÉ *continue.*

Je crains bien que madame de Coulanges n'aille à Lyon plus tôt qu'elle ne voudroit; sa mère[b] se meurt. Je vous demanderai dans quelque temps de quelle manière vous faites votre plan pour venir à Lyon, et de là à Paris. Vous savez ce que vous trouverez à Briare.

Vous faites très bien de ne plus vous inquiéter, ni pour Maestricht, ni pour Philisbourg : vous admirerez bien comme tout est allé à souhait. J'ai grand regret à la bile que j'ai faite, pensant qu'on devoit se battre. Tous vos sentiments sont dignes d'une Romaine; vous êtes la plus jolie femme de France; vous ne perdez rien avec nous. Corbinelli a été ici deux jours; il est recouru pour voir le grand-maître qui est revenu d'Alby. Il me paroît que Vardes[1] se passe bien de Corbinelli; mais il est fort aise qu'il soit ici son résident. C'est lui qui maintient l'union entre madame de Nicolaï[2] et son gendre; c'est lui qui gouverne tous les desseins qu'on a pour la petite[3] : tout a relation et se mène par Corbi-

---

a Voyez la lettre 526, page 420 de ce volume.

b Madame du Gué-Bagnols, intendante de Lyon.

1 François-René du Bec, marquis de Vardes, exilé en Languedoc pour des intrigues de cour.

2 Marie-Amelot, belle-mère de M. de Vardes.

3 Marie-Élisabeth du Bec, mariée en 1678 à Louis de Rohan-Chabot, duc de Rohan.

nelli; il dépense très peu à Vardes, car il est honnête,
philosophe et discret. D'un autre côté, Corbinelli aime
mieux être ici, à cause de ses infirmités, qu'en Languedoc; et il me semble que voilà ce qui cause le grand séjour qu'il fait à Paris.

La vision de madame de Soubise a passé plus vite
qu'un éclair; tout est raccommodé. On me mande que
l'autre jour, au jeu, *Quanto* avoit la tête appuyée familièrement sur l'épaule de son *ami*; on crut que cette affectation étoit pour dire, *je suis mieux que jamais*. Madame de Maintenon est revenue de chez elle : sa faveur
est extrême. On dit que M. de Luxembourg a voulu, par
sa conduite, ajouter un dernier trait à l'éloge funèbre
de M. de Turenne. On loue, à bride abattue, M. de
Schomberg : on lui fait crédit d'une victoire, en cas qu'il
eût combattu, et cela produit tout le même effet. La
bonne opinion qu'on a de ce général est fondée sur tant
de bonnes batailles gagnées, qu'on peut fort bien croire
qu'il auroit encore gagné celle-ci; M. le prince ne met
personne dans son estime à côté de lui.

Pour ma santé, ma chère enfant, elle est comme vous
pouvez la souhaiter; et quand Brancas dit que je n'y
songe pas, c'est qu'il voudroit que j'eusse commencé
dès le mois de juillet à mettre mes mains dans la vendange : mais je m'en vais faire tous les remèdes que je
vous ai dits, afin de prévenir l'hiver : j'irai un moment
à Paris pour voir la cassette de M. de La Garde. J'ai vu
en détail, mais je veux voir le tout ensemble. Adieu,
ma très aimable; voilà ma compagnie qui me fait un
sabbat horrible. Je m'en vais donc faire mon paquet.

533.

A la même.

A Paris, chez la bonne d'Escars, vendredi
4 septembre 1676.

J'ai dîné à Livry, ma fille; je suis arrivée ici à deux heures; m'y voilà, entourée de tous nos beaux habits; le linge me paroît parfaitement beau et bien choisi : en un mot, je suis contente de tout, et je crois que vous le serez aussi : nos étoffes ont très bien réussi : en vérité, *j'ai bien eu de la peine;* je suis justement comme le médecin de Molière, qui s'essuyoit le front pour avoir rendu la parole à une fille qui n'étoit point muette ". La bonne d'Escars, en vérité, ne se peut trop remercier; elle étoit toute malade, et cependant, elle s'est appliquée avec un soin extrême à faire cette commission : je n'ai pas voulu que tout partît sans y jeter au moins les yeux. Je vous écris, et, sans voir qui que ce soit, je m'en retourne souper à Livry avec madame de Coulanges et le *bien bon;* j'y serai à sept heures; je n'ai jamais rien vu de si joli que cette proximité. Je reçois un billet de d'Hacqueville qui me croit à Livry; il veut que j'aille à Vichi : mais je craindrois de me trop échauffer, je n'en ai nul besoin. Je m'en vais guérir paisiblement mes mains pendant ces

---

" *Voyez le Médecin malgré lui,* acte III, scène VI.

vendanges; je reçois ces marques de son amitié avec plaisir, mais je ne veux point lui obéir : j'ai bien des auteurs graves de mon parti[a], et ce qui vaut mieux que tout, c'est que je me porte bien.

Quanto n'a point été un jour à la comédie, ni joué deux jours. On veut tout expliquer; on trouve toutes les dames belles, c'est qu'on est trop fin : la belle des belles est gaie, c'est un bon témoignage. Madame de Maintenon est revenue; elle promet à madame de Coulanges un voyage pour elle toute seule : cette espérance ne lui fait pas tourner la tête; elle l'attend fort patiemment à Livry : elle a mille complaisances pour moi. Le maréchal d'Albret se meurt. Le d'Hacqueville vous dira les nouvelles de gazette, et comme nous avons pris du canon et de la poudre.

La Mitte[b] n'a point de ramier, au moins de la grande volée. Savez-vous bien qu'elle est assez sotte? cela n'attire point les chalands. M. de Marsillac est allé en Poitou[c] avec Gourville : M. de La Rochefoucauld va les trouver; c'est un voyage d'un mois. Mais, ma fille, commencez un peu à me parler du vôtre; n'êtes-vous pas toujours dans le dessein de partir de votre côté quand votre mari partira du sien? C'est cette avance qui

---

[a] Allusion au système du *probabilisme*, que l'on reprochoit à quelques docteurs jésuites de propager. (*Voyez* la lettre 530, ci-dessus, page 442, et plus bas, la note de la lettre du 18 juin 1677.)

[b] L'abbé de la Victoire (*Lenet*) appeloit ainsi madame de Senneterre. (*Voyez* la lettre 528, plus haut, page 431.)

[c] A La Rochefoucauld ou à Verteuil, belles terres de cette maison, situées dans l'ancien Angoumois.

fait toute votre commodité et toute ma joie. J'approuve
vos bains, ils vous empêchent d'être pulvérisée; rafraî-
chissez-vous, et apportez-nous toute votre santé. Je
vous embrasse de tout mon cœur, et tous ceux qui sont
avec vous.

534.

A la même.

A Paris, mardi au soir 8 septembre 1676.

Je couche à Paris, ma très chère. Je suis venue ce
matin dîner chez madame de Villars pour lui dire adieu;
car il n'y a plus de raillerie, elle s'en va jeudi, et quoiqu'elle ai fort envie de savoir le petit mot que vous
avez à lui dire, elle ne vous attendra point. Elle n'attend pas même que cette lieutenance de Languedoc soit
donnée, quoiqu'on dise qu'elle y a très bonne part. Elle
s'en va trouver son mari, et jouer son personnage dans
une autre cour. Madame de Saint-Géran[1] paroît triste de
cette séparation; elle demeure accompagnée de sa vertu, et soutenue de sa bonne réputation. La moitié du
monde croit qu'elle ne sera pas difficile à consoler. Pour
moi, je pense qu'elle regrette de bonne foi une si douce

---

[1] Françoise-Madeleine-Claude de Warignies, comtesse de Saint-
Géran.

et si agréable compagnie. Madame de Villars m'a chargée de mille et mille tendresses pour vous : je regrette fort cette maison. Madame de Coulanges étoit avec moi ; elle reviendra à Livry dès qu'elle aura été à Châville *a* pour une affaire. Je ne suis point en peine du séjour qu'elle fait à Livry ; la complaisance n'y a nulle part : elle est ravie d'y être : elle est d'une bonne société ; nous sommes fort loin de nous ennuyer. Corbinelli y est souvent, Brancas, Coulanges et mille autres qui vont et viennent. Nous trouvâmes l'autre jour au bout du petit pont *b* l'abbé de Grignan et l'abbé de Saint-Luc. Je m'en retournerai demain dès le matin dans ma forêt. Corbinelli a trouvé mon petit médecin très habile. La poudre du bon homme m'a fait beaucoup de bien ; je m'en vais prendre tous les matins une pilule pendant quelques jours, de l'avis de Vesou, et de *Chelles c*, pour empêcher les sérosités qui s'amassèrent l'année passée sur mon pauvre corps ; le remède est spécifique ; et puis je mettrai mes mains en pleine vendange, et ne cesserai point les remèdes qu'elles ne soient guéries, ou qu'elles ne disent qu'elles ne veulent pas. Je me porte très bien du reste, et mes petits voyages de Paris me font un plaisir plutôt qu'une fatigue. Je ne prends point le serein, et pour la

a Chez le chancelier Le Tellier, son parent, qui en étoit seigneur. Châville est un joli village sur la route de Paris à Versailles.

b Dans l'avenue de Livry.

c D'*Amonio*, médecin de l'abbaye de Chelles. Ce médecin seroit-il le même aventurier que l'abbé Primi, connu aussi sous le nom d'*Ammonio*, et sur lequel on trouve des anecdotes singulières dans les *Pièces historiques* à la suite des *OEuvres de Louis XIV*, tome VI, page 472 ?

lune; je ferme les yeux en passant devant le jardin, pour éviter la tentation *del demonio*. Enfin vous me persuadez si bien que ma santé est une de vos principales affaires, que, dans cette vue, je la conserve et la ménage, comme une chose que vous aimez et qui est à vous ; soyez persuadée que je vous en rendrai un très bon compte. Mon fils me mande que les frères de Ripert ont fait des prodiges de valeur à la défense de Maestricht : j'en fais mes compliments au doyen [a] et à Ripert.

Mercredi matin.

Je n'ai pas trop bien dormi, mais je me porte bien, et je m'en retourne seule dans ma forêt, avec une impatience et une espérance de vous voir, qui font continuellement les deux points de mon discours, c'est-à-dire, de ma rêverie ; car je sais, comme il faut, ménager aux autres ce que nous avons dans la tête. Je vous embrasse mille fois, ma très chère et très belle.

535.

A la même.

A Livry, vendredi 11 septembre 1676.

Vous me parlez bien plaisamment de notre coadjuteur. Vous avez donc repris les libertés dont nous usions

[a] Du chapitre de Grignan.

l'année que j'étois à Grignan; quel tourment nous lui
faisions sur ces contes, que M. de Grignan disoit que
le coadjuteur pouvoit porter hardiment par-tout, *sans
crainte de la gabelle!* Je n'ai jamais vu personne entendre si parfaitement la raillerie. Nous pensons que M. de
V....*a* ne l'entend pas si bien, lui qui, à ce que dit madame Cornuel[1], *a mis un bon suisse à sa porte;* c'est
qu'on assure qu'il a donné une belle maladie à sa femme. Il y eut l'autre jour une vieille très décrépite qui se
présenta au dîner du roi, elle faisoit frayeur. MONSIEUR
la repoussa, et lui demanda ce qu'elle vouloit : *Hélas!
Monsieur,* lui dit-elle, *je voudrois bien prier le roi de me
faire parler à M. de Louvois.* Le roi lui dit : *Tenez,
voilà M. de Rheims qui y a plus de pouvoir que moi.*
Cela réjouit fort tout le monde. Nanteuil[2], d'un autre
côté, prioit Sa Majesté de commander à M. de Calvo *b*
de se laisser peindre. Il fait un cabinet où vous voyez
bien qu'il veut lui donner place. Tout ce que vous avez
pensé de Maestricht est arrivé, comme l'accomplisse-
ment d'une prophétie. Le roi donna hier matin à M. de

a M. le duc de Ventadour. (*Voyez* les *Amours des Gaules.*)

[1] Madame Cornuel s'étoit fait une réputation par ses bons mots.
* *Voyez* les lettres 485 et 491, et les deux notes ci-dessus, pages 262
et 286 de ce volume.

[2] Homme célèbre pour les portraits en pastel et pour la gravure.
* Ses portraits gravés, grands comme nature, sont très recherchés.

b M. de Calvo étoit d'une ancienne famille Catalane. La ville de
Barcelonne avoit donné à l'un de ses ancêtres le titre héréditaire de
libérateur de Barcelonne, en reconnoissance de ce qu'à la tête de l'armée chrétienne, il avoit fait lever aux Maures le siège de cette ville.
(*Voyez* la note de la lettre 523, page 407 de ce volume.)

Roquelaure le gouvernement de Guienne : voilà une longue patience récompensée par un admirable présent.

Tout le monde croit que l'étoile de *Quanto* pâlit. Il y a des larmes, des chagrins naturels, des gaietés affectées, des bouderies; enfin, ma chère, tout finit. On regarde, on observe, on s'imagine, on croit voir des rayons de lumière sur des visages que l'on trouvoit indignes, il y a un mois, d'être comparés aux autres : on joue fort gaiement, quoique la belle garde sa chambre. Les uns tremblent, les autres rient, les uns souhaitent l'immutabilité, la plupart un changement de théâtre; enfin voici le temps d'une crise digne d'attention, à ce que disent les plus clairvoyants. La petite de Rochefort[1] sera mariée au premier jour à son cousin de Nangis. Elle a douze ans. Si elle a bientôt un enfant, madame la chancelière pourra dire : Ma fille, allez dire à votre fille, que la fille de sa fille crie. Madame de Rochefort[2] est cachée dans un couvent pendant cette noce, et paroît toujours inconsolable.

---

[1] Elle étoit arrière-petite-fille de madame la chancelière Séguier. (*Voyez* la lettre 532, ci-dessus, page 449.)

[2] Madeleine de Laval-Bois-Dauphin, veuve du maréchal de Rochefort, mort le 22 mai 1676.

536. *

A la même.

A Livry (lundi 14 septembre *a*) 1676.

Vous savez que je revins ici mercredi matin ; je me trouve ravie d'y être toute seule ; je me promène, j'ai des livres, j'ai de l'ouvrage, j'ai l'église, car vous connoissez les bonnes apparences que j'ai : enfin j'en demande pardon à la compagnie qui doit me revenir, je me passe d'elle à merveille. Mon abbé est demeuré à Paris, pour parler au vôtre, et le prie de donner à M. Colbert la lettre que lui écrit M. de Grignan avant que de partir. Si l'abbé Têtu étoit ici, je me ferois mener en l'absence de l'abbé de Grignan ; mais il est en Touraine : il est vrai qu'il aime fort à n'avoir ni compagnon, ni maître dans les maisons qu'il honore de son estime. Cependant trouvez-vous qu'il n'ait ni l'un ni l'autre chez notre petite amie (*madame de Coulanges*)? Je lui dis tous les jours qu'il faut que le goût qu'il a pour elle soit bien extrême, puisqu'il lui fait avaler, et l'été, et l'hiver, toutes sortes de couleuvres ; car les inquiétudes de

---

a Cette lettre fait partie de la précédente dans l'édition de 1754 ; elle en est séparée comme ici, dans celle de 1734 ; mais dans toutes les deux la date est inexacte. Madame de Sévigné parle à sa fille des dispositions testamentaires du maréchal d'Albret, mort le 13 septembre. On ne pouvoit pas les connoître le 11 septembre.

la canicule ne sont pas moins désagréables que la présence du carnaval : ainsi toute l'année est une souffrance.

On prétend que cette *amie de l'amie* (*madame de Maintenon*) n'est plus ce qu'elle étoit, et qu'il ne faut plus compter sur aucune bonne tête, puisque celle-là n'a pas soutenu le tourbillon de ce bon pays. La vôtre est bien admirable de soutenir votre bise avec tant de raison, et même avec tant de gaieté. Quand je vous vois gaie, comme on le voit fort bien dans les lettres, je partage avec vous cette belle et bonne humeur : mais quoi ! vous croyez me dire des folies ; hé, mon Dieu ! c'est bien moi qui en dis sans cesse, et j'en devrois être bien honteuse, moi, qui dois être sage par tant de raisons. Il est vrai que j'aurois jeté ma langue aux chiens, plutôt que de deviner que vous eussiez appelé La Garde *votre petit cœur* ; cette vision est fort bonne : mais je meurs de peur que ce ne soit un présage, et qu'il ne soit bientôt appelé de ce doux nom, *bon jeu, bon argent*. J'espère bien que vous me manderez le détail de cette noce si long-temps attendue. Je suis étonnée qu'il puisse garder si long-temps cette pensée dans sa tête ; c'est une étrange perspective pour quelqu'un qui pourroit bien s'en passer. Quand vous dites des folies, il me semble que vous songez à moi : nous avons fort ri à Grignan. Vous me dépeignez très bien l'abbé de La Vergne ; je meurs d'envie de le voir ; il n'y a personne dont j'aie entendu de si bonnes louanges. Vous ai-je mandé que Penautier prenoit l'air dans sa prison ? Il voit tous ses parents et amis, et passe les jours à admirer les injustices que l'on fait dans le monde : nous l'admirons comme lui.

Madame de Coulanges me mande qu'elle ne reviendra de quatre ou cinq jours, dont elle est au désespoir; qu'il faut qu'elle fasse des pas pour une intendance qui est vacante; qu'elle doit parler au roi et à M. Colbert, qui pis est : je lui conseille de prier Sa Majesté, comme la vieille femme, de la faire parler à M. Colbert; je la prie de n'être ni sourde, ni aveugle en ce pays-là, ni muette quand elle reviendra ici. Elle me mande, et d'autres aussi, que madame de Soubise est partie pour aller à Lorges ; ce voyage fait grand honneur à sa vertu. On dit qu'il y a eu un bon raccommodement, peut-être trop bon. M. le maréchal d'Albret *a* a laissé cent mille francs à madame de Rohan ; cela sent bien la restitution. Mon fils me mande que les ennemis ont été long-temps fort près de nous; M. de Schomberg s'est approché, ils se sont reculés ; il s'est encore approché, ils se sont encore reculés; enfin ils sont à six lieues, et bientôt à douze; je n'ai jamais vu de si bons ennemis, *je les aime tendrement;* voyez la belle chose d'abuser des mots : je n'ai point d'autre manière pour vous dire que je vous aime que celle dont je me sers pour les confédérés. Mille compliments à tous les Grignan, à tous les La Garde et à Roquesante, car il est unique en son espèce.

a Le maréchal d'Albret n'étoit pas dévot, il avoit cependant un aumônier qui mourut à Bordeaux, et fit cette épitaphe que l'abbé de Choisi nous a conservée dans ses *Mélanges inédits.*

> Ci-gît Bertrand, cet aumônier
> D'un des plus grands seigneurs de France,
> Qui n'en reçut jamais denier
> Ni dit de messe en sa présence.

~~~~~~

537.

A la même.

A Livry, mercredi 16 septembre 1676.

A quoi pensez-vous, ma fille, d'être en peine de cette poudre du bon homme, que j'ai prise? elle m'a fait des merveilles de tous les côtés, et quatre heures après je ne m'en sens pas. Ce remède terrible pour tout le monde est tellement apprivoisé avec moi, et nous avons si bien fait connoissance en Bretagne, que nous ne cessons de nous donner des marques d'amitié et de confiance, lui par des effets, et moi par des paroles : mais la reconnoissance est le fondement de tout ce beau procédé. Ne soyez point en peine de mon séjour à Livry ; je m'y trouve parfaitement bien ; j'y vis à ma mode ; je me promène beaucoup ; je lis, je n'ai rien à faire, et sans être paresseuse de profession, personne n'est plus touché que moi du *far niente* des Italiens. Je n'en suis tirée à Paris que par des raisons qui me semblent dignes d'être au dessus de cette fantaisie ; et si je pouvois manquer à tout sans inquiétude, je ne ferois pas plus de chemin que madame de La Fayette. Je ne m'expose point au serein, je laisse aller madame de Coulanges ; et Corbinelli m'entretient fort volontiers, car il est bien plus délicat que moi. *Le seigneur* Amonio me fait pren-

dre tous les matins une pilule très approuvée, avec un
bouillon de bétoine; cela purge le cerveau avec une
douceur très salutaire; c'est précisément ce qu'il me
faut : j'en prendrai huit jours, et puis la vendange. Enfin je ne pense qu'à ma santé, et c'est ce qui s'appelle
présentement mettre du sucre sur du macaron. Ne soyez
donc point en peine de moi „ et ne vous occupez que de
me donner le grand et le dernier remède que vous m'a-
vez promis, par votre très aimable présence.

Tout le monde se meurt aux Rochers et à Vitré, de la
dyssenterie et des fièvres pourprées. Deux de nos ouvriers ont péri; j'ai tremblé pour *Pilois;* les meuniers,
les métayers, même jusqu'à la *divine* Plessis, tout a été
attaqué de ces cruelles maladies. Comme vous êtes au-
dessus du vent, j'espère que vous ne serez point ex-
posée à ces grossières vapeurs; tout est sain ici, l'idée
que vous en avez n'est pas juste. La Mousse est en Poitou avec madame de Sanzei. Il est vrai que lui et Corbinelli sont trop d'accord pour divertir les spectateurs.
Corbinelli vous croit aussi habile que le père Malebran
che : vous pouvez vous humilier tant qu'il vous plaira;
vous serez exaltée malgré vous. C'est le livre du petit
marquis que je lis[a]; j'ai aussi celui de M. d'Andilly, qui
est admirable; je lis le schisme d'Angleterre[b], dont je

[a] Par le *livre du petit marquis* madame de Sévigné entend la *Bible
de Royaumont* qu'elle lisoit alors, comme on le voit dans la lettre
531, page 446. Quant au livre de *M. d'Andilly,* c'est la traduction
de *Josephe.*

[b] Ce doit être le traité de Sanders, intitulé *De schismate Angli-
cano.* Maucroix venoit d'en donner une traduction françoise. On a

suis extrêmement contente ; et par-dessus tout cela, des livres de furie du père Bouhours et de Ménage, qui s'arrachent les yeux, et qui nous divertissent. Ils se disent leurs vérités, et souvent ce sont des injures : il y a aussi des remarques sur la langue françoise, qui sont fort bonnes ; vous ne sauriez croire comme cette guerre est plaisante. J'admire que le jésuite se livre comme il fait, ayant *nos frères* (*de Port-Royal*) pour auditeurs, qui tout d'un coup le relèveront de sentinelle, au moment qu'il y pensera le moins : c'est de son côté que le ridicule penche [a]. Le père prieur nous fait une très bonne compagnie ; il est admirable pour tout cela.

Ah, ma fille ! que vous auriez bien fait votre profit d'un père Le Bossu [1] qui étoit hier ici ! c'est le plus savant homme du monde qu'il est possible, et *janséniste* [2], c'est-à-dire, *cartésien* en perfection : il est mitigé sur de

reproché à Sanders une prévention excessive contre Henri VIII, qui lui a fait accueillir sans discussion des bruits populaires dénués de fondement. Burnet, évêque de Salisbury, a écrit dans un sens opposé l'*Histoire de la réformation*. La haine qu'il portoit aux catholiques l'a encore plus écarté de la vérité. (*Voyez* la note de la lettre du 4 octobre 1684.)

[a] Cette querelle se calma bientôt. Bouhours avoit été l'agresseur ; il en fut blâmé par sa compagnie, mais il est faux que le père ait employé le crédit du général de son ordre pour demander miséricorde à Ménage. (*Voyez* les observations de La Monnoye sur le *Menagiana*, tome Ier, page 64, édition de 1715.)

[1] René Le Bossu, chanoine régulier de Sainte-Geneviève, auteur d'un excellent Traité sur le *Poëme épique*.

[2] Cette conformité *du janséniste* avec *le cartésien* est relative à l'arrêt burlesque de Despréaux pour le maintien de la doctrine d'Aristote contre la raison. (*Voyez* la fin de cet arrêt dans les *OEuvres de Despréaux*.)

certaines choses. Je pris un plaisir sensible à l'entendre
parler; le père prieur le conduisoit par les bons chemins; mais je pensois toujours à vous, et je me trouvois
indigne d'une conversation dont vous eussiez si bien
profité, et dont vous êtes très digne. Corbinelli adore
ce père, il l'a été voir à Sainte-Geneviève; et quand il
sera ici, nous les ferons retrouver ensemble. Madame
de Coulanges est encore à Versailles; le *bien bon* est à
Paris; je suis seule ici, et je ne suis point seule, dont je
suis quasi fâchée; car je m'y trouverois fort bien. M. et
Madame de Mesmes sont ici. M. de Richelieu, madame
de Toisi, et une petite fille qui chante, vinrent dîner chez
eux avant-hier; j'y allai l'après-dînée, nous y lûmes une
relation détaillée du siège de Maestricht, qui est en vérité une très belle chose : les frères de Ripert y sont
très bien marqués. Madame de Soubise est partie avec
beaucoup de chagrin, craignant bien qu'on ne lui pardonne pas l'ombre seulement de sa fusée : car ce fut
une grande boucle tirée, lorsque l'on y pensoit le moins,
qui mit l'alarme au camp *a*. Je vous en dirai davantage,
quand j'aurai vu *Sylphide* (*Madame de Coulanges*).

---

a Madame de Caylus donnera l'intelligence de ce passage : « Ma-
« dame de Montespan, dit-elle, découvrit cette intrigue par l'affec-
« tation que madame de Soubise avoit de mettre certains pendants
« d'oreille d'émeraudes les jours que M. de Soubise alloit à Paris. Sur
« cette idée elle observa le roi, le fit suivre, et il se trouva que c'étoit
« effectivement le signal du rendez-vous. » (*Souvenirs*) MADEMOISELLE
parle aussi de ces pendants d'oreille : « On nomma la dame. ... elle
« avoit des précautions à prendre, parcequ'elle avoit un mari; elle
« mettoit des pendants d'oreille d'émeraudes au dîner et au souper
« du roi, où elle se trouvoit. » (*Mémoires de Montpensier.*)

Antonio ne me chasse point encore d'ici ; il y fait trop beau, et je m'en vais y guérir mes mains. Je ne lui dis jamais un mot d'italien ; mais aussi il ne m'en dit pas un de françois : voilà ce que nous aimons. Il y a bien des intrigues à Chelles pour lui ; je crois qu'il n'y fera pas vieux os, tout est révolté. Madame (*l'abbesse*) le soutient, les jeunes le haïssent, les vieilles l'approuvent, les confesseurs sont envieux, le visiteur le condamne sur sa physionomie : il y a bien des folies à dire sur tout cela : mais parlons de Philisbourg : on commence à croire qu'il ne sera point pris ; il n'est déja plus que bloqué. Les troupes ennemies sont décampées pour aller prier humblement M. de Luxembourg de se retirer de Brisgau [1], dis-je bien ? qui est une province qu'il désole, et que l'empereur estime plus que la prise de Philisbourg. Tout contribue au bonheur du roi ; aussi quand j'ai peur pour mon fils, c'est par la raison qu'on fait quelquefois des pertes particulières dans les victoires publiques : mais de la barque entière, je n'en tremblerai jamais.

Je suis bien plus en peine de celle qui conduit les ballots de notre cardinal, qui, par son malheur, fait toujours tout échouer : vous en avez un coin dans votre fortune aussi bien qu'un quartier dans vos armes [a]. Je

[1] Pays d'Allemagne entre le Rhin et la Forêt-Noire.

[a] Les Gondi, comme les Grignan, écarteloient de *Bretagne* qui est *champ d'hermine*, à cause d'une alliance commune. A l'égard des Gondi, c'étoit par Françoise-Marguerite de Silly, femme de Philippe Emmanuel de Gondi, comte de Joigny, père du cardinal de Retz, laquelle étoit petite-fille d'Anne de Laval de Montfort, elle-même petite-fille d'Isabeau de Bretagne, cousine-germaine d'Anne de Bretagne.

pense trop souvent à vos affaires ; j'adore M. l'archevêque d'en être occupé ; car encore est-ce quelque chose :
mais quand personne n'y pensera plus, que deviendra
cette barque? c'est bien à celle-là que je prends intérêt.

Je voudrois fort que Mazargues fût vendu, avec la
permission de mademoiselle de Mazargues[a]. Je verrai
les desseins de ce marquis de Livourne[b], cela ne coûte
rien ; et pour les graces du roi, il faut toujours les espérer, quand on les mérite toujours, comme M. de Grignan. Voyez M. de Roquelaure, c'est un bel exemple de
patience ; nul courtisan n'avoit plus de sujet de se plaindre que lui. J'irois bien plutôt en Provence pour voir
M. l'archevêque que pour voir votre prieur qui guérit
de tous maux.

Ah! que j'en veux aux médecins! quelle forfanterie
que leur art! On me contoit hier cette comédie du *Malade imaginaire*, que je n'ai point vue : il étoit donc dans
l'obéissance exacte à ces messieurs ; il comptoit tout :
c'étoient seize gouttes d'un elixir dans treize cuillerées
d'eau ; s'il y en eût eu quatorze, tout étoit perdu. Il prend
une pilule, on lui a dit de se promener dans sa chambre ;
mais il est en peine, et demeure tout court, parcequ'il
a oublié si c'est en long ou en large : cela me fit fort
rire, et l'on applique cette folie à tout moment.

qui fut deux fois reine de France ; et quant aux Grignan, c'étoit à cause
du mariage de Gaucher Adhémar-de-Monteil, alors baron de Grignan,
qui épousa Diane de Montfort, vers le milieu du XVe siècle.

[a] Pauline de Grignan. (*Voyez* la lettre 531, page 447 de ce vol.)

[b] Charles-Emmanuel Philibert de Simiane, marquis de Livourne,
fils du marquis de Pianezze, chambellan du duc de Savoie.

Ce que vous me dites des richesses du grand-maître [a] est plaisant. Plût à Dieu qu'il donnât une pension à Corbinelli, et qu'il la voulût prendre! car c'est un étrange philosophe. Quand je verrai madame de Schomberg, je lui dirai tout le bien que vous me dites de l'abbé de **La Vergne**, elle en sera ravie; et je lui apprendrai aussi qu'il y a plus d'affaires à devenir chrétienne qu'à se faire catholique [b].

J'ai une grande envie que vous ayez reçu la cassette; et que vous me mandiez si vous l'approuvez : et pourquoi ce mariage [c] se recule-t-il toujours? Dieu me pardonne, c'est comme la Brinvilliers qui est huit mois dans la pensée de tuer son père. Ah, mon Dieu! brûlez promptement cette lettre, et faites mes compliments et amitiés à tous les Grignan, et à nos amis d'Aix. Je fais un ingrat de Roquesante à force de l'aimer et de l'estimer.

[a] Le duc du Lude.

[b] Qu'il est plus difficile de pratiquer exactement les préceptes de notre religion que d'abjurer l'hérésie. (*Voyez* la lettre 530, pag. 440 de ce volume.)

[c] Le mariage du baron de La Garde.

538. *

A la même.

A Livry, vendredi 18 septembre 1676.

La pauvre madame de Coulanges a une grosse fièvre avec des redoublements; le frisson lui prit à Versailles, c'est demain le quatrième jour; elle a été saignée, et si cela dure, elle est d'une considération et dans un lieu qui ne permettent pas qu'on lui laisse une goutte de sang. Sa petite poitrine est fort offensée de cette fièvre, et moi encore plus : je ne puis songer à tout ce qu'elle m'a mandé sur la douleur qu'elle a de ne point revenir ici, sans en être fort touchée. Je m'en vais demain la voir, car il faut que je sois ici dimanche pour commencer ma vendange. Vous allez être bien contente, ma fille, par le temps que je vais donner à l'espérance de guérir mes mains. Corbinelli m'a renvoyé la lettre que vous lui écrivez; vraiment c'est la plus agréable chose qu'on puisse voir : je la veux montrer à mon père Le Bossu [1], c'est mon Malebranche [2]; il sera ravi de voir votre

---

[1] *Voyez* ci-dessus la lettre du 16 septembre.

[2] Nicolas Malebranche, prêtre de l'Oratoire, auteur de la *Recherche de la vérité*, et de plusieurs ouvrages très estimés. Il fut un

esprit dans cette lettre; il vous répondra, s'il le peut;
car quand il ne trouve point de raisons, il ne met point
de paroles à la place. Je suis assurée que vous aimeriez
la naïveté et la clarté de son esprit; il est neveu de ce
M. de La Lane *a* qui avoit une si belle femme : le cardinal de Retz vous a parlé vingt fois de sa divine beauté.
Il est neveu de ce grand abbé de La Lane *b*, janséniste :
toute sa race a de l'esprit, et lui plus que tous; enfin il
est cousin de ce petit La Lane qui danse. Voyez un peu
où je me suis engagée; cela étoit bien nécessaire.

Le feuillet de politique à Corbinelli est excellent;
pour celui-là, il s'entend tout seul, je ne le consulterai à
personne. Le maréchal de Schomberg a donné sur l'arrière-garde des ennemis; il auroit tout défait, s'il les
avoit suivis avec plus de troupes; quarante dragons plus
braves que des héros y ont péri; un d'Aigremont tué sur

des meilleurs écrivains et des plus grands philosophes de son temps.
(*Voyez* son *Éloge* par M. de Fontenelle, *Histoire de l'académie des
sciences.*)

a Pierre de La Lane, mort vers 1661. Il paroît avoir été attaché à
la maison de Retz. Il avoit épousé, vers 1638, Marie Gastelle des
Roches, dont la beauté a été célébrée par Ménage et Chapelain. Il
la perdit au mois d'octobre 1644, et ce malheur développa en lui un
beau talent. Il a laissé un petit nombre de poésies dans lesquelles
il déplore la perte de son *Amaranthe.* (*Voyez* l'édition que Saint-
Marc a donnée de ce poëte en 1759.)

b Noël de La Lane, abbé de Notre-Dame de Valcroissant, docteur
de Sorbonne. Il fut l'un des principaux théologiens que les évêques
de France envoyèrent à Rome, pour défendre la doctrine de Saint-
Augustin, sur la grace. Il mourut en 1673. Il paroît résulter de ce
passage de madame de Sévigné que l'abbé de Valcroissant étoit frère
du poëte.

la place; le fils de Bussy, qui vouloit aller par-delà paradis, prisonnier; le comte de Vaux toujours des premiers: mais le reste de l'armée étoit dans l'inaction, et cinq cents chevaux firent tout ce vacarme. On dit que c'est dommage que le détachement n'ait pas été plus fort : je trouve à tout moment que le plus juste s'abuse. Le *bien bon* même a trouvé quelquefois de l'erreur dans son calcul : il vous embrasse de tout son cœur; et moi par-delà tout ce que je puis vous en dire; je pense mille fois le jour à la joie que j'aurai de vous avoir, ma très chère; croyez que de tous ces cœurs où vous régnez si bien, il n'y en a point où vous soyez plus souveraine que dans le mien.

539. **

Au comte DE BUSSY.

A Livry, ce 18 septembre 1676.

Tout bon chien chasse de race, mon cousin : vous voyez comme fait déjà notre petit Rabutin[a]. Le voilà donc prisonnier. N'est-il point blessé? Et comment le

[a] Amé Nicolas de Rabutin. Il avoit alors vingt ans. Il fut pris le 10 septembre 1676 à une escarmouche qui eut lieu à l'arrière-garde du prince d'Orange. (*Voyez* la lettre écrite par le comte de Bussy à M. de Brûlart, premier président du parlement de Dijon, le 19 septembre 1676. *Lettres*, tome IV, page 285.)

retirerez-vous? Les rançons de ces sortes de grands officiers sont-elles réglées? De la manière qu'on m'a mandé qu'il s'étoit avancé, je crois qu'il vouloit prendre les
ennemis. J'espère que vous me manderez de ses nouvelles et des vôtres, où je prends toujours bien plus
de part que je ne vous dis. Qu'est devenu ce procès dont
la narration (contre l'ordinaire) faisoit un si agréable divertissement? Comment se porte ma nièce de Coligny,
et son petit garçon? C'est une contenance pour elle que
d'avoir cet héritier dont la pensée me fait plaisir, parcequ'elle en sera encore plus heureuse. Le mariage de
notre petite madame de Rabutin ne va-t-il point à reculons? Madame de Bussy se porte-t-elle toujours bien?
Voilà bien des questions. Si la fantaisie vous prenoit,
pour suivre mon exemple, de m'en faire aussi, je m'en
vais vous y répondre par avance. Je suis ici dans ce joli
lieu que vous connoissez; et j'y suis bien mieux, ce me
semble, et plus agréablement qu'à Paris, au moins pour
quelque temps. J'y fais quelques remèdes pour rétablir
cette belle santé, et je mets mes bras dans la vendange,
espérant que mes mains, qui ne se ferment point encore,
reprendront par-là leurs fonctions ordinaires. Vous devriez m'envoyer quelques morceaux de vos *Mémoires*.
Je sais des gens qui en ont vu quelque chose, qui ne
vous aiment pas tant que je fais, quoiqu'ils aient plus
de mérite.

540. **

Du comte DE BUSSY *à madame* DE SÉVIGNÉ.

A Paris, ce 18 septembre 1676.

J'ai ouï dire que le petit Rabutin vouloit prendre le prince d'Orange à la barbe; mais qu'il fut si étonné quand il vit qu'il n'en avoit point, qu'il se laissa tomber dans un fossé où il fut pris. Je vous envoie sa lettre qui vous apprendra mieux comment la chose se passa. Il m'en coûtera cent pistoles pour son cheval, ou pour sa rançon. Mais cela lui a fait bien plus d'honneur que l'argent ne vaut. Il est bien heureux d'avoir été fait seul prisonnier, au moins de gens qui aient un nom. Il y a quinze jours que je me suis mis dans les remèdes, et cela m'a empêché d'aller à Livry. Cependant je n'en quitte pas encore le dessein : mais j'y veux aller coucher: Mandez-moi si l'abbé m'y pourra donner un lit. Je vous porterai des Mémoires que je veux lire avec vous. J'aime les louanges à tous les beaux endroits, et si vous les lisiez sans moi, vous ne m'en donneriez qu'en général pour tout l'ouvrage; mon partisan est si bien caché que je ne le saurois plus retrouver; je le cherche pourtant toujours.

Votre nièce de Coligny et le posthume se portent

à merveille : elle a une bonne contenance avec lui, et sans lui elle ne seroit pas décontenancée.

Le mariage de votre nièce filleule [a] est rompu dans le temps que nous prétendions faire la noce, et que, graces à sa sœur de Coligny, nous avions trouvé les douze mille écus qu'on demandoit; le prétendu mari [b] arriva caché à Paris, et lorsqu'au bout de huit jours nous découvrîmes qu'il y étoit, on nous dit qu'il venoit d'épouser la petite Lombard. Je ne sais si ce nom vous est connu, mais je ne pense pas qu'il le soit au Bouchet [c]. Je ne trouve pas la chanoinesse trop malheureuse de s'être sauvée des griffes d'un si grand fou.

Adieu, Madame ; aimez-moi toujours, et croyez que personne ne vous aime tant que je fais, je n'excepte pas même la belle *Madelonne.*

---

[a] Marie-Thérèse de Rabutin, que Louis de Madaillan de Montataire épousa en secondes noces. Moréri l'appelle, par erreur, *Louise-Françoise-Éléonore;* il faut suivre préférablement les *Mémoires* du marquis de Lassay, son beau-fils, tome IV, page 90. D'ailleurs, madame de Sévigné lui avoit donné le nom de *Marie* en la tenant sur les fonts de baptême.

[b] Une note écrite à la marge du manuscrit de Bussy, par madame de Coligny, apprend que ce prétendu s'appeloit Marivaux. (*Voyez* aussi la lettre 512 et la note, page 359 de ce volume.)

[c] M. du Bouchet, généalogiste.

541. *

De madame DE SÉVIGNÉ *à madame* DE GRIGNAN.

A Livry, lundi 21 septembre 1676.

Non, ma fille, ce n'est point pour vous épargner la
fatigue d'un voyage au mois de décembre, que je vous
prie de venir au mois d'octobre ; c'est pour vous voir
deux mois plus tôt. J'ai pris assez sur moi de n'avoir pas
usé du droit que vous m'aviez donné de vous faire venir
cet été : il faut me payer de cette complaisance; et sans
pousser l'irrésolution par-delà toutes les bornes, vous
partirez, comme nous en sommes demeurées d'accord,
dans le temps que M. de Grignan ira à son assemblée :
c'est de ce temps que je vous serai obligée, parceque
je le compterai pour moi. Voilà, ma chère fille, ce que
mon amitié espère de la vôtre : je n'en dirai pas davantage. Pour ma santé, n'en soyez point en peine; je mets
les mains deux fois par jour dans le marc de la vendange, cela m'entête un peu; mais je crois, sur la parole de tout le monde, que je m'en trouverai bien. Si
je suis trompée, Vichi reviendra sur le tapis; en attendant je fais tout ce qu'on veut, et me promène *en long
et en large* avec une obéissance merveilleuse. Je ne
pousserai point ce séjour-ci plus loin que le beau temps;
je ne tiens à rien, et je ne ferai point une gageure d'y

essuyer les brouillards d'octobre. Vous ai-je mandé que Segrais est marié à une cousine « très riche? Elle n'a pas voulu des gens proportionnés à ses richesses, disant qu'ils la mépriseroient, et qu'elle aimoit mieux son cousin. M. de La Garde aura sur la conscience tous ces mariages : il y en aura bien d'autres, et d'Hacqueville, le sage d'Hacqueville, sera bien heureux s'il en échappe.

Vous ne voulez pas que je vous écrive de grandes lettres; pourquoi donc? C'est la chose du monde qui m'est la plus agréable, quand je ne vous vois point. Vous me menacez de me les renvoyer sans les lire; j'aurois grand regret d'en payer le port : elles sont pleines de tant de bagatelles, que j'aurois quelquefois regret que vous le payiez vous-même : mais, pour m'ôter cette peine, venez, venez me voir, venez m'ôter la plume des mains, venez me gouverner, me reprocher tous mes morceaux ; voilà le moyen d'empêcher tous mes volumes, et de me donner une parfaite santé.

Philisbourg est enfin pris [b]; j'en suis étonnée; je ne croyois pas que nos ennemis sussent prendre une ville :

---

[a] Cette cousine s'appeloit Claude Acher de Mesnilvité. Segrais demeuroit chez madame de La Fayette depuis l'année 1671. (*Voyez* la note de la page 300 du premier volume.) Il se retira alors à Caen, son pays natal, où, avec le savant Huet, évêque d'Avranches, il rassembla les membres dispersés de l'académie de Caen, qui ne s'étoient pas réunis depuis la mort de M. de Matignon, protecteur de cette société littéraire.

[b] Philisbourg, après avoir été vaillamment défendu par Dufay pendant soixante et dix jours de tranchée ouverte, se rendit au duc de

j'ai d'abord demandé qui avoit pris celle-ci, et si ce n'étoit pas nous ; mais non, c'est eux. Adieu, ma très chère ; ne soyez point en peine de cette méchante écriture, c'est que j'ai une plume *de chien*, dont le monde chez moi fait réponse à tous les billets.

---

542. *

A la même.

A Paris, vendredi 25 septembre 1676,
chez madame de Coulanges.

En vérité, ma fille, voici une pauvre petite femme bien malade ; c'est le onzième de son mal qui lui prit à Châville en revenant de Versailles. Madame Le Tellier fut frappée en même temps qu'elle, et revint en diligence à Paris, où elle reçut hier le viatique. *Beaujeu* (*la demoiselle de madame de Coulanges*) fut frappée du même trait ; elle a toujours suivi sa maîtresse ; pas un remède n'a été ordonné dans la chambre, qui ne l'ait été dans la garde-robe ; un lavement, un lavement ; une saignée, une saignée ; Notre-Seigneur, Notre-Seigneur ; tous les redoublements, tous les délires, tout étoit pa-

Lorraine le 17 septembre 1676. Aussi c'est par erreur que, dans l'édition de 1734, ce fragment fait partie de la lettre qui est numérotée 538 dans notre édition.

reil : mais Dieu veuille que cette communauté se sépare.
On vient de donner l'extrême-onction à *Beaujeu*, et elle
ne passera pas la nuit. Nous craignons demain le redoublement de madame de Coulanges, parceque c'est celui
qui figure avec celui qui emporte cette pauvre fille. En
vérité, c'est une terrible maladie; mais ayant vu de
quelle façon les médecins font saigner rudement une
pauvre personne, et sachant que je n'ai point de veines,
je déclarai hier au premier président de la cour des
aides, qui me vint voir, que si je suis jamais en danger
de mourir, je le prierai de m'amener M. Sanguin dès le
commencement; j'y suis très résolue. Il n'y a qu'à voir
ces messieurs pour ne vouloir jamais les mettre en pos-
session de son corps : c'est de l'arrière-main qu'ils ont
tué *Beaujeu*. J'ai pensé vingt fois à Molière depuis que
je vois tout ceci. J'espère cependant que cette pauvre
femme échappera, malgré tous leurs mauvais traite-
ments : elle est assez tranquille, et dans un repos qui
lui donnera la force de soutenir le redoublement de
cette nuit.

J'ai vu madame de Saint-Géran, elle n'est nullement
déconfortée[a]; sa maison sera toujours un réduit cet hiver : M. de Grignan y passera ses soirées amoureuse-
ment. Elle s'en va à Versailles comme les autres; je vous
assure qu'elle prétend jouir de ses épargnes, et vivre
sur sa réputation acquise; de long-temps elle n'aura

---

[a] Du départ de madame de Villars. (*Voyez* la lettre 534, p. 456.)
Madame de Saint-Géran étoit aussi belle que spirituelle; elle étoit
fort liée avec madame de Maintenon. On a conservé une partie de
leur correspondance.

épuisé ce fonds. Elle vous fait mille amitiés, elle est en-
graissée, elle est fort bien. Je vous conjure, ma fille, de
faire encore mes excuses au grand Roquesante, si je ne
lui fais pas réponse; vous me mandez des merveilles de
son amitié; je n'en suis nullement surprise, connoissant
son cœur comme je fais, il mérite, par bien des raisons,
la distinction et l'amitié que vous avez pour lui. Je me
porte fort bien; je suis ravie de n'avoir point vendangé;
je ferai les autres remèdes, et quand cette pauvre petite femme sera mieux, j'irai encore me reposer quelques jours à Livry. Brancas *a* est arrivé cette nuit à pied,
à cheval, en charrette; il est pâmé au pied du lit de
cette pauvre malade : nulle amitié ne paroît devant la
sienne. Celle que j'ai pour vous ne me paroît pas petite.

J'ai trouvé à Paris une affaire répandue par-tout, qui
vous paroîtra fort ridicule : bien des gens vous l'appren-
dront; mais il me semble que vous voyez plus clair dans
mes lettres. Il y avoit à la cour une manière d'agent
du roi de Pologne *1* qui marchandoit toutes les plus belles terres pour son maître. Enfin, il s'étoit arrêté à celle
de Rieux *b* en Bretagne, dont il avoit signé le contrat à
cinq cent mille livres. Cet agent a demandé qu'on fît de

---

a On a déjà vu qu'il étoit l'un des plus fervents adorateurs de madame de Coulanges (*Voyez* la note *b*, page 154 de ce volume.)

1 Jean Sobieski.

b On avoit d'abord acheté la terre de Vouvant qui appartenoit à
M. de La Bazinière, et venoit du duc de Longueville; mais le roi
empêcha que la vente n'eût d'effet, parcequ'ayant été donnée au
comte de Dunois, du temps de Charles VII, elle étoit reversible à la
couronne. (*Curiosités historiques*, tome I*er*, page 160.)

cette terre un duché, le nom en blanc. Il y a fait mettre les plus beaux droits, mâles et femelles, et tout ce qu'il vous plaira. Le roi, et tout le monde, croyoit que c'étoit ou pour M. d'Arquien, ou pour le marquis de Béthune[a]. Cet agent a donné au roi une lettre du roi de Pologne, qui lui nomme, devinez qui? Brisacier, fils du maître des comptes; il s'élevoit par un train excessif et des dépenses ridicules : on croyoit simplement qu'il fût fou, cela n'est pas bien rare. Il s'est trouvé que le roi de Pologne, par je ne sais quelle intrigue, assure que Brisacier est originaire de Pologne, en sorte que voilà son nom alongé d'un *Ski*, et lui Polonois. Le roi de Pologne ajoute que Brisacier est son parent, et qu'étant autrefois en France, il avoit voulu épouser sa sœur: il a envoyé une clef d'or à sa mère, comme dame d'honneur de la reine. La médisance, pour se divertir, disoit que le roi de Pologne, pour se divertir aussi, avoit eu quelques légères dispositions à ne pas haïr la mère, et que ce petit garçon étoit son fils; mais cela n'est point; la chimère est toute fondée sur sa bonne maison de Pologne[b]. Cependant le petit agent a divulgué cette

[a] François Gaston, dont la femme (Marie-Louise de La Grange-d'Arquien) étoit sœur de la reine de Pologne.

[b] Le nœud de cette intrigue n'étoit pas alors bien connu. Brisacier avoit fait adroitement soupçonner à Sobiesky qu'il pouvoit être son fils. Une lettre de la reine de France que Brisacier, secrétaire de ses commandements, lui avoit fait signer par surprise, et un beau portrait de cette princesse entouré de riches brillants, avoient donné de la vraisemblance à cette assertion; une lettre de change de 100,000 écus avoit achevé de lever les doutes; et le roi de Pologne, à moitié

affaire, la croyant faite; et dès que le roi a su le
vrai de l'aventure, il a traité cet agent de fou et d'in-
solent, et l'a chassé de Paris, disant que, sans la considération du roi de Pologne, il l'auroit fait mettre en
prison. Sa Majesté a écrit au roi de Pologne, et s'est
plainte fraternellement de la profanation qu'il a voulu
faire de la principale dignité du royaume; mais le roi
regarde toute la protection que le roi de Pologne a ac-
cordée à un si mince sujet comme une surprise qu'on
lui a faite, et révoque même en doute le pouvoir de son
agent. Il laisse à la plume de M. de Pomponne toute
la liberté de s'étendre sur un si beau sujet. On dit que
ce petit agent s'est évadé: ainsi cette affaire va dormir
jusqu'au retour du courrier.

convaincu, avoit remis à un carme françois, qui servoit d'intermé-
diaire, une lettre pour le roi de France, dans laquelle, reconnois-
sant Brisacier pour son fils, il prioit Sa Majesté de l'honorer de ses
graces et de le faire duc. Mais il ne paroit pas que Brisacier ait cherché
à se rattacher à une famille de Pologne (*Voyez* au surplus les *Mémoires de Choisy*, qui contiennent sur cette supercherie des détails
curieux.)

FIN DU TOME QUATRIÈME.

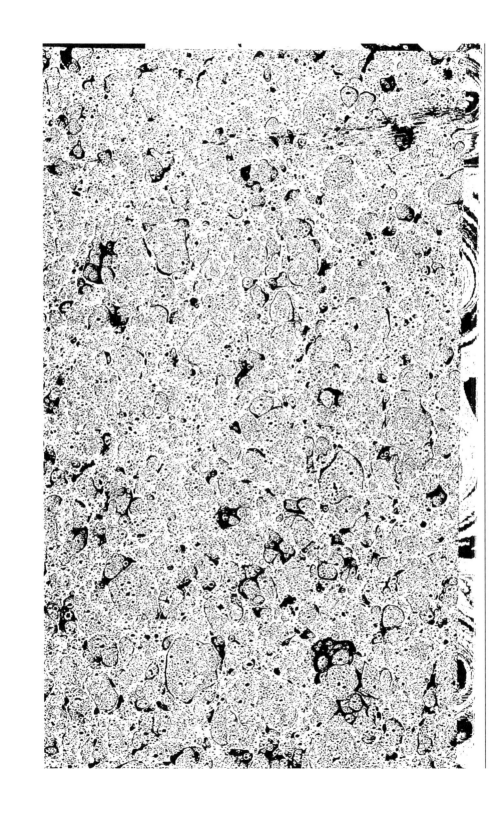

Made at Dunstable, United Kingdom
2022-12-15
http://www.print-info.eu/

14814015R00292